Die Praxis der Anerkennung und Vollstreckung ausländischer Schiedssprüche nach dem New Yorker Abkommen vom 10. Juni 1958 in der Republik Singapur

Schriften zum internationalen Privat- und Verfahrensrecht

Herausgegeben von Rainer Hausmann
und Astrid Stadler

Band 15

PL ACADEMIC RESEARCH

Marian Majer

Die Praxis der Anerkennung und Vollstreckung ausländischer Schiedssprüche nach dem New Yorker Abkommen vom 10. Juni 1958 in der Republik Singapur

Eine rechtsvergleichende Analyse gegenüber der international herrschenden Auslegung des Abkommens

PL ACADEMIC RESEARCH

Bibliografische Information der Deutschen Nationalbibliothek
Die Deutsche Nationalbibliothek verzeichnet diese Publikation in der Deutschen Nationalbibliografie; detaillierte bibliografische Daten sind im Internet über http://dnb.d-nb.de abrufbar.

Zugl.: Konstanz, Univ., Diss., 2013

Umschlaggestaltung:
© Olaf Glöckler, Atelier Platen, Friedberg

Gedruckt auf alterungsbeständigem,
säurefreiem Papier.

D 352
ISSN 1862-099X
ISBN 978-3-631-64273-3

Internationaler Verlag der Wissenschaften
Frankfurt am Main 2013

PL Academic Research ist ein Imprint der Peter Lang GmbH.

Peter Lang – Frankfurt am Main · Bern · Bruxelles · New York · Oxford · Warszawa · Wien

www.peterlang.de

Meiner geliebten Mutter

Vorwort

Die vorliegende Arbeit wurde vom Fachbereich Rechtswissenschaften an der Universität Konstanz als Dissertation angenommen (Tag der mündlichen Prüfung: 14. Februar 2013).

Mein besonderer Dank geht an Herrn *Prof. Dr. Rainer Hausmann*, Inhaber des Konstanzer Lehrstuhls für Bürgerliches Recht, Internationales Privat- und Verfahrensrecht und Rechtsvergleich, der meinen Wunsch zur Promotion im Fachgebiet der internationalen Schiedsgerichtsbarkeit mit Bezug zu meiner Arbeitstätigkeit in der Republik Singapur ermöglicht und mich dabei tatkräftig unterstützt hat. Zusätzlich danke ich *Prof. Dr. Michael Stürner, M. Jur. (Oxon)* für die Erstellung des Zweitgutachtens.

Daneben möchte ich insbesondere meinem Arbeitgeber, dem „*German Institute of Science and Technology - TUM Asia*", für den großzügigen Sonderurlaub und die notwendige Flexibilität zur Fertigstellung dieser Arbeit danken. Ohne die vorbildliche Unterstützung meines Arbeitgebers und den Beistand meiner einzigartigen Kollegen wäre dieses Projekt sicherlich niemals zum guten Abschluss gekommen. Stellvertretend möchte ich ausdrücklich Herrn *Dr. Markus Wächter (Geschäftsführender Direktor)* für die freundschaftliche und effiziente Zusammenarbeit danken.

Ferner wäre diese Arbeit ohne die Unterstützung meines privaten Umfelds kaum möglich gewesen. Die Doppelbelastung von Beruf und Promotion, verteilt über drei Kontinente und gepaart mit vielen beruflichen wie privaten Veränderungen, waren nicht immer einfach zu bewältigen. Umso mehr schätze ich daher die aufopferungsvolle Unterstützung durch meine Freunde und Familie! Insbesondere der zusätzliche finanzielle Beistand meines Vaters darf an dieser Stelle nicht vergessen werden.

Ein herzliches Dankeschön!

Marian Majer

3. April 2013

Inhaltsverzeichnis

Kapitel 3
Die Anerkennung und Vollstreckung ausländischer Schiedssprüche in der Republik Singapur

Literaturverzeichnis

ABOUL-ENEIN, Mohamed, The New York Convention of 1958 on the Recognition and Enforcement of Foreign Arbitral Awards: What Needs to be Done for the Future, Dispute Resolution Journal 2008, 178 – 183.

ARFAZADEH, Homayoon, Arbitrability under the New York Convention: The Lex Fori Revisited, Arbitration International 2001, 73 – 87.

ANSELM, Florian, Der englische Arbitration Act 1996: Dargestellt und erläutert anhand eines Vergleichs mit dem SchiedsVfG 1997, Konstanz 2004, Dissertation Universität Konstanz, Fachbereich Rechtswissenschaften.

BAUMBACH, Adolf / LAUTERBACH, Wolfgang / ALBERS, Jan / HARTMANN, Peter, Zivilprozessordnung – Mit FamFG, GVG und anderen Nebengesetzen, Kommentar, 70. Aufl., München 2012.

BERGER, Klaus Peter, Internationale Wirtschaftsschiedsgerichtsbarkeit – Verfahrens- und materiellrechtliche Grundprobleme im Spiegel moderner Schiedsgesetze und Schiedspraxis, Berlin 1992.

BERTHEAU, Theodor Richard, Das New Yorker Abkommen vom 10. Juni 1958 über die Anerkennung und Vollstreckung ausländischer Schiedssprüche, Zürich 1965.

BÖCKSTIEGEL, Karl-Heinz, Public Policy as a Limit to Arbitration and its Enforcement – Presented at the 11th IBA International Arbitration Day and United Nations New York Convention Day, IBA Journal of Dispute resolution, 123 ff., auch abrufbar unter: http://www.arbitration-icca.org /media/0/12277202358270/bckstiegel_public_policy...iba_unconfererence _2008.pdf

BOO, Lawrence, Arbitration – Annual Review of Singapore Cases (2, 2001), Singapore Academy of Law Annual Review of Singapore Cases 2001, 3. Kapitel.

Ders., The Enforcement of Taiwanese Arbitral Awards in Singapore, Singapore Arbitrator 2006, 2 – 3.

Ders., Ruling on Arbitral Jurisdiction – Is that an award? Asian International Arbitration Journal 2007, 125 – 141.

Ders., SIAC and Singapore Arbitration, The Asian Business Lawyer 2008, 32 – 55.

Ders., Enforcement of Foreign Awards: A Suggestion for an ASEAN Protocol on Enforcement of Awards, in: 10th General Assembly ASEAN Law Association, Workshop on Improving on Enforcement of International Commercial Arbitration Award in ASEAN Countries, Hanoi, Oktober 2009, abrufbar unter: www.aseanlawassociation.org/ workshop-tenthGA.html

Ders. / LIM, Charles, Overview of the International Arbitration Act and Subsidiary Legislation in Singapore, Journal of International Arbitration 1996, 75 – 89.

BORN, Gary, International Commercial Arbitration, Bd. 1 & 2, Aufl. 3, Alphen aan den Rijn 2009 (zitiert: *Born*, Arbitration).

Ders., International Arbitration – Cases and Materials, New York 2011 (zitiert: *Born*, Cases and Materials).

BOSE, Raja / YAP, Natalie / JALIWALA, Abu, Enforcement of International Arbitration Awards in Asia – Paying Lip Service to the New York Convention, in: *Singapore International Arbitration Centre* (Hrsg.), International Congress of Maritime Arbitrators XVI Singapore, Congress Papers, Singapur 2007, 477 – 490.

BROWER, Charles / SHARPE, Jeremy, International Arbitration and the Islamic World: The Third Phase, The American Journal of International Law 2003, 643 – 656.

BUCHANAN, Mark, Public Policy and International Commercial Arbitration, American Business Law Journal 1998, 512 – 531.

BÜHRINGER-UHLE, Christian / KIRCHHOFF, Lars / SCHERER, Gabriele Arbitration and Mediation in International Business, 2. Aufl., Alphen aan den Rijn 2006.

CARON, David, The Nature of the Iran-United States Claims Tribunal and the Evolving Structure of International Dispute Resolution, American Journal of International Law 1990, 104 – 156.

CENTRAL INTELLIGENCE AGENCY, The World Factbook, Washington 2011, auch abrufbar unter: https://www. cia.gov/ library/publications/ the-world-factbook/index.html

CHAN, Leng Sun, Injunctions in Aid of Foreign Arbitration: The Singapore Experience, Asian International Arbitration Journal 2007, 142 – 162.

Ders., Singapore Law on Arbitral Awards, Singapur 2011.

CHEW, Leslie, Singapore Arbitration Handbook – Commentary: Arbitration Act (Cap 10) & International Arbitration Act (Cap 143A), Singapur 2003 (zitiert: *Chew*, Arbitration Handbook).

Ders., Introduction to the Law and Practice of Arbitration in Singapore, Singapur 2010 (zitiert: *Chew*, Arbitration in Singapore).

CHIK, Warren, Recent Developments in Singapore on International Commercial Arbitration, Singapore Yearbook of International Law 2005, 259 – 273.

DARWAZEH, Nadia / YEO, Friven, Recognition and Enforcement of Awards under the New York Convention – China and Hong Kong Perspektives, Journal of International Arbitration 2008, 837 - 856.

DAVID, René, Arbitration in International Trade, Deventer 1985.

DI PIETRO, Domenico / PLATTE, Martin, Enforcement of International Arbitration Awards: The New York Convention of 1958, London 2001.

DOMKE, Martin *(Hrsg.)*, International Trade Arbitration – A Road to World-Wide Cooperation, New York 1958.

DRAHOZAL, Christopher, The Future of Manifest Disregard, Stockholm International Arbitration Review 2009, 1 – 12.

FOREIGN POLICY/ A. T. KEARNEY, The 2007 Globalization Index, Foreign Policy 2007, 68 – 76.

FOUCHARD, Philippe / GAILLARD, Emmanuel / GOLDMAN, Berthold (Begr.), International Commercial Arbitration, Den Haag 1999.

GAILLARD, Emmanuel / DI PIETRO, Domenico, Enforcement of Arbitration Agreements and International Arbitral Awards: The New York Convention in Practice, London 2009.

GAJA, Giorgio, International Commercial Arbitration, Loseblattsammlung, Bd. 1, New York, Stand: April 1990.

GENTINETTA, Jörg, Die lex fori internationaler Handelsschiedsgerichte, Bern 1973.

GHIKAS, Gerald, A Principled Approach to Adjourning the Decision to Enforce Under the Model Law and the New York Convention, Arbitration International 2006, 53 – 71.

GIAMBASTIANI, Catherine, Recent Development: Lex Loci Arbitri and Annulment of Foreign Arbitral Awards in U.S. Courts, American University International Law Review 2005, 1101 – 1112.

GILLESPIE, John, Law and Development in "The Market Place" – An East Asian Perspective, in: *Jayasuriya Kanishka* (Hrsg.), Law, Capitalism and Power in Asia, London 1999, 118 – 150.

GOODE, Roy, The Role of the Lex Loci Arbitri in International Commercial Arbitration, in: *Rose Francis* (Hrsg.), Lex Mercatoria – Essays on International Commercial Law in Honour of Fancis Reynolds, London 2000, 245 – 270.

Ders. / KRONKE Herbert / MCKENDRICK, Ewan, Transnational Commercial Law - Text, Cases and Materials, Oxford 2007.

GORDON, Marcus, Singapore – Asia's Hub for Oil & Gas Arbitration?, 1 – 4, abrufbar unter: http://www.siac.org.sg/index.php?option=com_content &view=article&id=189

GULDENER, Max, Das internationale und interkantonale Zivilprozessrecht der Schweiz, Zürich 1959.

HAAS, Ulrich, Die Anerkennung und Vollstreckung ausländischer und internationaler Schiedssprüche, Berlin 1991.

Ders., Zur formellen und materiellen Wirksamkeit des Schiedsvertrages, Praxis des Internationalen Privat- und Verfahrensrechts 1993, 382 – 385.

Ders., Die Vorlagepflichten des Vollstreckungsgläubigers nach dem New Yorker Übereinkommen über die Anerkennung und Vollstreckung ausländischer Schiedssprüche von 1958, Praxis des Internationalen Privat- und Verfahrensrechts 2000, 432 – 435.

HALSBURY, Hardinge (Begr.), Halsbury's Laws of Singapore, Civil Procedure, Bd. 4, Stanley Giffard Singapur 2002 (zitiert: *Halsbury*, Civil Procedure).

Ders. (Begr.), Halsbury's Laws of Singapore, Contract, Bd. 7, Singapur 2005 (zitiert: *Halsbury*, Contract).

Ders. (Begr.), Halsbury's Laws of Singapore - Arbitration, Bd. 1 (2), Singapur 2011 (zitiert: *Halsbury*, Arbitration).

HELLMANN, Markus, Die Anerkennung und Vollstreckung ausländischer Entscheidungen in Singapur und Malaysia, Köln 2010, Dissertation Universität Köln, Fachbereich Rechtswissenschaften.

HO, Hock Lai, Case Comment: Enforcement of Foreign Arbitral Award – Re An Arbitration Between Hainan Machinery Import and Export Corporation and Donald & McArthy Pte. Ltd., Singapore Journal of Legal Studies 1996, 241 – 250.

HÖLKESKAMP, Karl-Joachim, Schiedsrichter, Gesetzgeber und Gesetzgebung im archaischen Griechenland, Stuttgart 1999.

HOLTZMANN, Howard / NEUHAUS, Joseph, A Guide to the UNCITRAL Model Law on International Commercial Arbitration: Legislative History and Commentary, Deventer 1989.

HOOKER, Barry M., Adat Laws in Modern Malaya – Land Tenure, Traditional Government and Religion, Kuala Lumpur 1972 (zitiert: Hooker, Adat Laws in Modern Malaya).

Ders., The Laws of South-East Asia – The Pre-Modern Texts, Bd. 1, Singapur 1986 (zitiert: *Hooker*, The Laws of South-East Asia).

Ders., The Laws of South-East Asia – European Laws in South-East Asia, Bd. 2, Singapur 1988 (zitiert: *Hooker*, European Laws in South-East Asia).

HOWELL, David, Implementing the UNCITRAL Model Law Regime in Singapore, Zeitschrift für Schiedsverfahren 2003, 114 – 119.

VON HÜLSEN, Hans-Viggo, Die Gültigkeit von internationalen Schiedsvereinbarungen, Berlin 1973.

HUSSERL, Gerhart, Public Policy and Ordre Public, Virginia Law Review 1938, 37 – 67.

HWANG, Michael / LAI, Amy, Do Egregious Errors Amount to a Breach of Public Policy?, Arbitration 2005, 1 – 24.

Ders. / LAI, Amy, Do Egregious Errors Amount to a Breach of Public Policy? Further Developments, Arbitration 2005, 364 – 366.

Ders./LEE, Shaun, Survey of South East Asian Nations on the Application of the New York Convention, Journal of International Arbitration 2008, 873 – 892.

Ders. / MUTTATH, Rajesh, Enforcement of Arbitral Awards in Singapore, International Arbitration Law Review 2000, 207 – 214.

Ders. / TAN, Charis, New Developments in Arbitration in Singapore, Asian International Arbitration Journal 2009, 210 – 222.

Ders. / SU, Zihua, Egregious Errors and Public Policy – Are the Singapore Courts to Arbitration Friendly?, in: *Singapore Academy of Law*, SAL Conference 2011 – Developments in Singapore Law between 2006 and 2010, 19 – 56 (zitiert: *Hwang/Su*, in: SAL Conference 2011).

INTERNATIONAL CHAMBER OF COMMERCE, The ICC International Court of Arbitration Bulletin, Paris 1990 ff., auch abrufbar unter: http://www.iccdrl.com/ (zitiert: *ICC*, Bulletin).

Ders., The ICC International Court of Arbitration Bulletin, ADR – International Applications, Special Supplement, Paris 2001 (zitiert: *ICC*, Publikation Nr. 640).

Ders., Global Reflections on International Law, Commerce and Dispute Resolution: Liber Amicorum in Honour of Robert Briner, Paris 2005 (zitiert: *ICC*, Publikation Nr. 693).

Ders., The ICC International Court of Arbitration Bulletin, Guide to the National Rules of Procedure for Recognition and Enforcement of New York Convention Awards, Special Supplement, Paris 2008 (zitiert: *ICC*, Publikation Nr. 727).

Ders., The ICC International Court of Arbitration Bulletin, Commercial Arbitration in Asia, Special Supplement, Paris 2011 (zitiert: *ICC*, Publikation Nr. 609).

INTERNATIONAL COUNCIL FOR COMMERCIAL ARBITRATION Yearbook Commercial Arbitration, Deventer 1979 ff. (zitiert: *Yearbook Comm. Arb'n*).

Ders. (Hrsg.), Congress Series No. 8 – Towards an International Arbitration Culture, Den Haag 1996 (zitiert: *Author*, in: *ICCA*, Congress Series No. 8).

Ders. (Hrsg.), Congress Series No. 9 – Improving the Efficiency of Arbitration Agreements and Awards: 40 Years of Application of the New York Convention, Den Haag 1999 (zitiert: *Author*, in: *ICCA*, Congress Series No. 9).

Ders. (Hrsg.), Congress Series No. 10 – International Arbitration and National Courts: The Never Ending Story, Den Haag 2001 (zitiert: *Author*, in: *ICCA*, Congress Series No. 10).

Ders. (Hrsg.), Congress Series No. 14 – 50 Years of the New York Convention, ICCA International Arbitration Conference, Den Haag 2009 (zitiert: *Author*, in: *ICCA*, Congress Series No. 14).

Ders. (Hrsg.), International Handbook on Commercial Arbitration – National Reports, Basic Legal Texts, Loseblattsammlung, Deventer, Stand July 2004 (zitiert: *Bearbeiter*, in: *ICCA*, Handbook on Commercial Arbitration).

Ders., ICCA´s Guide to the Interpretation of the 1958 New York Convention – A Handbook for Judges, Den Haag 2011 (zitiert: *ICCA*, Guide to the NYC).

INTERNATIONAL LAW ASSOCIATION, Interim Report on Public Policy as a Bar to Enforcement of International Arbitral Awards – London Conference 2000 (zitiert: *ILA*, Interim Report on Public Policy).

Ders., Final Report on Public Policy as a Bar to Enforcement of International Arbitral Awards – New Delhi Conference 2002, (zitiert: *ILA*, Final Report on Public Policy).

Jeweils abrufbar unter: http://www.ila-hq.org/en/committees/index.cfm/cid/19

JACOBS, Marcus, Commercial Arbitration, Law and Practice, Loseblattsammlung, Bd. 1 A., Sydney, Stand: November 2011.

JALILI, Mahir, Amman Arab Convention on Commercial Arbitration, Journal of International Arbitration 1990, 139 – 152.

JAYME, Erik / HAUSMANN, Rainer (Hrsg.), Internationales Privat- und Verfahrensrecht, München 2009.

JENCKEL, Hans-Wilhelm, Das Rechtssystem der Republik Singapur – Eine Studie zur Rezeption des englischen Rechts im Commonwealth, Frankfurt 1986.

KIRCHNER, Hildebert / PANNIER, Dietrich, Abkürzungsverzeichnis der Rechtssprache, Berlin 2008.

KLÖCKNER, Ilka, Grenzüberschreitende Bindung an zivilrechtliche Präjudizien, Tübingen 2006.

KOH, Peter, Arbitration and Alternative Dispute Resolution for Commercial and Maritime Transactions in China, in: *Singapore International Arbitration Centre* (Hrsg.), International Congress of Maritime Arbitrators XVI Singapore, Congress Papers, Singapur 2007, 534 – 555.

KRÖLL, Stefan, Die Schiedsvereinbarung im Verfahren zur Anerkennung und Vollstreckung ausländischer Schiedssprüche, Zeitschrift für Zivilprozess 2004, 453 – 486.

Ders., 50 Jahre UN-Übereinkommen über die Anerkennung und Vollstreckung ausländischer Schiedssprüche – Standortbestimmung und Zukunftsperspektive, Zeitschrift für Schiedsverfahren 2009, 40 – 53.

Ders., Treu und Glauben bei der Vollstreckbarerklärung ausländischer Schiedssprüche – zu BGH 17.4.2008 – III ZB 97/06, Praxis des Internationalen Privat- und Verfahrensrechts 2009, 145 – 149.

KRONKE, Herbert / NACIMIENTO, Patricia / OTTO, Dirk / PORT, Nicola Christine (Hrsg.), Recognition and Enforcement of Foreign Arbitral Awards Global Commentary on the New York Convention, Alphen aan den Rijn 2010.

KÜHN, Wolfgang, Aktuelle Fragen zur Anwendung der New Yorker Konvention von 1958 im Hinblick auf die Anerkennung und Vollstreckung ausländischer Schiedssprüche – Eine Betrachtung der deutschen Rechtsprechung, Zeitschrift für Schiedsverfahren 2009, 53 – 61.

LEE, Suet Lin Joyce, Much Ado about Errors: The Singapore Perspective, Journal of International Arbitration 1998, 95 – 112.

LEE, Tye Beng Joel, The ADR Movement in Singapore, in: Tan Kevin, The Singapore Legal System, 2. Aufl., Singapur 1999, 414 – 445.

LEW, Julian / MISTELIS, Loukas / KRÖLL, Stefan, Comparative International Commercial Arbitration, Den Haag 2003.

MAJEED, Nudrat, Good Faith and Due Process: Lessons from the Shari'ah, Arbitration International 2004, 97 – 112.

MALLMANN, Roman, Die Bedeutung der Schiedsvereinbarung im Verfahren zur Anerkennung und Vollstreckung ausländischer Schiedssprüche, Zeitschrift für Schiedsverfahren 2004, 152 – 159.

MAXWELL, Iain / WEGNER, Kay-Jannes, The New ASEAN Comprehensive Investment Agreement, Asian International Arbitration Journal 2009, 167 – 189.

MCBAIN, Sophie, Singapore: The Switzerland of the East?, Spear´s Magazine 2011, 70-80, auch abrufbar unter: http://www.spearswms.com/asia/27682/singapore-the-switzerland-of-the-east.thtml

MERKIN, Robert / HJALMARSSON, Johanna, Singapore Arbitration Legislation Annotated, London 2009.

MOSER, Michael (Hrsg.), Arbitration in Asia, Loseblattsammlung, Bd. 1, 1. Aufl., Singapur, Stand: November 2001.

Ders. (Hrsg.), Arbitration in Asia, Loseblattsammlung, 2. Aufl., New York, Stand: Dezember 2009.

MÜLLER, Holger / HÖK, Götz-Sebastian / SCHULZE, Ulrich, Deutsche Vollstreckungstitel im Ausland – Anerkennung, Vollstreckung und Verfahrensführung in den einzelnen Ländern, Loseblattsammlung, Bd. 1, München, Stand: Mai 2003.

MÜNZBERG, Reinhard, Die Schranken der Parteivereinbarungen in der privaten internationalen Schiedsgerichtsbarkeit, Berlin 1970.

MUSTILL, Michael John, Arbitration: History and Background, Journal of International Arbitration 1989, 43 – 56.

Ders., A New Arbitration Act for the United Kingdom? The Response of the Departmental Advisory Committee to the UNCITRAL Model Law, Arbitration International 1990, 3 – 62.

Ders. / BOYD, Steward, Commercial Arbitration, Bd. 1, 2. Aufl., London 1989.

NACIMIENTO, Patricia / DROP, Maarten, Recognition and Enforcement of Annulled Arbitral Awards, Zeitschrift für Schiedsverfahren 2009, 272 – 275.

ONYEMA, Emilia, Arbitration under the OHADA Regime, International Arbitration Law Review 2008, 205 – 218.

PARK, William, Duty and Discretion in International Arbitration, The American Journal of International Law 1999, 805 – 823.

PARKER, Hubert Lister, The History and Development of Commercial Arbitration – Recent Developments in the Supervisory Powers of the Courts over Inferior Tribunals, Jerusalem 1959.

PARRIS, John, The Law & Practice of Arbitrations, London 1974.

PAULSSON, Jan, May or Must Under the New York Convention: An Exercise in Syntax and Linguistics, Arbitration International 1998, 227 - 230.

PAULSSON, Marike, The Miami Draft: the Good Twin of the NYC, abrufbar unter: http://kluwerarbitrationblog.com/blog/2010/10/07/the-miami-draft-the-good-twin-of-the-nyc/

PHANG, Andrew, The Singapore Legal System – History, Theory and Practice, Singapore Law Review 2000, 23 – 61.

PHANG, Andrew Boon Leong, The Development of Singapore Law – Historical and Socio-Legal Perspectives, Singapur 1990.

PRÜTTING, Hans / GEHRLEIN, Markus, ZPO – Kommentar, 3. Aufl., Köln 2011.

PRYLES, Michael (Hrsg.), Dispute Resolution in Asia, 3. Aufl., Alphen aan den Rijn 2006.

Ders., Singapore: The Hub of Arbitration in Asia, 1-8, abrufbar unter: http://www.siac.org.sg/index.php?option=com_content&view=article&id=318:singapore-the-hub-of-arbitration-inasia&catid=56:articles&Itemid=171

Ders. / GARNETT, Richard, Recognition and Enforcement of Foreign Awards under the New York Convention in Australia and New Zealand, Journal of International Arbitration 2008, 899 – 912.

Ders. / MOSER, Michael (Hrsg.), The Asian Leading Arbitrators′ Guide to International Arbitration, New York 2007.

QUEEN MARY SCHOOL OF INTERNATIONAL ARBITRATION, 2010 International Arbitration Survey: Choices in International Arbitration.

Ders., International Arbitration: Corporate attitudes and practices 2008.

Ders., International Arbitration: Corporate attitudes and practices 2006.

Jeweils abrufbar unter: http://www.schoolofinternationalarbitration.org/research/index.html

QUINKE, David, § 1061 ZPO und der Meistbegünstigungsgrundsatz des UNÜ – Zugleich Anmerkung zu BGH, Urt. v. 8.6.2010 (XI ZR 349/08) und BGH, Beschl. V. 30.9.2010 (III ZB 69/09), Zeitschrift für Schiedsverfahren 2011, 169 – 173.

RAAPE, Leo, Internationales Privatrecht, Berlin 1961.

RAITHBY, John (Hrsg.), Statutes of Realm, Bd. 7, London 1820.

RAUSCHER, Thomas / WAX, Peter / WENZEL, Joachim (Hrsg.), Münchener Kommentar zur Zivilprozessordnung mit Gerichtsverfassungsgesetz und Nebengesetzen, Bd. 1: §§ 1 – 510 c, 3. Aufl. München 2008; Bd. 3: §§ 946 – 1086, 3. Aufl., München 2008.

REDFERN, Alan, The Arbitration Act 1996: A Major Opportunity for the International Arbitrator, The Arbitration and Dispute Resolution Law Journal 1997, 172 – 176.

REDFERN, Alan / HUNTER, Martin, Redfern and Hunter on International Arbitration, 5. Aufl., New York 2009.

REITHMANN, Christoph / MARTINY, Dieter, Internationales Vertragsrecht – Das internationale Privatrecht der Schuldverträge, 7. Aufl., Köln 2010.

RICO, Rena, Searching for Standards: Suspension of Enforcement Proceedings under Article VI of the New York Convention, Asian International Arbitration Journal 2005, 69 – 82.

ROEBUCK, Derek, Sources for the History of Arbitration, Arbitration International 1998, 237 – 343.

Ders., Cleopatra Compromised: Arbitration in Egypt in the First Century BC, Arbitration 2008, 263 – 268.

Ders., “Something, So Un-English”: Mediation and Arbitration in Hong Kong 1841 – 1865, Arbitration International 2010, 87 – 102.

SANDERS, Pieter, New York Convention on the Recognition and Enforcement of Foreign Arbitral Awards, Netherland International Law Review 1959, 55 – 59.

Ders., The making of the Convention, in: United Nations Publication, Enforcing Arbitration Awards under the New York Convention – Experience and Prospects, New York 1999, 3 – 5, auch abrufbar unter: http://www.uncitral.org/pdf/english/texts/arbitration/NY-conv/NYCDay-e.pdf

ŠARČEVIĆ, Petar (Hrsg.), Essays on International Commercial Arbitration, London 1989.

SCHAEFER, Jan, Borrowing and Cross-Fertilising Arbitration Laws – A Comparative Overview of the Developments of Hong Kong and Singapore Legislation for International Commercial Arbitration, Journal of International Arbitration 1999, 41 – 99.

Ders., Leaving the Colonial Arbitration Laws Behind: Southeast Asia´s Move into the International Arbitration Arena, Arbitration International 2000, 297 – 332.

SCHLOSSER, Peter, Das Recht der internationalen privaten Schiedsgerichtsbarkeit, 2. Aufl., Tübingen 1989.

SCHÜTZE, Rolf, Schiedsgericht und Schiedsverfahren, 4. Aufl., München 2007.

Ders. / TSCHERNING, Dieter / WAIS, Walter, Handbuch des Schiedsverfahrens – Praxis der deutschen und internationalen Schiedsgerichtsbarkeit, 2. Aufl., Berlin 1990.

Ders. / HIRTH, René-Alexander, Einführung in das Recht Singapurs, München 2007.

SCHWAB, Karl Heinz / WALTER, Gerhard, Schiedsgerichtsbarkeit - Kommentar, 7. Aufl., München 2005.

SINGAPORE DEPARTMENT OF STATISTICS, Census of Population 2010: Advance Census Release, Singapur 2010 (zitiert: *Singapore Department of Statistics*, Advance Census Release).

Ders., Census of Population 2010 Statistical Release 1: Demographic Characteristics, Education, Language and Religion, Singapur 2011 (zitiert: *Singapore Department of Statistics*, Statistical Release 1).

Jeweils auch abrufbar unter:
http://www.singstat.gov.sg/pubn/census2010.html

SOLOMON, Dennis, Refusal of Enforcement by Courts of Secondary Jurisdiction, Singapore Arbitrator 1995, 2 – 3.

Ders., Die Verbindlichkeit von Schiedssprüchen in der internationalen privaten Schiedsgerichtsbarkeit: Zur Bedeutung nationaler Rechtsordnungen und der Entscheidung nationaler Gerichte für die Wirksamkeit internationaler Schiedssprüche, München 2007.

SORNARAJAH, Muthucumaraswamy, The International Law on Foreign Investment, 3. Aufl., Cambridge 2010.

STEIN, Friedrich / MARTIN, Jonas, Kommentar zur Zivilprozessordnung, Bd. 9: §§ 916 – 1068 – EG ZPO, 22. Aufl., Tübingen 2002.

STEINWENTER, Artur, Die Streitbeendigung durch Urteil, Schiedsspruch und Vergleich nach griechischem Recht, 2. Aufl., München 1971.

TABALUJAN, Benny, Singapore´s Adoption of the UNCITRAL Model Law on International Commercial Arbitration – Some Preliminary Observations, Journal of International Arbitration 1995, 51 – 64.

TAN, Kevin Y. L. (Hrsg.), Essays in Singapore Legal History, Singapur 2005 (zitiert: *Tan*, Singapore Legal History).

TANIGUCHI, Yasuhei, The Changing Attitude to International Commercial Dispute Settlement in Asia and the Far East, Arbitration and Dispute Resolution Law Journal 1997, 67 – 77.

TEO, Guan Siew / WONG, Huiwen Denise, Referring Questions of Foreign Law to the Court of Governing Law: No Longer "Lost in Translation", Singapore Academy of Law Journal 2001, 227 – 249.

TRANSPARENCY INTERNATIONAL, Annual Report 2010, Berlin 2011, auch abrufbar unter: http://www.transparency.org/publications/publications

UNITED NATIONS CONFERENCE ON TRADE AND DEVELOPMENT (Hrsg.), Course on Dispute Settlement – International Commercial Arbitration, Making the Award and Termination of Proceedings, Genf / New York 2005, auch abrufbar unter: http://www.unctad.org/en/docs/edmmisc232add41_en.pdf (zitiert: UNCTAD/EDM/Misc.232/Add.41).

VAN DEN BERG, Albert Jan, The New York Arbitration Convention of 1958 – Toward a Uniform Judicial Interpretation, Deventer 1981.

Ders., Enforcement of Annulled Awards?, ICC International Court of Arbitration Bulletin 1998, 15 – 21.

Ders., Striving for uniform interpretation, in: United Nations, Enforcing Arbitration Awards under the New York Convention – Experience and Prospects, New York 1999, 40 – 44, auch abrufbar unter: http://www.uncitral.org/pdf/english/texts/arbitration/NY-conv/NYCDay-e.pdf

Ders., New York Convention of 1958 – Consolidated Commentary on Cases Reported in Volumes XXII (1997) – XXVII (2002), in: *International Council for Commercial Arbitration*, Yearbook Commercial Arbitration. 18. Aufl., Deventer 2003, 562 – 700.

Ders., New York Convention 1958: Refusals of Enforcement, ICC International Court of Arbitration Bulletin 2007, 1 – 35.

Ders., Enforcement of Arbitral Awards Annulled in Russia – Case Comment on Court of Appeal of Amsterdam, April 28, 2009, Journal of International Arbitration 2010, 179 – 198.

VEEDER, V. V., Key Note Speech: Is There a Need to Revise the New York Convention, in: *Emmanuel Gaillard* (Hrsg.), The Review of International Arbitral Awards – IAI Forum, Dijon 12 – 14 September 2008, Huntington 2010, 183 – 194.

WEE, Aloysius, The Dragon, Elephant and the Little Red Dot, Singapore International Arbitration Centre Publications, 1 – 4, abrufbar unter: http://www.siac.org.sg/index.php?option=com_content&view=article&id=175:the-dragon-elephant-and-the-little-reddot&catid=56:articles&Itemid=171

WEIGAND, Frank-Bernd, Practitioner's Handbook on International Arbitration, München 2002 (zitiert: *Weigand/Haas*).

Ders. (Hrsg.), Practitioner's Handbook on International Commercial Arbitration, 2. Aufl., Oxford 2009 (zitiert: *Bearbeiter*, in: *Weigand*).

WOON, Walter, The Singapore Legal System, Singapur 1989.

WORLD BANK, Doing Business 2007: How to Reform, Washington 2010 (zitiert: *World Bank*, Doing Business 2007).

Ders., Doing Business 2011: Making a Difference for Entrepreneurs, Washington 2010 (zitiert: *World Bank*, Doing Business 2011).

Ders., Doing Business 2012: In a more transparent world, Washington 2011 (zitiert: *World Bank*, Doing Business 2012).

Jeweils auch abrufbar unter: http://www.doingbusiness.org/

WORLD ECONOMIC FORUM, The Global Competitiveness Index 2011 – 2012: Setting the Foundation for Strong Productivity, Genf 2011, auch abrufbar unter: http://www.weforum.org/reports

WORLD JUSTICE PROJECT, The World Justice Project Rule of Law Index 2011, Washington D.C. 2011, auch abrufbar unter: http://worldjusticeproject.org/rule-of-law-index/index-2011

YONG, Pung How, Speeches and Judgments of Chief Justice Yong Pung How, Singapur 1996.

ZÖLLER, Richard (*Begr.*), Zivilprozessordnung - Kommentar, 27. Aufl., Köln 2009.

Abkürzungsverzeichnis

AA	Arbitration Act
AALCO	Asian-African Legal Consultation Organisation
ABLJ	American Business Law Journal
ADR	Alternative Dispute Resolution / Alternative Streitbeilegung
ADRLJ	Arbitration and Dispute Resolution Law Journal
AIAJ	Asian International Arbitration Journal
AIIDA	Arbitration International Investment Disputes Act
AJIL	American Journal of International Law
All ER	All England Law Reports
Am. U. Int'l L. Rev.	The American University International Law Review
Arb. Int'l	Arbitration International
ASEAN	Association of South-East Asian Nations / Verbund Südostasiatischer Nationen
ASEAN IA	ASEAN Comprehensive Investment Agreement / ASEAN Investitionsabkommen
AUA	Act uniforme relatif au droit de l'arbitrage / Einheitlicher Akt des Schiedsrechts
Cap.	Chapter
CarswellQue	Carswell Quebec Cases
CCJA	Common Court of Justice and Arbitration
CIETAC	Chinese International Economic and Trade Arbitration Commission
CMEA	Council for Mutual Economic Assistance / Rat für gegenseitige Wirtschaftshilfe
DRI	Dispute Resolution International
ECOSOC	Economic and Social Council (UN) / Wirtschafts- und Sozialrat der Vereinten Nationen
Ed.	Edition
EU-Abkommen	Europäisches Übereinkommen über die internationale Handelsschiedsgerichtsbarkeit

EUÜ	Europäisches Übereinkommen über die internationale Handelsschiedsgerichtsbarkeit
EWCA	England and Wales Court of Appeal
GA	Genfer Abkommen zur Vollstreckung ausländischer Schiedssprüche vom 26. September 1927
GN No S	Gazette Notification Number Singapore
GP	Genfer Protokoll über Schiedsklauseln vom 24. September 1923
HKIAC	Hong Kong International Arbitration Centre
HKLR	Hong Kong Law Report
HKLRD	Hong Kong Law Report and Digest
IAA	International Arbitration Act
IAI	International Arbitration Institut
ICC	International Chamber of Commerce / Internationale Handelskammer
ICCA	International Council For Commercial Arbitration
ICSID	International Convention on the Settlement of Investment Disputes/ Übereinkommen zur Beilegung von Investitionsstreitigkeiten
ICMA	International Congress of Maritime Arbitrators
ILA	International Law Association
Int. A.L.R.	International Arbitration Law Review
IPRax	Praxis des internationalen Privat- und Verfahrensrechts
IPRG	Bundesgesetz über internationales Privatrecht (Schweiz)
J. Int'l Arb.	Journal of International Arbitration
Lloyd´s Rep	Lloyd´s Law Reports
LRRD	Law Reform and Revision Division
ME	Miami-Entwurf
MG	UNCITRAL-Mustergesetz
Neth. Int´l L. Rev.	Netherland International Law Review
NZLR	New Zealand Law Reports
o.	Order

OHADA	Organisation pour l´harmonisation en Afrique du droit des affaires/ Organisation zur Harmonisierung des Wirtschaftsrechts in Afrika
r.	Rule
RECJA	Reciprocal Enforcement of Commonwealth Judgments Act
REFJA	Reciprocal Enforcement of Foreign Judgments Act
Rev. Ed.	Revised Edition
RoC	Rules of Court
SAcLJ	Singapore Academy of Law Journal
SAL	Singapore Academy of Law
SAL Ann Rev	Singapore Academy of Law Annual Review of Singapore Cases
SGCA	Court of Appeal of Singapore
SGHC	High Court of Singapore
SIAC	Singapore International Arbitration Centre
SIAR	Stockholm International Arbitration Review
SiArb	Singapore Institute of Arbitrators
SINARB	Singapore Arbitrator
Sing. LR	Singapore Law Review
SJLS	Singapore Journal of Legal Studies
SJZ	Schweizerische Juristenzeitung
SLR	The Singapore Law Reports
SLR(R)	The Singapore Law Reports (Reissue)
SYBIL	Singapore Yearbook of International Law
UN-Abkommen	New York Übereinkommen über die Anerkennung und Vollstreckung ausländischer Schiedssprüche vom 10. Juni 1958
UN Doc.	United Nations Document
UNCITRAL	United Nations Commission on International Trade Law/ Kommission der Vereinten Nationen für internationales Handelsrecht
UNCTAD	United Nations on Trade and Development / Konferenz der Vereinten Nationen für Handel und Entwicklung

UNECE	United Nations Economic Commission for Europe / UN-Wirtschaftskommission für Europa
UNÜ	Siehe UN-Abkommen
UKSC	United Kingdom Supreme Court
Va. L. Rev.	Virginia Law Review
WL	Westlaw
WLR	Weekly Law Reports
WIPO	World Intellectual Property Organization
WÜRV	Wiener Übereinkommen über die Rechte
Yearbook Comm. Arb´n ...	Yearbook Commercial Arbitration

Im Übrigen wird auf die gängigen Abkürzungen, unter anderem abgedruckt in *Kirchner/Pannier,* Abkürzungsverzeichnis der Rechtssprache, verwiesen.

Einführung

Seit dem Bestehen der Menschheit ist die effektive Bewältigung von zwischenmenschlichen Konfliktsituationen essenziell zur Sicherung eines geordneten Zusammenlebens und ein wichtiges Indiz der Entwicklungsstufe einer Gesellschaft und deren Wohlstand. Eine nicht zu empfehlende, aber auch heute noch durchaus populäre Methode der Streitbeilegung war anfänglich dem Tierreich entnommen. Im Rahmen der Selbsthilfe galt das Recht des Stärkeren. Wie es *John Parris* in seinem Lehrbuch „*The Law & Practice of Arbitration*" bildlich umschreibt, wurde die Konfliktlösung „*per Keulenschlag*" selbst erzwungen[1].

Demgegenüber weitaus zivilisierter ist die heutige Form zur Lösung rechtlicher Konfliktsituationen, welche die Aufgabe der Rechtsfindung und Rechtsdurchsetzung einer mit hoheitlichen Rechten ausgestatteten Instanz überlässt. Im Unterschied zur animalischen Form der Streitbeilegung entscheidet nunmehr die Instanz mit der „*größten Keule*". Doch gelegentlich fühlen sich dabei alle Streitbeteiligten vor den Kopf gestoßen.

Alternativ dazu besteht aber auch die Möglichkeit, dass die Streitparteien im Wege der privaten Streitbeilegung gemeinsam ihre Waffen einer als weise und als vertrauenswürdig angesehenen Instanz aus ihrer Mitte anvertrauen, die in der Rechtsstreitigkeit vermittelnd, aber zugleich und auch abschließend entscheidend agiert. Letztere Methode der Streitbeilegung ist heutzutage unter dem weit gefassten Begriff der Schiedsgerichtsbarkeit bekannt. Diese ist aber keineswegs eine Erfindung der Moderne, sondern wird insbesondere im Lichte Jahrtausende alter Stammesrechtsprechung zu den ursprünglichsten Formen der Konfliktbewältigung gezählt[2].

Eine wahre Renaissance und Institutionalisierung erlebte die Schiedsgerichtsbarkeit im letzten Jahrhundert[3]. Beispielsweise werden nach *Rainer Hausmann* heutzutage im internationalen Handelsverkehr Gerichtsstandsvereinbarungen in erheblichem Umfang durch Schiedsvereinbarungen verdrängt[4]. Das Fundament des überragenden Erfolgs der Schiedsgerichtsbarkeit im internationalen Rechtsverkehr bildet das von der *United Nations Conference on International Commercial Arbitration* verabschiedete *New York*

1 Vgl. *Parris*, S. 1 f.

2 Dazu näher unter *Kapitel 1 IV. 1.)*; a.A. *Mustill*, J. Int'l Arb. 6 (1989), 43.

3 Vgl. u.a. *Queen Mary School of International Arbitration*, International Arbitration: Corporate attitudes and practices 2008, S. 2. Danach ist die internationale Schiedsgerichtsbarkeit die beliebteste Streitbeilegungsmethode für grenzüberschreitende Rechtsstreitigkeiten.

4 *Hausmann*, in: *Reithmann/Martiny*, Rz. 6550; vgl. auch *Schwab/Walter*, Kap. 41 Rz.1.

Übereinkommen über die Anerkennung und Vollstreckung ausländischer Schiedssprüche vom 10. Juni 1958[5], welches nach dem jüngsten Beitritt von Liechtenstein am 7. Juli 2011 von 146 Staaten ratifiziert wurde[6].

Nach mehr als 50 Jahren der Anwendung des UN-Abkommens könnte zwar davon ausgegangen werden, dass dessen Auslegung mittlerweile als gefestigt anzusehen ist. Bei genauer Fallstudie, insbesondere dem globalen Rechtsvergleich, fällt allerdings auf, dass es sowohl im Rahmen der vertragsautonomen Auslegung als auch der Anwendung des Abkommens vor den staatlichen Exequaturgerichten (immer noch) zu deutlichen rechtlichen Unterschieden kommen kann[7]. Dies ist vor allem darauf zurückzuführen, dass das UN-Abkommen, unter der Betonung der Privatautonomie der Parteien einerseits und der Souveränität der nationalstaatlichen Behörden andererseits zur Förderung der Vollstreckbarkeit von Schiedsvereinbarungen und Schiedssprüchen lediglich die Harmonisierung autonomen Rechts beabsichtigt und gerade nicht ein supranationales Anerkennungs- und Vollstreckungsregime schafft[8]. Wie *Albert Van den Berg* es treffend formuliert: „*Die internationale Handelsschiedsgerichtsbarkeit ist ohne die Unterstützung der nationalen Gerichte nicht funktionsfähig ... Die Art und Weise, wie diese das UN-Abkommen auslegen und anwenden, ist der Ausgangspunkt [bzw. die Voraussetzung] seiner Leistungsfähigkeit*"[9]. Im Ergebnis bleibt die konkrete

---

5 Nachfolgend im Fließtext als „*UN-Abkommen*" oder „*UNÜ*" bezeichnet; abgedruckt in: *Jayme/Hausmann*, Nr. 240; BGBl. 1961 II, 122; *Yearbook Comm. Arb'n* IV (1979), 226 (226-229); *United Nations*, Treaty Series, Vol. 330, No. I-4739; Annex A - auch abrufbar unter: http://treaties.un.org/doc/Publication/UNTS/Volume%20330/ volume-330-I-4739-English.pdf

6 Siehe dazu http://treaties.un.org/pages/ViewDetails.aspx?src=TREATY&mtdsg_no=XXII-1&chapter=22&lang=en; so u.a. auch *Cheng*, in: *ICCA*, Congress Series No. 14, 679 (679).

7 Beispielsweise sind sich die Literatur und Rechtsprechung nach wie vor nicht darüber einig, inwieweit der Wortlaut des Art. 5 Abs. 1, 2 UNÜ den Exequaturgerichten einen Ermessenspielraum bei der Vollstreckbarerklärung eines Schiedsspruchs einräumt. Vgl. dazu u.a. *Darwazeh*, in: *Kronke/Nacimiento/Otto/Port*, 301 (308 ff.); allgemein zum Erfordernis einer einheitlichen Anwendung des UN-Abkommens auch *Aboul-Enein*, DRI 2 (2008), 178 (180 ff.).

8 Siehe dazu *Kapitel 2 IV. 4.)*. Vgl. auch in Abgrenzung dazu, die Regelungen des Übereinkommens zur Beilegung von Investitionsstreitigkeiten, näher dargelegt in *Kapitel 2 III. 1.) d)*.

9 *Van den Berg*, S. 5.

Anwendung und Auslegung des UN-Abkommens in den jeweiligen nationalstaatlichen Gerichten mit allen deren lokalen Besonderheiten verankert[10].

Es verwundert daher nicht, dass die vollkommene Harmonisierung staatlicher Anerkennungsvorschriften bei 146 Vertragsstaaten bisher nur teils verwirklicht werden konnte. Oder wie *Herbert Kronke* es formuliert, dass bei der Harmonisierung „*transnationalen Rechts*" ein Mindestmaß an Rechtsunsicherheit durch das allseits bekannte Phänomen der überraschenden und von der vermeintlich gängigen (internationalen) Praxis abweichenden Entscheidungen nicht vermieden werden kann[11]. Dennoch ist es gerade aufgrund des bisherigen Erfolgs des UN-Abkommens noch wichtiger geworden, dass das Abkommen von den staatlichen Gerichten möglichst einheitlich interpretiert wird[12]. Andernfalls droht ein unerwünschtes Maß an Rechtsunsicherheit bezüglich der (grenzüberschreitenden) Verwertbarkeit von Schiedssprüchen, was wiederum den weiteren Erfolg der internationalen Schiedsgerichtsbarkeit schmälern kann[13]. Aber auch unter rein nationaler Betrachtungsweise führt eine undurchsichtige, von der international herrschenden Auslegungspraxis zum UN-Abkommen abweichende oder gar im Widerspruch dazu stehende Rechtsanwendung zu Standortnachteilen[14].

Wie von *Roy Goode, Herbert Kronke* und *McKendrick* in dem Werk „*Transnational Commercial Law*" ausführlich dargelegt, sind die Möglichkeiten zur (kontinuierlichen) Vereinheitlichung internationaler Rechtsbestimmungen vielseitig und das UN-Abkommen nimmt dabei eine beispiellose Musterrolle ein[15]. Unter anderem wurde mehrfach darüber diskutiert, das UN-Abkommen nach mehr als 50-jähriger Dienstzeit zu modernisieren[16]. Mit der Vorlage eines überarbeiteten Entwurfs des Vertragstexts im Jahre 2008 durch den international anerkannten Experten *Albert van den Berg* auf dem Kongress des *International*

---

10 Insbesondere richten sich die Verfahrensvorschriften vorbehaltlich Art. 4 UNÜ, gem. Art. 3 UNÜ ausschließlich nach dem Recht des jeweiligen Exequaturforums.

11 *Kronke*, in: *Kronke/Nacimiento/Otto/Port*, 1 (4); vgl. auch *Brady*, in: *ICCA*, Congress Series No. 14, 708 (708).

12 *Van den Berg*, S. 1.

13 Ähnlich auch *Van den Berg*, S. 1.

14 Genauer dazu *Kapitel 2 I.*

15 Vgl. ausführlich zur Harmonisierung transnationalen Rechts: *Goode/Kronke/McKendrick*, Kap. 19.

16 Ablehnend dazu u.a. *Sanders* in: *ICCA*, Congress Series No. 9, 11 (13); vgl. zusammenfassend auch *Gaillard*, in: *ICCA*, Congress Series No. 14, 689 (689).

Council for Commercial Arbitration in Dublin nahm diese Diskussion jüngst erneut an Fahrt auf[17].

Doch selbst nach, in Vorbereitung oder gar zur Vermeidung einer solchen Reform bleibt es unerlässlich, einen genauen rechtsvergleichenden Blick auf die Anwendung des UN-Abkommens in den jeweiligen Vertragsstaaten zu werfen[18]. Durch den Erkenntnisgewinn kann eine kontinuierliche Harmonisierung der Anerkennung und Vollstreckung von ausländischen Schiedssprüchen weiter vorangetrieben und unnötige Rechtsunsicherheit zunehmend vermieden werden. Dies belegt der Blick in die jahrzehntelange Entwicklung des UN-Abkommens, dessen Erfolg zu einem wesentlichen Teil auch auf die Methodik des internationalen Rechtsvergleichs zurückzuführen ist.

Daneben bietet der Rechtsvergleich dem Rechtsanwender eine bedeutsame Entscheidungshilfe bei der Wahl unter mehreren zur Auswahl stehenden Vollstreckungsforen beziehungsweise einer individuellen Risikobewertung. Die Bewertung der *„schiedsfreundlichen“* Anwendung des UN-Abkommens in den Mitgliedstaaten erlangt allerdings nicht erst im abschließenden Stadium der Anerkennung und Vollstreckung von Schiedssprüchen an Geltung, sondern spielt bereits bei der Entstehung einer Schiedsvereinbarung eine herausragende Rolle. Nach einer Studie der *Queen Mary School of International Arbitration* bildet mit 62 % aller befragten Unternehmen die formell-rechtliche Infrastruktur, zu der insbesondere auch die Anerkennung und Vollstreckung von Schiedsvereinbarungen und Schiedssprüchen zählt, das ausschlaggebende Kriterium für die Festlegung auf einen Schiedsort[19].

Im Gegensatz zu dem amerikanischen und europäischen Kontinent, in denen auf eine große Auswahl an Fachliteratur und staatlicher Rechtsprechung zurückgegriffen werden kann, fehlt es in Bezug auf die asiatische Region weitestgehend an einer vergleichbaren Aufarbeitung der nationalen Rechtslagen[20].

17 Siehe dazu, einschließlich dem Abdruck des Entwurfs: *Van den Berg*, in: *ICCA*, Congress Series No. 14, 649 (649 ff.). Teils auch abrufbar unter: http://www.newyorkconvention.org/draft-convention. Dazu auch zusammenfassend *Kapitel 2 IV. 2.).*

18 Vgl. zu möglichen Maßnahmen auch *Cheng*, in: ICCA, Congress Series No. 14, 679 (685 ff.).

19 *Queen Mary School of International Arbitration*, 2010 International Arbitration Survey: Choices in International Arbitration, S. 18. Innerhalb dieser Kategorie bildet nach der Neutralität des Forums (34 %) und der generellen „Schiedsfreundlichkeit“ (25 %) die Frage, ob der Schiedsort dem UN-Abkommen beigetreten ist (20 %), noch vor der Übernahme des UNCITRAL-Mustergesetzes einen nicht zu unterschätzenden Entscheidungsfaktor.

20 Auf Grund der Größe und Vielfalt des asiatischen Kontinents beschränkt sich die Bezugnahme auf die *„asiatische Region“* bzw. *„Asien“* allgemein, nachfolgend auf die Nationen des ASEAN+3 Nationen, einschließlich der Republik Indien.

Mit Blick auf die Bedeutung des Kontinents für die globale Wirtschaft, aber auch auf die aktuellsten Statistiken zur Schiedsgerichtsbarkeit, mag dies überraschen. Nach der neuesten Statistik der Internationalen Handelskammer konnten im Jahre 2010 beispielsweise 20 % aller Schiedsparteien eines ICC-Schiedsverfahrens dem asiatischen-pazifischen Raum zugeordnet werden[21]. Das entspricht einem Wachstum von 240 % innerhalb der letzten 10 Jahre[22].

Meine berufliche Tätigkeit in der Republik Singapur wurde daher zum Anlass genommen, im Rahmen eines Promotionsverfahrens durch die Untersuchung und Darlegung der Anwendung des UN-Abkommens in Singapur im Vergleich zu der internationalen herrschenden Rechtspraxis meinen Teil zur vereinheitlichten Rechtsanwendung auf internationaler wie nationaler Ebene beizutragen. Der Staat Singapur, welcher häufig auch als „*Tor Asiens*" bezeichnet wird, eignet sich in vielerlei Hinsicht dazu. Insbesondere ist das Thema aufgrund der herausragenden wirtschaftlichen und politischen Bedeutung Singapurs und seiner einzigartigen Stellung auf dem Parkett der internationalen Schiedsgerichtsbarkeit von erheblicher praktischer Relevanz[23]. Aber auch mit Blick auf den asiatisch-pazifischen Raum vermag die nachfolgende Untersuchung leichte Tendenzen aufzuzeigen. Dies kann vor allem in Bezug auf dem angelsächsischen Rechtskreis zuzuordnende Staaten angenommen werden[24]. Doch auch für viele weitere Staaten in der Region üben die Schiedszentren Hongkong und Singapur eine gewisse Vorbildfunktion aus[25].

Umso verwunderlicher ist es daher, dass die wissenschaftliche Aufarbeitung des zugrunde liegenden Themas sowohl in der deutsch- als auch englischsprachigen Literatur kaum vorhanden ist[26].

---

21 *ICC*, Bulletin 22 (2011), Internetausgabe, S. 3; genauer dazu *Kapitel 1 IV.) 2.)*.

22 *ICC*, Bulletin 22 (2011), Internetausgabe, S. 4.

23 Genauer dazu *Kapitel 3 I.*

24 Dazu zählen insbesondere Hongkong SAR, Australien, Neuseeland, Malaysia und Indien.

25 Vgl. dazu allgemein *Pryles/Taylor*, in: *Pryles*, S. 10.

26 So in Bezug auf die Rechtsliteratur zur singapurischen Schiedsgerichtsbarkeit allgemein auch *Chew*, Arbitration in Singapore, S. VII; ebenso *Rajah*, in: *Merkin/Hjalmarsson*, S. V.

Methodik

Wie zuvor beschrieben ist das erklärte Ziel dieser Arbeit, einen wissenschaftlichen Beitrag zur Vereinheitlichung der Rechtsanwendung des UN-Abkommens auf internationaler wie nationaler Ebene zu schaffen. Dazu soll die Rechtspraxis der Anerkennung und Vollstreckung ausländischer Schiedssprüche nach dem UN-Abkommen in Singapur anhand der vorhandenen Rechtsquellen, Literatur und Rechtsprechung im Detail untersucht und im Wege des horizontalen Rechtsvergleichs mit dem international herrschenden Meinungsstand zur Auslegung des UN-Abkommens verglichen werden.

Kapitel 1 dient der elementaren Einführung in die weite Thematik der Schiedsgerichtsbarkeit und Begriffsbestimmung. Durch die Darstellung der rechtshistorischen Entwicklung der Schiedsgerichtsbarkeit, deren heutige Bedeutung und deren wesentlichen Merkmalen, soll das notwendige Grundverständnis für die Schiedsgerichtsbarkeit als Form der privaten Gerichtsbarkeit geschaffen werden.

Kapitel 2 entwickelt die Vergleichsgrundlage für den späteren Rechtsvergleich. Zunächst werden die häufig in diesem Zusammenhang synonym verwendeten Begriffe der Anerkennung und Vollstreckung von Schiedssprüchen gegeneinander abgegrenzt. Im Anschluss daran wird auf das UN-Abkommen und die internationale Literatur und Rechtsprechung zu dessen Auslegung eingegangen. Aufgrund der Vielfalt der Vertragsstaaten und Auslegungsproblematiken kann lediglich ein Überblick über den aktuellen Meinungsstand als Grundlage für den weiteren Rechtsvergleich geschaffen werden[27].

Kapitel 3 widmet sich der detaillierten Analyse der singapurischen Rechtslage, basierend auf der in *Kapitel 2* erstellten Matrix. Dabei wird eine vollumfängliche Auswertung der Gesetzesmaterialien, in- und ausländischer Literaturauffassungen und Rechtsprechung vorgenommen. Sofern erforderlich wird hilfsweise auf die Materialien zur Aufhebung von Schiedssprüchen zurückgegriffen[28]. Vereinzelt wird entsprechend der Rechtspraxis der singapuri-

---

27 Zur Vertiefung dieser Rechtsfragen kann unter anderem auf den jüngst erschienenen Kommentar „*Recognition and Enforcement of Foreign Arbitral Awards – A Global Commentary on The New York Convention*“ von *Kronke/Nacimiento/Otto/Port* oder die vermutlich zeitgleich mit dieser Arbeit erscheinende und lange erwartete zweite Auflage der Monografie von *Albert Jan Van den Berg*, „*The New York Arbitration Convention of 1958*“ verwiesen werden.

28 Singapur hat das UNCITRAL-Mustergesetz weitestgehend in seine nationale Rechtsordnung übernommen [siehe dazu *Kapitel 3 II. 3.) d)*]. Die Erkenntnisse zu den nahezu inhaltsgleichen Aufhebungsgründen des IAA können daher grundsätzlich auf die Auslegung der jeweiligen Anerkennungsversagungsgründe des UN-Abkommens

schen Gerichte auch auf Literatur und Rechtsprechung aus verwandten Rechtskreisen der singapurischen Rechtsordnung eingegangen[29]. Zum besseren Gesamtverständnis und Vergleich werden zusätzlich die alternativen Methoden der Anerkennung und Vollstreckung ausländischer Schiedssprüche in Singapur in gebotener Kürze durchleuchtet.

Kapitel 4 schließt die Untersuchung mit einer zusammenfassenden Betrachtung des Rechtsvergleichs und einem Ausblick in die Zukunft der Anerkennung und Vollstreckung von ausländischen Schiedssprüchen nach dem UN-Abkommen in Singapur.

Gesetzestexte, Literatur und Rechtsprechung wurden bis zum 1. Januar 2012 berücksichtigt und vereinzelt bis zur Einreichung dieser Arbeit am 1. Juli 2012 nachgetragen. Die Zitierweise folgt grundsätzlich den üblichen Anforderungen, die an eine deutsche juristische Dissertation zu stellen sind. Zur vereinfachten Auffindbarkeit ausländischer Quellen wird deren Zitierweise im jeweiligen Ursprungsland der Vorzug gegeben. Sofern die Einbindung einer Internetquelle als zweckmäßig erachtet wird, beschränkt sich deren Nennung im Literaturverzeichnis und vereinzelt auch in den Fußnoten auf die Aufführung von deren URL („*Uniform Ressource Locator*"). Der Vereinfachung halber wird auf die jeweilige Nennung des Abrufungszeitpunkts verzichtet und darauf verwiesen, dass alle Internetquellen zuletzt am 1. Juli 2012 auf ihre Aktualität überprüft wurden.

Der überwiegende Teil der verwendeten Materialien ist in englischer Sprache abgefasst. Sofern eine offizielle Übersetzung der jeweiligen Textpassage nicht zugänglich, aber für das Gesamtverständnis erforderlich ist, wird unter der Anwendung der gebotenen Sorgfalt versucht, eine eigene Übersetzung anzufertigen.

übertragen werden. So auch *Chew*, Arbitration in Singapore, S. 118; vgl. auch *AJU* v. *AJT* [2011] SGCA 41, Rz. 30 ff.

29 Zu den Ursprüngen des singapurischen Schiedsrechts siehe *Kapitel 3 II. 2.)*. Von besonderer Bedeutung sind dabei insbesondere die Literatur und Rechtsprechung aus Hongkong SAR, Australien, Neuseeland und Großbritannien.

Kapitel 1: Grundlagen der Schiedsgerichtsbarkeit

I. Begriffsbestimmung

Bevor in die Tiefen der Anerkennung und Vollstreckung ausländischer Schiedssprüche nach dem UN-Abkommen hinabgestiegen werden kann, gilt es zunächst festzuhalten, was unter der Institution der *internationalen privaten [Handels-]Schiedsgerichtsbarkeit* zu verstehen ist[30]. Insbesondere für die in *Kapitel 2* und *3* zu untersuchenden Kernprobleme, wie beispielsweise das Verhältnis von staatlichen Gerichten und Schiedsgerichten zueinander, die Balance zwischen der Privatautonomie der Parteien und staatlichen Schutzpflichten etc., ist ein einheitliches Grundverständnis unerlässlich.

Obwohl die Schiedsgerichtsbarkeit heutzutage in der weit überwiegenden Anzahl von Rechtsordnungen einen festen Platz eingenommen hat, fällt eine scharfe Abgrenzung gegenüber anderen Streitbeilegungsmethoden gelegentlich schwer. Viele Rechtsordnungen verzichten gänzlich auf eine Legaldefinition des Begriffs. Auch in multilateralen Staatsverträgen, wie beispielsweise dem UNCITRAL-Mustergesetz oder dem UN-Abkommen, werden Fragen der Begriffsbestimmung und dessen kollisionsrechtlicher Qualifikation bewusst offengelassen[31]. In der Konsequenz bedeutet dies, dass die konkrete Auslegung primär nach dem Normengefüge der jeweiligen Rechtsgrundlage zu erfolgen hat[32].

In der Rechtspraxis bereitet die Abgrenzung der Schiedsgerichtsbarkeit gegenüber anderweitigen Streitbeilegungsmethoden jedoch selten Auslegungsprobleme. Vielmehr wird häufig auf eine weite und vereinheitlichte Begriffs-

---

30 Davon zu unterscheiden ist der häufig synonym verwendete Begriff der „Internationalen Schiedsgerichtsbarkeit“. Dieser bezieht sich auf die Beilegung rein völkerrechtlicher Streitigkeiten nach dem zweiten Haager Abkommen zur friedlichen Erledigung internationaler Streitfälle vom 18. Oktober 1907. Getragen von denselben Leitmotiven entsprechen sich die beiden Streitbeilegungsverfahren in ihren wesentlichen Zügen. Sofern nicht ausdrücklich gekennzeichnet, bezieht sich nachfolgend der Begriff der „Schiedsgerichtsbarkeit“ ausschließlich auf die Rechtsinstitution der (internationalen) privaten Schiedsgerichtsbarkeit. Der häufig verwendete Begriff der „Handelsschiedsgerichtsbarkeit“ stellt dabei lediglich eine – wenn auch die bedeutendste – Untergruppierung der privaten Schiedsgerichtsbarkeit dar. Staatliche Spezialgerichte, die insbesondere im angelsächsischen Rechtskreisen fälschlicherweise als „Schiedsgerichte“ bezeichnet werden, sollen ebenfalls ausgenommen sein.

31 Vgl. u.a. Art. 2 a) MG.

32 Vgl dazu ausführlich *Schlosser*, Rn. 1 ff.

vorstellung zurückgegriffen. So wird der Begriff der Schiedsgerichtsbarkeit in der Literatur unter anderem als *„...ein Prozess [zur alternativen Beilegung bürgerlicher Rechtsstreitigkeiten definiert,] bei welchem zwei oder mehrere Personen eine Streitigkeit oder Meinungsverschiedenheiten über deren gegenseitige Rechte und Pflichten vor eine oder mehrere unparteiische Personen bringen, um eine abschließende und für beide Parteien bindende Entscheidung in dieser Sache zu erlangen, ohne den Weg über die staatliche Gerichtsbarkeit gehen zu müssen*[33]*"*.

II. Merkmale

Ergänzend helfen die nachfolgend genannten besonderen Merkmale der Schiedsgerichtsbarkeit dabei, diese genauer zu präzisieren, beziehungsweise diese besser von anderen Streitbeilegungsmethoden abzugrenzen. Das Herzstück der Schiedsgerichtsbarkeit ist darin zu sehen, dass es sich bei dieser um *privatisierte Rechtsprechung* handelt. Die Beteiligung staatlicher Behörden beschränkt sich dabei ausschließlich auf beaufsichtigende und unterstützende Funktionen[34]. Basierend auf dem Grundsatz der Privatautonomie obliegt es den Parteien in Abgrenzung zur staatlichen Gerichtsbarkeit, nicht nur ihren (Schieds-)Richter frei zu wählen, sondern sie bestimmen prinzipiell auch die „Spielregeln" ihres Streitbeilegungsverfahrens selbst. Insbesondere im grenzüberschreitenden Rechtsverkehr oder technisch geprägten Rechtsstreitigkeiten kann damit *flexibel* auf die Bedürfnisse der Rechtssuchenden eingegangen werden. Die Wahl besonders *sachkundiger Schiedsrichter* und eines *neutralen Schieds- oder Verfahrensorts*, die Vereinigung unterschiedlichster Verfahrensanschauungen in einer *lex arbitrationis,* bis hin zur parteilichen Ermächtigung des Schiedsgerichts, die Rechtsstreitigkeit nach Billigkeitsmaßstäben zu entscheiden, stehen stellvertretend für die vielen Vorteile, die in diesem Zusammenhang genannt werden. Nach dem Kommentar *Müller/Hök/Schulze* eröffnet sich damit den Parteien das sogenannte „*autonome Recht des Welthandels*[35]". Dieses wiederum wird durch *Jan Schäfer* so beschrieben, dass durch die Flexibilität der Schiedsgerichtsbarkeit der Angemessenheit der Streitbeilegung (*ius aequum*) gegenüber der strikten Befolgung autonomer materieller und verfahrensrechtlicher Rechtsvorschriften (*ius strictum)* der Vorzug gegeben wird[36].

---

33 *Halsbury*, Arbitration, S. 3; vgl. stellvertretend *Schwab/Walter*, Kap. 1,Rn. 1.

34 Vgl. dazu u.a. Art. 5 MG: „*In den von diesem Gesetz geregelten Angelegenheiten darf ein Gericht nur tätig werden, soweit dieses Gesetz es vorsieht*".

35 *Müller/Hök/Schulze*, Gruppe A S. 23.

36 Vgl. *Schaefer*, Arb. Int'l 16 (2000), 297 (305).

In Abgrenzung zur Mediation und sonstigen Methoden der alternativen Streitbeilegung trifft ein Schiedsgericht, sofern von den Parteien nicht anderweitig vereinbart, eine *abschließende* und für die Parteien *bindende Entscheidung über den Streitgegenstand*. Dadurch ist bereits durch den Wegfall eines Instanzenzugs allgemein mit einer *rascheren* und möglicherweise *billigeren Streitbeilegung* im Vergleich zu anderen Verfahren zu rechnen[37]. Dies birgt aber auch durch den Abschluss einer Schiedsvereinbarung bewusst in Kauf genommene Risiken in sich.

Ein weiteres, in den Anfängen der Schiedsgerichtsbarkeit weniger ausschlaggebendes Merkmal ist, dass das Schiedsverfahren in Abgrenzung zu staatlichen Rechtsprechungsverfahren dem in vielen Rechtsordnungen geltenden *Verfahrensgrundsatz der Öffentlichkeit nicht unterliegt*. Betriebsgeheimnisse, sonstige Geheimhaltungsinteressen sowie die Reputation der Parteien werden somit bestens geschützt. Vor allem in Verfahren, in denen spezifisches Sachwissen, Kundenlisten und Unternehmensstrategien eine besondere Rolle spielen, kann so das sensible Interesse der Parteien an deren Geheimhaltung gewahrt werden.

Der neben der Flexibilität der Verfahrensgestaltung wichtigste Vorteil der (internationalen) Schiedsgerichtsbarkeit ist jedoch die *vereinfachte Durchsetzung der aus einem Schiedsverfahren entstehenden Verpflichtungen.* Durch den besonderen Charakter der Schiedsgerichtsbarkeit als privates Streitbeilegungsverfahren unter weitgreifender Einbindung der Parteien steigt einerseits bereits vor, während und selbst nach der Durchführung eines Schiedsverfahrens die Vergleichsbereitschaft der Parteien sowie deren Bereitschaft, sich der getroffenen Entscheidung ohne die weitere Androhung von Zwangsmaßnahmen freiwillig zu unterwerfen[38]. Andererseits ist selbst in der zwangsweisen Durchsetzung von Ansprüchen aus einem Schiedsspruch mit deren vereinfachten Erfüllung zu rechnen. Gerade im grenzüberschreitenden Rechtsverkehr ist die Anerkennung und Vollstreckung von Schiedssprüchen

37 Kommen die Parteien ihrer Prozessförderungspflicht nicht nach, kann sich die Flexibilität von Schiedsverfahren aber auch in das Gegenteil wandeln. Zu diesem häufigen Kritikpunkt zusammenfassend *Schwab/Walter*, Rn. 8.

38 Nach *Šarčević*, in: *Šarčević*, S. 191, werden beispielsweise 94 % aller ICC-Schiedssprüche von der in dem Schiedsverfahren unterlegenen Partei freiwillig erfüllt. Nach der empirischen Studie der *Queens Mary School of International Arbitration*, International Arbitration: Corporate attitudes and practices 2008, S. 6 ff., werden 81 % aller einer Schiedsvereinbarung unterliegen Rechtsstreitigkeiten ohne die Zurhilfenahme staatlicher Gerichte beigelegt. In 25 % aller Fälle kann der Rechtsstreit noch vor Erlass eines Schiedsspruchs beigelgt werden. In 40 % aller Fälle kommt selbst noch nach Erlass eines Schiedsspruchs eine aussergerichtliche Einigung zustande.

durch eine Vielzahl an multilateralen, regionalen und bilateralen Staatsverträgen geregelt[39]. Der größte Vorteil der Schiedsgerichtsbarkeit wird daher darin gesehen, dass die zwangsweise Durchsetzung von Schiedssprüchen weltweit in weit größerem Umfang gewährleistet ist als die Wirkungserstreckung von Zivilurteilen[40]. Das UN-Abkommen spielt für eine solche „*Anerkennungs- und Vollstreckungsgarantie*" eine elementare Rolle.

III. Rechtsnatur

Die Rechtsnatur der Schiedsgerichtsbarkeit ist seit jeher heftig umstritten[41]. Praktische Relevanz erlangt der Meinungsstreit beispielsweise in Verbindung mit Auslegungsfragen zur kollisionsrechtlichen Qualifikation einer Schiedsvereinbarung oder der Aufhebung eines nach nationalem Recht als „*ausländisch*" einzustufenden Schiedsspruchs. Auch bei der Bewertung des Verhältnisses zwischen Schiedsgerichten und der staatlichen Gerichtsbarkeit kann der Blick auf die national vorherrschende Ansicht zur Rechtsnatur der Schiedsgerichtsbarkeit behilflich sein.

Die Eckpunkte der Diskussion bilden dabei die *Vertragstheorie* einerseits, welche die Schiedsgerichtsbarkeit als rein privaten, materiellrechtlichen Gestaltungsakt alleine dem Rechtsgebiet des Vertragsrechts zuordnen möchte, und andererseits die *jurisdiktionell-verfahrensrechtliche Theorie*, welche die Schiedsgerichtsbarkeit unter der Berücksichtigung öffentlicher Interessen als geduldeten beziehungsweise ergänzenden Teil staatlicher Rechtsprechung versteht und entsprechend dem staatlichen Prozessrecht zuordnet[42].

Wie es *Peter Schlosser* zutreffend zusammenfasst, sind beide Theorien nach heutiger Auffassung kaum noch voneinander zu trennen[43]. In der Konsequenz wird mittlerweile überwiegend ein *gemischter Ansatz* vertreten[44]. Danach ist die Schiedsgerichtsbarkeit nach französischem Vorbild als eine aus vertraglichen und prozessualen Elementen gemischte Rechtsinstitution zu verstehen, auf die nach detaillierter Strukturanalyse und bezogen auf den Einzelfall sowohl prozess- als auch materiellrechtliche Vorschriften entsprechend anzuwenden sind.

---

39 Siehe dazu *Kapitel 2 III*.

40 Vgl. *Hausmann*, in: *Reithmann/Martiny*, Rn. 6550; *Kronke*, in: *Kronke/Nacimiento/Otto/Port*, 1 (3).

41 *Haas*, S. 65 ff.

42 Zu den Theorien ausführlich *Schlosser*, Rn. 40 ff.

43 *Schlosser*, Rn. 50 ff.

44 Vgl. *Schlosser*, Rn. 52; Haas, S. 67.

IV. Die Evolution der Schiedsgerichtsbarkeit

1.) Allgemein

Die wirtschaftliche, juristische und politische Bedeutung sowie das öffentliche Interesse an der Rechtsinstitution der Schiedsgerichtsbarkeit haben in den vergangenen Jahren und Jahrzehnten kontinuierlich zugenommen und die Schiedsgerichtsbarkeit neben der Streitbeilegung vor den staatlichen Gerichten zu einer der bedeutendsten nationalen wie internationalen Streitbeilegungsmethoden emporsteigen lassen. Rechtshistorisch betrachtet ist die Durchführung von Schiedsverfahren zur Beilegung von Rechtsstreitigkeiten sicherlich nicht eine Erfindung des 20. oder 21. Jahrhunderts. Nach *Michael Mustill* ist die Schiedsgerichtsbarkeit vermutlich bis auf die Anfänge des Handeltreibens zwischen einzelnen Bevölkerungsgruppen zurückzuführen[45]. Viele Autoren sehen in der Schiedsgerichtsbarkeit sogar die ursprünglichste Art der Streitbeilegung[46].

Entsprechend kann die moderne Schiedsgerichtsbarkeit ohne einen Blick auf deren geschichtliche Wurzeln kaum vollumfänglich erfasst werden[47]. Einschränkend ist dem voranzustellen, dass, bedingt durch die Rechtsnatur der Schiedsgerichtsbarkeit als private Rechtsprechung, eine lückenlose Darstellung der Materie kaum möglich ist[48].

Erste Belege früher Formen der Schiedsgerichtsbarkeit können bereits im antiken Griechenland nachgewiesen werden[49]. So galten „Schiedsrichter" als hoch angesehene und als ausgesprochen weise geltende Persönlichkeiten, die eine zentrale Rolle in der Beilegung gesellschaftlicher Konflikte als „Vermittler" spielten[50]. Es verwundert daher auch nicht, dass auch im

---

45 Vgl. u.a. *Mustill*, J. Int'l Arb., 6 (1989), 43 (43 f.). *Mustill* weisst richtigerweise darauf hin, dass es sich bei den frühen Formen der Streitbeilegung meist um Mischformen unterschiedlichster Streitbeilegungsmethoden gehandelt haben muss, deren klare Abgrenzung zu der heutigen Form der Schiedsgerichtsbarkeit kaum noch möglich ist; vgl. auch *Jones*, in: Domke, 127 (128).

46 So u.a. *Bühringer-Uhle/Kirchhoff/Scherer*, S. 31; ebenso *Parker*, S. 5; *Di Pietro/Platte* S. 12; a.A. Mustill, J. Int'l Arb. 6 (1989), 43; vermittelnd Redfern/Hunter, Rn. 1.03, 1.09 f.

47 So auch *Jones*, in: *Domke*, 127 (135).

48 Vgl. auch *Redfern/Hunter*, Rn. 1.08, der die Rechtsgeschichte der Schiedsgerichtsbarkeit mit einem „riesigen Jigsaw Puzzle" vergleichen, dessen Puzzleteile teils für immer verlorengegangen sind; ausführlich zur Rechtsgeschichte der Schiedsgerichtsbarkeit: *Roebuck*, Arb. Int'l 14 (1998), 237-343.

49 *Steinwenter*, S. 172 ff., *Roebuck*, Arbitration 74 (2008), 263 (264 ff.).

50 Vgl. *Hölkeskamp*, S. 12 ff.

vorchristlichen Ägypten private Schiedsverfahren, meist durchgeführt vor Schiedsrichtern aus dem Bekanntenkreis beider Parteien, durchaus verbreitet waren[51]. Auch im Römischen Reich, dessen Recht die Grundlage vieler kontinentaler Rechtsordnungen bildet, können Spuren der Streitbeilegung durch Schiedsverfahren gefunden werden. Nach *René David* war zwar einerseits die Schiedsgerichtsbarkeit nicht ausdrücklich in dem römischen Recht geregelt, andererseits wurde geduldet, dass Handeltreibende ihre internen Rechtsstreitigkeiten ohne jegliche Intervention der Staatsgewalt selbst beilegten[52]. Mit der Ausdehnung des Römischen Reichs und vor allen Dingen dem florierenden Handel verbreitete sich die Schiedsgerichtsbarkeit weiter über ganz Europa und darüber hinaus.

Wie bereits aus den vorangegangenen Darstellungen deutlich wird, ist die Ausdehnung der Schiedsgerichtsbarkeit grundsätzlich eng mit der Beilegung von Handelsstreitigkeiten verbunden[53]. Es verwundert daher nicht, dass gerade in der Epoche des Mittelalters erstmals deutliche Belege für diese Streitbeilegungsform zu finden sind, die der heutigen, sog. modernen Schiedsgerichtsbarkeit stark ähneln. Überlieferungen von den großen mittelalterlichen Handelsmärkten beweisen, dass Schiedsverfahren dort eine prägende Rolle spielten[54]. Ein Fortschritt zu dem bisher geltenden Recht kann in dieser Epoche vor allem darin gesehen werden, dass durch die steigende Bedeutung von Schiedsverfahren zunehmend auch das Problem der zwangsweisen Durchsetzung von Schiedsentscheidungen erkannt und über die Grenzen der Macht der Handelsmärkte oder Gilden hinaus durch den Erlass gesetzlicher Regelungen verbessert wurde.

Dieser Trend wurde in der Epoche der frühen Neuzeit fortgesetzt. So regelte beispielsweise eine königliche Verordnung von *Francis II* aus dem Jahre 1560 die allgemeingültige Verbindlichkeit von Schiedsvereinbarungen zwischen Handelskaufleuten[55]. In England wurde bereits 1697 *„zur Förderung des*

---

51 *Roebuck*, Arbitration 74 (2008), 263 (264 ff.).

52 *David*, S. 84 ff.; ebenso *Redfern/Hunter*, Rn. 1.11; a.A. *Jones*, in: *Domke*, 127.

53 Daneben können auch kulturelle oder religiöse Gesichtspunkte eine wichtige Rolle bei der Wahl und Verbreitung von Schiedsverfahren spielen. Beispielsweise bedienten sich vereinzelt auch die Kirchen des Mittelalters der Rechtsinstitution der Schiedsgerichtsbarkeit zur friendensstiftenden Beilegung von Streitigkeiten.Vgl. *Roebuck*, Arb. Int'l 14 (1998), 237 (250 ff.).

54 Dazu *Jacobs*, S. 7; *David*, S. 85 f.; nach *Parris*, S. 2 wurden in dem mittelalterlichen England Rechtsstreitigkeiten zwischen Kaufleuten bereits im Wege der Schiedsgerichtsbarkeit beigelegt, noch bevor die königlichen Gerichte einen Weg zur Durchsetzung vertraglicher Verpflichtungen fanden.

55 *David*, S. 88 f.; ebenso *Redfern/Hunter*, Rn. 113.

Handels" eine Art Schiedsgesetz erlassen[56]. Danach war es gem. § 1 *„für alle Kaufleute und Handelstreibende zulässig, ihre Kontroversen, Klagesachen und Streitigkeiten im Wege der 'Schiedsgerichtsbarkeit' beizulegen, sofern für diese keine anderweitige Abhilfemaßnahme als ein Billigkeitsverfahren gegeben ist[57]"*. Das Gesetz enthielt dabei auch Regelungen der Anerkennung und Vollstreckung von Schiedsvereinbarungen und Schiedssprüchen. Insbesondere wurde ein Schiedsspruch einem gerichtlichen Urteil gleichgestellt, was nach den Grundsätzen der Nichtbeachtung von Gerichtsentscheidungen (engl. „*Contempt of Court Ruling*") selbst mit einer Freiheitsentziehung geahndet werden konnte. Daneben kann in dieser Epoche auch erstmals auf vereinzelte Fachliteratur zum Thema der Schiedsgerichtsbarkeit zurückgegriffen werden[58].

Die nächste wichtige Etappe der Schiedsgerichtsbarkeit auf dem Weg zu einem der international führenden Streitbeilegungsmechanismen bildete die Zeit der industriellen Revolution im späten 18. und 19. Jahrhundert. Die dadurch ermöglichten explosionsartigen Kapazitätserweiterungen im Handelsverkehr waren verbunden mit besseren Transport- und Kommunikationsmöglichkeiten, einhergehenden Veränderungen der Gesellschaft und einem Großteil der wirtschaftlichen Rahmenbedingungen. Dies stellte die staatliche Rechtsprechung vor nahezu unlösbare Herausforderungen, mit diesem Tempo der wirtschaftlichen Entwicklung mitzuhalten[59]. Erneut führte dies dazu, dass - nunmehr zur Entlastung der staatlichen Gerichte - den bereits bestehenden Schiedsmechanismen größere Bedeutung beigemessen und diese entsprechend ausgebaut wurden.

Im Anschluss an das Zeitalter der Industrialisierung bildete sich anfangs des 20. Jahrhunderts, ausgelöst durch die Schrecken des Ersten Weltkrieges, erstmals ein globales Bedürfnis nach politischer Internationalisierung; durch die Förderung der verstärkten Zusammenarbeit der Nationen sollten Frieden, Stabilität und Sicherheit gewährleistet werden[60]. Die ursprüngliche Ausrichtung

---

56 Vgl. William III , 1697-8, An Act for determining Differences by Arbitration; abgedruckt in: *Raithby*, S. 369 f.; auch abrufbar unter: http://www.british-history.ac.uk/report.aspx?compid=46901&strquery =arbitration

57 Art. XX Statute of 1698, 9&10 William III, c XV.

58 Nach *Jones*, in: *Domke*, S. 127 (131), wurde die erste Monographie über die Schiedsgerichtsbarkeit 1674 veröffentlicht.

59 Vgl. *Mustill*, J. Int'l Arb. 6 (1989), 43 (46).

60 Vgl. dazu die Präambel der Satzung des Völkerbundes. Abgedruckt in: RGBl. 1919 I, 687 (716). Art. 12 ff. der Satzung sieht die Beilegung völkerrechtlicher Streitigkeiten zwischen den Mitgliedstaaten im Wege internationalen Schiedsgerichtsbarkeit vor. Zur Abgrenzung der unterschiedlichen Verwendung des Begriffs der „internationalen Schiedsgerichtsbarkeit" siehe zuvor Fn. 30.

der internationalen Zusammenarbeit im Rahmen des Völkerbundes beschränkte sich zunächst auf die Festigung politischer Beziehungen. Zwangsläufig führte dies auch zu einer zunehmenden wirtschaftlichen Vernetzung der Nationen untereinander, welche die internationale Wirtschaftsgemeinschaft und die nationalen Rechtsordnungen erneut vor bisher ungeahnte Herausforderungen stellte. Unter dem stetig steigenden Druck der Wirtschaft erkannte der Völkerbund die Notwendigkeit einheitlicher Regelungen im internationalen Geschäftsverkehr. Er verabschiedete konsequenterweise – entgegen seiner eigentlichen Zielsetzung und Aufgaben – die ersten internationalen Konventionen im Bereich der Schiedsgerichtsbarkeit, welche als bestes Mittel gesehen wurden, den Herausforderungen des internationalen Rechtsverkehrs gerecht zu werden. Namentlich sind dies das *Genfer Protokoll über die Schiedsklauseln* vom 24. September 1923[61] und das *Genfer Abkommen zur Vollstreckung von ausländischen Schiedssprüchen* vom 26. September 1927[62].

Katalysiert wurden diese Entwicklungen zugleich durch die zunehmende Institutionalisierung der Schiedsgerichtsbarkeit. Nachdem vor allem im Mittelalter die private Rechtsprechung weitestgehend in den Händen von Kaufmannsgilden, Handelskammern und Reedereigesellschaften lag, kamen nunmehr erstmals spezialisierte Schiedsinstitutionen hinzu. Beispielsweise wurde 1923 der *ICC-Schiedsgerichtshof* der Internationalen Handelskammer („*International Chamber of Commerce*“) gegründet. Seit ihrer Gründung im Jahre 1919 spielte die Internationale Handelskammer bei der Förderung und Fortbildung der Schiedsgerichtsbarkeit kontinuierlich eine gewichtige Rolle. Vor allem das *Genfer Protokoll über die Schiedsklauseln*, das *Genfer Abkommen zur Vollstreckung von ausländischen Schiedssprüchen* sowie das *UN-Abkommen* sind auf Initiativen der Organisation zurückzuführen.

Nach der Zäsur des Zweiten Weltkriegs und dem erneuten Erstarken der Weltwirtschaft setzte die internationale Schiedsgerichtsbarkeit ihren beispiellosen Siegeszug kontinuierlich fort[63]. Prägnant während der geschichtlichen Entwicklung der Schiedsgerichtsbarkeit und nur marginal durch die Genfer Abkommen gemildert, bildete nach wie vor die grenzüberschreitende Anerkennung und Vollstreckung von Schiedsvereinbarungen und Schiedssprüchen das größte Hindernis der weiteren Ausbreitung der Schiedsgerichtsbarkeit[64].

---

61 Abgedruckt in: RGBl. 1925 II, 47; genauer dazu *Kapitel 2 III. 1.) a).*

62 Abgedruckt in: RGBl. 1930 II, 1068; genauer dazu *Kapitel 2 III. 1.) b).*

63 So auch *Schwab/Walter*, Kap. 41 Rn. 1; zu den damals vorherrschenden Herausforderungen des internationalen Rechtsverkehrs, anschaulich *Cohn*, in: *Domke*, 19 ff.

64 Vgl. *Mustill*, J. Int'l Arb. 6 (1989), 43 (49).

Als Meilenstein der internationalen Schiedsgerichtsbarkeit wurde folglich auf Initiative der Internationalen Handelskammer am 10. Juni 1958 das *New Yorker Übereinkommen über die Anerkennung und Vollstreckung ausländischer Schiedssprüche* von der Nachfolgeorganisation des Völkerbunds, den Vereinten Nationen, verabschiedet[65]. Ein multilaterales Abkommen, das nicht nur in Bezug auf die weitere Entwicklung der internationalen Schiedsgerichtsbarkeit, sondern auch unter gesamtpolitischer und wirtschaftlicher Betrachtung bis heute noch von einer erheblichen Praxisrelevanz getragen wird und als eines der bedeutendsten Abkommen der UN-Geschichte oder gar des gesamten transnationalen Rechts in die Geschichte eingeht[66].

Den vorerst letzten Schub der Schiedsgerichtsbarkeit hin zur führenden Streitbeilegungsform im internationalen Rechtsverkehr erhielt diese durch die Epoche der Globalisierung. Spiegelbildlich zur Entwicklung der Schiedsgerichtsbarkeit im Zeitalter der Industrialisierung und der Neuzeit führte ein rasanter technischer Fortschritt sowie eine zunehmend enger zusammenrückende weltpolitische Landschaft nunmehr auch dazu, dass selbst klein- und mittelständische Unternehmen vermehrt mit grenzüberschreitenden Beschaffungsstrategien und ausländischen Geschäftsfeldern in Berührung gerieten oder gar ganze Produktionszweige ins Ausland verlegt wurden. Entsprechend konnte vielerorts erneut die Rechtsprechung und Rechtssetzung nicht mit den Anforderungen und dem vorgelegten Tempo der gesamtwirtschaftlichen Entwicklung mithalten. Wiederum wurde in der Schiedsgerichtsbarkeit ein probates Mittel gesehen, diese Hindernisse des Wirtschaftsverkehrs in pragmatischer Weise zu überwinden. Besonders seit Beginn der achtziger Jahre zeichnet sich ein regelrechtes Reformszenario auf dem Gebiet der internationalen Handelsschiedsgerichtsbarkeit ab[67]. Von besonderer Bedeutung in diesem Zusammenhang ist hauptsächlich das von der Vollversammlung der Vereinten Nationen am 11. Dezember 1985 verabschiedete *UNCITRAL-Mustergesetz über die internationale Handelsschiedsgerichtsbarkeit*, welches in vielen Staaten als Grundlage einer Rundumerneuerung des autonomen Schiedsrechts diente[68].

Auch wenn die Nützlichkeit rein nationaler Schiedsgerichtsbarkeit mitunter bezweifelt werden kann und insbesondere in der Aufhebung und Vollstreckung von Schiedssprüchen die Verzahnung zwischen staatlichen Gerichten und

65 Genauer dazu *Kapitel 2 III. 1.) c)*.

66 Vgl. *Kronke*, in: *Kronke/Nacimiento/Otto/Port*, 1 f.; ebenso *Mustill*, J. Int'l Arb. 6 (1989), 43 (49).

67 *Schwab/Walter*, Kap. 41 Rn. 1.

68 Nachfolgend im Fließtext als „*UNCITRAL-Mustergesetz*“ oder „*MG*“ bezeichnet; genauer dazu *Kapitel 2 III. 1.) e)*.

Schiedsgerichten vereinzelt vor erhebliche Herausforderungen gestellt wird, hat sich vor allem im grenzüberschreitenden Rechtsverkehr die sogenannte moderne Schiedsgerichtsbarkeit zu einer, wenn nicht sogar der führenden Streitbeilegungsform entwickelt[69]. In der gegenwärtigen Zeit unterliegen circa 80 bis 90 % aller grenzüberschreitenden Wirtschaftsverträge einer Schiedsvereinbarung[70]. Empirisch belegt werden diese Aussagen unter anderem durch eine Studie der *Queens Mary School of International Arbitration*, nach der 73 % der befragten Unternehmen die Beilegung von grenzüberschreitenden Rechtsstreitigkeiten entweder im Wege der Schiedsgerichtsbarkeit alleine oder in Kombination mit weiteren alternativen Streitbeilegungsmethoden bevorzugen[71]. 95 % der befragten Unternehmen gaben dabei an, auch weiterhin an der Schiedsgerichtsbarkeit festhalten zu wollen und dass aufgrund wachsender Handelsbeziehungen sogar mit einer Zunahme an Schiedsverfahren zu rechnen sei[72].

Dies kann durch den statistischen Jahresbericht des *ICC International Court of Arbitration* aus dem Jahre 2011 weiter belegt werden[73]. Mit 2145 Parteien aus 140 Staaten, die an 1485 Schiedsverfahren vor dem *ICC International Court of* Arbitration teilgenommen haben, stellt bereits jede Zahl für sich genommen einen Rekordwert dar[74]. Damit ist alleine die Bedeutung von ICC-Schiedsverfahren in den letzten 10 Jahren um 40 % gestiegen[75].

---

69 Vgl. *Schwab/Walter*, Kap. 41 Rn. 1; *Redfern/Hunter*, Rn. 1.01.

70 So *Schwab/Walter*, Kap. 41 Rn. 1; vgl. auch *Hausmann*, in: *Reithmann/Martiny*, Rn. 6550.

71 *Queen Mary School of International Arbitration*, International arbitration: Corporate attitudes and practices 2006, S. 5.

72 *Queen Mary School of International Arbitration*, International arbitration: Corporate attitudes and practices 2006, S. 22.

73 Vgl. *ICC*, Bulletin 22(2011).

74 *ICC*, Bulletin 22 (2011), Internetausgabe, S. 1 f.

75 *ICC*, Bulletin 22 (2011), Internetausgabe, S. 2.

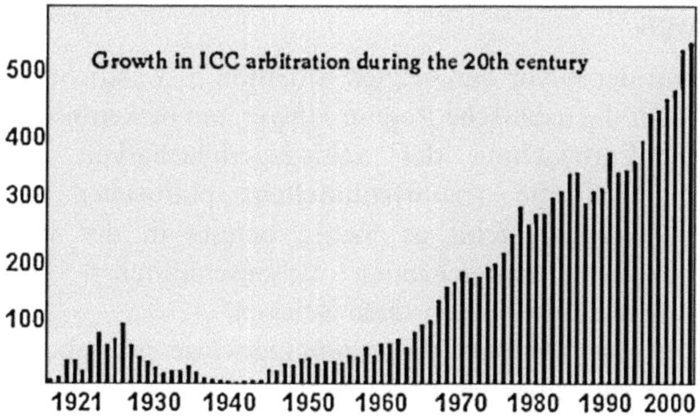

Quelle: ICC, Bulletin 12 (2001), S. 5

Der statistische Jahresbericht des *ICC International Court of Arbitration* gibt allerdings auch wichtige Einblicke in die zukünftige Entwicklung der Schiedsgerichtsbarkeit. Einerseits rechnet der *ICC International Court of Arbitration* kurz- bis mittelfristig mit ähnlich positives Verfahrenszahlen wie in den Vorjahren[76]. Andererseits zeichnet sich eine qualitative Trendwende ab, hin zu mehr Diversifikation in der Durchführung von Schiedsverfahren. Beispielsweise gewinnen Mischformen zwischen Schiedsverfahren und sonstigen ADR-Methoden zunehmend an Bedeutung[77]. Aber auch eine kontinuierlich ansteigende Regionalisierung sowie eine breiter gefächerte Auswahl an Schiedsrichtern sind deutliche Zeichen für einen verstärkten Trend zu in hohem Maß individualisierten Streitbeilegungs- bzw. Schiedsverfahren[78]. Wie die empirischen Daten des *ICC-International Court of Arbitration* zeigen, profitiert davon vor allen Dingen der asiatische Kontinent.

76 *ICC*, Bulletin 22 (2011), Internetausgabe, S. 2.

77 Vgl. *ICC*, Bulletin 22 (2011), Internetausgabe, S. 16 ff.

78 Beispielsweise wurden in 2010 Experten aus 73 Staaten gegenüber 61 im Jahre 2000 als Schiedsrichter in ICC-Verfahren berufen. Dabei nimmt nicht nur die Anzahl der Staaten aus denen die Schiedsrichter stammen kontinuierlich zu, sondern deren Herkunft verteilt sich zunehmend auch in einem ausgeglichenerem Maß auf die an ICC-Schiedsverfahren beteiligten Regionen. So konnten beispielsweise im Jahre 2001 noch circa 66 % der ICC-Schiedsrichter dem europäischen Kontinent zugeordnet werden, während sich diese Zahl in 2010 auf 59 % reduziert. Davon profitierte insbesondere die asiatische Region, deren Anzahl an ICC-Verfahren beteiligter Schiedsrichter in den vergangenen zehn Jahren um 159 % anstieg. Vgl. *ICC*, Bulletin 22 (2011), Internetausgabe, S. 10 ff.

2.) In Asien

Vergleichbar mit der zuvor dargelegten Situation in westlichen Staaten fällt es auch mit Blick auf die asiatische Region schwer, ein lückenloses Gesamtbild der geschichtlichen Entwicklung der Schiedsgerichtsbarkeit aufzuzeigen. Zu unterschiedlich sind die (multi)kulturellen, politischen und rechtlichen Hintergründe. Zusätzlich fehlt es häufig bereits in der länderspezifischen Betrachtung an einer hinreichenden wissenschaftlichen Aufarbeitung der Thematik und stichhaltigen historischen Belegen[79].

Dennoch, wie es *Michael Moser* richtigerweise formuliert, spielen neben Faktoren wie der zunehmenden Bedeutung der Region für den Welthandel, der besonderen Stellung der asiatischen Schiedsinstitutionen, jüngsten Reformen des nationalen Schiedsrechts sowie Vollstreckungsfragen auch oder gerade die historischen und kulturellen Wurzeln der asiatischen Rechtsordnungen eine bedeutende Rolle für den enormen Bedeutungszugewinn der Schiedsgerichtsbarkeit in Asien[80].

In ihren Ursprüngen können die asiatischen Rechtstraditionen auf die Rechtssysteme des kaiserlichen Chinas, des frühzeitlichen Indiens und des islamischen Rechts zurückgeführt werden[81]. Selbst das Stammesrecht einzelner ethnischer Gruppen kann auch heute noch in dem autonomen Recht einzelner Staaten nachgewiesen werden[82]. Dabei haben alle Rechtstraditionen gemeinsam, dass das Streben nach *„Harmonie"* des Einzelnen und seines (sozialen) Umfelds das Verhalten der Menschen wesentlich bestimmt, weshalb die private Streitschlichtung in diesem Kulturkreis seit jeher einen festen Platz einnimmt[83]. Daneben darf aber auch der teils erhebliche Einfluss der späteren Kolonialgesetzgebung nicht vernachlässigt werden[84]. Viele asiatische Rechtsordnungen sind daher als ein einzigartiger Schmelztiegel unterschiedlichster Rechtskulturen

---

79 Erneut kann auch an dieser Stelle auf die ausführliche Bibliographie zur Rechtsgeschichte der Schiedsgerichtsbarkeit von *Derek Roebuck* verwiesen werden: *Roebuck*, Arb. Int'l 14 (1998), 237-343. Vgl. zur Vielfalt der asiatischen Streitbeilegungskultur auch *Pryles/Taylor*, in: *Pryles*, Kapitel 1; *Pryles/Moser*, in: *Pryles/Moser*, 1 (1 f.).

80 *Moser*, in: *ICC*, Publikation Nr. 609, 6 (6 ff.).

81 Dazu *Hooker*, The Laws of South-East Asia, S. 3 ff.

82 So beispielsweise das sog. Adat Gewohnheitsrecht, welches auch heute noch in Staaten wie der Republik Indonesien, Malaysia und den Philippinen angetroffen werden kann. Vgl. dazu u.a. *Hooker*, Adat Laws in Modern Malaya, S. 1 ff.

83 Dazu ausführlich *Pinto*, in: *ICC*, Publikation Nr. 693, 619 (624 ff.).

84 Insbesondere Kolonialmächte wie Großbritannien, Spanien, Frankreich und die Niederlande hinterließen ihre Spuren in der Region. Vgl. ausführlich dazu *Hooker*, European Laws in South-East Asia, S. 1 ff.; in Bezug auf das koloniale Schiedsrecht auch *Schaefer*, Arb. Int'l 16 (2000), 297 (298 ff.).

und Rechtssysteme zu betrachten. Gerade dies macht eine konkrete Einzelfallbetrachtung der jeweiligen Rechtsordnungen unerlässlich[85].

Wie bereits erwähnt, scheinen die Rechtsordnungen in der Abgrenzung zu westlichen Rechtskreisen darin vereint, dass diese im Kerngehalt auf einem Gemeinschafts- und Harmoniestreben der Rechtssubjekte zueinander und im Verhältnis zu deren sozialem Umfeld basieren[86]. Nach *Louise Barrington, Karen Mills* und *Tan Swee Im* macht sich dies unter anderem dadurch bemerkbar, dass sich Asiaten im Vergleich zu ihren westlichen Kollegen tendenziell weniger direkt und konfrontativ gegenübertreten[87]. Der offene Konflikt wird vielmehr als Schwäche oder gar Fauxpas betrachtet[88]. Nach *Veronica Taylor* und *Michael Pryles* führt dies wiederum dazu, dass asiatische Parteien dem Weg über formelle Streitbeilegungsverfahren tendenziell zurückhaltend gegenüberstehen[89]. Während in westlichen Jurisdiktionen der Weg zu den staatlichen Gerichten weitestgehend als zentrales Element der parteilichen Streitbeilegung gesehen wird, ziehen asiatische Parteien diesen Weg im Grundsatz nur als *Ultima Ratio* in Betracht[90].

Selbst in materiell-rechtlichen Erwägungen darf die zuvor dargelegte Rechtsphilosophie nicht vernachlässigt werden. So kommt beispielsweise aus asiatischer Perspektive in Vertragsverhältnissen dem Grundsatz von Treu und Glauben eine größere Bedeutung zu, als dies in vielen westlichen Rechtstraditionen der Fall ist. *Michael Hwang* umschreibt dies bildlich mit den Worten, dass aus asiatischer Perspektive in einem Vertragswerk prinzipiell nicht nur der Abschluss von Vertragsverhandlungen zu sehen sei, sondern vielmehr der Beginn sich entwickelnder Geschäftsbeziehungen[91].

---

85 Ebenso *Barrington/Mills/Im*, in: *ICC*, Publikation Nr. 640, 31 (31 f.).

86 Westlichen Rechtstraditionen wird hingegen ein stark individualbetontes Wahrheits- und Wirtschaftsstreben zugeprochen. Zu den Unterschieden und Ursprüngen der beiden Streitkulturen ausführlich *Pinto*, in: *ICC*, Publikation Nr. 693, 619 (626 ff.); ebenso *Kim*, in: *Pryles/Moser*, 17 (17 ff.).

87 Vgl. *Barrington/Mills/Im*, in: *ICC*, Publikation Nr. 640, 31 (31 f.).

88 Beispielsweise wurde nach *Taniguchi*, in: *ICCA*, Congress Series No. 8, 31 (31 f.), in Japan über Jahrhunderte hinweg in der Durchführung eines „förmlichen Rechtstreits" ein Fehlverhalten gegenüber der Gesellschaft und der anderen Partei gesehen.

89 Vgl. *Taylor/Pryles*, in: *Pryles*, S. 13; ebenso *Roebuck*, Arb. Int'l 14 (1998), 235 (256).

90 Vgl. u.a. *Gillespie*, in: *Jayasuriya*, S. 127; ebenso *Moser*, 2. Aufl., S. XXI f., der die Linie zwischen westlicher und asiatischer Streitkultur in sofern zieht, dass westliche Rechtskreise in aller Regel förmliche Entscheidungen Dritter bevorzugen, während in Asien „friendly negotiations" eine lange Rechtstradition haben; ebenso bzgl. Japan, *Taniguchi*, ADR LJ 6 (1997), 67 (69).

91 Dazu ausführlich *Hwang*, in: ICC, Publikation No. 693, S. 408 f.

Auf den ersten Blick vermag es zu überraschen, dass die raketenartige Entwicklung der sogenannten modernen Schiedsgerichtsbarkeit im 20. Jahrhundert zu großen Teilen an der asiatischen Region vorbeizugehen schien. Obwohl nach den zuvor gemachten Feststellungen private Streitbeilegungsmechanismen tief in der asiatischen Rechtskultur verwurzelt sind, blieben die Bestrebungen der modernen kommerziellen Schiedsgerichtsbarkeit in der Region zunächst entweder weitestgehend unbekannt oder wurden als *„eine Erfindung westlicher Mächte“* mit großer Skepsis betrachtet[92]. In erster Linie wurde in der Schiedsgerichtsbarkeit keine echte friedensstiftende alternative Streitbeilegungsmethode gesehen, sondern diese vielmehr dem unbeliebten Gang vor die staatlichen Gerichte gleichgestellt[93]. Daneben tendierten vor allem einstige Kolonien nach ihrer Unabhängigkeit stark zu einer nationalistisch geprägten Rechtsentwicklung, die zunächst kaum mit den neo-liberalistischen Grundlagen der modernen Schiedsgerichtsbarkeit in Verbindung gebracht werden konnten[94].

Mit Beginn der wirtschaftlichen Integration Asiens in den 80er und 90er Jahren stieg im Wettbewerb um Direktinvestitionen und einem zunehmenden Wirtschaftswachstum auch das Bedürfnis beziehungsweise die Notwendigkeit der Staaten, sich an internationale Marktanforderungen anzupassen[95]. Eine wesentliche Grundvoraussetzung dafür stellte die Bereitstellung effektiver Streitbeilegungsmechanismen dar. Ähnlich den zuvor dargelegten Wachstumsschüben in westlichen Staaten, waren die autonomen Rechtssysteme allerdings vielerorts auf das explosionsartige Wachstum in der Region kaum vorbereitet. Viele der asiatischen Rechtssysteme, die zuvor weitestgehend noch mit einer eigenen Identitätsfindung in lokalen Rechtsstreitigkeiten zu kämpfen hatten, standen nunmehr innerhalb kürzester Zeit vor der nahezu unlösbaren Aufgabe, an internationalen Standards gemessene Investitionsbedingungen und damit einhergehende Streitbeilegungsmechanismen zu schaffen. Daneben darf auch die bis heute in einigen Staaten vorherrschende Korruptionsproblematik oder die erhebliche Dauer staatlicher Gerichtsverfahren nicht unerwähnt bleiben[96]. Konsequenterweise zeichnete sich Ende des 20. Jahrhunderts zunehmend ein

---

92 Vgl. *Moser*, 1. Aufl., Bd. 1, Intro 1.

93 Vgl. *Pinto*, in: *ICC*, Publikation Nr. 693, 619 (623 ff.).

94 Vgl. dazu ausführlich *Sornarajah*, S. 21 ff.

95 Insbesondere Strukturmaßnahmen des Internationalen Währungsfonds und der Weltbank spielten bei den Reformbemühungen vieler asiatischer Staaten eine bedeutende Rolle; dazu auch *Sornarajah*, S. 23 f.

96 Dazu aktuell *Transparency International*, S. 78 ff.; *World Bank*, Doing Business 2012, S. 77 ff.

Gesinnungswandel zugunsten der (internationalen) Schiedsgerichtsbarkeit ab[97]. Der Beitritt vieler asiatischer Staaten zu dem UN-Abkommen in den 80er und 90er Jahren, gefolgt von einer Vielzahl an grundlegenden Reformen des autonomen Schiedsrechts, sind wichtige Belege dafür[98]. Dabei wurde in der weit überwiegenden Anzahl der Fälle auch das UNCITRAL-Mustergesetz in die nationalen Rechtsordnungen übernommen[99].

Einhergehend mit den zuvor beschriebenen Entwicklungen rückte auch die regionale Durchführung institutioneller Schiedsverfahren zunehmend in den Vordergrund. Bereits 1979 wurde das *Kuala Lumpur Regional Centre for Arbitration* in Malaysia eröffnet. Unter anderem folgten diesem das *Hong Kong International Arbitration Centre (1985)* und das *Singapore International Arbitration Centre* (1991), welche zusammen mit der *China International Economic and Trade Arbitration Commission* (1988)[100] mittlerweile zu den regional wie global bedeutendsten institutionellen Schiedseinrichtungen zählen.

Doch nicht nur quantitativ, sondern auch qualitativ zählen mittlerweile Schiedszentren in Asien zu den beliebtesten Schiedsorten bzw. Schiedsinstitutionen weltweit[101]. Dabei unterscheiden sich viele der asiatischen Schiedsinstitutionen von ihren westlichen Leitbildern darin, dass diese von den jeweiligen Regierungen häufig bewusst zur Förderung alternativen Streitbeilegungsmethoden und gegebenenfalls Entlastung der Justiz initiiert oder protegiert wurden[102]. Insbesondere Stadtstaaten wie Hongkong und Singapur

97 *Yasuhei Taniguchi* spricht sogar von einer Art *„Schieds-Manie in der asiatischen-pazifischen Region"* (*Taniguchi*, ADR LJ 6 (1997), 67 (70)).

98 Übersicht der dem UN-Abkommen beigetretenen ASEAN+3 Nationen: Brunei Darusalam (1996), China (1987), Indonesien (1981), Japan (1961), Kambodscha (1960), Laos (1998), Malaysia (1985), Philippinen (1967), Singapur (1986) , Südkorea (1973), Thailand (1959), Vietnam (1995); vgl. auch: Indien (1960), Austalien (1975), Neuseeland (1983). Quelle: http://www.uncitral.org/uncitral/en/uncitral_texts/ arbitration/ NYConvention_status.html; vgl. auch *Jayme/Hausmann*, Nr. 240 Fn. 1.

99 Vgl. http://uncitral.org/uncitral/en/uncitral_texts/arbitration/1985Model_arbitration_ status.html

100 Die Ursprünge von CIETAC lassen sich nach mehrfacher Namensänderung bereits auf das Jahr 1956 unter der Bezeichnung als Foreign Trade Arbitration Commission, des chinesischen Council for the Promotion of International Trade zurückverfolgen.

101 Vgl. dazu *Queen Mary School of International Arbitration*, 2010 International Arbitration Survey: Choices in International Arbiration, S. 19; sowie *Queen Mary School of International Arbitration*, International arbitration: Corporate attitudes and practices 2006, S. 14.

102 Dazu *Moser*, Arbitration in Asia, Aufl. 1, Bd. 1, Intro 5; es verwundert daher nicht, dass zum Beispiel in den Anfängen des „Thai Arbitration Institute" unter den

sehen in der Rechtsinstitution der Schiedsgerichtsbarkeit einen wichtigen Bestandteil ihres Dienstleistungssektors[103]. Hinzu kommt, dass durch die zunehmende Regionalisierung der Schiedsgerichtsbarkeit vermehrt auch Elemente der asiatischen Streitkultur Einfluss auf die Ausgestaltung von Schiedsverfahren nehmen und diese bei der kontinuierlichen Entwicklung zu einem international führenden Streitbeilegungssystem bereichern[104].

Einen weiteren Meilenstein und deutliches Zeichen des Bedeutungszuwachses der asiatischen-pazifischen Region auf der Landkarte der internationalen Schiedsgerichtsbarkeit stellt die Eröffnung der einzigen Außenstelle des Sekretariats des *Internationalen Schiedsgerichtshofs der Internationalen Handelskammer* in Hongkong am 19. November 2008 dar. Zusammen mit der Errichtung eines Verbindungsbüros am 20. Januar 2010 in Singapur reagierte der *Internationale Schiedsgerichtshof* damit auf die zunehmende Nachfrage an ICC-Schiedsverfahren in der Region und dem zunehmenden Trend der Regionalisierung[105]. Dieser Entwicklung folgte auch die *World Intellectual Property Organization,* die ebenfalls den asiatischen Kontinent (Singapur) als alleinigen Standort für eine Außenstelle des in Genf ansässigen *WIPO Arbitration and Mediation Centre* wählte.

Mittlerweile werden nach dem aktuellsten statistischen Report des *Internationalen Schiedsgerichtshofs* 14 % aller ICC-Schiedsverfahren in einem asiatisch-pazifischen Schiedsort abgehalten[106]. Im Vergleich zu 1990 entspricht dies einem Zuwachs von mehr als 10 %[107]. 20 % aller Parteien eines ICC-Schiedsverfahren konnten 2010 dem asiatisch-pazifischen Raum zugeordnet werden[108], im Vergleich zu 10.6 % 2000 und lediglich 3 % 1983[109].

Die Zahlen dürfen allerdings nicht darüber hinwegtäuschen, dass, wie bereits im Zusammenhang mit den Ursprüngen „*asiatischen Rechts*“ erwähnt, eine Verallgemeinerung der asiatischen Rechtslage kaum möglich ist[110].

Schiedsrichtern viele von dem Justizministerium abgeordnete staatliche Richter zu finden waren.

103 So auch *Schaefer*, Arb. Int'l 16 (2000), 297 (319).

104 Beispielsweise kann in der asiatischen Region zunehmend eine Verschmelzung von Schieds- und Streitschlichtungsverfahren festgestellt werden. Zusammenfassend: *Pinto*, in: *ICC*, Publikation Nr. 693, 619 (638); *Pryles/Moser*, in: *Pryles/Moser*, 1 (13 f.).

105 Vgl. *ICC*, Bulletin 19 (2008), S. 17.

106 *ICC*, Bulletin 22 (2011), Internetausgabe, S. 13.

107 Vgl. *ICC*, Bulletin 12 (2001), 5 (10), nach dem im Jahr 1990 nur 2,4 % der ICC-Schiedsverfahren mit einem Schiedsort im südostasiatischen Raum durgeführt wurden.

108 *ICC*, Bulletin 22 (2011), Internetausgabe, S. 2.

109 Vgl. Bulletin 12 (2001), 5 (7); *Moser*, 2. Aufl., S. XVIII.

110 Vgl. auch *Barrington/Mills/Im*, in: *ICC*, Publikation No. 640, 31 (31 f.).

Während Staaten wie Singapur und Hongkong auf ein hoch entwickeltes Schiedswesen zurückgreifen können und häufig als Erfolgsgeschichte der asiatischen Schiedsgerichtsbarkeit angeführt werden, stecken Staaten wie unter anderem Indonesien, Thailand und Vietnam noch in einer frühen Entwicklungsphase. Beispielsweise wurden 2/3 aller ICC-Schiedsverfahren, deren Parteien 2010 einen Schiedsort in dem asiatisch-pazifischen Raum gewählt haben, in den Schiedszentren Singapur (42 %) oder Hongkong (25 %) durchgeführt[111].

Auch im Bereich der Anerkennung und Vollstreckung von ausländischen Schiedssprüchen machen sich diese Unterschiede deutlich bemerkbar. Während beispielshalber die Königreiche Thailand und Kambodscha sowie die Republik Indien bereits Anfang der 60er Jahre dem UN-Abkommen beigetreten sind, erkannten die meisten asiatisch-pazifischen Staaten erst relativ spät in den 80er und 90er Jahren die Bedeutung des UN-Abkommens[112]. Die Republik der Union von Myanmar sowie die Insel Taiwan zählen zu den wenigen Nationen, die dem Abkommen bis zum heutigen Tag nicht beigetreten sind. Dennoch haben sich gerade Staaten wie Singapur und Hongkong international einen Namen als wichtige Schiedszentren erarbeitet, während die Anerkennung und Vollstreckung von ausländischen Schiedssprüchen unter anderem in Staaten wie Kambodscha, den Philippinen oder Vietnam zuweilen als mühsam beschrieben wird oder Staaten wie Indien oder Indonesien durch teils unerwartete Entscheidungen vereinzelt international von sich reden machen.

V. Zusammenfassung

Die Rechtsnatur und Evolution der Schiedsgerichtsbarkeit kann damit zusammengefasst werden, dass es sich bei dieser um ein sich über Jahrhunderte hinweg entwickeltes privatisiertes und auf die Bedürfnisse der Rechtssuchenden maßgeschneidertes Streitbeilegungsverfahren als Alternative zu staatlicher Rechtsprechung handelt. Unabhängig davon, welcher der zuvor beschriebenen Theorien zur rechtlichen Qualifikation der Einrichtung der Schiedsgerichtsbarkeit gefolgt wird, ist die Legitimation derselben in allen Verfahrensstadien auf den übereinstimmenden Willen der Parteien zurückzuführen, ihre Meinungsverschiedenheit nach eigener Regie und unter Zuhilfenahme einer oder mehrerer Vertrauenspersonen selbst beizulegen. Die daraus entstehende Flexibilität und Nähe zu konsensuell geprägten Streitbeilegungsmethoden

111 Vgl. *ICC*, Bulletin 22 (2011), Internetausgabe, S. 13 f.

112 Vgl. dazu Fn. 98.

stellen den wesentlichen Vorteil der Schiedsgerichtsbarkeit gegenüber anderen Streitbeilegungsverfahren dar.

Gerade in Zeiten erheblicher politischer, wirtschaftlicher und technischer Veränderungen machte sich dieser Vorteil in der Vergangenheit mehrfach bemerkbar. Der Bedeutungszuwachs der Schiedsgerichtsbarkeit in Zeiten der mittelalterlichen Handelsmärkte, der industriellen Revolution, der politischen Integration anfangs des 20. Jahrhunderts und insbesondere der Globalisierung sind deutliche Belege dafür. Einerseits bedingt der Zuwachs des Handelsvolumens damit die Schiedsgerichtsbarkeit, andererseits kann in der Schiedsgerichtsbarkeit aber auch selbst ein wichtiger Katalysator des Wachstums gesehen werden. Es überrascht daher nicht, dass sich die Schiedsgerichtsbarkeit in den letzten Jahren und Jahrzehnten aus dem Bedürfnis der Schaffung einer internationalen effektiven Streitbeilegungsform und getragen von der Welle der Globalisierung zu der Streitbeilegungsform Nr. 1 entwickelt hat.

Besonderheiten der Entwicklung der Schiedsgerichtsbarkeit in der asiatischen Region ergeben sich einerseits dadurch, dass die private Beilegung von Rechtstreitigkeiten in der asiatischen Rechtskultur tief verwurzelt ist, andererseits dadurch, dass der Advent der modernen Schiedsgerichtsbarkeit vielerorts erst in den 80er und 90er Jahren begann. Begünstigt durch den fruchtbaren Boden des asiatischen Wirtschaftsbooms, der Tendenz der zunehmenden Diversifizierung und Regionalisierung in Schiedsangelegenheiten und einer von wirtschaftspolitischen Gründen getragenen, teils bewussten Förderung der asiatischen Staatsregierungen, konnte sich die Schiedsgerichtsbarkeit in den vergangenen Jahren rasant entwickeln. Im Unterschied zu der westlichen Rechtstradition spielen dabei zunehmend Mischformen zwischen der Schiedsgerichtsbarkeit und anderweitigen Streitbeilegungsmethoden eine Rolle. Dies darf aber nicht darüber hinwegtäuschen, dass sich der asiatische Raum gerade durch seine kulturelle, politische wie rechtliche Vielfalt kennzeichnet. Insbesondere in der Anerkennung und Vollstreckung von Schiedssprüchen nach dem UN-Abkommen können erhebliche länderspezifische Unterschiede auftreten.

Kapitel 2: Die Anerkennung und Vollstreckung von ausländischen Schiedssprüchen im internationalen Rechtsverkehr

I. Einleitung

Was ist ein rechtlicher Anspruch wert, wenn dieser im Ergebnis nicht durchgesetzt werden kann? Die Antwort ist einfach – nichts!

Der Erfolg vor einem Schiedsgericht mag zwar für den Parteivertreter eine Bestätigung seines Könnens sein. Auch vermag dies zu einer gewissen inneren Befriedigung des Mandanten führen. Unter wirtschaftlicher Betrachtungsweise ist aus der Perspektive einer obsiegenden Partei bei der Nichtdurchsetzbarkeit eines Schiedsspruchs hingegen mit weiteren Opportunitätskosten zu rechnen. Neben der Unerreichbarkeit des eigentlichen Begehrens werden zusätzliche Kapazitäten und Finanzmittel gebunden, die anderweitig sicherlich bessere Anwendung gefunden hätten. Im Gesamtergebnis führt dies für den Anspruchsinhaber zu einem größeren wirtschaftlichen Schaden, als wenn der an sich bestehende materiell rechtliche Anspruch oder gar der Schiedsspruch selbst nicht weiter verfolgt und letztlich abgeschrieben worden wäre.

Auch aus rechtspolitischer Sicht lässt jede ungerechtfertigte Nichtdurchsetzung eines Schiedsspruchs den größten Vorteil der internationalen Schiedsgerichtsbarkeit gegenüber anderen Streitbeilegungsmethoden illusorisch werden[113]. Dies stellt allerdings nicht nur eine Gefahr für den Erfolg der Schiedsgerichtsbarkeit insgesamt dar, sondern kann daneben für die jeweilige Rechtsordnung auch zu Standortnachteilen im Wettbewerb der Schiedsorte führen[114].

Darüber hinaus kann die Nichteinhaltung international anerkannter Rechtsstandards auf dem Rechtsgebiet der Schiedsgerichtsbarkeit auch zu volkswirtschaftlichen Nachteilen führen. So geht beispielsweise die jährliche Studie der *Weltbank*, *„Doing Business*“, davon aus, dass eine mangelnde Effizienz staatlicher Gerichte bei der Durchsetzung zivilrechtlicher Schuldtitel dazu führen kann, dass innerhalb der jeweiligen Jurisdiktion weniger Wohlstand

113 Zu den Merkmalen der Schiedsgerichtsbarkeit siehe *Kapitel 1 II.*

114 Nach der Studie *Queens Mary School of International Arbitration*, Choices in International Arbitration, S. 18, ist mit 62 % die rechtliche Infrastruktur, einschließlich der Schiedsfreundlichkeit bei Vollstreckung von Schiedssprüchen, das ausschlaggebende Kriterium bei der Wahl des Schiedsorts.

geschaffen wird[115]. Diese Erkenntnis kann auf die Durchsetzung ziviler Ansprüche unter der Zuhilfenahme anderweitiger Streitbeilegungsmethoden übertragen werden. Vor allem gilt dies aber auch für die Schiedsgerichtsbarkeit, bei der spätestens im Stadium der Anerkennung und Vollstreckung von Schiedssprüchen die staatlichen Gerichte wieder die Oberhand gewinnen.

Wie im Kapitel zuvor dargelegt, besteht einer der größten Vorteile der Schiedsgerichtsbarkeit darin, dass im Vergleich zu anderweitigen von einem einvernehmlichen Parteiwillen getragenen Streitbeilegungsmechanismen mit einer höheren Wahrscheinlichkeit damit gerechnet werden kann, dass der Schiedsspruch von der im Schiedsverfahren unterliegenden Partei ohne die Androhung von Zwangsmaßnahmen freiwillig erfüllt wird[116]. Denn nach überwiegender Ansicht ist die Schiedsvereinbarung dahin gehend auszulegen, dass sich die in dem Schiedsverfahren unterliegende Partei dazu verpflichtet, den Schiedsspruch als bindend zu akzeptieren und entsprechend zu erfüllen[117]. Andererseits, wenn es letztlich um das eigene Vermögen geht, ist die Erinnerung an zuvor getroffene Absprachen gelegentlich getrübt.

Weigert sich eine Partei dem Schiedsspruch nachzukommen, bleibt der obsiegenden Partei nur die Möglichkeit zu versuchen, diesen unter Einschaltung der nationalen Gerichte und der Androhung oder dem Einsatz staatlicher Zwangsmittel durchzusetzen[118]. Obwohl die Parteien durch die Schiedsvereinbarung ausdrücklich den privaten Rechtsweg zur Beilegung ihrer Rechtsstreitigkeiten gewählt haben, erlangen so quasi über die Hintertüre die staatlichen Gerichte wieder die Oberhand[119].

---

115 *World Bank*, Doing Business 2007, S. 48; vgl. auch *Goode/Kronke/McKendrick*, Rn. 5.03, die durch die Schaffung und Einhaltung internationaler Rechtsstandards und der damit einhergehenden Verringerung von Transaktionskosten einen weiteren volkswirtschaftlichen Vorteil sehen.

116 Siehe dazu *Kapitel 1 II*; nach *Šarčević*, in: *Šarčević*, S. 191, werden beispielsweise 94 % aller ICC- Schiedssprüche von der unterliegenden Partei freiwillig erfüllt; nach der empirischen Studie der *Queens Mary School of International Arbitration*, International Arbitration: Corporate attitudes and practices 2008, S. 8, werden 84 bis 90 % der erlassenen Schiedssprüche von den Pateien freiwillig erfüllt.

117 *Mustill/Boyd*, S. 26; vielfach wird die Pflicht zur unverzüglichen Erfüllung eines Schiedsspruchs ausdrücklich in der jeweils zugrundeliegenden Schiedsordnung festgehalten. Vgl. dazu u.a. Art. 32 Abs. 2 UNCITRAL-Schiedsordnung, Art. 28 Abs. 6 S. 2 ICC-Schiedsordnung.

118 Dabei ist grundsätzlich zwischen den inländischen und ausländischen Schiedssprüchen zu unterscheiden. In der überwiegenden Anzahl der Fälle unterscheiden sich die Verfahren kaum. Der Schwerpunkt dieser Arbeit liegt nachfolgend auf der Anerkennung und Vollstreckung ausländischer Schiedssprüche.

119 Ebenso *Fortier*, in: *ICCA*, Congress Series No. 10, 69 (69 f.).

Doch häufig bietet die Schnittstelle, an der die private Gerichtsbarkeit auf die Unterstützung von Hoheitsträgern angewiesen ist und in den staatlichen Rechtsweg übergeht, Raum für brisante Auslegungsfragen[120]. Die Kernproblematik ist vielfach in dem Verhältnis der staatlichen Gerichte zu den Schiedsgerichten zu sehen: Einerseits in dem delikaten Balanceakt zwischen der Freiheit der Parteien, ihre Rechtsverhältnisse frei von jeglicher staatlicher Einflussnahme zu regeln. Andererseits in der Pflicht der staatlichen Gerichte zur Wahrung öffentlicher Interessen, wie beispielsweise dem Schutz des Einzelnen vor einer ungerechtfertigten Inanspruchnahme, und der Wahrung der Rechtsstaatlichkeit allgemein. Gerade im internationalen Rechtsvergleich können die Ansichten dazu erheblich voneinander abweichen[121]. Gepaart mit der Ineffizienz, Unkenntnis oder gar in einzelnen Staaten nachzuweisenden Korruption der staatlichen Vollstreckungsbehörden kann dies zu erheblichen Rechtsunsicherheiten führen.

Durch das Genfer Abkommen zur Vollstreckung ausländischer Schiedssprüche wurde 1927 erstmals versucht, internationale Mindeststandards zur Überbrückung dieser Auslegungsfragen zu schaffen[122]. Gefolgt wurden diese Harmonisierungsbemühungen von einer Vielzahl weiterer multilateraler, bilateraler und autonomer Rechtsbestimmungen. Insbesondere das New Yorker Übereinkommen über die Anerkennung und Vollstreckung von ausländischen Schiedssprüchen von 1958 spielt dabei eine herausragende Rolle[123]. Doch selbst nach mehr als 50 Jahren der Anwendung des UN-Abkommens lässt der für die Vertragsstaaten verbindliche Vertragstext Raum für schwierige Auslegungsfragen und wird im internationalen Rechtsvergleich teils mehr, teils weniger schiedsfreundlich ausgelegt[124].

Dies darf allerdings nicht darüber hinwegtäuschen, dass Schiedssprüche im internationalen Rechtsverkehr einfacher zu vollstrecken sind als staatliche Urteile[125]. Nach einer Studie der *Queen Mary School of International Arbitration* ist es lediglich in 11 % aller Fälle erforderlich, die staatlichen Gerichte zur zwangsweisen Durchsetzung eines Schiedsspruchs beizuziehen[126]. 19 % der befragten Unternehmen gaben an, bei der Anerkennung und Vollstrek-

---

120 Vgl. ebenso *Fortier*, in: *ICCA*, Congress Series No. 10, 69 (69 f.).

121 Vgl. *Haas*, S. 119.

122 Siehe dazu *Kapitel 2 III. 1.) b)*.

123 Siehe dazu *Kapitel 2 IV.*

124 *Cheng*, in: *ICCA*, Congress Series No. 14, 679 (683 f.); ebenso *Goode/Kronke/McKendrick*, Rn. 17.25.

125 Vgl. *Hausmann*, in: *Reithmann/Martiny*, Rn. 6550.

126 Vgl. *Queen Mary School of International Arbitration*, International Arbitration: Corporate attitudes and practices 2008, S. 10.

kung eines ausländischen Schiedsspruchs auf Schwierigkeiten gestoßen zu sein. Darunter wird wiederum nur in 17 % der Fälle die „Zurückhaltung" der Gerichte bei der Anerkennung und Vollstreckung ausländischer Schiedssprüche als Grund genannt. Doch selbst in streitigen Anerkennungs- und Vollstreckungsverfahren vor den staatlichen Gerichten ist nach *Albert van den Berg* in weniger als 5 % aller Verfahren mit einer Anerkennungsverweigerung zu rechnen[127].

Die zuvor gemachten Ausführungen verdeutlichen, dass im internationalen Rechtsverkehr in der weit überwiegenden Zahl der Fälle mit einer vereinfachten Durchsetzung von Schiedssprüchen gerechnet werden kann. Allerdings bleibt das Exequatur von Schiedssprüchen selbst bei der Anwendung völkerrechtlicher Vollstreckungsabkommen der konkreten Auslegung der nationalen Gerichte vorbehalten. Es überrascht demzufolge nicht, dass es selbst in der Anwendung des UN-Abkommens im internationalen Rechtsvergleich teils zu erheblichen Auslegungsunterschieden kommen kann. Eine länderspezifische Analyse bleibt daher sowohl für die individuelle Rechtsanwendung als auch die weitere Harmonisierung nationaler Rechtsstandards unerlässlich. Die in diesem Kapitel vorgenommene Darlegung des internationalen Meinungsstands zur Anerkennung und Vollstreckung ausländischer Schiedssprüche am Beispiel des UN-Abkommens soll dafür als Vergleichsgrundlage dienen.

II. Begriffsbestimmung

Die rechtliche Bewertung eines zu vollstreckenden Schiedsspruchs bestimmt sich nach der Qualifikation der Rechtsnatur der Schiedsgerichtsbarkeit insgesamt[128]. Wie zuvor dargelegt ist diese jedoch heftig umstritten. Unabhängig davon, ob der Vertragstheorie, der jurisdiktionell-verfahrensrechtlichen Theorie oder der vermittelnden Theorie gefolgt wird, bedarf die zwangsweise Durchsetzung eines Schiedsspruchs durch die staatlichen Behörden eines Gestaltungsakts, durch den dem Schiedsspruch die staatliche Legitimation zur zwangsweisen Durchsetzung des jeweiligen Anspruchs verliehen wird. Am deutlichsten wird dies bei als ausländisch zu qualifizierenden Schiedssprüchen, die in keinem Zeitpunkt der Rechtsschutz- und Garantiefunktion der staatlichen Gerichte unterlegen haben.

In der Rechtspraxis und vielen Rechtsnormen wird zwischen den Begriffen der Anerkennung und Vollstreckung häufig nicht scharf abgegrenzt. Vielfach werden die Begriffe fälschlicherweise auch synonym füreinander verwendet.

127 *Van den Berg*, in: *ICCA*, Congress Series No. 9, 25 (25).

128 Vgl. dazu *Kapitel 1 III.*

Wie aber beispielsweise der Wortlaut des Genfer Abkommens zur Vollstreckung ausländischer Schiedssprüche, des UN-Abkommens oder des UNCITRAL-Mustergesetzes zeigt, sind die Begriffe getrennt voneinander zu betrachten[129]. Die Unterscheidung wird dabei anhand der mit dem jeweiligen Begriff verbundenen prozessualen Wirkungen getroffen.

1.) **Anerkennung**

Nach *Max Guldener* bedeutet die *Anerkennung einer (ausländischen) Entscheidung* allgemein, dass die prozessualen Wirkungen jenes Entscheids, die ohne zusätzliche Vollstreckungsmaßnahmen eintreten, im Inland rechtliche Beachtung finden, wie wenn diese im Wege einer vergleichbaren Entscheidung im Inland erlassen worden wäre[130].

Unter Berücksichtigung der unterschiedlichen Ansichten zur Rechtsnatur der Schiedsgerichtsbarkeit erfolgt durch die Anerkennung eines Schiedsspruchs die erforderliche Wirkungserstreckung privater, mit einem ausländischen Urteil vergleichbarer Rechtsprechung auf die interstaatliche Rechtsordnung (*jurisdiktionell-verfahrensrechtliche Theorie*), beziehungsweise die Gleichstellung eines Schiedsspruchs als materiellrechtlicher Gestaltungsakt *sui generis* mit anderweitigen Vollstreckungstiteln (*Vertragstheorie*). Vereinfacht gesagt: „*Die Anerkennung eines Schiedsspruchs ist ein Prozess, der den Schiedsspruch zum Gegenstand der nationalen Rechtsordnung macht*[131]“. Dabei ist zu berücksichtigen, dass ein ausländischer Schiedsspruch zu keinem Zeitpunkt der Aufsicht der innerstaatlichen Gerichte unterstellt war. Aus Gründen der staatlichen Souveränität steht es einer jeden Rechtsordnung daher frei, Bedingungen für die Integration des Schiedsspruchs in die eigene Rechtsordnung aufzustellen[132]. Viele Rechtsordnungen treffen allerdings zwischen der Anerkennung inländischer oder ausländischer Schiedssprüche keine Unterscheidung[133].

Sind die Anerkennungsvoraussetzungen der jeweiligen Rechtsordnung gegeben, erstreckt sich die Rechtskrafts-, Gestaltungs- und Tatbestandswirkung des (ausländischen) Schiedsspruchs auf die inländische Rechtsordnung *ipso iure*[134]. Der Zeitpunkt bestimmt sich dabei nach dem auf das Schiedsverfahren anzuwendenden Recht.

---

129 Vgl. Art. 1, 3, 4 GA; Art. 3 S. 2 UNÜ; Art. 36 MG.

130 *Guldener*, S. 91.

131 *ICCA*, Guide to the NYC, S. 9.

132 *Haas*, S. 128.

133 Vgl. *Kronke*, in: *Kronke/Nacimiento/Otto/Port*, 1 (7).

134 Vgl. *Geimer*, in: *Zöller*, § 1061 Rn. 16; *Haas*, S. 129.

2.) Vollstreckbarerklärung

Soll der Schiedsspruch darüber hinaus auch unter Zuhilfenahme des staatlichen Vollstreckungsapparats weiter verfolgt werden, bedarf es grundsätzlich neben der zuvor beschriebenen (schlichten) Anerkennung des Schiedsspruchs eines prozessualen Gestaltungsakts, um den Schiedsspruch durch staatliche Verleihung zu einem zur Zwangsvollstreckung geeigneten Titel zu machen (sog. *Exequatur*)[135].

Im internationalen Rechtsvergleich gilt es in diesem Zusammenhang zwischen folgenden Verfahren zur Erlangung eines Vollstreckungstitels zu unterscheiden[136]:

- Die dem Common Law-Rechtskreis zuzuordnende Vollstreckungszulassung (engl. „*Leave of the Court*").
- Die dem römischen Rechtskreis zuzuordnende Vollstreckbarerklärung.

Das Exequaturverfahren ist dabei grundsätzlich kein Vollstreckungsverfahren, sondern ein eigenständiges Erkenntnisverfahren[137]. Es hat mit der Zwangsvollstreckung selbst nichts zu tun, sondern schafft nur einen staatlichen Titel als Voraussetzung hierfür[138]. Die inzidente Anerkennung des Schiedsspruchs ist damit die denknotwendige Voraussetzung einer jeden Vollstreckbarerklärung. In ihrer Wirkung ist die Vollstreckbarerklärung einem staatlichen Urteil gleichzustellen, dessen prozessuale Wirkungen ausschließlich dem Recht der *lex fori* unterliegen[139].

3.) (Zwangs-)Vollstreckung

In Abgrenzung zu den zuvor genannten Formen der Anerkennung von Schiedssprüchen ist die (Zwangs-)Vollstreckung die Anwendung rechtlicher Sanktionen gegen die in dem Schiedsverfahren unterlegene Partei, um diese zur Erfüllung der sich aus dem Schiedsspruch gegen sie ergebenden Ansprüche zu bewegen[140]. Obwohl die Anerkennung und Vollstreckung von Schiedssprüchen häufig

135 *Schwab/Walter*, Kap. 26 Rn. 1.

136 Sofern nachfolgend nicht konkret auf landesspezifische Verfahren zur Erteilung der Vollstreckbarkeit eingegangen wird, sollen die Begriffe der „Vollstreckbarerklärung" oder „Exequatur" stellvertretend verwendet werden.

137 *Schwab/Walter*, Kap. 26 Rn. 3.

138 *Schwab/Walter*, Kap. 26 Rn. 3.

139 Vgl. *Schlosser*, Rn. 901.

140 Vgl. *Redfern/Hunter*, Rn. 11.23.

miteinander gleichgesetzt werden, geht die Zwangsvollstreckung einen Schritt weiter. Sobald die Vollstreckbarerklärung durch eine zuständige Behörde erteilt wurde, ist die zwangsweise Durchsetzung eines Schiedsspruchs nach den allgemeinen Zwangsvollstreckungsregeln des Vollstreckungsforums grundsätzlich nicht mehr von der Durchsetzung anderer titulierter Ansprüche zu unterscheiden und kann mit eigenständigen Vollstreckungshindernissen verbunden sein[141].

Obwohl in internationalen Staatsverträgen neben dem Begriff der Anerkennung auch die Vollstreckung mehrfach Erwähnung findet, enthalten diese grundsätzlich keine unmittelbaren Regelungen, die über die Anerkennung eines Schiedsspruchs in Form einer Vollstreckbarerklärung hinausgehen[142]. Die Zwangsvollstreckung richtet sich ausschließlich nach den staatlichen Rechtsnormen über die Zwangsvollstreckung von staatlichen Schuldtiteln[143].

III. Rechtsquellen

Wie von *Alan Redfern* und *Martin Hunter* zutreffend formuliert, mag es den Anschein haben, dass die an einem Schiedsverfahren beteiligten Parteien und Schiedsrichter [losgelöst von jeglichen rechtlichen Verbindlichkeiten] in ihrem eigenen von der Privatautonomie getragenen Universum schweben[144]. In Wirklichkeit wird dieses jedoch von einem komplexen System an nationalen Rechtsvorschriften und internationalen Vereinbarungen zusammengehalten[145]. Ähnlich auch der Kommentar *Schwab/Walter,* nach dem die internationale Schiedsgerichtsbarkeit ihre Ausbreitung in erster Linie einem Netzwerk an internationalen Staatsverträgen verdankt, durch welche die Anerkennung von Schiedsverträgen und insbesondere die Vollstreckung von Schiedssprüchen im internationalen Bereich geregelt worden ist[146]. Nachfolgend soll ein Überblick über die wichtigsten Rechtsquellen der Anerkennung von ausländischen Schiedssprüchen gegeben werden, bevor genauer auf die bedeutendste aller Rechtsquellen in diesem Bereich, das UN-Abkommen, eingegangen wird.

---

141 Vgl. *Redfern/Hunter*, Rn. 11.23.

142 Eine Ausnahme bildet das in Art. 3 Satz 2 UNÜ enthaltene Diskriminierungsverbot, welches es den Vertragsstaaten auch für das Stadium der Zwangsvollstreckung eines Schiedsspruchs verbietet, diesen im Vergleich zur Vollstreckung von nationalen Schiedssprüchen wesentlich strengeren Vorschriften zu unterwerfen.

143 Vgl. *Adolphsen* in: *MüKo*, §1061 Anh. 1 UNÜ Rn. 1.

144 *Redfern/Hunter*, Rn. 1.06.

145 *Redfern/Hunter*, Rn. 1.06.

146 *Schwab/Walter*, Kap. 41 II.

1.) Multilaterale Staatsverträge

a) Genfer Protokoll über die Schiedsklauseln

Die Ära der internationalen Integration der Nachkriegsgeschichte des Ersten Weltkriegs führte zu neuen Herausforderungen der internationalen Wirtschaftsgemeinschaft[147]. Erstmals wurde auf breiter internationaler Ebene in der Rechtsinstitution der Schiedsgerichtsbarkeit das bestgeeignete Mittel gesehen, den Bedürfnissen eines wachsenden grenzüberschreitenden Rechtsverkehrs gerecht zu werden. Unter der Schirmherrschaft des Völkerbundes wurde daher am 24. September 1923 das *Genfer Protokoll über die Schiedsklauseln* beschlossen[148].

Die primären Ziele des Genfer Protokolls lagen damals darin zunächst sicherzustellen, dass zur Förderung der internationalen Schiedsgerichtsbarkeit Schiedsklauseln in den einzelnen Mitgliedsstaaten vereinfacht anerkannt werden konnten[149]. Das Protokoll enthält in Art. 3 aber auch erstmals eine Regelung zum Exequatur von inländischen Schiedssprüchen.

b) Genfer Abkommen zur Vollstreckung ausländischer Schiedssprüche

Obwohl nach der Ratifikation des Genfer Protokolls zunehmend Erfolge im Bereich der internationalen Schiedsgerichtsbarkeit zu verzeichnen waren, bildete die Anerkennung und Vollstreckung von ausländischen Schiedssprüchen nach wie vor die größte Hürde der grenzüberschreitenden Beilegung von Rechtsstreitigkeiten. Getragen von dem internationalen Druck zur Schaffung effektiver Streitbeilegungsmechanismen, wurde am 26. September 1927 in Ergänzung zu dem Genfer Protokoll das *Genfer Abkommen zur Vollstreckung ausländischer Schiedssprüche* geschlossen[150]. Inhaltlich erweiterte das Genfer Abkommen das Genfer Protokoll über die Schiedsklauseln in der Hinsicht, dass es erstmals die

---

147 Siehe dazu *Kapitel 1 V. 1.)*.

148 Nachfolgend im Fließtext „*Genfer Protokoll*" oder „*GP*" bezeichnet; abgedruckt in: RGBl. 1925 II, 47; *League of Nations*, Treaty Series, Vol. 27, S. 157 – auch abrufbar unter: http://treaties.un.org/doc/ Publication/UNTS/LON/Volume%2027/v27.pdf

149 Vgl. *Schlosser*, in: *Stein/Jonas*, Anhang § 1061 Rn. 1. Nach *Schlosser* wandte sich das Protokoll hauptsächlich gegen die damals in Frankreich und anderen Staaten des romanischen Rechtskreises bestehende Regelung, die nur Schiedsvereinbarungen über bereits entstandene Rechtsstreitigkeiten, nicht aber vorabverteilte Schiedsklauseln als wirksam gelten ließen; *Redfern/Hunter*, Rn. 1.215 ff.

150 Nachfolgend im Fließtext „*Genfer Abkommen*" oder „*GA*" bezeichnet; abgedruckt in: RGBl. 1930 II, 1068; *League of Nations*, Treaty Series, Vol. 92, S. 301 – auch abrufbar unter: http://treaties.un.org/doc/ Publication/UNTS/LON/Volume 92/v92.pdf

Vollstreckbarerklärung von Schiedssprüchen im Ausland regelte und die Vertragsstaaten zur wechselseitigen Anerkennung verpflichtete[151]. Außerdem wurde erstmals der Grundsatz des Verbots der inhaltlichen Überprüfung von Schiedssprüchen festgelegt[152]. Allerdings verlangte Art. 4 Ziff. 2 GA zur Vollstreckung eines ausländischen Schiedsspruches die Vorlage von „*...Unterlagen, die dartun, dass der Schiedsspruch in dem Land, in dem er ergangen ist, eine endgültige Entscheidung ... darstellt;*“, was in der Rechtspraxis zu einer kostspieligen und zeitraubenden Notwendigkeit eines Doppelexequatur von Schiedssprüchen im Ursprungsland und dem jeweiligen Vollstreckungsforum führte[153].

c) New Yorker Übereinkommen über die Anerkennung und Vollstreckung ausländischer Schiedssprüche

Ohne Zweifel haben das Genfer Protokoll und das Genfer Abkommen[154] einen bedeutsamen Beitrag zur Verbesserung der Rechtslage und Entwicklung der modernen Schiedsgerichtsbarkeit im 20./21. Jahrhundert beigesteuert. Wie bereits angesprochen, führte deren Anwendung aber auch zu erheblichen Schwierigkeiten in der Rechtspraxis der Anerkennung ausländischer Schiedssprüche im grenzüberschreitenden Rechtsverkehr[155]. Nach den Schrecken des Zweiten Weltkriegs wurde daher bereits wenige Jahre später auf Initiative der *Internationalen Handelskammer* am 10. Juni 1958 von den *Vereinten Nationen* das Nachfolgeabkommen erlassen: Das *New Yorker Übereinkommen über die Anerkennung und Vollstreckung von ausländischen Schiedssprüchen*[156].

Anfangs wurde das UN-Abkommen von 24 Staaten unterzeichnet. Über die Jahre hinweg entwickelte es sich mit inzwischen 146 beigetretenen Staaten zu einem der wichtigsten Instrumente der grenzüberschreitenden Streitbeilegung und einem der bedeutendsten Abkommen der UN-Geschichte oder gar des gesamten transnationalen Rechts[157]. Nach *Pieter Sanders* ist das UN-Abkommen das zentrale Stück in einem Mosaik von Staatsverträgen und Schiedsrechts-

---

151 Vgl. zusammenfassend *Redfern/Hunter*, Rn. 1.218 f.

152 *Fouchard/Gaillard/Goldman*, Rn. 1663.

153 *Schlosser* in: *Stein/Jonas*, Anhang § 1061 Rn. 1.

154 Nachfolgend im Fließtext gemeinsam als „*Genfer Verträge*“ bezeichnet.

155 Vgl. *Schwab/Walter*, Kap. 41 Rn. 2; *Schlosser*, in: *Stein/Jonas*, Anhang § 1061 Rn. 2.

156 Abgedruckt in: BGBl. 1961 II, 122; *Jayme/Hausmann*, Nr. 240; *Yearbook Comm. Arb'n* IV (1979), 226 -229; *United Nations*, Treaty Series, Vol. 330, S. 3 – auch abrufbar unter: http://treaties.un.org/doc/ publication/UNTS/Volume%20330/v330.pdf

157 Vgl. *Kronke*, in: *Kronke/Nacimiento/Otto/Port*, 1 f.; ebenso *Mustill*, J. Int'l Arb. 6 (1989), 43 (49).

ordnungen zur Sicherstellung der Durchsetzbarkeit von Schiedssprüchen und Schiedsvereinbarungen[158]. Da mittlerweile nahezu alle Vertragsstaaten der Genfer Verträge auch dem UN-Abkommen beigetreten sind, wurden diese gem. Art. 7 Abs. 2 UNÜ praktisch gegenstandslos[159].

d) Übereinkommen zur Beilegung von Investitionsstreitigkeiten

Das Übereinkommen zur Beilegung von Investitionsstreitigkeiten zwischen Staaten und Angehöriger anderer Staaten vom 18. März 1965, auch unter den Bezeichnungen „Weltbank-Übereinkommen" oder „Washington-Konvention" geläufig[160], dient i. S. v. Art. 25 Abs. 1 ICSID der Beilegung einer Rechtsstreitigkeit, welche in unmittelbarem Zusammenhang mit einer Investition stehen. Es handelt sich hierbei um solche Rechtsstreitigkeiten, die zwischen einem Vertragsstaat und einem Angehörigen eines anderen Vertragsstaats bestehen[161]. Dazu wurde am Sitz der Weltbank in Washington D. C. gem. Art. 1 Abs. 1 ICSID, das Internationale Zentrum zur Beilegung von Investitionsstreitigkeiten gegründet, welchem sich die Parteien als spezielle Schiedsinstitution durch schriftliche Vereinbarung zur Beilegung ihrer Investitionsstreitigkeiten bedienen können.

Bei dem Washington-Abkommen unterfallenden Schiedsverfahren handelt es sich um eine Sonderform der Schiedsgerichtsbarkeit, die im Gegensatz zu den allgemeinen privatrechtlichen Schiedsverfahren ausnahmsweise losgelöst von nationalen Rechtsordnungen agiert. Daraus resultiert auch der Grundsatz der absoluten Verbindlichkeit von ICSID-Schiedssprüchen, welche durch die Ratifikation des Abkommens in allen Vertragsstaaten gem. Art. 54 Abs. 1 ICSID vorbehaltslos, gleich einem innerstaatlichen Urteil, zu vollstrecken sind. Die innerstaatlichen Gerichte sind folglich als reine Zwangsvollstreckungsorgane zu betrachten[162].

Bereits durch die einzigartigen Vollstreckungsgarantien, welche durch das Washington-Abkommen gewährt werden, sowie die neutralen, von nationalen Bindungen gelösten Verfahrensbestimmungen kommt dem Abkommen eine besondere Stellung im Bereich der Schiedsgerichtsbarkeit zu. Noch deutlicher

---

158 *ICCA*, Guide to the NYC, S. v.

159 So auch *Van den Berg*, in: *Yearbook Comm. Arb'n* XXVIII (2003), 562 (671).

160 Nachfolgend im Fließtext „*Washington-Abkommen*" oder „*ICSID*" bezeichnet; abgedruckt in: BGBl. 1969 II, 369; *United Nations*, Treaty Series, Vol. 575, S. 159 – auch abrufbar unter: http://treaties.un.org/doc/publication/UNTS/Volume%20575/v575.pdf

161 Vgl. zusammenfassend *Schwab*/*Walter*, Kap. 41 Rn. 5; *Schlosser*, Rn. 94 ff.

162 *Schlosser*, Rn. 102.

wird dies mit Blick auf die 157 Staaten, die mit Stand vom 1. Januar 2012 das Abkommen unterzeichnet haben, oder auf die mehr als 900 multilateralen oder bilateralen Investitionsabkommen, welche auf das Washington-Abkommen verweisen[163].

e) „UNCITRAL- Mustergesetz"

Obwohl das von den Vereinten Nationen am 11. Dezember 1985 verabschiedete und am 4. Dezember 2006 überarbeitete *UNCITRAL-Mustergesetz* nicht zu der Kategorie der verbindlichen transnationalen Rechtsquellen zu zählen ist, wäre es wegen seiner Nähe zu dem UN-Abkommen und seiner besonderen Bedeutung für die Entwicklung der Schiedsgerichtsbarkeit falsch, dieses an dieser Stelle nicht zu erwähnen[164]. Das Mustergesetz entstand aus einer Initiative des *„Asian-African Legal Consultative Committee"* im Jahre 1977 zur Feststellung der Notwendigkeit eines Ergänzungsprotokolls zur Reformierung des UN-Abkommens, dessen Anwendung und Auslegung genauer zu untersuchen[165]. Im Ergebnis wurde eine Überarbeitung des UN-Abkommens für nicht erforderlich erachtet[166]. Vielmehr wurden die damaligen Herausforderungen der internationalen Schiedsgerichtsbarkeit nicht mehr rein in der Anerkennung und Vollstreckung von Schiedsvereinbarungen und Schiedssprüchen gesehen; die (neuen) Herausforderungen lagen hingegen in der Vielfalt unterschiedlicher Konzeptionen der Schiedsgerichtsbarkeit in den einzelnen Rechtsordnungen. Im Zeitrahmen eines mehrjährigen Beratungsprozesses führte dies dazu, dass das UNCITRAL-Mustergesetz mit dem Ziel der Rechtsvereinheitlichung nationalen Schiedsrechts verabschiedet wurde.

Der unverbindliche Charakter des Mustergesetzes stand dabei dem anspruchsvollen Ziel der Vereinten Nationen nicht entgegen. Im Gegenteil, mit Stand zum 1. Januar 2012 haben nach Angaben der *UNCITRAL* 66 Nationen das Mustergesetz in ihre Rechtsordnung übernommen[167]. Hinzu treten eine nicht zu

---

163 Davon haben 147 Vertragsstaaten das Abkommen ratifiziert. In die Gesamtzahl wurden die ehemaligen Vertragsstaten Bolovien (1995 – 2007) und Equador (1986 – 2010) nicht mit einbezogen, die jeweil gem. Art. 71 aus dem Abkommen ausgetreten sind; Status abrufbar unter: http://icsid.worldbank.org/ICSID/FrontServlet?request Type=CasesRH&actionVal=Show; *Fouchard/Gaillard/Goldman*, Rn. 301.

164 Nachfolgend im Fließtext auch *„MG"* bezeichnet; abrufbar unter: www.uncitral.org /pdf/ english/texts/arbitration/ml-arb/07-86998_Ebook.pdf

165 UN Doc. A/32/17, S. 67; vgl. zusammenfassend *Redfern/Hunter*, Rn. 1.231 ff.; *Schlosser*, Rn. 122 ff.; *Fouchard/Gaillard/Goldman*, Rn. 203 ff.

166 Vgl. UN Doc. A/CN.9/168, Rn. 49.

167 http://www.uncitral.org/uncitral/en/uncitral_texts/arbitration/1985Model_arbitration _status.html

vernachlässigende Anzahl an Staaten, wie beispielsweise England, Frankreich oder Schweden, die sich zwar gegen eine ausdrückliche Übernahme des UNCITRAL-Mustergesetz ausgesprochen haben; deren Schiedsrecht gleicht aber in wesentlichen Teilen diesem oder wurde von diesem als Kodifikation international anerkannter Verfahrensstandards wesentlich beeinflusst[168].

In Fortführung und Ergänzung der Grundkonzeptionen des UN-Abkommens enthält das 36 Artikel starke Gesetzesmuster detaillierte Regelungen aller schiedsgerichtlichen Verfahrensstadien[169]. Dennoch wurde gerade wegen der Nähe zum UN-Abkommen in den Beratungen des Gesetzesmusters lange diskutiert, ob und inwiefern Vorschriften der Anerkennung und Vollstreckung von Schiedssprüchen in das Gesetzesmuster mit aufgenommen werden sollten[170]. Im Ergebnis wurden die Anerkennungsregelungen des UN-Abkommens nahezu wortgleich in den 8. Abschnitt des UNCITRAL-Mustergesetzes übernommen. Zusätzlich gehen die Art. 35 f. MG einen Schritt weiter als das UN-Abkommen. Beispielsweise ist das UNCITRAL-Mustergesetz sowohl auf ausländische als auch inländische Schiedssprüche anzuwenden[171]. Außerdem ist ein dem Art. 1 Abs. 3 UNÜ vergleichbarer Gegenseitigkeitsvorbehalt in dem Mustergesetz nicht vorgesehen[172]. Nach der Änderung des Mustergesetzes in 2006 sind daneben auch geringere Anforderungen an die Dokumentenvorlagepflichten gem. Art. 35 Abs. 2 MG zu stellen[173].

Der in den Beratungen zum UNCITRAL-Mustergesetz mit am heftigsten diskutierte, aber zugleich wichtigste Beitrag der Sicherung der internationalen Bestandskraft eines Schiedsspruchs ist aber vor allem darin zu sehen, dass nicht nur die Anerkennungsversagungsgründe aus Art. 5 UNÜ in Art. 36 MG gespiegelt wurden, sondern auch die Gründe zur Aufhebung eines Schiedssprüchen nach Art. 34 MG diesen gleichen[174].

---

168 Vgl. dazu in Bezug auf das englische „Arbitration Act“: *Redfern*, ADRLJ 6 (1997), 172 (173 f.); *Mustill*, Arb. Int'l 6 (1990), 3 (37).

169 Vgl. zu den inhaltlichen Schwerpunkten des Mustergesetzes *Schlosser*, Rn. 123 ff.

170 Vgl. zusammenfassend *Holtzmann/Neuhaus*, S. 1006 ff.

171 Siehe dazu in Bezug auf das UN-Abkommen *Kapitel 2 IV. 5.) b).*

172 Siehe dazu in Bezug auf das UN-Abkommen *Kapitel 2 IV. 5.) c).*

173 Vgl. zusammenfassend *Šarčević*, in: *Šarčević*, S. 191 ff.

174 Vgl. zusammenfassend *Holtzmann/Neuhaus*, S. 911 ff.

2.) Regionale Staatsverträge

Ungeachtet des Erfolgs des UN-Abkommens und der weiten internationalen Akzeptanz des UNCITRAL-Mustergesetzes nehmen regionale Staatsverträge auch heute noch eine nicht zu vernachlässigende Rolle unter den Rechtsquellen zur Anerkennung von ausländischen Schiedssprüchen ein. In aller Regel beabsichtigen die Staatsverträge unter Anknüpfung an bestehende multilaterale Rahmenbedingungen eine zusätzliche Förderung des regionalen Schiedswesens voranzutreiben. In einigen Fällen wurden die Abkommen aber auch zu einem Zeitpunkt abgeschlossen, in dem einige der Mitgliedstaaten dem UN-Abkommen (noch) nicht beigetreten waren und lediglich auf regionaler Ebene eine Einigung über Anerkennungsfragen erzielt werden konnte. Dazu zählen insbesondere:

a) Europäisches Übereinkommen über die internationale Handelsschiedsgerichtsbarkeit

Weitgehend parallel zu den Verhandlungen über das UN-Abkommen führte auch die europäische Wirtschaftskommission der Vereinten Nationen („*UNECE*“) Beratungen darüber, wie die Handelsbedingungen im europäischen Ost-West-Handel verbessert werden können[175]. Auch in diesem Fall wurde in der Schiedsgerichtsbarkeit ein probates Mittel zur Förderung der Handelsbeziehungen gesehen. Als Resultat konnte am 21. April 1961 das *Europäische Übereinkommen über die internationale Handelsschiedsgerichtsbarkeit* verabschiedet werden[176]. Mit Stand vom 1. Januar 2012 wurde das EU-Abkommen von 32 Staaten gezeichnet[177]. Anders als der Titel des Abkommens zunächst suggerieren mag, beschränkt sich gem. Art.10 EUÜ dessen Anwendungsbereich nicht ausschließlich auf den europäischen Raum. Dem Vorhaben der Verbesserung der Handelsbedingungen zwischen sozialistisch und kapitalistisch geprägten Staaten geschuldet, haben beispielsweise auch Staaten wie Kuba das Abkommen ratifiziert[178].

---

175 Vgl. ausführlich *Fouchard/Gaillard/Goldman*, Rn. 274 ff.; *Schlosser*, Rn. 85 ff.

176 Nachfolgend im Fließtext „*EU-Abkommen*“ oder „*EUÜ*“ bezeichnet; abgedruckt in: BGBl. 1964 II, 426; *Jayme/Hausmann*, Nr. 241; *United Nations*, Treaty Series, Vol. 484, S. 349 – auch abrufbar unter: http://treaties.un.org/doc/publication/UNTS/Volume%20484/v484.pdf; vgl. auch Kommentar *Hascher*, in: *Yearbook Comm. Arb'n* XX (1995), 1006 – 1041.

177 Abrufbar unter: http://treaties.un.org/pages/ViewDetails.aspx?src=TREATY&mtdsg_no=XXII2&chapter=22&lang=en#2

178 Zu den aktuellen Vertragsstaaten siehe: http://treaties.un.org/pages/ViewDetails.aspx?src= TREATY &mtdsg_no=XXII-2&chapter=22&lang=en

Im Unterschied zu den Genfer Verträgen und dem UN-Abkommen wurden im EU-Abkommen erstmals Regelungen vereinbart, die sich nicht lediglich auf die Anerkennung und Vollstreckung von Schiedsvereinbarungen und Schiedssprüchen beschränken, sondern die Gesamtheit aller Stadien der Schiedsgerichtsbarkeit umfassen. Inwieweit das EU-Abkommen dabei zu einer Ergänzung oder Verbesserung gegenüber dem UN-Übereinkommen geführt hat, wird uneinheitlich beantwortet[179]. Unter Verweis auf das wenige Jahre zuvor erlassene UN-Abkommen regelt das EU-Abkommen Fragen des Exequatur von Schiedssprüchen nur mittelbar[180]. Es überrascht daher nicht, dass mittlerweile alle Vertragsstaaten des EU-Abkommens auch dem UN-Abkommen beigetreten sind[181]. Darunter befinden sich viele Staaten, die mit Zeichnung, Ratifizierung oder kurze Zeit nach dem Beitritt zu dem EU-Abkommen auch das UN-Abkommen unterzeichnet haben[182].

Ausschließlich Art. 9 EUÜ enthält eine unmittelbare Regelung zur Vollstreckbarkeit eines unter das EU-Abkommen fallenden Schiedsspruchs, der in einem anderen Vertragsstaat aufgehoben wurde. Im Verhältnis zu dem im Rahmen des Art. 5 Abs. 1 (e) UNÜ zu dieser Auslegungsproblematik heftig geführten Meinungsstreit macht Art. 9 Abs. 1, 2 EUÜ erstmals deutlich, dass selbst bei der Aufhebung eines Schiedsspruchs im Ursprungsland eine Vollstreckbarerklärung des Schiedsspruchs im Ausland weiterhin möglich bleibt. Zugleich liefert Art. 9 EUÜ die Auslegungskriterien, nach welchen die Aufhebung eines Schiedsspruchs auch mit grenzüberschreitender Wirkung beachtlich sein soll[183].

---

179 Kritisch beispielsweise *Redfern/Hunter*, Rn. 1.226; a.A. *Schwab/Walter*, Kap. 41 Rn. 4; differenzierend *Schlosser*, Rn. 86.

180 Vgl. *Fouchard/Gaillard/Gold*, Rn. 1663.

181 Siehe dazu: http://treaties.un.org/Pages/ViewDetails.aspx?src=TREATY&mtdsg_no =XXII-2&chapter = 22&lang=en.

182 Mitgliedstaaten des EU-Abkommens (Beitrittsjahr EU-Abkommen/UN-Abkommen): Albanien (2001), Aserbaidschan (2005/2000), Belgien (1961/1958), Bosnien und Herzegowina (1993), Bulagrien (1961/1958), Burkina Faso (1965/1961), Dänemark (1961/1972), Deutschland (1961/1958), Finland (1961/1962), Frankreich (1961/1958), Italien (1961/1969), Kazachstan (1995), Kroatien (1993), Kuba (1965/1974), Lettland (2003/1992), Luxemburg (1982/1958), Mazedonien (1994), Moldavien (1998), Montenegro (2006), Österreich (1961), Polen (1961/1958), Rumänien (1961), Russische Föderation (1961/1960), Serbien (2001), Slovenien (1992), Slowakei (1993), Spanien (1961/1977), Tschechische Republik (1993), Türkei (1961/1992), Ukraine (1961/1958), Ungarn (1961/1962) und Weissrussland (1961/1960).

183 Genauer dazu *Kapitel 2 IV. 8.) a) v.) bb).*

b) Moskau Abkommen

Während der Anwendungsbereich des EU-Abkommens auf die europäischen Ost-West-Handelsbeziehungen ausgerichtet ist, konzentriert sich die "*Convention on the Settlement by Arbitration of Civil Law Disputes Resulting from Relations of Economic and Scientific-Technical Cooperation*" (sog. *Moskau-Abkommen)* vom 26. Mai 1972[184] ausschließlich auf die Verbesserung der grenzüberschreitenden Streitbeilegungsmechanismen unter den Mitgliedsstaaten des ehemaligen *Rats für gegenseitige Wirtschaftshilfe* („*Council for Mutual Economic Assistance - CMEA*")[185]. Zu seinen besten Zeiten waren 8 Nationen dem Moskau-Abkommen beigetreten[186]. Nach der Auflösung des CMEA im Jahre 1991 und einem Kollektivaustritt mehrerer Staaten zum 1. Januar 1994 gehören aktuell nur noch die Russische Föderation, Kuba und die Mongolei dem Abkommen an[187]. Daher sind einige Kommentatoren der Auffassung, dass das Moskau-Abkommen insgesamt gegenstandslos geworden ist[188].

In Art. 5 enthält das Moskau-Abkommen Anerkennungsversagungsgründe, die mit Art. 5 Abs. 1 (b) – (e) UN-Abkommen verglichen werden können. Aufgrund der geringen Bedeutung des Abkommens soll darauf im Rahmen dieser Arbeit nicht näher eingegangen werden.

c) Inter-American Convention on International Commercial Arbitration

Basierend auf der Zurückhaltung vieler südamerikanischer Staaten gegenüber der Schiedsgerichtsbarkeit allgemein, aber auch gegenüber dem UN-Abkommen, entstand am 30. Januar 1975 die „*Inter-American Convention on International Commercial Arbitration*"[189]. Diese wurde mit Stand vom

184 Nachfolgend im Fließtext als „*Moskau-Abkommen*" bezeichnet; abrufbar unter: http://www.jurisint.org/doc/html/ins/en/2000/2000jiinsen76.html

185 Vgl. zusammenfassend *Strohbach* in: *Yearbook Comm. Arb'n* I (1976), 4 ff; *Redfern/Hunter*, Rn. 11.127 ff.

186 Vgl. dazu http://www.jurisint.org/en/ins/161.html

187 Jeder der Staaten ist mittlerweile auch dem UN-Abkommen beigetreten: Russland (1958), Kuba (1974), Mongolei (1994).

188 *Fouchard/Gaillard/Goldman*, Rn. 293.

189 Nachfolgend im Fließtext als „*Panama-Abkommen*" bezeichnet; abgedruckt in: *Yearbook Comm. Arb'n* III (1978), 15 f.; *United Nations*, Treaty Series, Vol. 1438, S. 249; *Organisation of American States*, Treaty Series, No. 42 – jeweils auch abrufbar unter: http://treaties.un.org/doc/Publication/UNTS/Volume%201438/v1438.pdf; http:// www.oas.org/juridico/english/treaties/b-35.html

1. Januar 2012 von 19 der 35 Mitgliedstaaten der *Organisation Amerikanischer Staaten* gezeichnet[190]. Darunter die wichtigsten Wirtschaftsnationen der Region, wie beispielsweise die USA, Brasilien, Mexiko und Argentinien. Mittlerweile sind alle Vertragsstaaten des Panama-Abkommens auch dem UN-Abkommen beigetreten[191], darunter zuletzt am 7. Juni 2002 die Republik Brasilien.

Dem Panama-Abkommen liegen nicht nur dieselben Ziele wie dem UN-Abkommen zugrunde, vielmehr gleicht es diesem in wesentlichen Zügen[192]. Darüber hinaus schaffen die Art. 2 f. Panama-Abkommen erstmals regionale Rahmenbedingungen zur Beilegung von Handelsstreitigkeiten.

d) „Inter-Arab Conventions“

Die stark von islamischem Recht geprägte arabische Region kann auf ein gespaltenes Verhältnis gegenüber der Rechtsinstitution der Schiedsgerichtsbarkeit zurückblicken[193]. Einerseits hat die private Beilegung von Rechtstreitigkeiten nach dem Recht der Scharia eine lange Rechtstradition in der Region. Andererseits führten zwiespältige Erfahrungen im Zusammenhang mit der Vermarktung natürlicher Ressourcen Mitte bis Ende des 20. Jahrhunderts zu einer starken Skepsis bis hin zur Ablehnung der als westlich dominiert gesehenen modernen Schiedsgerichtsbarkeit. Beispielsweise sind einzelne arabische Staaten bis zum heutigen Tag weder dem UN-Abkommen noch dem Washington-Abkommen beigetreten.

Mit Blick auf die jüngsten Reformbemühungen vieler arabischer Staaten im Bereich der Schiedsgerichtsbarkeit sowie dem statistischen Report des Internationalen Schiedsgerichtshofs, der für das Jahr 2010 nahezu in allen Bereichen der ICC-Schiedsgerichtsbarkeit Rekordzahlen für die arabische Region verzeichnet[194], scheint sich das Blatt allerdings wieder zugunsten der Schiedsgerichtsbarkeit gewendet zu haben. Dazu beigetragen haben unter anderem die „*Riyadh Convention on Judicial Cooperation between States of the*

---

190 Vgl. http://www.oas.org/juridico/english/Sigs/b-35.html

191 Vgl. http://treaties.un.org/Pages/ViewDetails.aspx?src=TREATY&mtdsg_no=XXII1 &chapter=22&la ng=en: Argentinien (1989), Bolivien (1995), Brasilien (2002), Chile (1975), Costa Rica (1987), Dominikanische Republik (2002), El Salvador (1998), Equador (1962), Guatemala (1984), Honduras (2000), Kolumbien (1979), Mexiko (1971), Nikaragua (2003), Panama (1984), Paraquay (1997), Peru (1988), Uruquay (1983), USA (1970) und Venezuela (1995).

192 Vgl. zusammenfassend *Born*, Cases and Materials, S. 36 f.; *Norberg*, in: *Yearbook Comm. Arb'n* III (1978), 1 ff.

193 Vgl. *Brower/Sharpe*, AJIL 97 (2003), 642 ff.

194 Siehe dazu *ICC*, Bulletin 22 (2011), Internetausgabe, S. 1 ff.

Arab League" vom 6. April 1983[195] sowie die „*Arab Convention on Commercial Arbitration*" vom 14. April 1987[196].

Das Riyadh-Abkommen ist das Ergebnis der ersten Ministerkonferenz der arabischen Justizminister und enthält neben umfangreichen Regelungen zum justiziellen Austausch und zur Zusammenarbeit in Art. 37 eine Regelung zur gegenseitigen Anerkennung von schiedsgerichtlichen Entscheidungen. Die Anerkennungsversagungsgründe ähneln denen des Art. 5 UNÜ[197]. Im Unterschied zu dem UN-Abkommen geht der Wortlaut des Art. 37 Riyad-Abkommen von einer bindenden Entscheidung der zuständigen Justizbehörden aus und schweigt zugleich zu der Anerkennungsfähigkeit eines aufgehobenen Schiedsspruches (Art. 5 Abs. 1 (e) UNÜ).

Das Amman-Abkommen beschäftigt sich hingegen ausschließlich mit der vereinheitlichten Beilegung von Rechtsstreitigkeiten im Wege der Schiedsgerichtsbarkeit und ist dem Washington-Abkommens nachempfunden[198]. Im Unterschied zu diesem können vor dem nach Art. 4 ff. Amman-Abkommen zu gründenden „*Arab Centre of Commercial Arbitration*" auch Nichtinvestitionsstreitigkeiten zwischen Privatrechtssubjekten beigelegt werden. Gem. Art. 35 Amman-Abkommen müssen die der Jurisdiktion der Schiedsinstitution unterfallenden Schiedssprüche in den Vertragsstaaten für vollstreckbar erklärt werden. Dabei kann ausschließlich der Einwand des Ordre Public zur Anerkennungsverweigerung herangezogen werden. Der stark lokal geprägte Bezug des Amman-Abkommens sowie Schwierigkeiten in der Ratifizierung und Durchführung des Abkommens schränken die praktische Relevanz des Staatsvertrags im Gesamtergebnis jedoch erheblich ein[199].

---

195 Nachfolgend im Fließtext als „*Riyadh-Abkommen*" bezeichnet; inoffizielle Übersetzung abrufbar unter: www.unhcr.org/refworld/publisher,ARAB,,,3ae6b38d8,0.html

196 Nachfolgend im Fließtext als „*Amman-Abkommen*" bezeichnet; inoffizielle englische Übersetzung abgedruckt in: J. Int'l Arb. 7 (1990), 146 - 152; auch abrufbar unter: http://www.jurisint.org/ doc/html/ins/en/2000/2000jiinsen203.html

197 Art. 37 e) Riyad-Abkommen erwähnt in Ergänzung zu dem Anerkennungsversagungsgrund der Verletzung des Ordre Public auch ausdrücklich die Verletzung des Rechts der Sharia. Nach *Majeed*, in: Arb. Int'l 20 (2004), 97 (109) ist dieser besondere Anerkennungsversagungsgrund so auszulegen, dass letztlich der Grundsatz der Gerechtigkeit bzw. der substantiierte Wahrheit über allem Recht zu stehen hat.

198 Vgl. zusammenfassend *Jalili*, J. Int'l Arb. 7 (1990), 139 ff.; zu den Vertragsstaaten zählen (Ratifizierung): Algerien (-), Dschibuti (-), Irak (1998), Jordanien (1988), Libanon (1992), Libyen (1989), Mauretanien (-), Marokko (-), Palestina (-), Sudan (1993), Syrien (-), Tunesien (1989) und Jemen (1988). Vgl. dazu http://www.jurisint.org/en/ins/155.html

199 Vgl. u.a. Art. 23 Amman-Abkommen, der die arabische Sprache als die Verhandlungssprache festlegt.

e) OHADA Abkommen über die Harmonisierung des Wirtschaftsrechts in Afrika

Am 17. Oktober 1993 wurde von den Mitgliedern der Organisation zur Harmonisierung des Wirtschaftsrechts in Afrika („Organisation pour l'harmonisation en Afrique du droit des affaires") das gleichnamige Gründungsdokument, das Abkommen über die Harmonisierung des Wirtschaftsrechts in Afrika, geschlossen[200]. Mit dem Ziel einer wirtschaftlichen, rechtlichen und politischen Integration der 16 Mitgliedsstaaten vor Augen, beabsichtigt der Vertragstext die Schaffung eines weitestgehend vereinheitlichten Wirtschaftsrechts[201]. Eine zentrale Rolle spielt in diesem Zusammenhang die Förderung der Schiedsgerichtsbarkeit zur Beilegung vertraglicher Rechtsstreitigkeiten[202]. Dazu wurde einerseits nach Art. 3 i. V. m. Art. 31 ff. OHADA-Abkommen das „Common Court of Justice and Arbitration" geschaffen[203], welches unter anderem als regionale Schiedsinstitution agiert. Zusätzlich wurde auf der Basis des UNCITRAL-Mustergesetzes ein einheitliches Schiedsrecht erlassen („Act uniforme relatif au droit de l'arbitrage")[204], das ähnlich einer Verordnung der Europäischen Union das jeweilige Schiedsrecht der Mitgliedstaaten überlagert.

Schiedssprüche des *CCJA* sind in den Mitgliedstaaten gem. Art. 25 OHADA-Abkommen anzuerkennen. Dabei handelt das *CCJA* nicht nur in seiner Funktion als Schiedsinstitution und zuständige Instanz für die Aufhebung von Schiedssprüchen, sondern auch als zentrales Exequaturgericht. Die vier in Art. 25 OHADA festgehaltenen Anerkennungsgründe ähneln inhaltlich denen des Art. 5 UNÜ. Gem. Art. 25 Nr. 4 OHADA-Abkommen ist der Einwand des Ordre Public allerdings ausdrücklich auf den „*internationalen Ordre Public*" beschränkt.

---

200 Nachfolgend im Fließtext als „*OHADA-Abkommen*" bezeichnet; abgedruckt in: *OHADA*, OHADA Journal No. 4 (1997), 1 ff; auch abrufbar unter: http://www.ohada.com/traite.php?categorie=10

201 Art. 1 OHADA-Abkommen; vgl. zusammenfassend *Onzema*, Int. A.L.R. 11 (2008), 205 ff; *Fouchard/Gaillard/Goldman*, Rn. 300; zu den Mitgliedstaaten zählen: Äquatorialguinea (1999), Benin (1995), Burkina Faso (1995), Elfenbeinküste (1995), Gabon (1998), Guinea (2000), Guinea-Bissau (1994), Kamerun (1995), Kongo (1997), Komoren (1995), Mali (1995), Niger (1995), Senegal (1994), Togo (1995), Tschad (1996) und Zentralafrikanische Republik (1995); vgl. auch http://ohada.org/etats-parties.html

202 Art. 1 OHADA-Abkommen.

203 Nachfolgend im Fließtext als „*CCJA*" bezeichnet.

204 Nachfolgend im Fließtext als „*AUA*" bezeichnet; abgedruckt in: *OHADA*, OHADA Journal No. 8 (1999), 2 ff; auch abrufbar unter: http://www.ohada.com/textes.php ?categorie=658

Schiedssprüche, die in einem OHADA-Mitgliedstaat aber nicht durch den *Common Court of Justice and Arbitration* erlassen wurden, sind gem. Art. 30 ff. AUA vor den staatlichen Gerichten nach den Vorschriften des AUA für vollstreckbar zu erklären. Als Anerkennungsverweigerungsgrund kommt dabei gem. Art. 31 AUA ausschließlich die Verletzung des „*internationalen Ordre Public*" in Betracht. Während dem Antragsgegner in einem Exequaturverfahren lediglich der Weg zur Aufhebung des Schiedsspruchs gem. Art. 25 ff. AUA offen steht, kann der Antragssteller Rechtsmittel gegen die Anerkennungsverweigerung gem. Art. 32 AUA an das CCJA einlegen.

Für die Vollstreckbarkeit von Schiedssprüchen, die nicht in dem Territorium der OHADA ergingen, sind gem. Art. 34 AUA die jeweiligen staatlichen Exequaturgerichte zuständig. Dabei sind primär die nach der *lex fori* zu beachtenden Anerkennungs- und Vollstreckungsabkommen, wie beispielsweise das UN-Abkommen, zu berücksichtigen[205] und sekundär die Vorschriften des AUA anzuwenden.

f) ASEAN Comprehensive Investment Agreement

Mit Blick auf den asiatischen Kontinent und insbesondere die „*Association of Southeast Asian Nations*[206]" ist auf das „*ASEAN Comprehensive Investment Agreement*[207]" vom 26. Februar 2009 hinzuweisen[208]. In erster Linie dient das von den 10 Mitgliedsstaaten des ASEAN gezeichnete Vertragswerk der regionalen Investitionsförderung und dem Investitionsschutz zwischen den natürlichen und juristischen Personen der einzelnen Mitgliedstaaten[209]. Damit löst der Staatsvertrag gem. Art. 47 Abs. 1 ASEAN IA das „*Framework Agreement on the ASEAN Investment Area*[210] " vom 7. Oktober 1998 und das „*ASEAN Agreement for the Promotion and Protection of Investment*[211]" vom 15. Dezember 1987 ab.

205 6 der 16 Mitgliedstaaten sind mit Stand vom 1. Januar 2012 dem UN-Abkommen nicht beigetreten. Darunter: Äquatorialguinea, Guinea-Bissau, Komoren, Kongo, Togo und Tschad. Vgl. dazu http://treaties.un.org/pages/ViewDetails.aspx?src=TREATY&mtdsg_no=XXII-1&chapter=22&lang=en

206 Nachfolgend im Fließtext als „*ASEAN*" bezeichet.

207 Nachfolgend im Fließtext als „*ASEAN-IA*" bezeichnet.

208 Abrufbar unter: http://www.asean.org/22244.htm

209 Ausführlich dazu *Maxwell/Wegner*, AIAJ 5 (2009), 167 (173 ff.).

210 Abrufbar unter: http://www.asean.org/7994.pdf

211 Abrufbar unter: http://www.asean.org/6464.htm

Neben unterschiedlichen staatsvertraglichen Maßnahmen zum Schutz, der Liberalisierung und Förderung des ASEAN-Investitionsraums im ersten Teil des ASEAN IA enthält Abschnitt B ASEAN IA unter anderem in Anlehnung an das Washington-Abkommen detaillierte Vorschriften zur Beilegung von Investitionsstreitigkeiten zwischen einem Investor und einem Vertragsstaat. Danach steht es den Parteien im Falle einer Investitionsstreitigkeit gem. Art. 33 Abs. 1 ASEAN offen, Klage vor den staatlichen Gerichten, nach dem Washington-Abkommen, nach der UNCITRAL-Schiedsordnung, am *Regional Centre for Arbitration*[212] oder bei Einigung der Parteien an jeder anderen institutionellen Schiedseinrichtung einzureichen. Im Falle eines Schiedsspruchs ist dieser gem. Art. 41 Abs. 6 ASEAN IA ohne schuldhaftes Zögern zu erfüllen. In Bezug auf eine Anerkennung und Vollstreckung des Schiedsspruchs nach dem UN-Abkommen konkretisiert Art. 41 Abs. 8 ASEAN IA den Art. 1 Abs. 3 Satz 1 UNÜ insofern, dass eine nach dem Investitionsabkommen eingereichte Schiedsklage als Handelsstreitigkeit i. S. d. UN-Abkommens anzusehen ist.

g) ASEAN Protocol on Enforcement of Awards

Mit Ausnahme von Myanmar sind mittlerweile alle ASEAN-Staaten dem UN-Abkommen beigetreten und viele der Staaten folgen zumindest in den Grundsätzen dem UNCITRAL-Mustergesetz. Gleichwohl bestehen aktuelle Bestrebungen der *ASEAN Law Association,* in Verwirklichung der Ziele der *ASEAN Charter* vom 20. November 2007 und dem Vorhaben des *ASEAN Law Minister Meeting* vom 20. Oktober 2008, das Schiedsrecht und seine Anwendung in der Region durch ein *„ASEAN Protocol on Enforcement of Awards"* weiter zu harmonisieren[213]. Damit soll ergänzend zu den Vorschriften des UN-Abkommens die teils unterschiedlich effiziente Anwendung des Vertragstexts in den einzelnen Staaten verbessert werden[214].

---

212 Das "*Regional Centre of Arbitration*" in Kuala Lumpur wurde 1978 von der *„Asian-African Legal Consultation Organisation*" (*„AALCO*") gegründet. Siehe auch http://www.klrca.org.my/default.aspx

213 Vlg. dazu Joint Statement of the Seventh ASEAN Law Ministers Meeting vom 20. Oktober 2008, abrufbar unter http://www.aseansec.org/22702.htm

214 Vgl. *Boo*, in: 10th General Assembly ASEAN Law Association, S. 1.

3.) Bilaterale Staatsverträge

Neben den multilateralen und regionalen Staatsverträgen zur Anerkennung und Vollstreckung von Schiedssprüchen bestehen auf der jeweiligen Länderebene eine Vielzahl bilateraler Abkommen, die ebenfalls Regelungen über die gegenseitige Anerkennung und Vollstreckung von Schiedssprüchen enthalten können. Insbesondere im Bereich von bilateralen Vollstreckungs-, Investitions-, Handels- und Schifffahrtsabkommen können solche Regelungen häufig festgestellt werden; diese regeln oftmals in Übereinstimmung mit den multilateralen Regelungen zahlreiche Einzelprobleme spezifisch und sind im Zusammenhang mit dem UN-Abkommen über die Meistbegünstigungsklausel aus Art. 7 Abs. 1 UNÜ zu beachten.

4.) Autonomes Recht

Wie zuvor dargestellt, sind die Grundlagen der Anerkennung und Vollstreckung von ausländischen Schiedssprüchen auf ein eng verflochtenes Netzwerk von multilateralen, regionalen und bilateralen Staatsverträgen zurückzuführen. Dennoch bildet der Ausgangspunkt eines jeden Exequaturverfahrens das autonome Recht des Forums, in welchem die Anerkennung und Vollstreckung eines Schiedsspruchs nachgesucht wird[215]. Gerade Fragen der Rechtswegzuständigkeit und der formellen Verfahrensvorausetzungen sind in den jeweils zu beachtenden staatsvertraglichen Normen grundsätzlich individuellen Regelungen der Vertragsstaaten vorbehalten[216].

Wie die Historie der Schiedsgerichtsbarkeit zeigt, hat seit 1958 eine große Anzahl an Staaten ihr nationales Schiedsrecht grundlegend reformiert. Die Ratifikation des UN-Abkommens und die Umsetzung des UNCITRAL-Mustergesetzes in nationalstaatliche Rechtsvorschriften spielt in diesem Punkt eine wichtige Rolle, getragen von den Bemühungen, durch die Bereitstellung einer schiedsfreundlichen Rechtsordnung positive Wirtschafts- und Investitionsbedingungen zu schaffen.

Obgleich internationale Rechtsabkommen, wie beispielsweise das UN-Abkommen und das UNCITRAL-Mustergesetz, erheblich zur Rechtsvereinheitlichung im grenzüberschreitenden Rechtsvergleich beigetragen haben, hat doch jede nationale Rechtsordnung ihren eigenen Charakter. In vielen, dem

215 Ein besonderes Konstrukt in diesem Zusammenhang bilded das afrikanische OHADA-Abkommen. Siehe dazu *Kapitel 2 III. 2.) e)*. Doch letztlich bleibt der erste Blick in die nationalen Rechtsordnungen der Mitgliedsstaaten des OHADA auch in diesem Fall unerlässlich.

216 Vgl. dazu in Bezug auf das UN-Abkommen *Kapitel 2 IV. 6.)*.

römischen Rechtskreis zuzuordnende Rechtsordnungen, wie beispielsweise in Deutschland und Frankreich, sind das Schiedsrecht und die Vorschriften zur Vollstreckbarkeit von Schiedssprüchen in das allgemeine Zivilprozessrecht des Staates eingegliedert[217]. Dagegen tendieren dem angelsächsischen Rechtskreis folgende Jurisdiktionen zu einer eigenständigen Kodifizierung des autonomen Schiedsrechts. Inhaltlich unterscheidet sich das Schiedsrecht vieler Rechtsordnungen unter anderem auch durch die Wahl zwischen einem Einheitssystem, das grundsätzlich nicht zwischen einem nationalen und internationalen Sachverhalt unterscheidet, und einem sogenannten dualen System, welches an Schiedsverfahren oder Schiedssprüche mit einem Auslandsbezug unterschiedliche, meist liberalere Rechtsmaßstäbe anlegt.

Selbst bei der Auslegung identischer Rechtsvorschriften, wie beispielsweise Art. 5 UNÜ und den häufig wortgleich in die nationalen Rechtsordnungen übernommenen Aufhebungsgründen des UNCITRAL-Mustergesetzes, können teils erhebliche Unterschiede festgestellt werden. Letztlich wird die konkrete Auslegung im Einzelfall von natürlichen Personen getroffen, geprägt durch unterschiedlichste kulturelle, historische und rechtspolitische Hintergründe. Auch stellt das Exequatur von ausländischen Schiedsentscheidungen gegen Staatsbürger des Vollstreckungsforums die Richter gelegentlich vor eine harte Prüfung ihrer Objektivität[218]. Gerade im Bereich des Exequatur von ausländischen Schiedssprüchen besteht häufig ein gewisser Spielraum zum sogenannten „*Forum Shopping*".

IV. Das New Yorker Übereinkommen über die Anerkennung und Vollstreckung ausländischer Schiedssprüche vom 10. Juni 1958

1.) Entstehungsgeschichte

Das UN-Abkommen entstand in einer Epoche, in der sich nach zwei Weltkriegen ein weltweites Bedürfnis nach vermehrter internationaler Kooperation zur Gewährleistung globaler Sicherheit und Stabilität entwickelte[219]. In der Konsequenz resultierte die zunehmende transnationale Zusammenarbeit auf der politischen Ebene zugleich in einer stetigen Zunahme internationaler Wirtschaftsbeziehungen. Dies wiederum stellte die internationale Staatenge-

217 Vgl. *Born*, Cases and Materials, S. 41.

218 So auch *ICCA*, Guide to the NYC, S. 7.

219 Vgl. *Mustill*, J. Int'l Arb. 6 (1989), 43 (48).

meinschaft vor neue Herausforderungen im Umgang mit vermehrt auftretenden, grenzüberschreitenden Rechtsbeziehungen[220].

In Anlehnung an die historischen Erfolge der Schiedsgerichtsbarkeit wurde bereits vor der Zäsur durch den Zweiten Weltkrieg in der Beilegung von Rechtsstreitigkeiten im Wege der Schiedsgerichtsbarkeit ein probates Mittel gesehen, diesen Herausforderungen gerecht zu werden. Der Völkerbund erließ daher auf Initiative der Internationalen Handelskammer 1923 und 1927 die Genfer Verträge zur Förderung der (internationalen) Schiedsgerichtsbarkeit[221]. Obgleich die Genfer Verträge einen wichtigen ersten Schritt in die richtige Richtung darstellten, wurden deren Erfolge durch teils erhebliche Rechtsanwendungsprobleme überschattet[222]. Außerdem waren viele Staaten, wie beispielsweise die USA, den Verträgen nicht beigetreten.

Katalysiert durch eine immer größer werdende Bedeutung des internationalen Handels, wurden schon bald nach dem Zweiten Weltkrieg die Bemühungen zum Ausbau der internationalen Schiedsgerichtsbarkeit erneut aufgenommen[223]. Abermals war es die Internationale Handelskammer, welche die Reformierung der Genfer Verträge anstrebte, am 13. März 1953 einen Entwurf zur Reformierung dieser verabschiedete und den Vereinten Nationen zur weiteren Diskussion vorlegte[224]. Dieser erste Entwurf wurde von einem Expertenkomitee des Wirtschafts- und Sozialrats der Vereinten Nationen überarbeitet (sog. *ECOSOC*-Entwurf[225]); dieser bildete sodann die Grundlage für die Beratung der Staatenkonferenz *„on International Commercial Arbitration"*, die vom 20. Mai bis 10. Juni 1958 in New York tagte[226]. Nach langen Verhandlungen wurde am 10. Juni 1958 das New Yorker Übereinkommen über die Anerkennung und Vollstreckung ausländischer Schiedssprüche erlassen[227].

---

220 Zu den damals vorherrschenden Herausforderungen zusammenfassend auch *Cohn* in: *Domke*, 19 ff.; siehe auch *Kapitel 1 IV. 1.)*.

221 Siehe dazu *Kapitel 2 III. 1.) a), b)*.

222 Vgl. u.a. *Schlosser* in: *Stein/Jonas*, Anhang § 1061 Rn. 2; ebenso *Schwab/Walter*, Kap. 41 Rn. 2; *Van den Berg*, S. 7; dazu auch nachfolgend *Kapitel 2 IV. 3.)*.

223 Vgl. *Schwab/Walter*, Kap. 41 Rn. 2.

224 Abgedruckt in: *ICC*, Broschüre Nr. 174 (Paris 1953); *ICC*, Bulletin 9 (2011), S. 32 ff.

225 UN Doc. E/2704; synoptischer Abdruck der ICC- und ECOSOC-Entwürfe in: *Gentinetta*, S. 273-277.

226 *Schwab/Walter*, 41 Rn. 3.

227 Zu den Konferenzprotokollen siehe UN Doc. E/CONF.26/SR.1-25; abgedruckt in *Gaja*, Kap. III; auch abrufbar unter http://www.uncitral.org/uncitral/en/uncitral_texts/arbitration/NYConvention_travaux.html

Anfangs wurde das Abkommen von 24 Staaten unterzeichnet. Mit dem jüngsten Beitritt von Liechtenstein zum 7. Juli 2011 zählt das UN-Abkommen mittlerweile 146 Vertragsstaaten[228] von derzeit 192 anerkannten Mitgliedstaaten der Vereinten Nationen[229]. Damit zählt das UN-Abkommen bereits quantitativ zu den erfolgreichsten transnationalen Rechtsabkommen der internationalen Rechtsgeschichte. Weitaus eindrucksvoller ist jedoch der Einfluss des UN-Abkommens auf die Entwicklung der Schiedsgerichtsbarkeit insgesamt und damit auch des Anstiegs transnationaler Rechtsbeziehungen. In Verbindung mit der erheblichen praktischen Relevanz des UN-Abkommens zählt dieses nach mehr als 50 Jahren Dienstzeit unstrittig auch qualitativ zu den erfolgreichsten transnationalen Rechtsinstrumenten des internationalen Wirtschaftsverkehrs[230].

2.) Reformbemühungen

Trotz oder gerade wegen der lang andauernden Erfolgsgeschichte des UN-Abkommens haben sich in der Vergangenheit immer wieder namhafte Organisationen, Praktiker und Autoren für eine Reformierung des Vertragstextes ausgesprochen. Unter anderem führte eine solche Diskussion Ende der 70er Jahre dazu, dass anstelle eines Ergänzungsprotokolls zur Auslegung des UN-Abkommens das weit umfangreichere UNCITRAL-Mustergesetzes verabschiedet wurde[231].

Doch auch in den Folgejahren verstummte die Diskussion über eine Reform des UN-Abkommens nicht. So wurde nach dem 40. Jahrestag des UN-Abkommens beispielsweise im Zusammenhang mit der Überarbeitung des UNCITRAL-Mustergesetzes auch über eine entsprechende Anpassung des Vertragstexts des Abkommens debattiert. Erneut wurde eine Reformierung des Vertragstextes abgelehnt und anstelle dessen einer unverbindlichen Empfehlung zur Interpretation von Art. 2 Abs. 2 UNÜ und Art. 7 Abs. 1 UNÜ den Vorzug gegeben; diese verabschiedete die UN-Hauptversammlung am 18. Dezember 2006 zusammen mit den Änderungen des UNCITRAL-Mustergesetzes[232].

---

228 Siehe dazu: http://treaties.un.org/pages/ViewDetails.aspx?src=TREATY&mtdsg_no =XXII-1&chapter =22&lang=en

229 *United Nations*, Press Release ORG/1469 (vom 3. Juli 2006); aktueller Stand auch abrufbar unter http://www.un.org/en/members/index.shtml

230 Vgl. *Kronke*, in: *Kronke/Nacimiento/Otto/Port*, 1 f.; *Mustill*, J. Int'l Arb. 6 (1989), 43 (49).

231 Siehe dazu genauer *Kapitel 2 III. 1.) e)*.

232 UN Doc. A/RES/61/33.

Zum 50. Geburtstag des UN-Abkommens flammte die Reformdiskussion erneut auf[233]. Den prominentesten Beitrag dazu lieferte *Albert van den Berg* auf dem ICCA-Kongress in Dublin durch die Veröffentlichung eines viel diskutierten Reformentwurfs des UN-Abkommens: der sogenannte „*Miami-Entwurf*“[234].

Der *Miami-Entwurf* stellt eine Rundumerneuerung des Vertragstexts dar. Im Wesentlichen gibt der Entwurf den Originaltext des UN-Abkommens wieder und versucht, durch Einfügungen und Abänderungen des Vertragstexts bekannte Auslegungsprobleme der vergangenen Jahrzehnte zu beseitigen. Beispielsweise welche formellen Mindestanforderungen an eine Schiedsvereinbarung zu stellen sind (Art. 2 Abs. 2 UNÜ)[235], ob den staatlichen Behörden bei Anerkennungsfragen ein Ermessenspielraum zuzugestehen ist (Art. 5 Abs. 1, 2 UNÜ)[236] oder ob ein im Ursprungsland aufgehobener Schiedsspruch grenzüberschreitende Wirkungen entfalten kann (Art. 5 Abs. 1 (e) UNÜ)[237]. Dadurch soll der Vertragstext auf einen Stand gebracht werden, wie ihn die UN-Konferenzteilnehmer im Jahre 1958 unter Beachtung des heutigen Kenntnisstands möglicherweise erlassen hätten[238].

Inwiefern der Entwurf dazu geeignet ist, als Speerspitze der Modernisierungsbewegung eine Überarbeitung des UN-Abkommens herbeizuführen, kann an dieser Stelle nicht beurteilt werden. Namhafte Autoren wie beispielsweise *Pieter Sanders*[239], *V. V. Veeder*[240] oder *Emmanuel Gaillard*[241] stehen in Kenntnis der durchaus vorhandenen Auslegungsprobleme des UN-Abkommens einer Überarbeitung des Vertragstexts kritisch gegenüber[242]. Insbesondere stellt sich die Frage, ob eine Überarbeitung des über Jahrzehnte erfolgreich angewandten Vertragstexts nicht sogar zu weiteren Rechtsunsicherheiten führen könnte.

---

233 *Kronke*, in: *Kronke/Nacimiento/Otto/Port*, 1 (5).

234 *Van den Berg*, in: *ICCA*, Congress Series No. 14, 649 ff.

235 Siehe dazu *Kapitel 2 IV. 8.) a) i.) bb).*

236 Siehe dazu *Kapitel 2 IV. 10.).*

237 Siehe dazu *Kapitel 2 IV. 8.) a) v.) bb).*

238 *Paulsson*, The Miami Draft: Good Twin of the NYC, abrufbar unter: http://kluwerarbitrationblog.com/blog/2010/10/07/the-miami-draft-the-good-twin-of-the-nyc/

239 *Sanders*, in: United Nations Publications, 3 (4).

240 *Veeder*, in: *Gaillard*, 183 ff.

241 *Gaillard*, in: *ICCA*, Congress Series No. 14, 689 ff.

242 A.A. *Kröll*, SchiedsVZ 7 (2009), 40 (53).

Abgesehen von dem Erneuerungsvorhaben des UN-Abkommens, ist der *Miami-Entwurf* in Verbindung mit den von *Albert Van den Berg* gemachten Erläuterungen als ein wertvolles Dokument zu sehen, welches in Auseinandersetzung mit den internationalen Auslegungsproblemen der letzten Jahrzehnte den aktuellen Stand der internationalen „*Best Practice*" in eindrucksvoller Weise wiedergibt. Entsprechend sollen die Erkenntnisse des *Miami-Entwurfs* auch nachfolgend zur Darlegung der aktuellen internationalen Auslegungspraxis herangezogen werden.

3.) Allgemeine Rechtsgrundsätze

Als zentrale Rechtsgrundlage der Anerkennung von ausländischen Schiedssprüchen, aber auch der Entwicklung der modernen Schiedsgerichtsbarkeit insgesamt, hat das UN-Abkommen schon früh grundlegende Maßstäbe gesetzt, die wie folgt zusammengefasst werden können[243]:

a) Förderungszweck

Vor dem Hintergrund, dass im internationalen Rechtsverkehr die zwangsweise Durchsetzung von Schuldtiteln seit jeher mit erheblichen Schwierigkeiten verbunden war, dient das UN-Abkommen in erster Linie dazu, internationalen Schiedssprüchen global die bestmögliche Geltung zu verschaffen und ihre zwangsweise Durchsetzung zu erleichtern[244]. Der zweite Schwerpunkt, der in dieser Arbeit lediglich im Zusammenhang mit der Vollstreckbarerklärung von ausländischen Schiedssprüchen behandelt wird, ist entgegen dem Titel des Vertragstexts in der Anerkennung von Schiedsvereinbarungen zu sehen[245]. Beide Kernpunkte müssen im Lichte der übergeordneten Zielsetzung des UN-Abkommens, der kontinuierlichen Förderung der Schiedsgerichtsbarkeit als primärer Streitbeilegungsmechanismus im internationalen Rechtsverkehr, verstanden werden[246].

---

243 Ausführlich dazu *Schlosser*, Rn. 123 ff.

244 Vgl. *ICCA*, Guide to the NYC, S. 14 f.

245 Ursache dafür ist, dass Art. 2 UNÜ quasi erst in den letzten Tagen in den Vertragstext aufgenommen worden ist. Ursprünglich war beabsichtigt, die Anerkennungspflicht von Schiedsvereinbarungen in einem eigenständigen Protokoll zu regeln. Erst in letzter Minute erkannte die Staatenkonferenz die Bedeutung der Schiedsverarbeitung auch für das Exequaturverfahren. Vgl. dazu *Van den Berg*, S. 9.

246 *Van den Berg*, S. 4.

b) Sonderregelung zur Harmonisierung nationalen Schiedsrechts

In Abgrenzung zu anderen Rechtsquellen, wie beispielsweise dem UNCITRAL-Mustergesetz oder dem Washington-Abkommen, enthält das UN-Abkommen keine Vorschriften über das Stadium des Schiedsverfahrens selbst[247]. Über die allgemein anerkannte und in vielen Schiedsordnungen ausdrücklich festgehaltene Verpflichtung eines jeden Schiedsgerichts, alles Zumutbare zu unternehmen um die Wirksamkeit und Vollstreckbarkeit eines Schiedsspruchs zu sichern[248], und der damit im Zusammenhang stehenden Bedeutung des UN-Abkommens bei der Entstehung des UNCITRAL-Mustergesetzes und anderweitiger Rechtsquellen erlangen die Vorschriften des UN-Abkommens zumindest mittelbar in den vorangegangenen Schiedsverfahrensstadien an Bedeutung.

Auch beabsichtigt das UN-Abkommen nicht die Schaffung eines starren supranationalen Anerkennungs- und Vollstreckungsregimes. Vielmehr soll ausschließlich die Harmonisierung nationalstaatlicher Rechtsvorschriften durch die verbindliche Festlegung allgemein anerkannter Mindeststandards erreicht werden.

c) „Pro-Enforcement Bias“

In erster Linie statuiert der Vertragstext gem. Art. 3 S. 1 UNÜ eine Anerkennungspflicht der Vertragsstaaten, sofern nicht einer der in Art. 5 UNÜ abschließend aufgezählten Anerkennungsversagungsgründe gegeben ist. In Verbindung mit dem zuvor beschriebenen Sinn und Zweck des UN-Abkommens wird daraus eine sogenannte *„Pro-Enforcement Bias“* abgeleitet, die bei der Wahl zwischen mehreren möglichen Auslegungsmöglichkeiten die schiedsfreundlichere zur Förderung der Vollstreckbarkeit eines Schiedsspruchs fordert[249].

Im Zusammenhang damit ist auch das in Art. 7 UNÜ festgehaltene Prinzip der Meistbegünstigung zu verstehen. Nach diesem ist in Ergänzung zur Pflicht der schiedsfreundlichen Auslegung des Vertragstexts bei mehreren möglichen Rechtsgrundlagen zur Anerkennung von ausländischen Schiedssprüchen der schiedsfreundlichsten Norm der Vorrang zu geben[250].

---

247 Vgl. *Van den Berg*, S. 9 f.; *Schwab/Walter*, Kap. 41 Rn. 3.

248 Vgl. u.a. Art. 41 ICC-Schiedsordnung.

249 Vgl. *ICCA*, Guide to NYC, S. 14 f.

250 Vgl. *ICCA*, Guide to NYC, S. 15.

Ebenfalls im Zusammenhang mit der sogenannten „*Pro-Enforcement Bias*" ist auch das in Art. 3 Abs. 2 UNÜ statuierte Diskriminierungsverbot zu sehen. Danach darf die Anerkennung oder Vollstreckung von Schiedssprüchen, auf die das UN-Abkommen anzuwenden ist, nicht wesentlich strengeren Verfahrensvorschriften als eben solche von nationalen Schiedssprüchen ausgesetzt sein.

d) Stärkung der Privatautonomie („Entnationalisierung")

Entgegen dem ersten Entwurf des UN-Abkommens der Internationalen Handelskammer, welcher von einem modernen und weitgreifenden Konzept eines „*staatenneutralen*" oder „*internationalen Schiedsspruch*" ausging[251], zeichnet sich das UN-Abkommen durch einen gelungenen Balanceakt zwischen privaten Interessen der Rechtssuchenden und öffentlichen Interessen der *lex fori* aus. Es gibt dem Parteiwillen die größtmögliche Wirkung unter gleichzeitiger Beachtung der unverzichtbaren Interessen der Vertragsstaaten. In Stärkung des für die Schiedsgerichtsbarkeit fundamentalen Gestaltungsrechts der Schiedsparteien ist daher primär das von den Parteien frei gewählte Recht auf deren Rechtsverhältnisse anzuwenden[252]. Nationale Rechtsvorschriften, insbesondere die des Schiedsorts, gelangen lediglich subsidiär zur Anwendung, sofern die Schiedsparteien keine anderweitige Rechtswahl getroffen haben[253].

e) Begrenzung der Interventionsbefugnis staatlicher Gerichte

Die Schranken der Gestaltungsfreiheit der Schiedsparteien sind dort zu ziehen, wo öffentliche Interessen der Vertragsstaaten betroffen werden. Wo genau die Schnittpunkte zwischen der Parteiautonomie und den Eingriffsrechten der staatlichen Gerichte zu sehen sind, gehört seit jeher zu den Kernproblemen der Schiedsgerichtsbarkeit. Spätestens im Stadium der zwangsweisen Durchsetzung eines Schiedsspruchs, in welchem die im Schiedsverfahren obsiegende Partei auf die Mithilfe der staatlichen Vollstreckungsbehörden angewiesen ist, stellt sich die Frage, unter welchen konkreten Voraussetzungen die Exequaturbehörden von ihrer Aufsichts- und Förderungspflicht Gebrauch machen dürfen. Das UN-Abkommen legt den staatlichen Exequaturbehörden nach Art. 3, 5 UNÜ klar begrenzte Kontrollpflichten auf. Diese sind wiederum im Sinne der

---

251 Abgedruckt in: *ICC*, Broschüre Nr. 174 (Paris 1953); *ICC*, Bulletin 9 (2011), S. 32 ff.; synoptischer Abdruck der ICC- und ECOSOC-Entwürfe in: *Gentinetta*, S. 273-277; kritisch *Schlosser*, Rn. 57.

252 Vgl. *Fouchard/Gaillard/Goldman*, Rn. 253 f.

253 Vgl. Art. 5 Abs. 1 (d) UNÜ.

„*Pro-Enforcement Bias*“ auf ein wohlgesonnenes Maß der Einflussnahme beschränkt und schließen eine *révision au fond* kategorisch aus[254].

f) Vereinfachte Beweislast

In Abgrenzung zu den Genfer Verträgen zeichnet sich das UN-Abkommen auch dadurch aus, dass nach Vorlage der in Art. 4 UNÜ erforderlichen Dokumente *prima-facie* die Vollstreckungsfähigkeit des Schiedsspruchs vermutet wird[255]. Möchte die Antragsgegnerin dem Exequatur des Schiedsspruchs entgegentreten, obliegt dieser die Beweispflicht bezüglich des Vorliegens der Anerkennungsversagungsgründe aus Art. 5 Abs. 1 UNÜ. Gerade die damit in Verbindung stehende Abschaffung des aus Art. 1 (d) GA abgeleiteten Doppelexequaturverfahrens stellt eine erhebliche Vereinfachung des Exequaturverfahrens dar[256].

4.) **Aufbau und Gliederung**

Das im Verhältnis zu seiner Bedeutung kurz und prägnant ausfallende UN-Abkommen enthält 16 Artikel. Die Art. 1 bis 7 UNÜ regeln die inhaltlichen Voraussetzungen der Anerkennung und Vollstreckung von Schiedssprüchen und Schiedsvereinbarungen, während die Art. 8 bis 16 UNÜ die völkerrechtlichen Ausführungsvorschriften statuieren. Im Einzelnen untergliedert sich das UN-Abkommen wie folgt:

- *Art. 1 UNÜ* regelt den Anwendungsbereich des Abkommens.
- *Art. 2 UNÜ* regelt die staatsvertragliche Verpflichtung der Vertragsstaaten zu Anerkennung von Schiedsvereinbarungen sowie die vertragsautonomen Anforderungen, die an die Vereinbarung zu stellen sind.
- Art. 3 Satz 1 UNÜ enthält die staatsvertragliche Verpflichtung zur Anerkennung und Vollstreckbarerklärung von dem Abkommen nach Art. 1 UNÜ unterfallenden Schiedssprüchen, nach den in Art. 3 – 7 enthaltenen Voraussetzungen. Darüber hinaus legt *Art. 3 Satz 2 UNÜ* ein staatsvertragliches Diskriminierungsverbot fest, wonach die Anerkennung und Zwangsvollstreckung von Konventionsschiedssprüchen gegenüber der Anerkennung und Zwangsvollstreckung von inländischen Schiedssprüchen keinen wesentlichen Erschwernissen unterliegen darf.

---

254 Vgl. *Münch*, in: *MüKo*, § 1061 Rn. 1; *Roy Goode* spricht in diesem Zusammenhang von einer Doktrin der generellen Zurückhaltung (engl. „self-denying precept“); vgl. *Goode* in: *Rose*, S. 245 (268).

255 Vgl. *Van den Berg*, S. 9.

256 *Schlosser* in: *Stein*/Jonas, Anhang § 1061 Rn. 4.

- Wie bereits Art. 3 Satz 1 UN-Abkommen zu erkennen gibt, enthält das UN-Abkommen keine eigenen Verfahrensvorschriften zur Anerkennung und Vollstreckung von Konventionsschiedssprüchen, sondern überlässt die konkrete Ausgestaltung der Verfahren den jeweiligen Vertragsstaaten. *Art. 4 UNÜ* legt in Bezug auf das Anerkennungsverfahren lediglich die Anforderungen an die von dem Antragsteller vorzulegenden Dokumente fest.
- *Art. 5 UNÜ* stellt das Kernstück des Abkommens dar und legt abschließend die im Ermessen des Exequaturgerichts stehenden Gründe zur Verweigerung der Anerkennung eines Schiedsspruchs fest. Die Anerkennungsversagungsgründe werden dabei in solche untergliedert, die von dem Exequaturgericht gem. Art. 5 Abs. 1 UNÜ auf Antrag zu beachten sind, und solchen, die gem. Art. 5 Abs. 2 UNÜ von der Exequaturbehörde von Amts wegen zu berücksichtigen sind.
- *Art. 6 UNÜ* räumt den Exequaturgerichten in Anlehnung an den Anerkennungsversagungsgrund der Unwirksamkeit des Konventionsschiedsspruchs aus Art. 5 Abs. 1 (e) UNÜ ein Ermessen ein, bei einem im Ursprungsland des Schiedsspruchs rechtshängigen Verfahren, welches die Wirksamkeit des Schiedsspruchs betrifft, das eigene Verfahren auszusetzen oder Sicherheitsleistung zu verlangen.
- *Art. 7 Abs. 1 UNÜ* regelt mit dem Prinzip der Meistbegünstigung eine Ausnahme vom Grundsatz der Normenhierarchie. Dem Grundgedanken des UN-Abkommens folgend, die grenzüberschreitende Anerkennung von Schiedssprüchen schiedsfreundlicher zu gestalten, soll die Anwendung des UN-Abkommens selbstverständlich keine günstigeren Anerkennungsregeln anderweitiger völkerrechtlicher Vereinbarungen oder des autonomen Rechts verdrängen. *Art. 7 Abs. 2 UNÜ* stellt das Verhältnis zwischen den Vorgängerregelungen, dem Genfer Protokoll über die Schiedsklauseln von 1923 und dem Genfer Abkommen zur Vollstreckung ausländischer Schiedssprüche von 1927, klar. Nach dem Beitritt aller Vertragsstaaten der Genfer Verträge zum UN-Abkommen ist deren Wirkung gem. Art. 7 Abs. 2 UNÜ nahezu gegenstandslos geworden.
- Die folgenden *Art. 8 bis 16 UNÜ* beschäftigen sich mit Ausführungsbestimmungen über die Auslegung und Zeichnung des Staatsvertrags, die im Rahmen dieser Arbeit nicht genauer untersucht werden sollen.

5.) Sachlicher Anwendungsbereich

Der Anwendungsbereich des UN-Abkommens wird durch Art. 1 UNÜ sowie die Ausführungsbestimmungen in Art. 8 ff. UNÜ festgelegt. In erster Linie erfordert dies gem. Art. 1 Abs. 1 UNÜ das Vorliegen eines als ausländisch zu qualifizierenden Schiedsspruchs (sog. *Doppelanknüpfung*). Daneben sind im konkreten Einzelfall auch Vorbehaltsregelungen i. S. v. Art. 1 Abs. 3 UNÜ, der zeitliche Anwendungsbereich des UN-Abkommens sowie das Verhältnis zu anderweitigen Anerkennungsvorschriften (Art. 7 UNÜ) zu beachten.

a) Schiedsspruch

Gem. Art. 1 Abs. 1 Satz 1 ist *„[das] Übereinkommen ... auf die Anerkennung und Vollstreckung von Schiedssprüchen anzuwenden, ...“*.

i.) Kollisionsrechtliche Qualifikation

Gleich dem Begriff der *Schiedsgerichtsbarkeit*[257] kann weder im UN-Abkommen, den Genfer Verträgen noch dem UNCITRAL-Mustergesetz eine Legaldefinition des Terminus gefunden werden[258]. Das UN-Abkommen stellt in Art. 1 Abs. 2 UNÜ bezüglich der Herkunft der Schiedssprüche ausschließlich klar, dass nicht nur Schiedssprüche aus *ad hoc* Verfahren, sondern auch solche von institutionellen Schiedsgerichten von dem Anwendungsbereich miterfasst werden sollen. Im Entstehungsprozess des UNCITRAL-Mustergesetzes wurde versucht eine Definition des Begriffs des Schiedsspruchs in der Gesetzesvorlage festzuschreiben, aber aufgrund der Feinheiten der Abgrenzung in Detailfragen wieder aufgegeben[259]. Es werden daher unterschiedliche Ansichten zu Bestimmung eines Schiedsspruchs i. S. v. Art. 1 UNÜ vertreten, die sich in der kollisionsrechtlichen Anknüpfung sowie den Feinheiten der Begriffsbestimmung unterscheiden. Mit wenigen Ausnahmen führen aber alle Ansichten zu demselben Ergebnis und bieten in der Rechtspraxis selten Anlass zu Auslegungsproblemen.

---

257 Siehe dazu *Kapitel 1 I.*

258 Vgl. *Redfern/Hunter*, Rn. 9.05; dazu auch *Haas*, Rn. 155.

259 *Redfern/Hunter*, Rn. 9.05.

Eine Auffassung vertritt, unter anderem unter Verweis auf das *Wiener Übereinkommen über das Recht der Verträge* vom 23. Mai 1969[260], eine vertragsautonome Auslegung[261]. Maßgeblich sind danach bei der Qualifikation der Wortlaut, Sinn und Zweck sowie die Entstehungsgeschichte des UN-Abkommens[262]. Die Gegenansicht möchte hingegen die Voraussetzungen des Vorliegens eines Schiedsspruchs nach der *lex fori* beziehungsweise dem Recht des Schiedsorts bestimmen[263]. Praktisch relevant wird dieser Meinungsstreit in aller Regel nur, wenn die Qualifikation nach dem Recht des Ursprungslands und des Exequaturforums zu einem unterschiedlichen Ergebnis führt. Daher wird auch die Meinung einer doppelten Qualifikation vertreten, nach der sowohl an das Recht des Exequaturforums als auch des Ursprungslands anzuknüpfen ist[264]. Im Zweifelsfall wird man sich aber spätestens bei einem voneinander abweichenden Ergebnis der doppelten Qualifikation für eine der zuvor genannten Ansichten und deren Begründungen entscheiden müssen, wobei der vertragsautonomen Qualifikation der Vorzug zu geben ist.

ii.) Definition

Nach dem Kommentar *Schwab/Walter* ist ein Schiedsspruch die Entscheidung des unter den Parteien bestehenden Rechtsstreits durch das private Schiedsgericht kraft der diesem durch die Schiedsvereinbarung übertragenen Entscheidungsgewalt[265]. Unabhängig davon, welcher kollisionsrechtlichen Qualifikation und Definition eines Schiedsspruchs im Einzelfall gefolgt wird, umfasst der Kerngehalt einer jeden Beurteilung die Anknüpfung an einen Entscheid aus einem Schiedsverfahren sowie die Einordnung eines solchen Schiedsentscheids als abschließende Entscheidung über den Streitgegenstand[266]. Dabei gilt, dass die Begriffe nach der „*Pro-Enforcement Bias*" des UN-Abkommens grundsätzlich weit zu interpretieren sind.

---

260 Nachfolgend im Fließtext „*Wiener-Abkommen*" oder „*WÜRV*" bezeichnet; abgedruckt in BGBl. 1985 II, 927; *United Nations*, Treaty Series, Vol. 1155, S. 331 – auch abrufbar unter http://treaties.un.org/pages/showDetails.aspx?objid=080000028003902f

261 So stellvertretend *Adolphsen*, in: *MüKo*, § 1061 Anh. 1 UNÜ Art. I Rn. 2 f.; *Hausmann*, in: *Reithmann/Martiny*, Rn. 6568.

262 Vgl. Art. 31 f. WÜRV.

263 Vgl. zusammenfassend *ICCA*, Guide to NYC, S. 19; *Haas*, S. 142 ff.; *Schlosser*, Rn. 766.

264 Vgl. *Geimer*, in: *Zöller*, § 1061 Rn. 5.

265 *Schwab/Walter*, Kap. 18 Rn. 1.

266 Dazu u.a. *ICCA*, Guide to the NYC, S. 16 f.

Bezüglich der Einordnung eines Streitbeilegungsverfahrens unter dem Rechtsinstitut der Schiedsgerichtsbarkeit kann auf die allgemeinen Ausführungen in *Kapitel 1 II* verwiesen werden. Wie *Peter Schlosser* zusammenfassend ausdrückt, „*kommt es darauf an, dass die Parteien eine abschließende Entscheidung in einem justizähnlichen Verfahren wollen*[267]".

Kennzeichnend für den Schiedsspruch in Abgrenzung zu sonstigen Schiedsentscheiden ist dessen Rechtsnatur als abschließende Entscheidung über den Streitgegenstand. Dieser muss folglich der formellen und materiellen Rechtskraft fähig sein und die Schiedsvereinbarung (zumindest teilweise) zum Erlöschen bringen. Diese Auslegung unterstreicht auch der Anerkennungsversagungsgrund aus Art. 5 Abs. 1 (e) Var. 1 UNÜ, nach welchem die Anerkennung eines Schiedsspruchs versagt werden kann, „*wenn der Schiedsspruch für die Parteien noch nicht verbindlich geworden ist*[268]". Damit ist der Schiedsspruch die einzige Äußerung des Schiedsgerichts, der nach außen die Wirkung einer Entscheidung zukommt[269].

Der Inhalt der Entscheidung kann entsprechend der Parteianträge auf Klageabweisung, Verpflichtung, Feststellung, Gestaltung oder Kostenentscheidung lauten[270]. Nach *Ulrich Haas* fallen selbst Entscheidungsformen, die kein Pendant in der Rechtsordnung des Anerkennungsforums haben, unter den Anwendungsbereich des UN-Abkommens[271]. Davon ist die Vollstreckungsfähigkeit und Wirkungserstreckung eines Schiedsspruchs abzugrenzen[272].

iii.) Fallgruppen

In aller Regel wird ein Schiedsverfahren abgesehen von einzelnen verfahrensleitenden Beschlüssen durch einen über alle vorgetragenen Rechtsstreitigkeiten abschließend entscheidenden Endschiedsspruch (engl. „*Final Award*" / „*Definitive Award*") beendet. Bereits dieser Kategorie können weitere Unterkategorien, wie der Säumnisschiedsspruch („*Default Award*"), Vergleichsschiedsspruch („*Award on Agreed Terms*" / „*Award by Consent*"), ergänzender Schiedsspruch („*Additional Award*"), berichtigender Schiedsspruch („*Correction Award*") und auslegender Schiedsspruch („*Interpretation Award*") zugeordnet werden[273]. Aus Gründen der Prozessökonomie kann es aber auch

267 *Schlosser*, in: *Stein/Jonas*, Anhang § 1061 Rn. 9.
268 Siehe dazu *Kapitel 2 IV. 8.) a) v.) aa)*.
269 *Wais*, in: *Schütze/Tscherning/Wais*, Rn. 509; *Schwab/Walter*, Kap. 18 Rn. 2.
270 Vgl. *Schwab/Walter*, Kap. 18 Rn. 3.
271 *Haas*, S. 144.
272 Vgl. dazu auch *Kapitel 2 II*.
273 Vgl. Übersicht in UNCTAD/EDM/Misc.232/Add.41, S. 7 ff.

zweckmäßig sein, einzelne Schiedsentscheidungen vorab zu treffen, wie dies bei einem Teilschiedsspruch („*Partial Award*"), Zwischen-/Vorabschiedsspruch („*Interim Award*" / „*Interlocutory Award*") und Vorbehaltsschiedsspruch („*Preliminary Award*") der Fall ist. Auch die rechtliche Einordnung von Maßnahmen des einstweiligen Rechtsschutzes eines Schiedsgerichts („*Provisional Award / Conservatory Award*") darf in diesem Zusammenhang nicht vergessen werden.

Eine abschließende Aufzählung der Auslegungsprobleme in der Bestimmung der Rechtsnatur einzelner Schiedsentscheidungen ginge über den Rahmen dieser Arbeit hinaus. Nachfolgend sollen daher lediglich die wichtigsten Untergruppierungen von Schiedsentscheidungen in der gebotenen Kürze dargestellt werden. Wie sich dabei zeigen wird, ist die Bezeichnung eines Schiedsentscheids generell, aber auch im Einzelfall für die Bewertung der Rechtsnatur allenfalls als Indiz der Intentionen des Schiedsgerichts von Bedeutung. Auch werden die einzelnen Begriffe häufig nicht einheitlich verwendet[274]. Beispielsweise werden im Kontinentalrecht der Kategorie der Teilschiedssprüche zuzuordnende Schiedsentscheidungen im angelsächsischen Rechtskreis der Fallgruppe der Zwischenschiedssprüche zugewiesen[275].

aa) Teilschiedsspruch

Ein Teilschiedsspruch (engl. „*Partial Award*") ist als selbständiger Schiedsspruch des Schiedsgerichts zu qualifizieren, welcher bei Teilbarkeit der Entscheidung über die dem Schiedsgericht vorgelegte Rechtsstreitigkeit bei Entscheidungsreife auch während des Schiedsverfahrens vorab ergehen kann, den entsprechenden Teil der Schiedsvereinbarung zum Erlöschen bringt und das Schiedsgericht in seiner Entscheidung bindet[276].

Die Schiedsgerichte machen beispielsweise von dieser Möglichkeit häufig in Widerklageverfahren oder Verfahren über mehrere nebeneinander geltend gemachte Ansprüche aus demselben Rechtsverhältnis Gebrauch. In der Konsequenz unterliegt der Teilschiedsspruch der eigenständigen gerichtlichen Kontrolle beziehungsweise Anerkennung der staatlichen Gerichte[277].

---

274 Vgl. *Van den Berg*, in: *Yearbook Comm. Arb'n* XXVIII (2003), 562 (577).

275 Dazu *Fouchard/Gaillard/Goldmann*, Rn. 1357.

276 Vgl. *Haas*, Rn. 145; *Schwab/Walter*, Kap. 18 Rn. 6.

277 Vereinzelt wurde die Vollstreckbarkeit eines Teilschiedspruchs vor den Gerichten der Vertragsstaaten des UN-Abkommens abgelehnt. Vgl. dazu das Urteil des Bulgarischen Supreme Court of Appeal vom 23. Februar 1999, abgedruckt in: *Yearbook Comm. Arb'n* XXV (2000), 678 ff. Doch auch in diesem Fall war nicht die Bezeichnung des

bb) Zwischen- / Vorabschiedsspruch

Nach *Rolf Schütze* kann das Schiedsgericht durch den Zwischenschiedsspruch über das Bestehen des Anspruchs dem Grunde nach, prozessuale Vorfragen oder ein vorgreifliches Rechtsverhältnis entscheiden[278]. In negativer Abgrenzung gegenüber dem End- und Teilschiedsspruch fehlt es dem Zwischenschiedsspruch an einer abschließenden (Teil-)Entscheidung über den Streitgegenstand. Entsprechend ist nach *Karl Heinz Schwab* und *Gerhard Walter* die Zwischenentscheidung weder der Rechtskraft oder Vollstreckbarerklärung fähig noch beendet sie das Schiedsverfahren[279]. Hingegen kann eine Selbstbindung des Schiedsgerichts an seine Zwischenentscheidung angenommen werden, da die Parteien das Verfahren in Vertrauen auf die Zwischenentscheidung des Schiedsgerichts fortsetzen und die erlangte Rechtsstellung nach dem Grundsatz der Gewährung rechtlichen Gehörs besonders zu schützen ist[280].

cc) Vorbehaltsschiedsspruch

Eine Zwischenstellung zwischen einem Teilschiedsspruch und einem Zwischenentscheid nimmt der Vorbehaltsschiedsspruch ein. Ein solcher kommt zum Beispiel in Betracht, wenn neben der Hauptforderung in dem Schiedsverfahren auch die Aufrechnung mit einer Gegenforderung geltend gemacht wird[281]. In dieser besonderen Konstellation wird von einem der Vollstreckbarkeit fähigen Schiedsspruch ausgegangen, wenn der im Rahmen der Aufrechnung geltend gemachte Gegenanspruch selbst nicht der Schiedsvereinbarung bzw. der Entscheidungskompetenz des Schiedsgerichts unterliegt[282]. Hat das Schiedsgericht die Entscheidung über die zur Aufrechnung gestellte Gegenforderung sich selbst vorbehalten, liegt eine zur Vollstreckbarerklärung geeignete schiedsgerichtliche Entscheidung noch nicht vor[283].

Schiedsspruchs, sondern nach Auffassung des Gerichts dessen fehlende Verbindlichkeit ausschlaggebend für die Ablehnung der Vollstreckbarkeit.

278 *Schütze*, Rn. 224.

279 *Schwab/Walter*, Kap. 18 Rn. 10.

280 So auch *Wais*, in: *Schütze/Tscherning/Wais*, Rn. 513.

281 Vgl. *Schlosser*, Rn. 771.

282 *Schütze*, Rn. 226.

283 *Schlosser*, in: *Zöller*, § 1054 Rn. 4.

dd) Vergleichsschiedsspruch

Der Vergleichsschiedsspruch, der auch als Schiedsspruch mit vereinbartem Wortlaut bezeichnet wird, ist in Art. 30 Abs. 1 MG ausdrücklich erwähnt. Danach heißt es:

...

> „Vergleichen sich die Parteien während des schiedsrichterlichen Verfahrens über die Streitigkeit, so beendet das Schiedsgericht das Verfahren und hält, falls die Parteien dies beantragen und das Schiedsgericht nichts dagegen einzuwenden hat, den Vergleich in der Form eines Schiedsspruches mit vereinbartem Worlaut fest." [284]

...

Mit Blick auf die rechtliche Qualifikation einer solchen Handlung des Schiedsgerichts stellt Art. 30 Abs. 2 MG zugleich klar, dass dem Vergleichsschiedsspruch dieselben Wirkungen zukommen sollen, wie wenn der Schiedsrichter in der Sache abschließend entschieden hätte. Gleiches gilt für Art. 1 Abs. 1 UNÜ, sofern der Schiedsvergleich in einem Schiedsspruch festgehalten ist[285].

ee) Negativer Schiedsspruch

Ein Sonderfall des Zwischen- bzw. Vorabschiedsspruchs bildet der ablehnende Schiedsentscheid des Schiedsgerichts über seine Verfahrenszuständigkeit. Dies wird häufig auch als negativer Schiedsspruch bezeichnet. Im Unterschied zu sonstigen Vorabentscheiden über prozessuale Fragen stellt das Schiedsgericht in diesem Fall abschließend und für die Parteien bindend das Vorliegen von Prozesshindernissen fest[286]. Ob in diesem Fall ein Schiedsspruch gegeben ist, wird im internationalen Vergleich unterschiedlich beantwortet[287]. In jedem Fall fehlt es bei einer solchen Entscheidung des Schiedsgerichts an einem vollstreckungsfähigen Inhalt.

ff) Maßnahmen des einstweiligen Rechtsschutzes

Anfänglich war in vielen Rechtsordnungen die Anordnung von Maßnahmen des einstweiligen Rechtsschutzes zur Förderung eines inländischen oder gar ausländischen Schiedsverfahrens ausschließlich der Zuständigkeit der staatlichen Gerichte vorbehalten. Mittlerweile ist eine solche Anordnungs-

---

284 Vergleichbare Voschriften finden sich auch in einer Vielzahl von Schiedsverfahrensordnungen oder Schiedsgesetzen. So beispielsweise auch in Art. 26 ICC-Schiedsgerichtsordnung.

285 *Hausmann*, in: *Reithmann/Martiny*, Rn. 6568.

286 Dazu *Wais*, in: *Schütze/Tscherning/Wais*, Rn. 510.

287 Zusammenfassend dazu *Boo*, AIAJ 3 (2007), 125 ff.

kompetenz in vielen Rechts- und Schiedsordnungen ausdrücklich auch unter den Zuständigkeiten eines ordnungsgemäß bestellten Schiedsgerichts vorgesehen[288]. Einen wesentlichen Beitrag dazu leistet das UNCITRAL-Mustergesetz, das in Art. 17 MG a. F. erstmals und ausführlich in dem 2006 überarbeiteten Art. 17 ff. MG den einstweiligen Rechtsschutz im Wege der Schiedsverfahren regelt. Gem. Art. 17 Abs. 2 MG kann das Schiedsgericht einen solchen Entscheid auch „*... in der Form eines Schiedsspruchs ...*" erlassen. Gem. Art. 17 H f. MG kann eine solche Maßnahme - unabhängig davon, in welchem Staat diese erlassen worden ist - als verbindlich anerkannt und entsprechend zwangsweise durchgesetzt werden.

Inwiefern eine solche Maßnahme als „*Schiedsspruch*" i. S. d. Art. 1 Abs. 1 UNÜ zu qualifizieren ist bzw. dem materiellen Anwendungsbereich des UN-Abkommens unterfällt, wird unterschiedlich beantwortet. Traditionell wird davon ausgegangen, dass es sich bei einer solchen Maßnahme, mangels einer abschließend verbindlichen (Teil-)Entscheidung über den Streitgegenstand, nicht um einen Schiedsspruch i. S. d. UN-Abkommens handelt[289]. Ein zunehmend an Bedeutung gewinnender Teil dieser Auffassung schließt allerdings nach Sinn und Zweck des UN-Abkommens, insbesondere in Bezug auf Maßnahmen, die gerade die Vollstreckbarkeit eines Endschiedsspruchs sichern sollen, eine Ausdehnung des Anwendungsbereichs des UN-Abkommens auf schiedsspruchähnliche Entscheide, wie beispielsweise Maßnahmen des einstweiligen Rechtsschutzes, nicht aus[290]. Selbst die Zuhilfenahme anderweitiger Ermächtigungsgründe zur Vollstreckbarkeit einstweiliger Maßnahmen ausländischer Schiedsgerichte wird von und innerhalb der einzelnen Rechtsordnungen, auch nach der Anpassung des UNCITRAL-Mustergesetzes in 2006, teils unterschiedlich beantwortet.

b) Nationalität des Schiedsspruchs

Im Rahmen der Doppelanknüpfung des Art. 1 Abs. 1 UNÜ regelt das Abkommen entsprechend seinem Titel ausschließlich die Vollstreckbarkeit von Schiedsentscheiden, die nach der *lex fori* als „*ausländische*" Schiedssprüche anzusehen sind. Der Anwendungsbereich des UN-Abkommens beschränkt sich damit auf Schiedssprüche, die zu keinem Zeitpunkt der Aufsicht der Behörden des Vollstreckungsforums unterstellt waren.

---

288 Vgl. *Fouchard/Gaillard/Goldman*, Rn. 1305 ff.

289 Vgl. *ICCA*, Guide to the NYC, S. 18; *Schwab/Walter*, Kap. 30 Rn. 12.

290 Dazu ausführlich *Schlosser*, Rn. 775 ff.; *Van den Berg*, in: *ICCA*, Congress Series No. 9, 25 (28 f.).

i.) „Ausländische" Schiedssprüche

Ein ausländischer Schiedsspruch[291] ist nach Art. 1 Abs. 1 UNÜ gegeben, wenn *„die in Rechtstreitigkeiten zwischen natürlichen und juristischen Personen in dem Hoheitsgebiet eines anderen Staates als desjenigen ergangen sind, in dem die Anerkennung und Vollstreckung nachgesucht wird*" (sog. *Territorialitätsprinzip*) oder *„die in dem Staat, in dem ihre Anerkennung und Vollstreckung nachgesucht wird, nicht als inländisch anzusehen sind*" (sog. *Verfahrensprinzip*).

aa) Territorialitätsprinzip

Die mittlerweile weit überwiegende Anzahl an Rechtsordnungen nimmt die Abgrenzung zwischen in- und ausländischen Schiedssprüchen nach dem Territorialitätsprinzip vor[292]. Entgegen anfänglichen Meinungsstreitigkeiten zur territorialen Bestimmung des Herkunftslands eines Schiedsspruches wird inzwischen in Anlehnung an Art. 5 Abs. 1 (d) UNÜ nahezu einhellig auf den von den Schiedsparteien, alternativ den von dem Schiedsgericht bestimmten Schiedsort abgestellt[293]. Der aus organisatorischen Gründen gewählte Sitzungsort, die Verkündung des Schiedsspruchs sowie dessen Ausfertigung oder Unterschrift spielen lediglich im Rahmen der subsidiären Ermittlung des Schwerpunkts des Schiedsverfahrens eine Rolle.

bb) Verfahrensprinzip

Zu der Zeit der Verhandlungen zu dem UN-Abkommen war im internationalen Rechtsvergleich umstritten, nach welchen Maßstäben ein „*ausländischer*" von einem „*inländischen*" Schiedsspruch zu unterscheiden war. Neben der zuvor beschriebenen Territorialitätslehre wurden in einflussreichen Schiedsnationen, wie beispielsweise Frankreich und Deutschland, der Verfahrenslehre gefolgt, nach der ein ausländischer Schiedsspruch dann angenommen wurde, wenn dieser nach ausländischem Schiedsverfahrensrecht erlassen worden ist[294]. Andere Staaten, wie beispielsweise das ehemalige Jugoslawien, folgten wiederum einem zwischen der Territorialitäts- und Verfahrenslehre

---

291 Nachfolgend im Fließtext alternativ auch als „*Konventiontionsschiedssprüche*" bezeichnet.

292 Vgl. dazu insbesondere Art. 1 Abs. 2 MG, welcher den Territorialitätsgrundsatz als Grundlage des UNCITRAL-Mustergesetzes festschreibt.

293 Vgl. dazu *Hausmann*, in: *Reithmann/Martiny*, Rn. 6570; ausführlich mit Hinweis zur Entstehungsgeschichte des Art. 1 Abs. 1 UNÜ auch *Solomon*, S. 62 f.

294 Vgl. zusammenfassend *Šarčević*, in: *Šarčević*, S. 178 f.

vermittelnden Ansatz. Danach war ein Schiedsspruch nur dann als inländisch anzusehen, wenn der Sitz des Schiedsgerichts in dem Territorium der *lex fori* gelegen hat und zugleich inländisches Schiedsrecht auf das Schiedsverfahren anzuwenden war.

Zur Vermeidung von Rechtslücken und als Kompromiss zwischen den damals unterschiedlichen Rechtsansichten wurde daher Art. 1 Abs. 1 Satz 2 UNÜ als Auffangnorm in das Abkommen integriert[295]. Danach ist der sachliche Anwendungsbereich des UN-Abkommens in Ergänzung zu Art. 1 Abs. 1 Satz 1 UNÜ auch dann erfasst, wenn der Schiedsspruch zwar auf dem Territorium des Exequaturforums erlassen worden ist, aber nach der *lex fori* als ausländischer Schiedsspruch zu qualifizieren ist. Nachdem sich die Territorialitätslehre mittlerweile international durchgesetzt hat, kommt der Verfahrenstheorie i. V. m. Art. 1 Abs. 1 Satz 2 UNÜ praktisch kaum noch eine Bedeutung zu[296]. Unterschiedliche Auffassungen bestehen darüber hinaus, inwiefern i. S. v. Art. 1 Abs. 1 Satz 2 UNÜ der Anwendungsbereich des UN-Abkommens auch auf inländische Schiedssprüche mit Auslandsbezug oder anationale Schiedssprüche erweitert werden kann[297].

ii.) Inländische Schiedssprüche mit Auslandsbezug

Im Unterschied zu den Genfer Verträgen, deren sachliche Anwendbarkeit an die Zugehörigkeit der Parteien zu den jeweiligen Mitgliedstaaten gekoppelt ist[298], spielen für die Bestimmung des Anwendungsbereichs des UN-Abkommens die Staatsangehörigkeit der Schiedsparteien, deren Wohnsitz oder der internationale Bezug des Streitgegenstands grundsätzlich keine Rolle[299]. Nach zunehmend vertretener Auffassung gestattet Art. 1 Abs. 1 Satz 2 UNÜ den Vertragsstaaten allerdings in Ergänzung zu dem Territorialitätsprinzip, den sachlichen Anwendungsbereich des UN-Abkommens unter Hinzuziehung weiterer Kriterien auf inländische Schiedssprüche mit grenzüberschreitendem Bezug

---

295 Vgl. *Schwab/Walter*, Kap. 42 Rn. 2.

296 Vgl. u.a. Art. 1 Abs. 2 MG.

297 Dabei dreht sich der Meinungsstreit nicht alleine um die Vollstreckbarkeit von (ausländischen) Schiedssprüchen, sondern ist vielmehr im Rahmen einer Gesamtschau der grundlegenden Rechtsprinzipien der (internationalen) Schiedsgerichtsbarkeit in Bezug auf die insgesamt einheitliche und rechtsichere Überprüfbarkeit von Schiedsentscheidungen durch die staatlichen Gerichte (insbesondere gegenüber Aufhebungsverfahren und Rechtwirkungen eines Schiedsspruchs) zu verstehen.

298 Vgl. Art. 1 Ab.s 1 GP; Art. 1 Satz 1 GA.

299 So auch *Schlosser*, Rn. 64.

auszudehnen[300]. So können beispielsweise in den USA (nach Art. 1 Abs. 1 Satz 2 UNÜ i. V. m. § 202 Satz 2 Federal Arbitration Act) auch als inländisch zu qualifizierende Schiedssprüche nach dem UN-Abkommen anerkannt werden, wenn ein „*Auslandsbezug*“ gegeben ist[301]. Auch Art. 192 Abs. 2 IPRG (Schweiz) verweist für den Fall der Vollstreckung eines inländischen Schiedsspruchs, dessen Anfechtung von den Parteien ausgeschlossen wurde, auf das UN-Abkommen[302]. Art. 1 des *Miami-Entwurfs* zur Reformierung des UN-Abkommens von *Albert van den Berg* geht einen Schritt weiter und möchte zukünftig alle auf einer Schiedsvereinbarung basierenden Schiedssprüche mit internationalem Bezug dem Anwendungsbereich des UN-Abkommens unterstellen[303]. Danach wäre das UN-Abkommen unabhängig von dem Schiedsort oder Schiedsverfahren auf alle Schiedssprüche anzuwenden, die auf einer Schiedsvereinbarung basieren, die i. S. v. Art. 1 MG einen internationalen Bezug aufweisen.

iii.) Anationale Schiedssprüche

Wie zuvor dargelegt, zählt unter der Stärkung der Privatautonomie die Entnationalisierung der Schiedsgerichtsbarkeit mit zu den Grundprinzipien des UN-Abkommens[304]. Dies darf mit der Diskussion über sogenannte „*anationale*“ Schiedsverfahren bzw. Schiedssprüche nicht verwechselt werden[305]. Bei Letzterem handelt es sich um einen Schiedsspruch, der bis zum Zeitpunkt des Anerkennungsverfahrens keinerlei Berührungspunkte mit einer nationalen Rechtsordnung aufweist[306]. Stattdessen soll dieser seine Verbindlichkeit allein aus dem Parteiwillen und einem übernationalen Gewohnheitsrecht herleiten[307].

---

300 Vgl. *Lew/Mistelis/Kröll*, Rn. 26-45 ff. Daneben steht es den Vertragsstaaten selbstverständlich auch offen nach der lex fori als rein inländisch zu qualifizierende Schiedssprüche einem den UN-Abkommen vergleichbaren Regime zu unterstellen, wie dies beispielsweise auch nach dem UNCITRAL-Mustergesetz der Fall ist (*Van den Berg*, in: *Gaillard/Di Pietro*, 69 (42 f.)).

301 Court of Appeals for the 2nd Circuit (USA) 17.06.1983, *Bergesen* v. *Joseph Müller Corporation*, 710 F.2d 928 = *Yearbook Comm Arb'n* IX (1984), 487 (493 f.); District Court, Northern District of California (USA) 23.05.2008, *Anthony N. LaPine* v. *Kyocera Corporation*, *Yearbook Comm. Arb'n* XXXIV (2009), 951 (954).

302 Kritisch dazu *Haas*, S. 133 f.

303 Vgl. auch *Van den Berg*, in: *ICCA*, Congress Series No. 14, 649 (651 f.).

304 Siehe dazu *Kapitel 2 IV. 3.) d)*.

305 So auch *Van den Berg*, S. 31 f.

306 Vgl. dazu *Haas*, S. 120 f.

307 Vgl. *Schlosser*, Rn. 62.

Bereits die Existenz anationaler Schiedssprüche ist heftig umstritten und wird weitestgehend abgelehnt[308]. Der Fall *Société Européene d'Etudes et d'Enterprises* gegen *Jugoslawien* beschäftigte Gerichte in der Schweiz, Frankreich und den Niederlanden fast 30 Jahre. Unter Bezugnahme auf diesen Fall spricht sich eine zunehmende Auffassung, unter anderem vertreten von *Peter Schlosser,* für das Bestehen solcher staatenneutraler Schiedssprüche aus[309]. Innerhalb dieser Gruppe ist es wiederum umstritten, inwiefern ein anationaler Schiedsspruch nach den UN-Abkommen vollstreckt werden kann[310]. Die Gegenauffassung lehnt die Annahme eines anationalen Schiedsspruchs hingegen ab[311]. Darunter *Leo Raape* mit dem berühmten Zitat: „*Ein Schiedsgericht thront nicht über der Erde, es schwebt nicht in der Luft, es muss irgendwo landen, irgendwo 'erden'*[312]".

In der Rechtspraxis spielt die Vollstreckungsfähigkeit von anationalen Schiedssprüchen nach dem UN-Abkommen nahezu keine Rolle[313].

c) Vorbehaltsregelungen

Grundsätzlich ist das UN-Abkommen universell auf alle dem Art. 1 Abs. 1 UNÜ unterfallenden ausländischen Schiedssprüche anzuwenden. Durch Art. 1 Abs. 3 UNÜ ist es den Vertragsstaaten allerdings gestattet, den sachlichen Anwendungsbereich des Abkommens durch förmliche Erklärung eines Vertragsstaatenvorbehalts oder eines Handelssachenvorbehalts weiter einzuschränken. Mit Stand zum 1. September 2011 haben 129 der 146 Vertragsstaaten zumindest eine der Erklärungen abgegeben[314]. Folgt man

---

308 Insbesondere wurden die Genfer Verträge, das UN-Abkommen und das UNCITRAL-Mustergesetz wesentlich von dem Territoritalitätsprinzip beeinflusst. Vgl. zusammenfassend *Redfern/Hunter*, Rn. 3.71.

309 Vgl. *Schlosser*, Rn. 62; ebenso u.a. *Caron*, AJIL 84 (1990), 105 (116 ff.).

310 Ausführlich dazu, unter Ablehnung der Vollstreckbarkeit nach dem UN-Abkommen *Van den Berg*, S. 29 ff.; a.A. *Schlosser*, Rn. 62.; vgl. auch *ICCA*, Guide to the NYC, S. 21 f., nach dem es den jeweiligen Vertragsstaaten obliegt, nach Art. 1 Abs. 1 Satz 1 UNÜ nicht dem sachlichen Anwendungsbereich unterfallender (inländische) Schiedssprüche, dennoch über nationale Rechtsvorschiften i.V.m. Art. 1 Abs. 1 Satz 2 UNÜ dem UN-Abkommen zu unterstellen.

311 Vgl. u.a. *Haas*, S. 119 ff., mit ausführlicher Zusammenfassung des Falls *Société Européene d'Etudes et d'Enterprises* gegen *Jugoslawien*; *Schwab/Walter*, Kap. 30 Rn. 8; *Greimer*, in: *Zöller*, § 1061 Rn. 11.

312 *Raape*, S. 557.

313 So auch *Van den Berg*, in: *Yearbook Comm. Arb'n* XXVIII (2003), 563 (576).

314 http://www.newyorkconvention.org/new-york-convention-countries/contracting-states; dabei wurden auch solche Erklärungen berücksichtigt, die wie beispielsweise im Falle Deutschland nach geraumer Zeit wieder zurückgenommen worden sind. Zusätzlich

hingegen dem *Miami-Entwurf* von *Albert van den Berg*, würde das UN-Abkommen im Falle einer Reformierung keine entsprechenden Vorbehaltsregelungen ermöglichen[315].

i.) Vertragsstaatenvorbehalt

Art. 1 Abs. 3 Satz 1 UNÜ räumt den Vertragsstaaten das Recht ein, die Anwendung des UN-Abkommens auf den aus der Urteilsanerkennung bekannten völkerrechtlichen Grundsatz der Reziprozität zu beschränken. Danach wendet der unter dem Vorbehalt stehende Vertragsstaat das UN-Abkommen nur unter dem Umstand an, dass der anzuerkennende Schiedsspruch in dem Hoheitsgebiet eines anderen Vertragsstaats ergangen ist. Die Anerkennung von Schiedssprüchen aus Drittstaaten ist damit nach dem UN-Abkommen ausgeschlossen[316]. Mehr von theoretischer als praktischer Bedeutung ist die Diskussion, inwiefern der Vertragsstaatenvorbehalt im Zusammenhang mit Art. 1 Abs. 1 Satz 2 UNÜ (analog) zu interpretieren ist[317]. Entsprechend soll darauf nicht näher eingegangen werden.

Mit Stand zum 1. September 2011 haben 127 der 146 Vertragsstaaten von dem Vertragsstaatenvorbehalt Gebrauch gemacht[318]. Trotz der großen Anzahl an abgegebenen Vorbehaltserklärungen kommt der Einschränkung des sachlichen Anwendungsbereichs im Wege eines erklärten Gegenseitigkeitsvorbehalts für sich genommen mittlerweile kaum noch eine praktische Bedeutung zu[319]. Staaten wie beispielsweise die Bundesrepublik Deutschland haben daher, durch Erklärung gegenüber dem Generalsekretär der Vereinten Nationen, den Vorbehalt wieder zurückgenommen[320].

---

haben Staaten wie beispielsweise Vietnam und Russland weitere Vorbehaltserklärungen abgegeben.

315 Dazu *Van den Berg*, in: *ICCA*, Congress Series No. 14, 649 (653).

316 *Schwab/Walter*, Kap. 42 Rn. 8.

317 Siehe dazu *Schlosser*, Rn. 69.

318 Vgl. zuvor *Fn. 314*.

319 So auch *Bagner*, in: *Kronke/Nacimiento/Otto/Port*, 18 (32); kritisch zum dem Sinn und Zweck eines Gegenseitigkeitsvorbehalts im Zusammenhang mit der Anerkennung von ausländischen Schiedssprüchen allgemein, *Schlosser*, Rn. 67.

320 BGBl. 1999 II, 7.

Vereinzelt wird Art. 14 UNÜ in die Auslegung des Art. 1 Abs. 3 Satz 1 UNÜ mit einbezogen[321]. Nach Art. 14 UNÜ *„darf sich [ein Vertragsstaat] gegenüber einem anderen Vertragsstaat nur insoweit auf dieses Übereinkommen berufen, als er selbst verpflichtet ist, es anzuwenden"*. In dieser Kombination wird teils vertreten, dass der sogenannte „allgemeine Gegenseitigkeitsvorbehalt" die Anerkennungspflicht aus Art. 3 Satz 1 i.V.m. Art. 1 Abs. 3 Satz 1 UNÜ einer umfassenden materiellen „Loyalitätsprüfung" unterstellt. Eine Anerkennungspflicht besteht danach nur, wenn das Land, in dem das Schiedsverfahren stattgefunden hat, den konkreten Schiedsspruch, wäre er im Anerkennungs- und Exequaturstaat ergangen, ebenfalls nach dem UN-Abkommen anerkennen und vollstrecken würde. Die herrschende Gegenansicht hält dem richtigerweise entgegen, dass es sich bei Art. 14 UNÜ um eine rein völkerrechtliche Vereinbarung handelt, auf die sich privatrechtliche Rechtssubjekte in einem Anerkennungsverfahren nicht berufen können.

ii.) Handelssachenvorbehalt

Das UN-Abkommen erfasst Schiedssprüche jeder Art und ist nicht auf privatrechtliche Streitigkeiten beschränkt[322]. Nach dem Wortlaut des Art. 1 Abs. 3 Satz 2 UNÜ können die Mitgliedstaaten allerdings den Anwendungsbereich des UN-Abkommens auf solche Schiedssprüche beschränken, die nach dem innerstaatlichen Recht des erklärenden Staates als handelsrechtliche Streitigkeiten anzusehen sind. Dabei gehen nach *Rainer Hausmann* die Gerichte der Staaten, die den Vorbehalt erklärt haben, in der Regel von einem weiten Begriff der Handelssachen aus[323]. Nach dem *ICCA-Handbuch* zum UN-Abkommen beziehen die Gerichte dabei, trotz des kollisionsrechtlichen Verweises auf die *lex fori,* häufig auch die internationale Rechtspraxis in ihre

321 *Schlosser*, in: *Stein/Jonas*, Anhang § 1061 Rn. 23; *Haas*, IPrax 20 (2000), 432 (432 f.); *Fertilizer Croporation of India et. all.* v. *IDI Management, Inc.*, 517 F. Supp. 948 (1981) = *Yearbook Comm. Arb'n* VII (1982), 382 (385 f.).

322 *Adolphsen*, in: *MüKo*, § 1061 Anh. 1 UNÜ Art. I Rn. 15.

323 *Hausmann*, in: *Reithmann/Martiny*, Rn. 6572; ebenso *Van den Berg, Yearbook Comm. Arb'n* XXVIII (2003), 562 (575). Ausnahmen bilden die Entscheidungen aus Argentinien (*Milantic Trans. S.A.* v. *Ministrio de Produccion de la Provincia de Buenos Aires / Astillero Rio Santiago*, abgedruckt in: *Yearbook Comm. Arb'n* XXXIII (2008), 327 ff.) und Tunesien (*Taieb Haddad/Hans Barett* v. *Société d'Investissement Kal*, abgedruckt in: *Yearbook Comm. Arb'n* XXIII (1998), 770 ff., die eine enge Auslegung des Begriffs vornehmen; vgl. ausführlich dazu auch *Bagner*, in: *Kronke/Nacimiento/Otto/Port*, 19 (32 ff.).

Einzelfallerwägungen mit ein[324]. Dabei spielt auch die in Art. 1 Abs. 1 MG enthaltene Legaldefinition eine wichtige Rolle[325].

Zusätzlich können über die subjektive Schiedsfähigkeit aus Art. 5 Abs. 1 (a) Var. 1 UNÜ oder die über objektive Schiedsfähigkeit aus Art. 5 Abs. 2 (a) UNÜ weitere Ausnahmen von der Anerkennungsfähigkeit von Rechtstreitigkeiten nach dem UN-Abkommen zu beachten sein[326]. Entsprechend wird vertreten, dass Art. 1 Abs. 3 Satz 2 UNÜ überflüssig sei[327]. Mit Blick auf das Verhältnis von Art. 1 Abs. 3 Satz 1 UNÜ zu Art. 1 Abs. 3 Satz 2 UNÜ und die Tatsache, dass der Art. 1 Abs. 3 UNÜ unmittelbar eine völkerrechtliche Verpflichtung darstellt, kann dem allerdings nicht zugestimmt werden.

Im Verhältnis zu dem Gegenseitigkeitsvorbehalt aus Art. 1 Abs. 3 Satz 1 UNÜ ist davon auszugehen, dass ein Vertragsstaat, der ausschließlich den Gegenseitigkeitsvorbehalt erklärt hat, zur Anerkennung von nicht den Handelssachen zuzuordnenden Schiedssprüchen aus einem anderen Mitgliedstaat nur verpflichtet ist, wenn dieser keinen Handelssachenvorbehalt erklärt hat[328].

Mit Stand zum 1. September 2011 haben 44 der 146 Vertragsstaaten von dem Handelssachenvorbehalt Gebrauch gemacht[329]. In der Rechtspraxis spielt der Handelssachenvorbehalt kaum eine Rolle[330]. Unter anderem ist dies auch deswegen der Fall, weil selbst Staaten, auf Grund welcher der Handelssachenvorbehalt in das UN-Abkommen aufgenommen worden ist, mittlerweile nach 50 Jahren der Anwendung des UN-Abkommens den Begriff so weit interpretieren, dass dieser kaum noch zur scharfen Abgrenzung geeignet ist. *Peter Schlosser* hat bereits zu einem frühen Zeitpunkt den Nutzen des Handelssachenvorbehalts im Verhältnis zu damit auftretenden Qualifikationsproblemen und Rechtsunsicherheiten in Frage gestellt[331]. Entsprechend verwundert es nicht, dass auch der *Miami-Entwurf* einen Handelssachenvorbehalt nicht mehr vorsieht[332].

---

324 *ICCA*, Guide to the NYC, S. 25.

325 Vgl. *Van den Berg*, *Yearbook Comm. Arb'n* XXVIII (2003), 562 (575).

326 Siehe dazu *Kapitel 2 IV. 8.) a) i.) aa)* und *Kapitel 2 IV. 8.) b) i.).*

327 So *Adolphsen*, in: *MüKo*, § 1061 Anh. 1 UNÜ Art. I Rn. 22.

328 *Schlosser* in: *Stein/Jonas*, Anhang § 1061 Rn. 26.

329 Vgl. zuvor *Fn. 314*.

330 *Van den Berg*, in: *ICCA*, Congress Series No. 14, 649 (653).

331 So u.a. *Schlosser*, Rn. 73.

332 Dazu *Van den Berg*, in: *ICCA*, Congress Series No. 14, 649 (653).

d) Zeitlicher Anwendungsbereich

Der zeitliche Anwendungsbereich des UN-Abkommens ist in diesem selbst nicht geregelt[333]. Mit Blick auf Vertrauensschutzgesichtspunkte, aber insbesondere auch den nach wie vor nicht abreißenden Beitritt neuer Vertragsstaaten, ist die Frage der Bestimmung des exakten Zeitpunkts der Anwendbarkeit der Vorschriften des UN-Abkommens in den jeweiligen Mitgliedstaaten, auch mehr als 50 Jahre nach erstmaliger Zeichnung des Abkommens, noch immer von Relevanz.

Unstreitig ist der zeitliche Anwendungsbereich des UN-Abkommens gegeben, wenn sowohl der Abschluss der Schiedsvereinbarung, die einzelnen Rechtsakte des Schiedsverfahrens, sowie der Erlass des Schiedsspruchs, auf einen Zeitpunkt nach der Ratifikation des UN-Abkommens in dem jeweiligen Exequaturforum fallen. Fällt einer der genannten Rechtsakte hingegen vor dieses Ereignis, wird die Frage im internationalen Rechtsvergleich uneinheitlich beantwortet[334]. Strittig ist dabei, ob und bis zu welchem der genannten Ereignisse eine Rückwirkung der Anerkennungspflicht aus dem UN-Abkommen in Betracht kommt[335].

Nur wenige Rechtsordnungen haben ausdrückliche gesetzliche Regelungen zur Konkretisierung dieser Rechtsfrage erlassen. Beispielsweise sind in Australien nach § 14 International Arbitration Act die Vorschriften zu dem UN-Abkommen rückwirkend auch dann anzuwenden, wenn die Schiedsvereinbarung und der Schiedsspruch vor dem Tag der Bekanntgabe der Ratifizierung des UN-Abkommens zustande gekommen sind. Die international herrschende Ansicht folgt diesem Ansatz und geht unabhängig von dem Zeitpunkt, an welchem der Schiedsspruch erlassen wurde, von einer vollen Rückwirkung des UN-Abkommens aus[336]. Die Gegenmeinung ist unter Verweis auf die privatautonome Grundlage der Rechtsakte und die mittelbaren Auswirkungen des UN-Abkommens auf Schiedsvereinbarungen und Schiedsverfahren zu Recht der Auffassung, dass das UN-Abkommen nur auf

---

333 So auch *Van den Berg*, S. 72.

334 *Van den Berg*, in: *Yearbook Comm. Arb'n* XXVIII (2003), 562 (579).

335 Vgl. zusammenfassen *Schlosser*, Rn. 139 ff.; *Schwab/Walter*, Kap. 42 Rn. 12 f.; *Gaja*, Kap. I.A.5.

336 *Adolphsen*, in *MüKo*, § 1061 Anh. 1 UNÜ Art. I Rn. 24; *Van den Berg*, S. 72 ff., mit detailierten Ausführung zu der Enstehunsgeschichte des UN-Abkommens; *Schwab/Walter*, Kap. 42 Rn. 13; vgl. auch UN Doc. E/CONF.26/SR.21 zur Diskussion und letztlichen Ablehung der Staatenkonferenz des jugoslawischen Vorschlags, das UN-Abkommen nur auf Schiedssprüche anzuwenden, die nach dem Inkrafttreten des Abkommens verbindlich geworden sind (UN Doc. E/CONF.26/L.55).

neu begründete Rechtsverhältnisse anzuwenden ist[337]. Nach *Peter Schlosser* können gültig zustande gekommene Verfahrensabsprachen nur schwerlich durch nachträglich in Kraft getretene Staatsverträge wieder vernichtet werden[338]. Vermittelnd fordert *Peter Schlosser* daher, dass *„Staatsverträge über die Anerkennung und Vollstreckung von Schiedssprüchen auf nach ihrem Inkrafttreten erlassene Schiedssprüche nur mit der Maßgabe angewandt werden, dass die Wirksamkeit von Schiedsvertrag und von Vereinbarungen über das schiedsrichterliche Verfahren nach dem Recht beurteilt wird, das zurzeit galt, als sie geschlossen wurden*[339]*"*.

e) Verhältnis zu anderweitigen Rechtsquellen

Wie bereits in *Kapitel 2 III.* dargelegt, basiert die Anerkennung ausländischer Schiedssprüche im internationalen Rechtsverkehr auf einem Netzwerk an internationalen Staatsverträgen und nationalen Rechtsvorschriften. Gegenüber nationalem Recht gilt nach den allgemeinen Lehren der Normenhierarchie und dem jeweiligen Umsetzungsakt in die nationalen Rechtsordnungen, dass das UN-Abkommen die nationalen Rechtsvorschriften überlagert. Zwischen Staatsverträgen werden Konkurrenzfragen durch den Rechtsgrundsatz *lex posterior derogat legi priori* geregelt. Eine Ausnahme dazu bestimmt das der *„Pro-Enforcement Bias"* nahestehende und in Art. 7 Abs. 1 UNÜ ausdrücklich festgehaltene Prinzip der Meistbegünstigung[340], das mitunter auch als die Kernaussage des UN-Abkommens zusammenfassende *„l'idée géniale"* bezeichnet wird[341].

Danach soll einerseits gegenüber bestehenden Rechtsvorschriften sichergestellt werden, dass eine bereits nach anderweitigen Rechtsvorschriften mögliche Anerkennung nicht durch die Regelungen des UN-Abkommen erschwert wird. Andererseits steht es den Vertragsstaaten frei, ergänzende beziehungsweise günstigere Vorschriften zur Anerkennung und Vollstreckung von ausländischen Schiedssprüchen zu erlassen bzw. günstigere staatsvertragliche Verpflichtungen einzugehen[342].

---

337 Ausführlich *Schlosser*, Rn. 139 ff.

338 *Schlosser*, Rn. 141.

339 *Schlosser*, Rn. 142.

340 Siehe dazu auch *Kapitel 2 IV. 3.) c).*

341 Dazu *Quinke*, SchiedsVZ 9 (2011), 169 (170).

342 Ausführlich dazu *Schwab/Walter*, Kap. 42 Rn. 24 ff.; *Otto*, in: *Kronke/Nacimiento/Otto/Port*, 444 ff.

In der konkreten Rechtsanwendung ist die Auslegung des Art. 7 Abs. 1 UNÜ allerdings heftig umstritten und wird von den Gerichten im internationalen Rechtsvergleich teils unterschiedlich interpretiert[343]. Insbesondere bestehen divergierende Rechtsansichten darüber, inwiefern es einem Antragsteller nach Art. 7 Abs. 1 UNÜ gestattet ist, einzelne, ihm günstigere Rechtsvorschriften aus unterschiedlichen Rechtsquellen miteinander zu kombinieren (sog. „*Rosinen-Picken*")[344]. Richtigerweise spricht sich die herrschende Meinung unter Verweis auf den Entstehungsprozess von Art. 7 Abs. 1 UNÜ gegen einen solchen Normenmix aus[345]. Dabei wird auf die Gefahren hingewiesen, den Harmonisierungszweck des UN-Abkommens durch eine übertrieben „*schiedsfreundliche*" Anwendung des Art. 7 Abs. 1 UNÜ bzw. des UN-Abkommens zu unterlaufen[346].

Kontinuierlich wird daher auch im Zusammenhang mit Art. 7 Abs. 1 UNÜ eine Anpassung bzw. Konkretisierung des UN-Abkommens angebracht[347]. Durch die im Zusammenhang mit der Modernisierung des UNCITRAL-Mustergesetzes erlassenen unverbindlichen Empfehlungen zur Auslegung der Art. 2 Abs. 2 UNÜ und Art. 7 Abs. 1 UNÜ vom 18. Dezember 2006 haben sich die Vereinten Nationen gegen eine Vertragsänderung entschlossen[348]. In Bezug auf Art. 7 Abs. 1 UNÜ stellt die Empfehlung lediglich klar, dass das Prinzip der Meistbegünstigung auch auf die Anerkennung von Schiedsvereinbarungen angewendet werden kann. Auf dieser Empfehlung aufbauend enthält auch der *Miami-Entwurf* von *Albert van den Berg* weiterhin eine leicht abgeänderte Meistbegünstigungsklausel. Der Wortlaut entbehrt allerdings eines klaren Bekenntnisses in dem zuvor dargelegten Meinungsstreit[349].

---

343 Insbesondere i.V.m. Art. 2 Abs. 2 und Art. 5 Abs. 1 (e) UNÜ kommen die Gerichte und Rechtsgelehrten teils zu unterschiedlichen Ergebnissen. Dazu nachfolgend *Kapitel 2 IV. 8.) a) v.) bb)*.

344 Dazu *Lew/Mistelis/Kröll*, Rn. 26-34.

345 So ausführlich *Otto*, in: *Kronke/Nacimiento/Otto/Port*, 444 (450 f.); *Schwab/Walter*, Kap. 42 Rn.25; *Van den Berg*, in: *ICCA*, *Yearbook Comm. Arb'n* XXVIII (2003), 562 (671); a.A. *Di Pietro/Platte*, Kap. V, 2.5.4.1.; *Fouchard/Gaillard/Goldman*, Rn. 271; *Schramm/Geisinger/Pinsolle*, in: *Kronke/Nacimiento/Otto/Port*, 37 (48).

346 So u.a. *Goode*, in: *Rose*, S. 245 (267 f.); *Otto*, in: *Kronke/Nacimiento/Otto/Port*, 444 (450 f.); a.A. *Fouchard/Gaillard/Goldman*, Rn. 270 f.

347 Vgl. *Goode/Kronke/McKendrick*, Rn. 17.141 ff.

348 UN Doc. A/RES/61/33.

349 Art. 7 ME.

Als Ausnahme zu Art. 7 Abs. 1 UNÜ regelt Art. 7 Abs. 2 UNÜ das Verhältnis zwischen dem UN-Abkommen und den Genfer Verträgen insofern, dass die Genfer Verträge zwischen den Vertragsstaaten in dem Zeitpunkt und in dem Ausmaß außer Kraft treten, in dem das UN-Abkommen für diese verbindlich wird. Mittlerweile sind mit der Ausnahme weniger souveräner Staaten und Überseedependancen alle Vertragsstaaten der Genfer Verträge auch dem UN-Abkommen beigetreten. Insofern sind die Genfer Verträge i. S. v. Art. 7 Abs. 2 UNÜ praktisch kaum noch von Bedeutung[350].

6.) Das Exequaturverfahren

Das UN-Abkommen enthält abgesehen von den formellen Antragsvoraussetzungen gem. Art. 4 UNÜ und dem in Art. 3 Satz UNÜ festgeschriebenen Diskriminierungsverbot keine vereinheitlichten Regelungen zur Durchführung eines Exequaturverfahrens[351]. Art. 3 Satz 1 UNÜ verdeutlicht dies, indem ein Konventionsschiedsspruch „... *nach den Verfahrensvorschriften des Hoheitsgebietes, in dem der Schiedsspruch geltend gemacht wird ...*“ anzuerkennen ist. Auch die Vertragsmaterialien zeigen, dass nach anfänglichen Diskussionen über die Einbeziehung vereinheitlichter Verfahrensvorschriften dieses Vorhaben wieder aufgegeben wurde[352]. Zu unterschiedlich waren und sind die teils historisch gewachsenen Prozesse in den jeweiligen Staaten[353].

Beispielsweise beträgt die Ausschlussfrist zur Einreichung des Antrags auf Vollstreckbarerklärung in Algerien 30 Jahre[354], Großbritannien[355] und Hongkong 6 (12) Jahre[356], in den USA 3 Jahre[357], in China 2 Jahre[358], während Länder wie beispielsweise Malaysia[359], Schweden[360], die Schweiz[361] oder

350 Ausführlich dazu *Otto*, in: *Kronke/Nacimiento/Otto/Port*, 444 (452 ff.); *Van den Berg*, in: *Yearbook Comm. Arb'n* XXVIII (2003), 562 (671).

351 Vgl. *Adolphsen*, in: *MüKo*, § 1061 Anh. 1 UNÜ Art. III Rn. 3.

352 Vgl. zusammenfassend *Van den Berg*, S. 234 ff.

353 Vgl. auch *ICC*, Publikation Nr. 727, S. 6.

354 *ICC*, Publikation Nr. 727, 20 (21); Art. 344 Algerian Code of Civil Procedure.

355 *ICC*, Publikation Nr. 727, 302; § 7 f. Limitation Act, § 1 ff. Foreign Limitation Periods Act.

356 *ICC*, Publikation Nr. 727, 142 (142 f.); § 4 Limitation Ordinance (Cap. 347).

357 *ICC*, Publikation Nr. 727, 311 (314 f.); § 207 Federal Arbitration Act (9. U.S.C.).

358 *ICC*, Publikation Nr. 727, 82 (83); Art. 215 Civil Procedure Law.

359 *ICC*, Publikation Nr. 727, 199 (200).

360 *ICC*, Publikation Nr. 727, 275.

361 *ICC*, Publikation Nr. 727, 279 (280).

Deutschland[362] eine solche Frist nicht kennen. Auch Fragen der sachlichen und örtlichen Zuständigkeit, formelle Antragserfordernisse, Anwaltszwang, Rechtsmittel und Kosten können signifikant voneinander abweichen. Selbst die Prozessdauer kann im internationalen Vergleich von wenigen Monaten bis zu mehreren Jahren schwanken[363].

Mehrfach wurde daher auch im Zusammenhang mit prozessualen Fragen des UN-Abkommens, dessen Modernisierung, die Schaffung eines Modellgesetzes oder gar die Errichtung eines internationalen Gerichtshofs angebracht[364]. Der *Miami-Entwurf* möchte allerdings auch weiterhin an einem schlichten Verweis auf das nationale Prozessrecht festhalten[365].

Methodisch kann die Verfahrensausgestaltung in den Mitgliedstaaten wie folgt kategorisiert werden[366]: In einer verhältnismäßig geringen Anzahl von Vertragsstaaten bestehen spezielle Verfahrensvorschriften, die ausschließlich auf die Anerkennung und Vollstreckung von Konventionsschiedssprüchen anzuwenden sind. Überwiegend wird hingegen zwischen Verfahren für inländische und ausländische (Konventions- und Nichtkonventions)Schiedssprüche unterschieden. Lediglich in einer verhältnismäßig geringen Anzahl von Vertragsstaaten wird verfahrenstechnisch kein Unterschied zwischen der Anerkennung von in- und ausländischen Schiedssprüchen gemacht[367]. Eine Zwischenstellung nehmen dabei solche Staaten ein, die einem dualen System folgen. In diesen Staaten können ausländische Konventions- und Nichtkonventionsschiedssprüche häufig nach denselben Verfahrensvorschriften wie ein inländischer Schiedsspruch mit Auslandsbezug anerkannt und vollstreckt werden.

362 *ICC*, Publikation Nr. 727, 130.

363 Vgl. dazu *Queen Mary School of International Arbitration*, International Arbitration: Corporate attitudes and practices 2008, S. 12. Danach gaben 14 % aller befragten Unternehmen an, im Durchschnitt weniger als 6 Monate zur Anerkennung und Vollstreckung von internationalen Schiedssprüchen benötigt zu haben; 43 % zwischen 6 Monaten und 1 Jahr; 18 % zwischen 1 Jahr und 2 Jahren; 5 % zwischen 2 und 4 Jahren. Der Gesamtdurchschnitt liegt demnach bei einer Verfahrensdauer von weniger als 1 Jahr.

364 So u.a. *Van den Berg*, in: *United Nations*, 40 (42); *Briner*, in: *ICC*, Bulletin 9 (1998), 7.

365 Vgl. Art. 3 ME.

366 Vgl. dazu *Van den Berg*, in: *ICCA*, Yearbook Comm. Arb'n XXVIII (2003), 562 (643); *Van den Berg*, S. 236 ff.

367 Sollten in einem Vertragsstaat keine Verfahrensvorschriften für die Anerkennung ausländischer Schiedssprüche existieren, sind nach *Van den Berg*, S. 237 die Vorschriften für inländische Schiedsprüche entsprechend anzuwenden; vgl. auch *Fouchard/Gaillard/Goldman*, Rn. 1671.

Selbstverständlich darf das nationale Prozessrecht dabei die Regelungen des UN-Abkommens nicht aushöhlen, sondern soll das effiziente Exequatur von Konventionsschiedssprüchen in unbürokratischer Weise fördern und unnötige Verzögerungen und Komplikationen vermeiden[368]. Dass dies nicht immer der Fall ist, beweist eine Umfrage der *Queen Mary School of International Arbitration* aus dem Jahre 2008[369], nach der Schwierigkeiten in der Anerkennung und Zwangsvollstreckung von Schiedssprüchen in den weit überwiegenden Fällen auf unterschiedliche Verfahrensaspekte zurückgeführt werden können. Diese Problematik kann unter anderem auch in vielen asiatischen Entwicklungsländern wiedergefunden werden[370].

In jedem Fall ist von den Vertragsstaaten das Diskriminierungsverbot aus Art. 3 Satz 2 UNÜ zu beachten, das als Ausgleich für den Verzicht auf die Rechtsvereinheitlichung des Verfahrensrechts in den Vertragstext aufgenommen worden ist[371]. Als grobe Richtschnur soll das Diskriminierungsverbot sicherstellen, dass sich das Exequaturverfahren von Konventionsschiedssprüchen nicht wesentlich von dem für inländische Schiedssprüche vorgesehenen Verfahren unterscheidet. In der Rechtspraxis spielen offene Diskriminierungsfragen eine verhältnismäßig geringe Rolle und haben in den seltensten Fällen zu Rechtsanwendungsproblemen geführt[372].

7.) **Formelle Anerkennungsvoraussetzungen**

Wie zuvor beschrieben steht es den Vertragsstaaten gem. Art. 3 Satz 1 UNÜ grundsätzlich frei, das Exequaturverfahren nach ihrem eigenen Ermessen zu gestalten. Eine Ausnahme dazu stellt Art. 4 UNÜ dar, der durch die Regelung der Urkundenvorlage i.V.m. Art. 5 UNÜ die grundlegenden Beweisregelungen des UN-Abkommens schafft.

---

368 Vgl. *Börner*, in: *Kronke/Nacimiento/Otto/Port*, 115 (117); *ICCA*, Guide to the NYC, S. 70; *Fouchard/Gaillard/Goldman*, Rn. 1671.

369 *Queen Mary School of International Arbitration*, International Arbitration: Corporate attitudes and practices 2008, S. 11 f. Danach werden 56 % aller angegebenen Probleme dem Anerkennungs- und Zwangsvollstreckungsverfahren zugewiesen (insbesondere einer unnötigen Bürokratie); 12 % hohen Verfahrensoksten; 22 % der Dauer des Gesamtprozesses und 10 % bestehenden Korruptions-problematiken.

370 Vgl. dazu ausführlich *Bose/Yap/Jaliwala*, in: *SIAC*, 477 (478 ff.).

371 Vgl. *Börner*, in: *Kronke/Nacimiento/Otto/Port*, 115 (118 f.).

372 *ICCA*, Guide to the NYC, S. 70; *Van den Berg*, in: *Gaillard/Di Pietro*, 39 (54).

a) Beweislast des Antragstellers

Art. 4 UNÜ stellt gegenüber der Rechtslage vor dem UN-Abkommen einen der größten Erfolge des Staatsvertrags dar, indem durch die spezifischen Urkundenvorlagepflichten das zuvor weit verbreitete Erfordernis eines „*Doppelexequatur*" abgeschafft wurde[373]. Im Lichte der „*Pro-Enforcement Bias*" des UN-Abkommens ist der Sinn und Zweck der Vorschrift insbesondere darin zu sehen, die von dem Antragsteller zu erfüllenden Voraussetzungen zur Durchsetzung seiner in dem Schiedsverfahren erworbene Rechte, in der Balance zwischen Beschleunigung und Rechtssicherheitsaspekten, so einfach wie möglich zu gestalten[374]. Es genügt daher zur Erlangung der Vollstreckbarkeit eines Konventionsschiedsspruchs i. S. v. Art. 3 Abs. 1 UNÜ, wenn der Antragsteller die formellen Anforderungen des Art. 4 UNÜ erfüllt[375]. Sind die Voraussetzungen des Art. 4 UNÜ gegeben, wird im Wege eines Beweises des ersten Anscheins die Anerkennungsfähigkeit des Schiedsspruchs vermutet. Möchte sich der Antragsgegner der Anerkennung des Schiedsspruchs hingegen widersetzen, hat dieser den Anscheinsbeweis durch die Darlegung von Tatsachen, die die Annahme eines der in Art. 5 UNÜ enthaltenen Anerkennungsversagungsgründe rechtfertigen, zu entkräften. Die Gerichte setzten dabei tendenziell strenge Maßstäbe an die Beweislast des Antragsgegners an[376].

Unterschiedlich wird von den Gerichten in diesem Zusammenhang die Frage beantwortet, inwiefern von den durch Art. 4 UNÜ aufgestellten formellen Anerkennungsvoraussetzungen abgewichen werden kann[377]. Die zunehmend herrschende Meinung sieht in Art. 4 UNÜ eine Beweismittelregelung, deren Beachtung lediglich in solchen Fällen zwingend erforderlich ist, in denen die Authentizität eines Schiedsspruchs und die Existenz einer Schiedsvereinbarung bestritten werden. Die Gegenauffassung, wie beispielsweise in China oder Rumänien angewandt, vertritt hingegen eine strikte Formtreue. Unstrittig ist nach allen Ansichten, dass Art. 4 UNÜ es den Vertragsstaaten nicht gestattet,

---

373 Vg. ausführlich *Van den Berg*, S. 246 ff.; Art. 1 GA wir von den Gerichten in der Weise ausgelegt, dass der Antragstellung zur Erlangung der Vollstreckbarkeit eines Schiedsspruchs, dessen Verbindlichkeit zu beweisen hatte, was nach Auffassung der Gerichte wiederum nur durch die Vorlage einer Vollstreckbarerklärung des Schiedsspruchs aus dessen Ursprungsland möglich ist.

374 Vgl. *Lew/Mistelis/Kröll*, Rn. 26.58; ausführlich *Otto*, in: *Kronke/Nacimiento/Otto/Port*, 143 (147 ff.).

375 Vgl. *Fouchard/Gaillard/Goldman*, Rn. 1673 ff.; *Adolphsen*, in: *MüKo*, § 1061 Anh. 1 UNÜ Art. IV Rn. 2.

376 *Nacimiento*, in: *Kronke/Naciemiento/Otto/Port*, 205 (210).

377 Ausführlich dazu *Otto*, in: *Kronke/Nacimiento/Otto/Port*, 143 (179 ff.).

schärfere oder andersartige Anforderungen zum Beweis der Anerkennungsfähigkeit eines Konventionsschiedsspruchs zu verlangen[378].

b) Urkundenvorlage

Gem. 4 Abs. 1 UNÜ sind von dem Antragsteller der Schiedsspruch und die Schiedsvereinbarung entweder in (legalisierter) Urschrift oder alternativ dazu in beglaubigter Abschrift vorzulegen. Umstritten ist in diesem Zusammenhang, nach welchem Recht die an eine Legalisierung der Urschrift bzw. Beglaubigung der Abschrift zu stellenden Anforderungen zu beurteilen sind[379]. Eine stark vertretene Ansicht entnimmt die an die Beglaubigung bzw. Legalisierung zu stellenden Anforderungen dem Recht der *lex fori*[380]. Die Gegenansicht wendet hingegen das auf den Schiedsspruch anzuwendende Recht an[381]. Die wohl herrschende, vermittelnde Ansicht räumt unter Bezugnahme auf die Vertragsmaterialien und eine schiedsfreundliche Auslegung des Art. 4 UNÜ der vorlagepflichtigen Partei ein Wahlrecht ein[382]. Insbesondere die Frage, inwiefern öffentliche Amtsträger oder alternativ auch juristische/private Personen, wie beispielsweise private Schiedsinstitutionen oder Parteivertreter, zur Beglaubigung berechtigt sind, variiert erheblich unter den einzelnen Rechtsordnungen. Im internationalen Vergleich tendieren die Gerichte jedoch stark dazu, keine allzu strengen Maßstäbe an die Dokumentenvorlagepflicht zu stellen[383].

Während die Prüfung der Authentizität eines Schiedsspruchs i. S. v. Art. 4 Abs. 1 (a) UNÜ in der Rechtspraxis nach ordnungsgemäßer Vorlage der Dokumente selten zu Rechtsanwendungsproblemen führt[384], bilden Abgrenzungsfragen zwischen Art. 4 Abs. 1 (b) UNÜ und Art. 5 Abs. 1 (a) Var. 2 UNÜ gelegentlich Anlass zur Diskussion darüber, ob bereits durch die formale Vorlage irgendeiner im Zusammenhang mit dem Schiedsspruch stehenden Schiedsvereinbarung Art. 4 Abs. 1 (b) UNÜ Rechnung getragen wird, oder ob weitere Anforderungen an die vorzulegende Schiedsvereinbarung i.V.m.

---

378 *Schlosser* in: *Stein/Jonas*, Anhang § 1061 Rn. 65.

379 Vgl. dazu *Haas*, IPrax 20 (2000), 432 (434); *Otto*, in: *Kronke/Nacimiento/Otto/Port*, 143 (178 ff.).

380 Vgl. u.a. *Schlosser* in: *Stein/Jonas*, Anhang § 1061 Rn. 66; *Schwab/Walter*, Kap. 58 Rn. 2.

381 Vgl. u.a. Art. 47 Abs. 1 (a) Arbitration and Conciliation Act (Indien).

382 Vgl. u.a. *Otto*, in: *Kronke/Nacimiento/Otto/Port*, 143 (178 ff.), *ICCA*, Guide to the NYC, S. 72 f.; *Van den Berg*, S. 252 f.; Oberster Gerichtshof (Österreich) 03.09.2008, *O Limited* v.*C Limited*, 3Ob35/08f = *Yearbook Comm. Arb'n* XXXIV (2009), 409 ff.

383 Dazu *Haas*, IPRax 20 (2000), 432 (434).

384 *ICCA*, Guide to NYC, S. 72.

Art. 5 Abs. 1 (a) Var. 2 UNÜ zu stellen sind[385]. Die überwiegende Ansicht geht von einer strikten Trennung zwischen Art. 4 Abs. 1 (b) UNÜ und Art. 5 Abs. 1 (a) Var. 2 UNÜ aus oder verzichtet gegebenenfalls gänzlich auf die Vorlage einer Schiedsvereinbarung[386]. Dennoch haben sich auch einige nationale Gerichte dazu entschieden, bereits im Rahmen des Art. 4 Abs. 1 (b) UNÜ eine zumindest eingeschränkte inhaltliche Überprüfung der Wirksamkeit der Schiedsvereinbarung gegenüber den Parteien i. S. v. Art. 5 Abs. 1 (a) Var. 2 UNÜ vorzunehmen[387].

c) Übersetzung

Sind die Dokumente nicht in der Amtssprache der *lex fori* abgefasst, so ist gem. Art. 4 Abs. 2 UNÜ jeweils eine ordnungsgemäße beglaubigte Übersetzung beizufügen. Viele der zuvor dargelegten Auslegungsfragen stellen sich auch im Zusammenhang mit Art. 4 Abs. 2 UNÜ. Insbesondere die Frage, ob und unter welchen Umständen auf die Vorlage einer Übersetzung verzichtet werden kann[388]. Unter Berücksichtigung des teils hohen zeitlichen und finanziellen Aufwands zur Erstellung einer Übersetzung gehen viele Gerichte davon aus, dass auf eine Übersetzung der vorzulegenden Dokumente verzichtet werden kann, wenn alle Beteiligten der Sprache des Originaltexts mächtig sind[389].

8.) **Materielle Anerkennungsvoraussetzungen**

Sind die formellen Anerkennungserfordernisse erfüllt, sind die Vertragsstaaten gem. Art. 3 Satz 1 UNÜ dazu verpflichtet den Konventionsschiedsspruch anzuerkennen, es sei denn, einer der enumerativ aufgezählten Anerkennungsversagungsgründe aus Art. 5 UNÜ ist gegeben. Damit räumt das UN-Abkommen dem Antragsgegner die Möglichkeit ein, neben den Rechtsschutzmöglichkeiten im Ursprungsland des Schiedsspruchs (sog. „*Primärjurisdiktion*“)

385 Dazu *Haas*, IPRax 20 (2000), 432 (434 f.).

386 So bespielsweise in Deutschland gem. § 1064 Abs. 1, 3 ZPO der Fall. Vgl. auch *Schlosser*, in: *Stein/Jonas*, Anhang § 1061 Rn. 65, der die Dokumentenvorlagepflicht einer Schiedsvereinbarung insgesamt als systemwidrig bezeichnet; vgl. auch die Neufassung des Art. 35 Abs. 2 MG sowie Art. 4 ME, die ebenfalls von der Vorlagepflicht einer Schiedsvereinbarung gänzlich absehen.

387 Ausführlich dazu *Otto*, in: *Kronke/Nacimiento/Otto/Port*, 143 (163 ff.).

388 Vgl. Art. 4 Abs. 2 GA, der die Vorlage einer Übersetzung lediglich „*auf Verlangen*“ forderte.

389 Ausführlich dazu *Otto*, in: *Kronke/Nacimiento/Otto/Port*, 143 (194 f.); vgl. auch Art. 4 Abs. 2 ME; *Van den Berg*, in: ICCA, Congress Series No. 14, 649 (659).

auch im Stadium seiner Anerkennung (sog. „*Sekundärjurisdiktion*“) dessen ordnungsgemäßes Zustandekommen und territoriale Verbindlichkeit vor den staatlichen Exequaturgerichten überprüfen zu lassen[390]. Die Aufgabe der staatlichen Behörden beschränkt sich dabei auf die Aufsichts- und Förderungspflichten aus Art. 3 Satz 1 i.V.m. Art. 5 UNÜ. Vor allen Dingen bleibt den staatlichen Behörden dabei eine inhaltliche Überprüfung des Konventionsschiedsspruchs auf Rechtsfindungs- oder Rechtsanwendungsfehler (sog. „*révision au fond*“) bis hin zur Grenze des Ordre Public verwehrt[391]. Des Weiteren sind die Anerkennungsversagungsgründe im Lichte der allgemeinen Rechtsgrundsätze des UN-Abkommens eng auszulegen[392].

a) Antragsgebundene Anerkennungsversagungsgründe

Die in Art. 5 UNÜ enthaltenen Anerkennungsversagungsgründe lassen sich in zwei Kategorien unterteilen. Art. 5 Abs. 1 UNÜ nennt fünf Anerkennungsversagungsgründe, welche auf Antrag des Antragsgegners der gerichtlichen Kontrolle unterliegen und wofür diesem die Beweispflicht obliegt[393]. Die zwei in Art. 5 Abs. 2 UNÜ genannten Anerkennungsversagungsgründe sind hingegen zur Wahrung der öffentlichen Interessen des Exequaturforums von Amts wegen zu berücksichtigen. Vielfach kann es dabei auch zu Überschneidungen der Anwendungsbereiche zwischen Art. 5 Abs. 1, 2 UNÜ, aber auch innerhalb der jeweiligen Absätze kommen[394].

---

390 Zu dem Verhältnis zwischen Verfahren der Primär- und Sekundärjurisdiktion zueinander, siehe *Kapitel 2 IV. 9.)*.

391 Ausführlich dazu *Van den Berg*, S. 269 ff.; vgl. auch in Bezug auf die deutsche Rechtsordnung *Raeschke-Kessler*, in: *Prütting/Gehrlein*, § 1061 Rn. 31.

392 Siehe dazu *Kapitel 2 IV. 3.)*.

393 Siehe dazu auch *Kapitel 2 IV. 7.) a)*; vgl. auch *Schlosser*, in: *Stein/Jonas*, Anhang § 1061 Rn. 74 f., mit Hinweis darauf, daß die Beweislast bei negativen Tatsachen ausnahmsweise auch umgekeht sein kann.

394 Zu Abgrenzungsfragen wird im Rahmen der einzelnen Anerkennungsversagungsgründe genauer Stellung genommen.

i.) Unwirksamkeit der Schiedsvereinbarung

Nach Art. 5 Abs. 1 (a) UNÜ steht es dem Antragsgegner selbst nach der Durchführung eines Schiedsverfahrens offen, im Rahmen des Exequatur des Schiedsspruchs Einwände gegen die Wirksamkeit der Schiedsvereinbarung zu erheben. Gem. Art. 5 Abs. 1 (a) Var. 2 UNÜ darf die Anerkennung des Konventionsschiedsspruches versagt werden, wenn

...

„...die Vereinbarung nach dem Recht, dem die Parteien sie unterstellt haben, oder, falls die Parteien hierüber nichts bestimmt haben, nach dem Recht des Landes, in dem der Schiedsspruch ergangen ist, ungültig ist."

...

Der Anerkennungsversagungsgrund aus Art. 5 Abs. 1 (a) UNÜ stellt damit einerseits die grundlegende Bedeutung einer ordnungsgemäß zustande gekommen Schiedsvereinbarung für die Schiedsgerichtsbarkeit insgesamt in den Vordergrund, wird aber zusammen mit der Kollisionsnorm aus Art. 5 Abs. 1 (d) UNÜ auch als Kernstück der Stärkung des für die Schiedsgerichtsbarkeit fundamentalen Gestaltungsrechts der Schiedsparteien bzw. der Denationalisierung der Schiedsgerichtsbarkeit gesehen[395].

Bedeutung: Der Anerkennungsversagungsgrund der Unwirksamkeit einer Schiedsvereinbarung zählt zu den mit am meisten angebrachten und in der Rechtsprechung und Literatur mit am heftigsten umstrittenen Versagungsgründen des UN-Abkommens[396]. Nach *Stefan Kröll* handelt es sich bei Art. 5 Abs. 1 (a) UNÜ zumindest im Blick auf Deutschland um den Versagungsgrund, der in der Praxis am häufigsten zu einer Anerkennungsverweigerung führt[397]. Allerdings ist der Einwand selten von Erfolg[398].

Anwendbares Recht: Das zur Beurteilung der Unwirksamkeit der Schiedsvereinbarung erforderliche Schiedsvertragsstatut wird durch die in Art. 5 Abs. 1 (a) Var. 2 UNÜ enthaltene, vertragseigene Kollisionsnorm primär durch die freie Rechtswahl der Parteien bestimmt. Haben die Parteien von diesem Recht nicht Gebrauch gemacht, bestimmt sich das Statut der Schiedsvereinbarung subsidiär nach der *lex loci arbitri*. Die Wahl des Schiedsvereinbarungsstatuts ist dabei grundsätzlich unabhängig davon, welches Recht auf den zugrunde liegenden Rechtsstreit oder das Schiedsverfahren bzw. den Schiedsspruch

395 Vgl. zu letzterem *Van den Berg*, S. 282.

396 Vgl. *Baumbach/Lauterbach/Albers/Hartmann*, § 1061 Rn. 2; *Raeschke-Kessler*, in: *Prütting/Gehrlein*, § 1061 Rn. 22; Haas, IPrax 13 (1993), 382.

397 *Kröll*, ZZP 117 (2004), 453 (454).

398 So bereits *Van den Berg*, S. 282; vgl. auch *Born*, Arbitration, S. 2778 f.

anzuwenden ist, sodass unter Umständen im Rahmen eines Schiedsverfahrens drei verschiedene Rechtsordnungen zu berücksichtigen sein können[399]. Schranken der Rechtswahlfreiheit können sich hingegen in extremen Ausnahmefällen durch die Wahl einer „*ungehörigen Rechtsordnung*" im Zusammenhang mit Art. 5 Abs. 2 (b) UNÜ ergeben[400].

An die Rechtswahl sind nach herrschender Meinung keine besonderen Formerfordernisse zu stellen[401]. Entsprechend kann die Rechtswahl auch konkludent getroffen werden, was in der Rechtspraxis häufig zu Auslegungsproblemen über das Vorliegen und den Inhalt einer solchen Rechtswahl führen kann. Abgesehen davon sind nur wenige Fälle bekannt, in denen sich die Exequaturgerichte über die Kollisionsnorm bzw. den erkennbaren Parteiwillen hinweggesetzt haben[402].

Der Verweis auf das anzuwendende Recht nach dem Schiedsvertragsstatut wird nach überwiegender Auffassung als Verweis auf das Sachrecht und nicht das Kollisionsrecht der jeweiligen staatlichen Rechtsordnung verstanden[403]. Das UN-Abkommen statuiert damit ein generelles, vereinheitlichtes Kollisionsrecht zum Zustandekommen und der Wirksamkeit von Schiedsvereinbarungen, welches auch über das Anerkennungsverfahren hinaus in sämtlichen Verfahrensstadien zu beachten ist[404].

Auslegung: Bei der Beurteilung des Exequaturgerichts, inwiefern eine wirksame Schiedsvereinbarung zwischen den in dem Schiedsspruch enthaltenen Parteien vorliegt, ist dieses nach der herrschenden Meinung grundsätzlich weder an die Entscheidung des Schiedsgerichts noch an eine gerichtliche Bestätigung der Schiedsvereinbarung im Ursprungsland gebunden[405]. Wie es der englische „*Supreme Court*" in dem Urteil *Dallah Real Estate & Tourism Holding Co.* v. *Pakistan* treffend formuliert: „*Letzten Endes kann ein Vertrag einem Schiedsgericht keine Kompetenzen übertragen, ganz zu schweigen von der Bestimmung seiner eigenen Rechtswegzuständigkeit, wenn die Parteien diesen nie*

---

399 *Schlosser*, in: *Stein/Jonas*, Anhang § 1061 Rn. 77; vgl. dazu auch Art. 5 Abs. 3 (a) ME, nach dem zukünftig nur noch das Recht der lex loci arbiti auf die Schiedsvereinbarung Anwendung finden soll.

400 *Adolphsen*, in: *MüKo*, § 1061 Anh. 1 UNÜ Art. V Rn. 72.

401 Vgl. *Hausmann*, in: *Reithmann/Martiny*, Rn. 6613; *Adolphsen*, in: *MüKo*, § 1061 Anh. 1 UNÜ Art. V Rn. 22.

402 *Van den Berg*, in: *ICCA*, Yearbook Comm. Arb´n XXVIII (2003), 562 (653).

403 *Van den Berg*, S. 291; *Nacimiento*, in: *Kronke/Nacimiento/Otto/Port*, 205 (224).

404 *Hausmann*, in: *Reithmann/Martiny*, Rn. 6612.

405 Vgl. *Nacimiento*, in: *Kronke/Nacimiento/Otto/Port*, 205 (222 ff.); *ICCA*, Guide to the NYC, S. 86 ff; *Schlosser*, in: *Stein/Jonas*, Anhang § 1061 Rn. 76.

geschlossen haben[406]*."* Der prominente Fall, der die englischen und französischen Gerichte über Jahre hinweg beschäftigte, spiegelt aber auch die berechtigte Gegenmeinung wieder, die in der vollständigen Überprüfbarkeit der Entscheidung des Schiedsgerichts in diesem Zusammenhang die Gefahr einer unzulässigen *révision au fond* sowie eine Aufweichung des internationalen Entscheidungseinklangs - wie in diesem Fall geschehen - sieht[407]. Unabhängig davon, welcher Maßstab letztlich an die Überprüfung der Wirksamkeit einer Schiedsvereinbarung zu stellen ist, tendieren die Gerichte im internationalen Rechtsvergleich zu einer weiten, geltungserhaltenden Auslegung einer Schiedsvereinbarung, sofern der Wille zur Beilegung der Rechtsstreitigkeiten im Wege der Schiedsgerichtsbarkeit erkenntlich ist[408].

aa) Subjektive Schiedsfähigkeit

Einen Unterfall des Art. 5 Abs. 1 (a) UNÜ stellt die Unwirksamkeit der Schiedsvereinbarung wegen mangelnder subjektiver Schiedsfähigkeit einer Partei dar. Gemäß Art. 5 Abs. 1 (a) Var. 1 UNÜ darf die Anerkennung und Vollstreckung des Schiedsspruches, nur dann versagt werden, wenn

...

> „...die Parteien, die eine Vereinbarung im Sinne des Artikels II geschlossen haben, nach dem Recht, das für sie persönlich maßgebend ist, in irgendeiner Hinsicht hierzu nicht fähig waren,..."

...

Demnach folgt die kollisionsrechtliche Bestimmung des anzuwendenden Rechts, nach welchem die Fähigkeiten einer natürlichen oder juristischen Person eine Schiedsvereinbarung zuschließen ist, nicht dem maßgebenden Schiedsvertrags-

---

406 Supreme Court (Großbritannien) 03.11.2010, [2010] UKSC 46 [92] = *Yearbook Comm. Arb'n* XXXVI (2011), 357: "*After all, a contract cannot give an arbitral body any power, much less the power to determine its own jurisdiction, if the parties never entered into it.*"

407 Vgl. dazu auch Court of Appeal (Großbritannien) 20.07.2009, No: 2008/2613 = *Yearbook Comm. Arb'n* XXXIV (2009), 887 (892 ff.); Cour d'Appel (Frankreich) 17.02.2011, No: 09/28533. Im Ergebnis wurde das Exequatur des Schiedsspruchs von den englischen Gerichten mangels dem Vorliegen einer Schiedsvereinbarung abgewiesen, während das französische Gericht in dem späteren Urteil das Vorliegen eines Schiedsspruchs bestätigte und die Aufhebungsklage abwies. Alle Gerichte gingen dabei von einer eigenständigen Überprüfbarkeit der Schiedsvereinbarung nach französichem Recht aus.

408 *Nacimiento*, in: *Kronke/Nacimiento/Otto/Port*, 205 (228); vgl. auch *ICCA*, Guide to the NYC, S. 37, der gar von einer „*Vermutung der Wirksamkeit ('presumed validity')*" ausgehen möchte; kritisch zur Annahme einer solchen allgemeingültigen Auslegungsmaxime *Hausmann*, in: *Reithmann/Martiny*, Rn. 6633 f.

statut, sondern knüpft gesondert an die jeweiligen kollisionsrechtlichen Normen des Exequaturforums an (sog. *Personalstatut)*. Für die Anknüpfung an das Personalstatut auf dem europäischen Kontinent ist im Allgemeinen die Staatsangehörigkeit, im Common Law-Bereich zum Teil das Domizil-Prinzip maßgebend[409]. Kennt das anzuwendende Recht eine solche Anknüpfung nicht, wie das beispielsweise in den USA der Fall ist, wird unselbständig an das Schiedsvertragsstatut oder das am Vereinbarungsabschlussort geltende Recht angeknüpft.

Die Handlungs-, Rechts-, Geschäfts- und Prozess- bzw. Parteifähigkeit natürlicher und juristischer Personen zum Abschluss einer Schiedsvereinbarung ist im internationalen Rechtsvergleich kaum von praktischer Relevanz[410].

Eine Ausnahme bilden Fragen der subjektiven Schiedsfähigkeit von juristischen Personen des öffentlichen Rechts bzw. der Staatenimmunität. Soll ein Schiedsspruch gegen eine juristische Person des öffentlichen Rechts vollstreckt werden, wird nicht selten der Einwand erhoben, dass diese nach dem anzuwendenden Heimatrecht zum Abschluss einer Schiedsvereinbarung nicht fähig gewesen sei oder der Zuständigkeit der staatlicher Gerichte nicht unterliege[411]. In Unterscheidung zwischen *acta de jure gestionis* und *acta de jure imperii* und unter der Zuhilfenahme allgemeiner Rechtsgrundsätze, wie *pacta sunt servanda, venire contra factum proprium* oder Art. 2 Abs. 1 EUÜ[412] wurde aber bisher in nahezu allen Fällen der Einwand von den Exequaturgerichten abgelehnt[413].

---

409 Vgl. *Schlosser*, in: *Stein/Jonas*, Anhang § 1061 Rn. 79.

410 *Redfern/Hunter*, Rn. 2.30; *Nacimiento*, in: *Kronke/Nacimiento/Otto/Port*, 205 (218).

411 Ausführlich dazu *Haas*, 182 ff.

412 Nach *Raeschke-Kessler*, in: *Prütting/Gehrlein*, Rn. §1061 Rn. 24, ist Art. 2 Abs. 1 EUÜ als kodifizierter Rechtsgrundsatz des Völkergewohnheitsrechts, entsprechend auch auf Staaten anzuwenden, die nicht dem EUÜ beigetreten sind.

413 *Van den Berg*, in: *Gaillard/Di Pietro*, 39 (44), mit Hinweis auf die teils unverständliche Unterscheidung zwischen dem Einwand der Staatenimmunität in öffentlichen Erkenntnis- bzw. Anerkennungsverfahren und dem weitaus häufiger mit Erfolg angebrachten Einwand der Staatenimmunität bei der anschließenden Zwangsvollstreckung in Vermögenswerte von Hoheitsträgern; vgl. auch ICCA, Guide to the NYC, S. 85.

Eine weitaus häufigere Ausnahme ergibt sich bei Fallkonstellationen, in denen die ordnungsgemäße Stellvertretung einer Schiedspartei gerügt wird. Insbesondere die an eine solche Vollmachterteilung i.V.m. Art. 2 Abs. 2 UNÜ zu stellenden Formerfordernisse werden in den einzelnen autonomen Rechtsordnungen unterschiedlich beantwortet. Dies kann in erster Linie darauf zurückgeführt werden, dass nach der herrschenden Meinung gesondert an das Vertretungsstatut der *lex fori* anzuknüpfen ist[414].

bb) Formerfordernis der Schiedsvereinbarung

Eine weitere Ausnahme von dem kollisionsrechtlichen Verweis aus Art. 5 Abs. 1 (a) Var. 2 UNÜ bildet Art. 2 Abs. 2 UNÜ, welcher die Formerfordernisse, die an eine wirksame Schiedsvereinbarung zu stellen sind, als vertragseigene Sachnorm gesondert konkretisiert. Nach mittlerweile einhelliger Auffassung kann die Anerkennung eines Konventionsschiedsspruchs gem. Art. 5 Abs. 1 (a) i.V.m. Art. 2 Abs. 2 UNÜ verweigert werden, wenn

...

> „...[der] Vertrag oder [die] Schiedsabrede von den Parteien [nicht] unterzeichnet oder [nicht] in Briefen oder Telegrammen enthalten ist, die sie gewechselt ben[415].“

...

Nach herrschender Meinung ist Art. 2 Abs. 2 UNÜ vertragsautonom, ohne die Zuhilfenahme nationalen Rechts auszulegen[416]. Wie diese konkret zu erfolgen hat, gehört auch nach der am 18. Dezember 2006 von der UN-Hauptversammlung erlassenen unverbindlichen Empfehlung zur Interpretation von Art. 2 Abs. 2 UNÜ und Art. 7 Abs. 1 UNÜ[417] zu den umstrittensten Anwendungsproblemen des UN-Abkommens und wird im internationalen Rechtsvergleich von den staatlichen Gerichten unterschiedlich entschieden[418].

---

414 Vgl. *Hausmann*, in: *Reithmann/Martiny*, Rn. 6696; *Nacimiento*, in: *Kronke/Nacimiento/Otto/Port*, 205 (219); anschaulich dazu die Anerkennungsverweigerung durch das Oberlandesgericht Celle (Deutschland) 04.09.2003, 8 Sch 11/02 = SchiedsVZ 2 (2004), 165 ff. = *Yearbook Comm. Arb'n* XXX (2005), 528 ff.

415 Art. 2 Abs. 2 UNÜ; a.A. die mitterweile aufgegebene Rechtsprechung des italienischen Obersten Gerichtshofs in: Supreme Court (Italien) 15.04.1980, *Lanificio Walter Banci S.a.S.* v. *Bobbie Brooks Inc.*, No. 2448 = *Yearbook Comm. Arb'n* VI (1981), 233 (234 f.).

416 Zusammenfassend *Schwab/Walter*, Kap. 44 Rn. 7 ff.

417 UN Doc. A/RES/61/33.

418 Nach *Nacimiento*, in: *Kronke/Nacimiento/Otto/Port*, 205 (226) stellt der Einwand der Formunwirksamkeit einer Schiedsvereinbarung den häufigsten Anwendungsbereich des Art. 5 Abs. 1 (a) UNÜ dar, was nach *Hausmann*, in: *Reithmann/Martiny*, Rn. 6630

Entsprechend ist nach *Wolfgang Kühn* – unter Berücksichtigung der deutschen Rechtsprechung – Art. 2 Abs. 2 UNÜ der häufigste Grund für die Ablehnung der Anerkennung nach dem UN-Abkommen[419].

Unstrittig schafft Art. 2 Abs. 2 UNÜ an die Formwirksamkeit einer Schiedsvereinbarung zu stellende Maximalanforderungen, die von den staatlichen Gerichten nicht überschritten werden dürfen[420]. Uneinigkeit besteht darüber, inwiefern Art. 2 Abs. 2 UNÜ zugleich von den Vertragsstaaten nicht zu unterschreitende Mindeststandards der Formwirksamkeit einer Schiedsvereinbarung setzt[421]. Eine im Lichte zunehmender Liberalisierung nationalen Schiedsrechts kontinuierlich an Bedeutung erlangende Auffassung geht davon aus, dass es dem Sinn und Zweck des Art. 2 Abs. 2 UNÜ widersprechen würde, wenn dieser eine Anerkennung von Schiedsvereinbarungen, die nach nationalem Recht anerkannt werden könnten, nicht erleichtern, sondern erschweren würde[422]. Entsprechend könne Art. 2 Abs. 2 UNÜ durch schiedsfreundlichere Formvorschriften unterschritten werden. Die herrschende Gegenauffassung geht hingegen von einem abschließenden Charakter der Art. 2 Abs. 2 UNÜ aus[423]. Insbesondere unter Verweis auf den Entstehungsprozess der Vorschrift und unter Hinweis auf die Schutzfunktion einer schriftlichen Schiedsvereinbarung vor übereiltem Handeln soll zumindest der übereinstimmende Wille der Parteien, eventuelle Rechtstreitigkeiten einem Schiedsgericht zu übertragen, aus dem wechselseitigen Austausch von Dokumenten erkennbar sein[424]. Allerdings steht es dem Antragsteller auch nach dieser Theorie offen, unter Berufung auf Art. 7 Abs. 1 UNÜ den Schiedsspruch nach einem für ihn günstigeren nationalen Regime vollstrecken zu lassen. In der Gesamtschau kommen im internationalen Rechtsvergleich die staatlichen Gerichte zunehmend – wenn auch unter unterschiedlichster Begründung - zu einer wohlwollenden,

---

wiederum darauf zurückzuführen ist, dass der Einwand mangelnder Willensübereinstimmung bei vorliegender Formgültigkeit einer Schiedsvereinbarung schwer zu führen sein dürfte.

419 *Kühn*, SchiedsVZ 7 (2009), 53 (54).

420 *ICCA*, Guide to the NYC, S. 43.

421 Die UN-Auslegungsempfehlung verdeutlicht in Anlehnung an Art. 7 MG lediglich, dass die in Art. 2 Abs. 2 UNÜ aufgezählten Fallgruppen nicht abschließender Natur sind.

422 Vgl. *Bertheau*, S. 31; *Adolphsen*, in: *MüKo*, § 1061 Anh. 1 UNÜ Art. V Rn. 24; vgl. auch *Van den Berg*, in: *ICCA*, Congress Series No. 9, 25 (31 f.) zu einem möglichen Meinungsumschwung der 2. Auflage in seiner Monographie zum UN-Abkommen.

423 Vgl. dazu ausführlich *Hausmann*, in: *Reithmann/Martiny*, Rn. 6678 ff; ebenso *Van den Berg*, 178 ff., 190 ff.; *Schwab/Walter*, Kap. 44 Rn. 7 ff.; *Von Hülsen*, S. 52; *Haas*, IPrax 13 (1993), 382 (383); *Kröll*, ZZP 117 (2004), 453 (471).

424 Vgl. auch Art. 7 MG.

aktualisierten Rechtsprechung bezüglich der an eine Schiedsvereinbarung i. Z. m. Art. 5 Abs. 1 (a) UNÜ zu stellenden Formerfordernisse und legen dabei Art. 2 Abs. 2 UNÜ großzügig aus oder unterschreiten die häufig „*strengeren*" Voraussetzungen des Art. 2 Abs. 2 UNÜ durch die Anwendung autonomen Rechts[425]. Unter Aufgabe der Harmonisierungsbestrebung von Art. 2 Abs. 2 UNÜ verzichtet der *Miami-Entwurf* von *Albert Van den Berg* gänzlich auf eine staatsvertragliche festgelegte Formvorschrift und möchte zukünftig einheitlich für die Wirksamkeit einer Schiedsvereinbarung gem. Art. 5 Abs. 3 (a) ME an der *lex loci arbitri* anknüpfen[426].

Präklusion: Nicht weniger umstritten und insbesondere wegen der zuvor beschriebenen Auslegungsproblematik zu Art. 5 Abs. 1 (a) i.V.m. Art. 2 Abs. 2 UNÜ auch nicht weniger relevant ist die Frage, ob und unter welchen Voraussetzungen eine Schiedspartei im Anerkennungsverfahren mit dem Einwand der Unwirksamkeit der Schiedsvereinbarung präkludiert sein kann. Unabhängig davon, welches Kollisionsrecht zur Beurteilung dieser Frage herangezogen wird, kommt die weit überwiegende Anzahl der staatlichen Gerichte, unter anderem in Anlehnung an Art. 16 Abs. 2 MG, Art. 5 Abs. 2 EUÜ und einem dem UN-Abkommen innewohnenden Rechtsprinzip des Verbots widersprüchlichen Verhaltens, zu dem Entschluss, dass die Unwirksamkeit einer Schiedsvereinbarung generell durch rügeloses Einlassen im Schiedsverfahren oder sonstiges treuwidriges Verhalten geheilt werden kann[427].

Abgrenzung: Weniger von praktischer und mehr von dogmatischer Bedeutung ist die Frage der Abgrenzung des Art. 5 Abs. 1 (a) UNÜ gegenüber anderen Anerkennungsversagungsgründen. Während im Rahmen der Entscheidungskompetenz des Exequaturgerichts bereits das Vorliegen eines Anerkennungsversagungsgrunds zur Versagung der Anerkennung genügt, wird in der Rechtspraxis derselbe Sachvortrag häufig gleichzeitig auf unterschiedliche Parteieinwände des Art. 5 UNÜ gestützt. Die Anforderungen, die an die Bestimmtheit der Parteianträge in einem Anerkennungsverfahren zu richten sind, ergeben sich aus dem anwendbaren Prozessrecht der *lex fori*. Unter welchen konkreten Anerkennungsversagungsgrund ein spezifisches Verhalten zu subsumieren ist, bestimmt sich hingegen nach den Vorschriften des

---

425 Zusammenfassend zu allen international vorherrschenden Lösungsansätzen, *Van den Berg*, *Yearbook Comm. Arb'n* XXVIII (2003), 562 (584 ff.); vgl. auch *ICCA*, Guide to the NYC, S. 45; *Kröll*, ZZP 117 (2004), 453 (475).

426 *Van den Berg*, in: *ICCA*, Congress Series No. 14, 649 (661).

427 Dazu *Hausmann*, in: *Reithmann/Martiny*, Rn. 6697, 6782; zu den einzelnen Fallgruppen ausführlich: *Adolphsen*, in: *MüKo*, § 1061 Anh. 1 UNÜ Art. V Rn. 6 ff.; *Mallmann*, SchiedsVZ 2 (2004), 152 (156 ff.); *Kröll*, ZZP 117 (2004), 453 (480 ff.).

UN-Abkommens. Dabei scheinen im internationalen Rechtsvergleich die Grenzen zu den Art. 5 Abs. 1 (c), (d) UNÜ gelegentlich zu verschwimmen[428]. Unstrittig umfasst Art. 5 Abs. 1 (a) UNÜ nur die Fallgruppen, in denen die Rechtswegzuständigkeit zu den Schiedsgerichten insgesamt in Frage steht. Während dessen befassen sich die Art. 5 Abs. 1 (c), (d) UNÜ mit dem Inhalt des Schiedsauftrags des Schiedsgerichts.

ii.) Verletzung des rechtlichen Gehörs

Gemäß Art. 5 Abs. 1 (b) UNÜ kann die Anerkennung und Vollstreckung eines Schiedsspruchs verweigert werden, wenn

...

> „...die Partei, gegen die der Schiedsspruch geltend gemacht wird, von der Bestellung des Schiedsrichters oder von dem schiedsrichterlichen Verfahren nicht gehörig in Kenntnis gesetzt worden ist oder ... sie aus einem anderen Grund ihre Angriffs- oder Verteidigungsmittel nicht hat geltend machen können..."

...

Art. 5 Abs. 1 (b) UNÜ agiert damit als Garant verfahrensrechtlicher Mindeststandards, die wegen ihrer elementaren Bedeutung in Streitbeilegungsverfahren nicht zur Disposition der Parteien i. S. v. Art. 5 Abs. 1 (d) UNÜ stehen können[429]. Die Verletzung des rechtlichen Gehörs wegen eines Fehlers bei der Ingangsetzung des Schiedsverfahrens (Art. 5 Abs. 1 (b) Var. 1, 2 UNÜ) stellt dabei ein Unterfall der Verletzung sonstiger prozessualer Teilhaberechte (Art. 5 Abs. 1 (b) Var. 2 UNÜ) dar[430].

Bedeutung: Aufgrund des sehr umfassenden Anwendungsbereichs der Vorschrift und der Nähe zu Art. 5 Abs. 2 (b) UNÜ gehört Art. 5 Abs. 1 (b) UNÜ zusammen mit dem Anerkennungsversagungsgrund der Unwirksamkeit einer Schiedsvereinbarung zu den am häufigsten vorgebrachten Einwendungen des Antragsgegners[431]. Von den bis einschließlich dem 36. Band des *Yearbook of Commercial Arbitration* berichteten Urteilen können mit 232 von ca. 1.750 Urteilen knapp 13 % der Fälle Art. 5 Abs. 1 (b) UNÜ zugewiesen werden. Die Fallgruppe der Fehler bei der Ingangsetzung des Schiedsverfahrens nach Art. 5 Abs. 1 (b) Var. 1, 2 UNÜ spielt dabei eine vernachlässigenswerte Rolle[432].

---

428 Siehe dazu *Kapitel 2 IV. 8.) a) iii.), iv.).*

429 Vgl. *Haas*, S. 209 f.

430 *Van den Berg*, in: *ICCA*, Yearbook Comm. Arb'n XXVIII (2003), 562 (656).

431 Vgl. *Jana/Armer/Kranenberg*, in: *Kronke/Nacimiento/Otto/Port*, 231 (233).

432 *Greenberg/Kee/Weeramantry*, Rn. 9.150.

In der Gesamtschau gilt allerdings auch in diesem Zusammenhang, dass der Einwand in nur ca. 10 % aller Fälle zum Erfolg führt[433].

Anwendbares Recht: Aus kollisionsrechtlicher Perspektive ist es umstritten nach welchem Recht die Verletzung des rechtlichen Gehörs zu bewerten ist[434]. Eine Ansicht, welcher vermutlich auch aus praktischen Erwägungen heraus viele staatliche Gerichte folgen, möchte die Mindeststandards, welche an die Gewährung des rechtlichen Gehörs bei Schiedsverfahren zu stellen sind, nach der *lex fori* des Exequaturforums bestimmen[435]. Mangels eines ausdrücklichen kollisionsrechtlichen Verweises des UN-Abkommens wird daneben auch eine vertragsautonome Auslegung des Art. 5 Abs. 1 (b) UNÜ vertreten[436]. Beiden Theorien wird entgegengehalten, dass diese dem von dem UN-Abkommen betonten Rechtsgrundsatz der freien Rechtswahl der Parteien, über das auf ihre Streitbeilegung anzuwendende Recht selbst zu bestimmen, nicht hinreichend gerecht würden. Entsprechend möchte eine weitere gewichtige Auffassung eine Verletzung des rechtlichen Gehörs an den Maßstäben des auf das Schiedsverfahren anzuwendenden Rechts messen[437]. Dabei stellen sich wiederum Abgrenzungsfragen zu Art. 5 Abs. 1 (d) UNÜ.

Der Rechtsstreit ist allerdings mehr von dogmatischer als praktischer Bedeutung, da letztlich alle Theorien differenzierend zu demselben Ergebnis führen, dass unabhängig von dem Ausgangspunkt des anzuwendenden Rechts lediglich schwerste Verstöße gegen das Gebot des rechtlichen Gehörs, unter Berücksichtigung international geltender Mindeststandards, zu einer Anerkennungsverweigerung führen können[438]. Entsprechend können im internationalen Rechtsvergleich nur wenige Urteile gefunden werden, die unter Missachtung der

---

433 *Verbist*, in: *Gaillard/Di Pietro*, 679 (692).

434 Ausführlich dazu *Jana/Armer/Kranenberg*, in: *Kronke/Nacimiento/Otto/Port*, 231 (237 ff.); *Van den Berg*, S. 298 ff.; *Born*, Arbitration, S. 2740 ff.; *Adolphsen*, in: *MüKo*, § 1061 Anh. 1 UNÜ Art. V Rn. 26 ff.

435 So beispielsweise die U.S. amerikanischen Gerichte in ständiger Rechtsprechung nach Court of Appeals for the 2 nd Circuit (USA) 23.12.1974, *Parson & Whittemore Overseas Co. Inc.* v. *Société Générale de l'Industrie du Papier (RAKTRA)*, 508 F. 2d 969 = *Yearbook Comm. Arb'n* I (1976), 205 (205, 215); *Schwab/Walter*, Kap. 51. Rn. 1, differenzierend unter Berücksichtigung des internationalen Bezugs.

436 *Gaja*, Kap. I.C.4.; *Born*, Arbitration, S. 2744 ff.; *Fouchard/Gaillard/Goldman*, Rn. 1696; eingeschränkt *Adolphsen*, in: *MüKo*, Art. 1061 Anh. 1 UNÜ Art. V Rn. 30, unter gleichzeitiger Berücksichtigung des gem. Art. 5 Abs. 1 (d) UNÜ anzuwendenden Verfahrensrechts.

437 *Bertheau*, S. 75.

438 *Adolphsen*, in MüKo, § 1061 Anh. 1 UNÜ Art. V Rn. 26.

Rechtswahl der Parteien deutlich strengere Maßstäbe des nationalen Rechts an das Zustandekommen eines Schiedsspruchs anlegen[439].

Auslegung: Im Grundsatz sind in Verfahren der privaten wie staatlichen Gerichtsbarkeit die Anforderungen, die an ein faires Verfahren zu stellen sind, nahezu identisch[440]. Allerdings ist im Rahmen der Schiedsgerichtsbarkeit die Verfahrensgestaltungsfreiheit der Parteien besonders zu berücksichtigen. Hinzu kommt der meist internationale Charakter der Rechtsstreitigkeit. In Bezug auf die deutsche Rechtsordnung fasst der Kommentar *Schwab/Walte*r die an das rechtliche Gehör zu stellenden Mindestanforderungen wie folgt zusammen:

...

> „Die Gewährung rechtlichen Gehör erfordert, dass die Erklärungen einer Partei der anderen mitgeteilt werden, dass beiden Parteien in gleicher Weise so oft, als das Verfahren dazu Anlass gibt, Gelegenheit geboten wird, rechtzeitig, d.h., solange noch eine Einflussnahme auf die Entscheidung des Schiedsgerichts möglich ist, vor dem vollbesetzten Schiedsgericht alles ihnen erforderlich Scheinende vorzutragen, Beweise anzubieten, auf alles erhebliche Vorbingen des Gegners zu erwidern, über alle Punkte, die nach Ansicht des Schiedsgerichts Bedeutung für die Entscheidung haben können, sich zu äußern und in sich darauf beziehende Urkunden Einsicht zu nehmen, an einer Beweisaufnahme mitzuwirken und zu deren Ergebnissen Stellung zu nehmen, außer wenn sie nichts Sachliches ergeben hat oder das Schiedsgericht sie nicht zur Begründung seiner Entscheidung benutzt, mindestens dann, wenn dadurch etwas Neues zutage gefördert ist[441]".

...

Aufgrund des weiten Anwendungsfeldes des Art. 5 Abs. 1 (b) UNÜ kann im Rahmen der Arbeit nicht näher auf die einzelnen Ausprägungen der Garantie des rechtlichen Gehörs eingegangen werden[442]. In der Gesamtschau kann unter Bezugnahme auf die zuvor dargelegten, verhältnismäßig geringen Erfolgsaussichten des Anerkennungsversagungsgrundes darauf geschlossen werden, dass die staatlichen Gerichte die Grenzen der Verletzung des rechtlichen Gehörs, den Auslegungsmaximen des UN-Abkommens folgend und in Anlehnung an den Ordre Public, tendenziell eng ziehen[443]. Ausschließlich schwerste, aus Sicht des anzuwendenden Rechts nicht hinnehmbare Verstöße können demnach eine Anerkennungsverweigerung rechtfertigen[444]. Bezogen auf den Einzelfall, können die Auslegungsgrenzen unter den Vertragsstaaten

---

439 *Jana/Armer/Kranenberg*, in: *Kronke/Nacimiento/Otto/Port*, 231 (233).

440 Vgl. *Schlosser*, in: *Stein/Jonas*, Anhang § 1061 Rn. 83; *Haas*, S. 212.

441 *Schwab/Walter*, Kap. 15 Rn. 2.

442 Dazu ausführlich *Schlosser*, in: *Stein/Jonas*, Anhang § 1061 Rn. 84 ff.

443 *Jana/Armer/Kranenberg*, in: *Kronke/Nacimiento/Otto/Port*, 231 (233); *Born*, Arbitration S. 2738 f.

444 Vgl. *Van den Berg*, in: *ICCA*, Yearbook Comm. Arb'n XXVIII (2003), 562 (654).

allerdings erheblich variieren[445]. Daran würde mit großer Wahrscheinlichkeit auch der leicht abgeänderte Vertragsentwurf von *Albert van den Berg* nichts ändern, der in Art. 5 Abs. 3 (b) ME lediglich den Gleichbehandlungsgrundsatz im Zusammenhang mit einer „*angemessenen*" Beachtung der Prozessmaxime auf Beachtung des rechtlichen Gehörs stärker in den Vordergrund stellt.

Kausalität: Kommt das Exequaturgericht zu der Feststellung, dass das rechtliche Gehör durch einen (schwerwiegenden) Verfahrensfehler im Sinne des Art. 5 Abs. 1 (b) UNÜ verletzt worden ist, ist weiterhin strittig, inwiefern sich dieser auf die Entscheidung des Schiedsgerichts tatsächlich ausgewirkt haben muss[446]. Zum Teil wird vertreten, dass jeder Verstoß gegen das rechtliche Gehör im Sinne des Art. 5 Abs. 1 (b) UNÜ Beachtung finden muss[447]. Die Gegenmeinung fordert hingegen einen konkreten Nachweis des Kausalzusammenhangs[448]. Die vermittelnde Auffassung lässt es dagegen bereits genügen, wenn die Auswirkung des Verfahrensfehlers auf die Entscheidung des Schiedsgerichts nicht völlig ausgeschlossen werden kann (sog. *Möglichkeitstheorie*)[449].

Präklusion: Eine Anerkennungsverweigerung kann aber auch dann ausgeschlossen sein, wenn einer Partei zwar die Möglichkeit zur Anbringung ihrer Angriffs- und Verteidigungsmittel im Schiedsverfahren eingeräumt wurde, diese aber von ihrem Recht nicht Gebrauch gemacht beziehungsweise darauf verzichtet hat. Die überwiegende Auffassung geht in einem solchen Fall von einer Präklusion des Rügerechts des Antragsgegners im Anerkennungsverfahren aus[450]. Dies ist bis hin zur Grenze des Ordre Public insbesondere dann der Fall, wenn der Beschwerte erst gar nicht an dem Verfahren teilgenommen hat. Eine Verwirkung des Rügerechts kommt aber auch dann in Betracht, wenn ein

---

445 *Jana/Armer/Kranenberg*, in: *Kronke/Nacimiento/Otto/Port*, 231 (234 f.).

446 Vgl. ausführlich *Jana/Armer/Kranenberg*, in: *Kronke/Nacimiento/Otto/Port*, 231 (252 f.).

447 *Fouchard/Gaillard/Goldman*, Rn. 1699.

448 Court of Appeals for 5th Circuit (USA) 23.03.2004, *Karaha Bodas Co. L.L.C.* v. *Perusahaan Pertambangan Minyak Dan Gas Bumi Negara*, 364 F.3d 274 = *Yearbook Comm. Arb'n* XXIX (2004), 1262 (1285); Tribunal Supremo (Spanien) 27.01.2004, No. 316/2002 = *Yearbook Comm. Arb'n* XXXII (2007), 597 (600).

449 So u.a. vertreten von *Van den Berg*, S. 302; *Schwab/Walter*, Kap. 57 Rn. 10; *Adolphsen*, in: *MüKo*, § 1061 Anh. 1 UNÜ Art. V Rn. 31; vgl. *Schlosser* in: *Stein/Jonas*, Anhang § 1061 Rn. 82; *Haas*, S. 218; *Raeschke-Kessler*, in: *Prütting/Gehrlein*, § 1061 Rn. 25; vgl. auch High Court (Hongkong) 29.06.2011, *Pacific China Holdings Ltd.* v. *Grand Pacific Holdings Ltd.*, No. 15/2010 = [2011] 4 HKLRD 188 [102].

450 Vgl. *Schlosser*, in: *Stein/Jonas*, Anhang § 1061 Rn. 104.

Verfahrensfehler i. S. v. Art. 5 Abs. 1 (b) UNÜ von der beschwerten Partei nicht unverzüglich gerügt wird[451].

Abgrenzung: Abgrenzungsfragen entstehen vor allem zwischen Art. 5 Abs. 1 (b) UNÜ und Art. 5 Abs. 1 (c), (d), Ab. 2 (b) UNÜ. Nach überwiegender Auffassung stellt der Anerkennungsversagungsgrund zur Sicherstellung prozessualer Mindeststandards einen Spezialfall des prozessualen Ordre Public dar, der im Gegensatz zu Art. 5 Abs. 2 (b) UNÜ ausschließlich auf Antrag zu beachten ist[452]. Eine Beschränkung des Ordre Public auf rein materiellrechtliche Aspekte und folglich die Annahme eines Exklusivitätsverhältnisses würde nach dieser Meinung zu weit führen[453]. Im Ergebnis sind nach dieser Theorie Art. 5 Abs. 1 (b) UNÜ und Art. 5 Abs. 2 (b) UNÜ nebeneinander anwendbar[454].

Ebenfalls von größerer Bedeutung ist das rechtliche Verhältnis zwischen dem Anerkennungsversagungsgrund der Verletzung des rechtlichen Gehörs (Art. 5 Abs. 1 (b) UNÜ) und der Verletzung schiedsgerichtlicher Verfahrensvorschriften (Art. 5 Abs. 1 (d) UNÜ). Nach einer Auffassung wird vertreten, dass basierend auf dem Grundsatz der verfahrensrechtlichen Gestaltungsfreiheit der Schiedsparteien eine Verletzung des rechtlichen Gehörs gem. Art. 5 Abs. 1 (b) UNÜ auszuschließen ist, wenn der von den Parteien selbst gewählten Verfahrensordnung i. S. v. Art. 5 Abs. 1 (d) UNÜ Rechnung getragen wurde[455]. Die herrschende Meinung geht hingegen davon aus, dass die fundamentalen Mindestvoraussetzungen eines fairen Verfahrens aus Art. 5 Abs. 1 (b) UNÜ nicht durch Parteivereinbarungen ausgeschlossen werden können[456]. Folglich sind Art. 5 Abs. 1 (b), (d) UNÜ nebeneinander anzuwenden, wobei auch das von den Parteien frei gewählte Schiedsverfahren der Kontrolle der an ein faires Verfahren zu stellenden essenziellen Mindestanforderungen aus Art. 5

451 *Haas*, S. 219.

452 Vgl. *Münzberg*, S. 118 ff.; *Fouchard/Gaillard/Goldman*, Rn. 1697; *Van den Berg*, S. 299 f.

453 A.A. *Berger*, S. 477.

454 So u.a. *Adolphsen*, in: *MüKo*, § 1061 Anh. 1 UNÜ Art. V Rn. 25, 73; eingeschränkt *Schlosser*, in: *Stein/Jonas*, Anhang § 1061 Rn. 150, nach dem der Ordre Public nur subsidiär zum Tragen kommt, wenn der fragliche Umstand nicht in den Anwendungsbereich eines speziell geregelten Anerkennungsversagungsgrundes fällt; siehe auch Court of Final Appeal (Hongkong) 09.02.1999, *Hebei Import & Export Corporation* v. Polytek Engineering Company Limited, FACV No. 10/1998 = [1999] 1 HKLRD 665 [56] = *Yearbook Comm. Arb'n* XXIV (1999), 652 (668), das bei der komulativen Geltendmachung von Verfahrenverstößen nach Art. 5 Abs. 2 (b) und Art. 5 Abs. 1 UNÜ, dem Antragsgegner auch unter dem Ordre Public-Einwand die Beweispflicht auferlegen möchte.

455 *Bertheau*, S. 75.

456 Vgl. *Van den Berg*, S. 301.

Abs. 1 (b) UNÜ zu unterstellen ist. Nach *Andrés Jana*, *Angie Armer* und *Johanna Klein Kranenberg* hat die internationale Rechtsprechung gezeigt, dass der Einwand der Verletzung des rechtlichen Gehörs von den staatlichen Gerichten nicht dazu missbraucht wird, nationale Ansichten eines fairen Streitbeilegungsverfahrens dem von den Parteien selbst gewählten Verfahrensrecht aufzuzwängen[457].

Überschreitet ein Schiedsgericht seine Entscheidungskompetenz i. S. v. Art. 5 Abs. 1 (c) UNÜ, wird mangels einer hinreichenden Möglichkeit zur parteilichen Stellungnahme meist auch das rechtliche Gehör der Parteien verletzt sein[458].

iii.) Überschreitung der Schiedsvereinbarung

Der Anerkennungsversagungsgrund wegen Überschreitung der Entscheidungszuständigkeit des Schiedsgerichts ist in Art. 5 Abs. 1 (c) UNÜ geregelt. Danach kann die Anerkennung eines Konventionsschiedsspruchs verweigert werden, wenn

...

> „... der Schiedsspruch eine Streitigkeit betrifft, die in der Schiedsabrede nicht erwähnt ist oder nicht unter die Bestimmungen der Schiedsklausel fällt, oder (dass) er Entscheidungen enthält, welche die Grenzen der Schiedsabrede oder der Schiedsklausel überschreiten".

...

In Verbindung mit den Art. 5 Abs. 1 (a), (d) UNÜ garantiert Art. 5 Abs. 1 (c) UNÜ den Schutz des Wesens eines jeden Schiedsverfahrens, als ein aus dem übereinstimmenden Parteiwillen legitimiertes Konsensualverfahren privater Gerichtsbarkeit. Der übereinstimmende Parteiwille ist damit sowohl Quelle als auch Schranke der Befugnisse eines Schiedsrichters[459]. Wird die konkrete, auf das individuelle Schiedsverfahren bezogene Entscheidungszuständigkeit durch den Schiedsrichter überschritten, kann im Anerkennungsverfahren gem. Art. 5 Abs. 1 (c) UNÜ die Anerkennung verweigert werden.

Wird hingegen die Entscheidungszuständigkeit des Schiedsrichters nur teilweise überschritten, schafft Art. 5 Abs. 1 (c) Hs. 2 UNÜ im Interesse des Antragstellers die Möglichkeit, bei Teilbarkeit des Streitgegenstands, nur den ordnungsmäßig zustande gekommenen Teil des Schiedsspruchs anzuerkennen. Entgegen der Systematik des Vertragstexts ist mittlerweile eine Teilanerkennung unter entsprechender Anwendung des Art. 5 Abs. 1 (c) Hs. 2 UNÜ auch in

457 *Jana/Armer/Kranenberg*, in: *Kronke/Nacimiento/Otto/Port*, 231 (256).

458 So auch *Schlosser*, in: *Stein/Jonas*, Anhang § 1061 Rn. 115.

459 Vgl. *Haas*, S. 191.

Verbindung mit anderweitigen Anerkennungsversagungsgründen des UN-Abkommens anerkannt[460].

Bedeutung: Nach *Albert van den Berg* kommt dem Einwand wegen Überschreitung der Schiedsvereinbarung in der Rechtspraxis mit die geringste Bedeutung aller Anerkennungsversagungsgründe zu[461]. Dabei ist klar zwischen Verfahren zu unterscheiden, die ausschließlich dem Anwendungsbereich des Art. 5 Abs. 1 (c) UNÜ zuzuordnen sind und solchen, in denen Art. 5 Abs. 1 (c) UNÜ hilfsweise in Verbindung mit anderweitigen Anerkennungsversagungsgründen erhoben wird. In letzterem Fall werden in einer Vielzahl von Fällen fälschlicherweise Fehler beim Zustandekommen eines Schiedsspruchs mit der Überschreitung des Streitgegenstands vermischt. Im Ergebnis gilt aber auch im Rahmen des Art. 5 Abs. 1 (c) UNÜ, dass der Einwand selten mit Erfolg geführt werden kann[462]. Nach einer Untersuchung von *Albert van den Berg* konnten unter den 1.400 in dem *Yearbook of Commercial Arbitration* berichteten Fällen zwei Urteile festgestellt werden, in denen die Anerkennung wegen einer Überschreitung des Streitgegenstands verweigert wurde[463]. Ergänzend dazu konnte unter den 26 berichteten Entscheidungen der letzten Jahre zwei weitere Urteile festgestellt werden, in denen die Anerkennung auf der Grundlage von Art. 5 Abs. 1 (c) UNÜ verweigert wurde[464].

---

460 Vgl. u.a. *ILA*, Final Report on Public Policy, Recommendation 1 (h), in Bezug auf eine Teilanerkennung nach Art. 5 Abs. 2 (b) UNÜ; Supreme Court (Hongkong) 12.08.1992, *J.J. Agro Industries (P) Ltd.* v. *Texuna Int. Ltd.*, No. MP 751 = *Yearbook Comm. Arb'n* XVIII (1993), 396 (399 ff.); allgemein *Weigand/Haas*, Part 3 Rn. 14.

461 Vgl. *Van den Berg*, S. 312;

462 *Port/Bowers/Davis/Noll*, in: *Kronke/Nacimiento/Otto/Port*, 257 (259); *Lew/Mistelis/Kröll*, Rn. 26.92 f.

463 *Van den Berg*, in: *ICC*, Bulletin 18 (2008), 15 (24); Court of Appeal (Hongkong) 18.01.1991, *Tiong Huat Rubber Factory (SDN) BHD* v. *Wah-Chang International Company Limited & Wah-Chang International Corporation Limited*, *Yearbook Comm. Arb'n* XVII (1992), 516 ff.; Court of Appeal (Italien) 14.01.1981, *General Organization of Commerce and Industrialization of Cereals of the Arab Republic of Syria* v. *S.p.a SIMER (Societá delle Industrie Meccaniche di Rovereto), Yearbook Comm. Arb'n* VIII (1983), 386 ff.

464 Court of Appeal, Québec (Kanada) 11.03.2008, *Smart Systems Technologies Inc.* v. *Domotique Secant Inc., No. 500-09-016097-057 = Yearbook Comm. Arb'n* XXXIII (2008), 464 ff.; Intermediate People's Court, Shangdong Province (China) 27.06.2008, *Hemofarm DD et al.* v. *Jinan Yongning Pharmaceutical Co. Ltd., Yearbook Comm. Arb'n* XXXIV (2009), 478 ff.

Anwendbares Recht: Entscheidend für die Beurteilung, ob ein Schiedsgericht seine Entscheidungszuständigkeit überschritten hat, ist die präzise Festlegung der dem Schiedsgericht durch die Parteien übertragenen Entscheidungsbefugnisse. Nach *Albert Van den Berg* kommen in Abwesenheit einer besonderen Kollisionsnorm des UN-Abkommens sowohl das auf die Schiedsvereinbarung anwendbare Recht i. S. v. Art. 5 Abs. 1 (a) UNÜ als auch eine Beurteilung nach dem Schiedsverfahrensstatut i. S. v. Art. 5 Abs. 1 (d) UNÜ in Betracht[465]. Da Art. 5 Abs. 1 (c) UNÜ letztlich nicht auf die Rechtswegszuständigkeit insgesamt, sondern die konkreten Entscheidungsbefugnisse des Schiedsgerichts in dem durchzuführenden Schiedsverfahren abstellt und sich diese nicht zwangsläufig alleine aus der zugrunde liegenden Schiedsvereinbarung ergeben, knüpft die herrschende Meinung primär an das auf das Schiedsverfahren anzuwendende Recht an[466].

Auslegung: Die Auslegung des unter anderem von *Albert van den Berg* und *Peter Schlosser* kritisierten Wortlauts des Art. 5 Abs. 1 (c) UNÜ[467], der auch in den einzelnen Übersetzungen des Vertragstexts Unterschiede aufweist, führt insbesondere mit Blick auf die konkrete Festlegung des von dem Schiedsgericht zu beachtenden Streitgegenstands häufig zu Rechtsanwendungsproblemen. In erster Linie bestimmt sich der dem Schiedsgericht zur Entscheidung übertragene Streitgegenstand aus der dem Schiedsverfahren zugrunde liegenden Schiedsvereinbarung[468]. Entsprechend den Feststellungen zu Art. 5 Abs. 1 (a) UNÜ gehen die staatlichen Gerichte dabei tendenziell von einer weiten Auslegung des Inhalts einer Schiedsvereinbarung aus[469]. Daneben steht es den Parteien im Rahmen ihrer Verfahrensgestaltungsfreiheit aber auch offen, den sich aus einer Schiedsvereinbarung ergebenden Streitgegenstand durch ihre Prozessanträge zu konkretisieren (sog. Mandat). Wann und vor allem mit welchem Inhalt eine solche Präzisierung gegeben ist, kann in komplexen Schiedsverfahren gelegentlich zur Herausforderung werden[470]. Allerdings versagen die staatlichen

465 *Van den Berg*, S. 312 f.

466 *Adolphsen*, in *MüKo*, § 1061 Anh. 1 UNÜ Art. V Rn. 37; *Schlosser*, in: *Stein/Jonas*, Anhang § 1061, Rn. 115.

467 *Van den Berg*, in: *ICC*, Bulletin 18 (2008), 15 (24); *Schlosser*, in: *Stein/Jonas*, Anhang § 1061 Rn. 113; vgl. auch *Greenberg/Kee/Weeramantry*, Rn. 9.157.

468 Vgl. zusammenfassend *Van den Berg*, S. 314 ff.; *Port/Bowers/Davis/Noll*, in: *Kronke/Nacimiento/Otto/Port*, 257 (265); *Da Silveira/Lévy*, in: *Gaillard/Di Pietro*, 639 (644 ff.).

469 Siehe dazu *Kapitel 2 IV. 8.) a) i.)*.

470 Um solche Auslegungsproblematiken zu vermeiden, gehörtes es mittlerweile zu den internationalen Schiedsverfahrensstandards, noch vor dem Beginn des eigentlichen Verfahrens einen Schiedsauftrag (engl. „terms of reference") als Verfahrensleitfaden

Gerichte nach *Nicola Christine Port*, *Scott Ethan Bower* und *Bethany Davis Noll* *„die Anerkennung aus Art. 5 Abs. 1 (c) UNÜ grundsätzlich nur dann, wenn zwar einerseits eine Überschreitung des konkreten Streitgegenstands in Betracht kommt, andererseits der Schiedsspruch noch von der Schiedsvereinbarung mitumfasst ist. Es sei denn, die Parteien haben die Beurteilung des Streitpunkts ausdrücklich und unmissverständlich ausgeschlossen*[471]*"*.

aa) Schiedsspruch *infra petita*

Während nach überwiegender Auffassung die Anerkennung eines Schiedsspruchs *ultra petita* bzw. *extra petita* gem. Art. 5 Abs. 1 (c) UNÜ verweigert werden kann, besteht Uneinigkeit darüber, wie ein Schiedsspruch *infra petita,* der hinter den Parteianträgen zurückbleibt, vor den staatlichen Gerichten zu behandeln ist. Die Frage stellt sich beispielsweise, wenn das Schiedsgericht einen vor ihm geltend gemachten Anspruch übergeht. Nach nahezu einhelliger Meinung kann ein Schiedsspruch *infra petita* nicht unter den Anwendungsbereich des Art. 5 Abs. 1 (c) UNÜ subsumiert werden[472]. Begründet wird dies mit Art. 5 Abs. 1 (c) Hs. 2 UNÜ, der anstelle des Art. 2 Abs. 2 GA in das UN-Abkommen aufgenommen worden ist und eine Teilanerkennung ermöglicht[473]. Zusätzlich wird auf die dem Art. 33 Abs. 3 MG und entsprechend in vielen Rechtsordnungen enthaltene Möglichkeit verwiesen, einen Ergänzungsschiedsspruch bezüglich des unterlassenen Teils zu beantragen. Die Mindermeinung möchte hingegen das *„Übersehen von Parteianträgen"* einer *„Überschreitung"* der Grenzen des Streitgegenstands gleichsetzen[474]. Einschränkend soll dies aber nur für solche Fälle gelten, bei denen eine Teilbarkeit der Entscheidung ausgeschlossen ist.

---

zu formulieren, der zugleich als wichtige Auslegungshilfe für die Festlegung des Schiedsmandats herangezogen werden kann.Vgl. u.a. Art. 18 ICC.

471 Vgl. *Port/Bowers/Davis/Noll*, in: *Kronke/Nacimiento/Otto/Port*, 257 (258). Zu der in vielen Rechtsordnungen vorherrschenden Vermutung der Entscheidungszuständigkeit des Schiedsgerichts siehe auch *Parson & Whittemore Overseas Co. Inc.* v. *Société Générale de l'Industrie du Papier (RAKTRA)*, 508 F. 2d 969 = *Yearbook Comm. Arb'n* I (1976), 205.

472 *Port/Bowers/Davis/Noll*, in: *Kronke/Nacimiento/Otto/Port*, 257 (277); *Van den Berg*, S. 320 f.; *Greenberg/Kee/Weeramantry*, Rn. 9.158; *Da Silveira/Lévy*, in: *Gaillard/Di Pietro*, 639 (675); Court of Appeal (Luxemburg) 28.01.1999, *Sovereign Participations International S.A.* v. *Chadmore Developments Ltd.*, *Yearbook Comm. Arb'n* XXIVa (1999), 714 (716).

473 Vgl. *Van den Berg*, S. 320 f.

474 Vgl. *Schlosser*, in: *Stein/Jonas*, Anhang § 1061 Rn. 115; *Adolphsen*, in: *MüKo*, § 1061 Anh. 1 UNÜ Art. V Rn. 41; vgl. auch *Born*, Arbitration, S. 2799.

bb) Anwendung falscher Rechtsmaßstäbe

Unstrittig kann einem Konventionsschiedsspruch, der unter der Anwendung falscher materieller Rechtsmaßstäbe zustande gekommen ist, die Anerkennung nach Art. 5 Abs. 1 (c) UNÜ verweigert werden[475]. Dabei fällt es häufig schwer, zwischen einer verfahrensrechtlich zu qualifizierenden Entscheidung unter Anwendung anderer, von den Parteien nicht genehmigter Rechtsmaßstäbe, gegenüber materiellrechtlich fehlerhaften Entscheidungen nach dem zur Entscheidung berufenen Recht zu unterscheiden[476]. Letzterer Fall ist aus dem Verbot der inhaltlichen Überprüfung eines Schiedsspruchs auf dessen materielle Richtigkeit (sog. *révision au fond*) nicht zulässig.

Diese Problematik stellt sich insbesondere dann, wenn ein Schiedsgericht seine Sachentscheidung auf Billigkeitsrecht, Handelsbräuche oder eine *lex mercatoria* stützt und ist nach dem jeweils auf das Schiedsverfahren anzuwendenden Recht unterschiedlich zu beantworten. Die überwiegende Anzahl an Verfahrensordnungen geht davon aus, dass ein Schiedsgericht zur Anwendung von Billigkeitsmaßstäben nur berechtigt ist, wenn die Parteien das Schiedsgericht dazu ausdrücklich ermächtigt haben[477]. Geht das Schiedsgericht bei seiner Entscheidungsfindung hingegen willkürlich oder irrtümlich von im Widerspruch zu dem vereinbarten Recht stehenden Rechtsmaßstäben aus, ist dies wie eine unrichtige Auslegung des anzuwendenden Rechts anzusehen und unterliegt als materiellrechtliche Fehlentscheidung nicht der Anerkennungsversagung aus Art. 5 UNÜ[478].

Kausalität: Selbstverständlich gilt auch in diesem Zusammenhang, dass sich die Überschreitung der Entscheidungszuständigkeit des Schiedsgerichts auf den Schiedsspruch im Ergebnis ausgewirkt haben muss, wovon in aller Regel ausgegangen werden kann[479]. Zu den jeweils in diesem Zusammenhang vertretenen Theorien kann auf die Ausführungen zu Art. 5 Abs. 1 (b) UNÜ verwiesen werden[480].

---

475 Fälschlicherweise wird diese Fallgruppe von den Gerichten häufig auch unter Art. 5 Abs. 1 (d) UNÜ subsumiert.

476 Ausführlich dazu *Schlosser*, in: *Stein/Jonas*, Anhang § 1061 Rn. 116 ff.

477 *Adolphsen*, in *MüKo*, § 1061 Anh. 1 UNÜ Art. V Rn. 38; davon zu unterscheiden ist eine mögliche Anerkennungsverweigerung aus Art. 5 Abs. 2 (b) UNÜ. Siehe dazu *Kapitel 2 IV. 8) b) ii.).*

478 Vgl. *Schlosser* in *Stein/Jonas*, Anhang § 1061 Rn. 119.

479 *Adolphsen*, in: MüKo, § 1061 Anh. 1 UNÜ Art. V Rn. 37.

480 Vgl. dazu *Kapitel 2 IV. 8.) a) ii.).*

Präklusion: Auch im Rahmen des Art. 5 Abs. 1 (c) UNÜ kommt eine Präklusion des Rügerechts der beschwerten Partei dann in Betracht, wenn die im Schiedsverfahren ersichtliche Überschreitung der Entscheidungszuständigkeit nicht unverzüglich gerügt wird[481]. Darüber hinaus kann die Geltendmachung des Anerkennungsversagungsgrunds auch durch sonstiges widersprüchliches Verhalten der Parteien nach dem Rechtsgrundsatz von Treu und Glaube ausgeschlossen sein[482].

Abgrenzung: Durch den engen Bezug zu den Art. 5 Abs. 1 (a), (d) UNÜ, in Verbindung mit dem unglücklich formulierten Wortlaut der Vorschrift, gehört eine scharfe Abgrenzung zwischen den Anerkennungsversagungsgründen mit zu den dogmatischen Hauptanwendungsproblemen des Art. 5 Abs. 1 (c) UNÜ[483]. Der Sinn und Zweck der Vorschrift wird daher gegenüber den übrigen Anerkennungsversagungsgründen von einigen Rechtsgelehrten auch insgesamt in Frage gestellt[484]. Mit Blick auf die zunehmend beliebte Rechtspraxis der Erstellung eines Schiedsauftrags (engl. „*terms of reference*") nach dem Vorbild von Art. 18 ICC-Schiedsverfahrensordnung, kristallisiert sich aber verstärkend ein gesonderter Anwendungsbereich des Anerkennungsversagungsgrunds heraus. Daneben möchte auch der von *Albert van den Berg* vorgestellte *Miami-Entwurf* weiterhin an dem Anerkennungsversagungsgrund der Überschreitung der Entscheidungszuständigkeit eines Schiedsgerichts in vereinfachter Fassung festhalten[485].

Während Art. 5 Abs. 1 (a) UNÜ sicherstellt, dass keine Partei gegen ihren Willen dem Rechtsweg zu den Schiedsgerichten unterworfen wird, befassen sich die Art. 5 (c), (d) UNÜ mit dem für das individuelle Schiedsverfahren von den Parteien präzisierte Schiedsmandat des Schiedsgerichts. Art. 5 Abs. 1 (d) UNÜ sanktioniert dabei die Nichtbeachtung des von den Parteien festgelegten Schiedsverfahrensrechts (*Schiedsmandat in verfahrensrechtlicher Hinsicht*). Art. 5 Abs. 1 (c) UNÜ schützt die Parteien hingegen unter der Voraussetzung der Existenz einer wirksamen Schiedsvereinbarung vor Entscheidungen des Schiedsgerichts über Streitpunkte, welche die Parteien dem Schiedsgericht nicht zur Entscheidung vorgelegt haben (*Schiedsmandat in materiellrechtlicher Hinsicht*). Vereinfacht gesagt regelt Art. 5 Abs. 1 (a) UNÜ die Frage, „*ob*" der

---

481 *Greenberg/Kee/Weeramantry*, Rn. 9.162; vgl. auch Art. 5 Abs. 2, 1 EUÜ.

482 *Da Silveira/Lévy*, in: *Gaillard/Di Pietro*, 639 (643).

483 Vielfach ist bei der Überschreitung der Entscheidungszuständigkeit aus Art. 5 Abs. 1 (c) UNÜ zugleich auch eine Verletzung des rechtlichen Gehörs (Art. 5 Abs. 1 (b) UNÜ) mitumfasst.

484 Vgl. *Da Silveira/Lévy*, in: *Gaillard/Di Pietro*, 639 (640), *Greenberg/Kee/Weeramantry*, Rn. 9.157.

485 Vgl. Art. 5 Abs. 3 (c) ME.

Rechtsweg zur Schiedsgerichtsbarkeit generell eröffnet ist. Art. 5 Abs. 1 (c) UNÜ regelt dagegen das „*wie*“, d. h. wie die Entscheidungszuständigkeit des Schiedsgerichts in materiellrechtlicher Hinsicht auszuüben ist.

iv.) Verletzung der Vorschriften des schiedsgerichtlichen Verfahrens

Gemäß Art. 5 Abs. 1 (d) UNÜ kann die Anerkennung eines Schiedsspruchs verweigert werden, wenn

...

> „... die Bildung des Schiedsgerichtes oder das schiedsrichterliche Verfahren der Vereinbarung der Parteien oder mangels einer solchen Vereinbarung, dem Recht des Landes, in dem das schiedsrichterliche Verfahren stattfand, nicht entsprochen hat“

...

Art. 5 Abs. 1 (d) UNÜ dient damit als Garant der für die Schiedsgerichtsbarkeit elementaren parteilichen Verfahrensgestaltungsfreiheit und schützt zugleich die Schiedsparteien vor der Nichtbeachtung ihres Parteiwillens durch die Schiedsgerichte. Die Verletzung von Verfahrensvorschriften über die Bildung des Schiedsgerichts nach Art. 5 Abs. 1 (d) Var. 1 UNÜ stellt ein Unterfall der Verletzung allgemeiner Verfahrensvorschriften i. S. v. Art. 5 Abs. 1 (d) Var. 2 UNÜ dar[486].

Bedeutung: In der Rechtspraxis wird die Versagung der Anerkennung auf der Grundlage von Verfahrensfehlern i. S. v. Art. 5 Abs. 1 (d) UNÜ verhältnismäßig häufig von dem Antragsgegner beantragt. Nach *Karl Heinz Schwab* und *Gerhard Walter* dürfte die Vorschrift wohl eine der umstrittensten des UN-Abkommens sein[487]. Urteile, durch die einem Konventionsschiedsspruch die Anerkennung wegen der Missachtung von Verfahrensvereinbarungen der Parteien versagt wurde, sind aber nur in wenigen Ausnahmefällen bekannt[488]. Nach *Albert van den Berg* konnten unter den bis 2007 nahezu 1400 in dem *Yearbook of Commercial Arbitration* abgedruckten Urteilen zum UN-Abkommen 6 von 97 Entscheidungen gefunden werden, in denen die Anerkennung eines Konventionsschiedsspruchs wegen Art. 1 Abs. 1 (d) UNÜ

---

486 *Weigand/Haas*, Part 3 Rn. 71. Der *Miami-Entwurf* von *Albert van den Berg* möchte die Anerkennungsversagungsgründe hingegen zukünftig aus Klarstellungsgründen in zwei separate Einwände aufteilen (vgl. Art. 5 Abs. 3 (d), (e) ME).

487 *Schwab/Walter*, Kap. 50 Rn. 2.

488 *Jarvin*, in: *Gaillard/Di Pietro*, 729 (731, 734); *Born*, Arbitration, S. 2767.

verweigert wurde[489]. Seither ist die Anzahl bei 31 weiteren Fällen auf insgesamt 9 Ablehnungsurteile angewachsen[490].

Anwendbares Recht: Das anzuwendende Schiedsverfahrensrecht i. S. v. Art. 5 Abs. 1 (d) UNÜ bestimmt sich nach der vertragseigenen Kollisionsnorm primär nach der Rechtswahl der Parteien und sekundär nach dem Verfahrensrecht des Schiedsortes (sog. *Schiedsverfahrensstatut*). Den nationalen Rechtsvorschriften kommt dabei ausschließlich eine Lücken füllende Funktion zu[491]. Zwar sind in aller Regel nach dem auf das Schiedsverfahren anzuwendenden Sachrecht keine besonderen formellen und inhaltlichen Anforderungen an die Rechtswahl der Parteien zu stellen, die Bestimmung der inhaltlichen Schranken einer solchen Vereinbarung kann allerdings zu Rechtsanwendungsproblemen führen[492]. Kann im Wege der Auslegungen der Willenserklärungen der Schiedsparteien eine Verfahrensvereinbarung nicht eindeutig bestimmt werden, kommt nach *Peter Schlosser* das Komplementärrecht zur Anwendung, da im Vergleich zu dem Wortlaut des Art. 5 Abs. 1 (a) UNÜ die Festlegung eines hypothetischen Parteiwillens oder eine ergänzende Auslegung der Schiedsverfahrensvereinbarung nicht gestattet ist[493].

Darüber hinaus wurde in der Vergangenheit vielfach über die Abdingbarkeit zwingenden nationalen Schiedsverfahrensrechts durch eine Verfahrensvereinbarung diskutiert[494]. Unter Hinweis auf den klaren Wortlaut der Kollisionsnorm, die elementare Bedeutung der Privatautonomie in der Schiedsgerichtsbarkeit und die Abkehr von Art. 1 (c) GA geht die weit überwiegende Meinung von einem klaren Vorrang der Verfahrensgestaltungsfreiheit aus[495].

---

489 *Van den Berg*, in: *ICC*, Bulletin 18 (2008), 15 (25).

490 Cour d'Appel Québec (Kanada) 11.03.2008, *Smart Systems Technologies Inc.* v. *Domotique Secant Inc., No. 500-09-016097-057 = Yearbook Comm. Arb'n* XXXIII (2008), 464 ff.; Higher People's Court, Fujian Province / Supreme People's Court (China) 12.10.2007, *Firt Investment Corp.*, *Yearbook Comm. Arb'n* XXXV (2010), 349 ff.; United States Court of Appeals, Nith Circuit (USA) 28.09.2010, *Polimaster Ltd / Na&Se Trading Co. Ltd.* v. *RAE Systems Inc.*, No. 08-15708 und No. 09-15369 = *Yearbook Comm. Arb'n* XXXVI (2011), 381 ff.

491 Vgl. *Van den Berg*, S. 325; *Fouchard/Gaillard/Goldman*, Rn. 1702.

492 Vgl. *Born*, Arbitration, S. 2770 ff.; *Nacimiento*, in: *Kronke/Nacimiento/Otto/Port*, 281 (284, 287 f.).

493 *Schlosser*, in: *Stein/Jonas*, Anhang § 1061 Rn. 124.

494 Vereinzelt wurde vertreten, dass die Verfahrensgestaltungsfreiheit nur soweit reichen könne, wie keine zwingenden nationalen Rechtsvorschriften (des Schiedsortes) dieser entgegenstehen. Vgl. dazu zusammenfassend *Born*, Arbitration, S. 2768 f.; *Nacimiento*, in: *Kronke/Nacimiento/Otto/Port*, 281 (285 f.).

495 So u.a. Weigand/Haas, Part 3 Rn. 68.

Zu berücksichtigen ist dabei allerdings, dass das zwingende nationale Schiedsverfahrensrecht unter Umständen in anderem Zusammenhang zu beachten sein kann.

Auslegung: Der Anerkennungsversagungsgrund aus i. S. v. Art. 5 Abs. 1 (d) UNÜ ist gegeben, wenn der Antragsgegner den Beweis erbringen kann, dass der Schiedsrichter das Verfahren nach dem Recht des Vertragsstatuts verletzt hat[496]. Nach überwiegender Auffassung beginnt das Verfahren mit der Einreichung einer Klageschrift und endet mit dem Erlass eines Schiedsspruchs[497]. Wann dabei ein Verfahrensfehler angenommen werden kann, wird von den Gerichten grundsätzlich in enger Auslegung des Art. 5 Abs. 1 (d) UNÜ und unter Betonung der Verfahrensgestaltungsfreiheit der Schiedsparteien geprüft[498]. Dabei wird auch vertreten, dass Art. 5 Abs. 1 (d) UNÜ ausschließlich auf schwerwiegende Verfahrensverstöße anzuwenden sei[499]. Richtigerweise wird von der herrschenden Meinung eine solche Einschränkung erst im Rahmen der Kausalitäts- und Präklusionsprüfung vorgenommen, bei der eine Vielzahl an festgestellten Verfahrensfehlern an den hohen Prüfungsvoraussetzungen scheitern. Häufig scheitert die Annahme eines Verfahrensfehlers aber bereits daran, dass viele Schiedsverfahrensordnungen dem Schiedsgericht einen weiten Ermessenspielraum bei der Durchführung eines Schiedsverfahrens einräumen[500].

Eine Verletzung von Verfahrensvorschriften wurde vor den staatlichen Gerichten beispielsweise angenommen, wenn[501]: Das Schiedsgericht trotz vereinbarter Ernennungsvorschriften nach dem dazu im Widerspruch stehenden

496 Häufig scheitert der Anerkennungsversagungsgrund bereits an diesen Beweishürden.

497 Vgl. *Adolphsen*, in: *MüKo*, § 1061 Anh. 1 UNÜ Art. V Rn. 51; a.A. Intermediate People´s Court, Chengu City (China) 30.04.2008, *PepsiCo Inc.* v. *Sichuan Pepsi-Cola Beverage Co. Ltd.*, 2005 Cheng Min Chu Zi No. 912; Intermediate People´s Court, Chengu City (China) 30.04.2008, *PepsiCo Investment* v. *Sichuan Province Yun Lu Industrial Co. Ltd.*, 2006 Cheng Min Chu Zi No. 36.; Anm. *Darwazeh/Yeoh*, J. Int'l Arb. 25 (2008), 837 (842 ff.).

498 Ausführlich dazu *Born*, Arbitration, S. 2767 ff.

499 *Born*, Arbitration, S. 2776 f.; a. A *Schlosser*, in *Stein/Jonas*, Anhang § 1061 Rn. 121 f., der die Beschränkung auf eine schwere Benachteiligung der unterlegenen Partei nur dann gelten lassen will, wenn damit im Sinne der Kausalität gemeint ist, dass eine realistische Möglichkeit besteht, dass der Schiedsspruch bei Vermeidung des Fehlers anders ausgefallen wäre; vgl. auch *Jarvin*, in: *Gaillard/Di Pietro*, 729 (741 f.).

500 Vgl. u.a. Art. 15 ICC-Schiedsverfahrensordung; Art. 17 Abs. 1 UNCITRAL-Schiedsverfahrensordnung; Art. 19 Abs. 2 MG.

501 Ausführlich dazu *Van den Berg*, in: *ICC*, Bulletin 18 (2008), 15 (25 ff.); vgl. auch *ICCA*, Guide to the NYC, S. 96 ff.

(verbindlichen) Recht des Schiedsortes ernannt worden ist[502]; das Schiedsverfahren an einem anderen als dem verabredeten Schiedsort durchgeführt worden ist[503]; anstelle einem vorgesehenen „*Einstufigen Schiedsverfahren*“ zunächst ein Schiedsgutachten mit anschließendem Schiedsverfahren durchgeführt worden ist[504]; ein Schiedsspruch trotz ausdrücklicher Parteivereinbarung keine Begründung enthielt[505].

Kausalität: Auch im Rahmen des Art. 5 Abs. 1 (d) UNÜ ist strittig, inwiefern zwischen einem festgestellten Verfahrensfehler und der abschließenden Entscheidung des Schiedsgerichts ein Kausalzusammenhang erforderlich ist. Insofern kann auf die Ausführungen zu Art. 5 Abs. 1 (b) UNÜ verwiesen werden[506]. Nach der wohl herrschenden Möglichkeitstheorie genügt es daher, wenn es nach dem Vortrag des Vollstreckungsschuldners nicht völlig ausgeschlossen werden kann, dass sich der Verfahrensfehler auf die Entscheidungsfindung des Schiedsgerichts ausgewirkt haben könnte. Eine Ausnahme bildet in diesem Zusammenhang Art. 5 Abs. 1 (d) Var. 1 UNÜ, bei dem wegen seiner besonderen Hervorhebung im Vertragstext im Grundsatz von einem bestehenden Kausalzusammenhang auszugehen ist.

Präklusion: Viele Schiedsverfahrensordnungen und staatliche Schiedsrechtsnormen enthalten ausdrückliche Präklusionsregeln für die zuvor genannten Fälle der Verletzung von schiedsgerichtlichen Verfahrensvorschriften[507]. Wie zuvor mehrfach dargelegt, wird aber auch das Verbot widersprüchlichen Verhaltens als ein dem UN-Abkommen innewohnendes Rechtsprinzip angesehen. Nach welchem Recht die staatlichen Gerichte Präklusionsfragen, aber auch den

---

502 Corte di Appello, Firenze (Italien) 13.04.1978, *Rederi Aktiebolaget Sally* v. *S.r.l. Termarea*, *Yearbook Comm. Arb'n* IV (1979), 294 ff.

503 United States Court of Appeals, Nith Circuit (USA) 28.09.2010, *Polimaster Ltd / Na&Se Trading Co. Ltd.* v. *RAE Systems Inc.*, No. 08-15708 und No. 09-15369 = *Yearbook Comm. Arb'n* XXXVI (2011), 381 ff.; Corte di Cassazione (Italien) 07.02.2001, *Tema Frugoli SpA* v. *Hubei Space Quarry Industry Co. Ltd.*, No. 1732 = *Yearbook Comm. Arb'n* XXXII (2007), 390 ff.

504 Appellationsgericht, Basel-Stadt (Schweiz) 06.09.1968, *Corporation X AG* v. *Firm Y*, SJZ 64 (1967), 378 ff = *Yearbook Comm. Arb'n* I (1976), 200.

505 Cour d'Appel Québec (Kanada) 11.03.2008, *Smart Systems Technologies Inc.* v. *Domotique Secant Inc.*, No. 500-09-016097-057 = *Yearbook Comm. Arb'n* XXXIII (2008), 464 (470 f.).

506 Siehe dazu *Kapitel 2 IV. 8.) a) ii.)*; vgl. auch *Weigand/Haas*, Part 3 Rn. 72 f; *Jarvin*, in: *Gaillard/Di Pietro*, 729 (745); *Nacimiento*, in: *Kronke/Nacimiento/Otto/Port*, 281 (298 f.).

507 Vgl. beispielsweise Art. 23 Abs. 2, Art. 32 UNCITRAL-Schiedsverfahrensordnung; Art. 33 ICC-Schiedsverfahrensordnung; Art. 4 MG; Art. 5 Abs. 1, 2 EUÜ.

Kausalzusammenhang beurteilen, ist im Rahmen des Art. 5 Abs. 1 (d) UNÜ nicht immer deutlich zu erkennen. Zumindest in Präklusionsfragen ergeben sich dabei aber kaum Unterschiede, da nach allen Ansichten mit einem Ausschluss des Einwands aus Art. 5 Abs. 1 (d) UNÜ gerechnet werden muss, wenn der Verfahrensfehler im Schiedsverfahren nicht rechtzeitig gerügt wurde[508].

Abgrenzung: Neben Art. 5 Abs. 2 (b) UNÜ weist Art. 5 Abs. 1 (d) UNÜ mit die meisten Schnittpunkte mit anderen Anerkennungsversagungsgründen auf. Insbesondere im Verhältnis zu den Art. 5 Abs. 1 (b), (c), Abs. 2 (b) UNÜ können Auslegungsprobleme auftreten, die unter dem Gesichtspunkt des durch Art. 5 Abs. 1 (d) UNÜ bezweckten absoluten Schutzes der Verfahrensgestaltungsfreiheit der Schiedsparteien von besonderer Bedeutung sein können.

Wie bereits dargelegt, stellt sich im Verhältnis zu Art. 5 Abs. 1 (b) UNÜ die Frage, inwieweit durch das von den Parteien vereinbarte Schiedsverfahrensrecht i. S. v. Art. 5 Abs. 1 (d) UNÜ eine Verletzung des rechtlichen Gehörs ausgeschlossen werden kann[509]. Nach der herrschenden Meinung sind Art. 5 Abs. 1 (b), (d) UNÜ nebeneinander anzuwenden, wobei das von den Parteien frei gewählte Schiedsverfahrensrecht dem Schutzzweck des Art. 5 Abs. 1 (b) UNÜ zu unterstellen ist. Gleiches gilt im Verhältnis zu Art. 5 Abs. 2 (b) UNÜ, der die Beachtung unverzichtbarer Verfahrensanforderungen des Anerkennungsforums sicherstellt. Obwohl wie zuvor dargelegt zwingende Verfahrensregeln des Schiedsorts bei dem Vorliegen einer gegenläufigen Verfahrensvereinbarung nach herrschender Auffassung unbeachtlich sind, können diese durch eine mögliche Aufhebung des Schiedsspruchs im Ursprungsland indirekt über Art. 5 Abs. 1 (e) UNÜ an Bedeutung erlangen[510].

---

508 Vgl. dazu u.a. Supreme Court (Hongkong), 13.07.1994, *China Nanhai Oil Joint Service Corp. Shenzhen Branch* v. *Gee Tai Holdings Co.*, *Yearbook Comm. Arb'n* XX (1995), 671 (673 ff.).

509 Siehe dazu *Kapitel 2 IV. 8.) a) ii.).*

510 Beispielsweise erlaubt Art. 34 Abs. 2 (a) (iv) MG eine Aufhegung eines Schiedsspruchs, der unter Abweichung zwingender Verfahrensvorschriften des Gesetzes erlassen worden ist; *Weigand/Haas*, Part 3 Rn. 67 f.; *Van den Berg*, S. 325 ff.

v.) Nichtverbindlichkeit des Schiedsspruchs

Gemäß Art. 5 Abs. 1 (e) UNÜ kann die Anerkennung eines Schiedsspruchs verweigert werden, wenn

...

> „... der Schiedsspruch für die Parteien noch nicht verbindlich geworden ist oder (dass) er von einer zuständigen Behörde des Landes, in dem oder nach dessen Recht er ergangen ist, aufgehoben oder in seinen Wirkungen einstweilen gehemmt worden ist."

...

Art. 5 Abs. 1 (e) UNÜ formuliert eine Selbstverständlichkeit, die bereits in ähnlicher Form in den Art. 1 (d), 2 (a) GA enthalten war[511]. Danach kann ein Schiedsspruch nur von dem Zeitpunkt an und solange vor den staatlichen Gerichten anerkannt werden, wie dieser zwischen den Parteien eine rechtlich bindende Wirkung entfaltet. Dabei wird zwischen den drei nachfolgend dargestellten Fallgruppen unterschieden, die mehr von dogmatischer als praktischer Bedeutung sind. Wie die Fülle an Literatur zu dieser Thematik allerdings zeigt, handelt es sich bei Art. 5 Abs. 1 (e) UNÜ um ein Kernstück des UN-Abkommens, das viele dogmatische Grundlagen der Schiedsgerichtsbarkeit und der Auslegung des UN-Abkommens insgesamt in sich vereint.

aa) Entstehung der Rechtsfolgen

Nach Art. 5 Abs. 1 (e) Var. 1 UNÜ setzt die Anerkennung des Konventionsschiedsspruchs voraus, dass dieser im Zeitpunkt der Anerkennung zwischen den Parteien als verbindlich anzusehen ist.

Bedeutung: Mit Blick auf die in dem *Yearbook of Commercial Arbitration* bis einschließlich Band XXXVI enthaltenen Urteile zu Art. 5 Abs. 1 (e) Var. 1 UNÜ ist festzustellen, dass bereits die Entstehung verbindlicher Vollstreckungsfolgen in einer Vielzahl von Exequaturverfahren umstritten ist. Allerdings konnten unter den 108 berichteten Entscheidungen nur 3 Urteile festgestellt werden, in denen die Anerkennung eines Schiedsspruchs verweigert wurde[512].

---

511 Vgl. Art 2 (a) GA.

512 Vgl. *Van den Berg*, in: *ICC*, Bulletin 18 (2008), 15 (29); Court of First Instance (Schweiz) 13.03.1986, *Maritime International Nominees Establishment (MINE)* v. *Republic of Guinea*, *Yearbook Comm. Arb'n XII (1987)*, 514 ff.; District Court, Virginia (USA) 11.03.2010, *Trax Construction Ltd.* v. *Dyncorp International LLC*, Civil Action No.: 1:10-mc-8 = *Yearbook Comm. Arb'n* XXXV (2010), 515; Presidium of the Supreme Arbitrayh Court (Russische Föderation) 05.10.2010, *AB Living Design* v. *Sokos Hotels Saint Petersburg*, No. 6547/10 = *Yearbook Comm. Arb'n* XXXVI (2011), 317 f.; die Anerkennungsverweigerung wegen Verstreichung der Antragsfrist

Anwendbares Recht: Obwohl durch das UN-Abkommen das impraktikable Erfordernis des Doppelexequatur überwunden werden konnte, bestehet auch 54 Jahre nach dessen Inkrafttreten erhebliche Rechtsunsicherheit darüber, wie und insbesondere nach welchen anzuwendenden Rechtsmaßstäben der Begriff der Verbindlichkeit im konkreten Einzelfall auszulegen ist[513].

Der Meinungsstreit spaltet sich im Wesentlichen in zwei Lager auf: Die wohl herrschende Meinung geht unter Hinweis auf die mit der Abschaffung eines Doppelexequatur bezweckte Vereinfachung und Harmonisierung grenzüberschreitender Anerkennungsverfahren von einer vertragsautonomen Auslegung des Art. 5 Abs. 1 (e) Var. 1 UNÜ aus (*Einheitstheorie*)[514]. Die verbreitete Gegenansicht vertritt hingegen, dass die Anerkennung eines Schiedsspruchs diesem nicht weitergehende Wirkungen als in seinem Ursprungsland zubilligen kann; deshalb ist in Anlehnung an die vertragseigene Kollisionsnorm aus Art. 5 Abs. 1 (e) 2. Hs. UNÜ das bei der Aufhebung der Vollstreckungswirkung des Schiedsspruchs anzuwendende Recht konsequenterweise auch auf die Feststellung der Verbindlichkeit des Schiedsspruchs zu übertragen (*Verfahrenstheorie*)[515]. Einschränkend wird allerdings von vielen Autoren vertreten, dass im Wege eines vermittelnden Ansatzes das UN-Abkommen korrektive Maximalanforderungen an die Voraussetzungen der Verbindlichkeit eines Schiedsspruchs stellt und entsprechend „*außerordentliche*" Rechtsakte des Ursprungslandes nicht beachtlich sein sollen (*eingeschränkte Verfahrenstheorie)*[516].

Auslegung: Abhängig davon, welcher Theorie gefolgt wird, unterscheiden sich die konkreten Voraussetzungen, die an die Annahme der Verbindlichkeit i. S. v. Art. 5 Abs. 1 (e) Var. 1 UNÜ zu stellen sind, erheblich[517]. Wird der Einheitstheorie gefolgt, ist ein Schiedsspruch als verbindlich anzusehen, wenn dieser keinem weiteren ordentlichen Rechtsmittel mehr unterliegt[518]. Nach der Verfahrenstheorie ist der Schiedsspruch (grundsätzlich) als verbindlich zu

---

auf Vollstreckbarerklärung eines Schiedsspruchs aus dem Urteil Supreme Court (Kanada), 20.05.2010, *Yugraneft Corporation* v. *Rexx Management Corporation*, Docket no. 32738 = *Yearbook Comm. Arb'n* XXXV (2010), 343 ff. wurde nicht mit eingerechnet.

513 Ausführlich *Darwazeh*, in: *Kronke/Nacimiento/Otto/Port*, 301 (311 ff.).

514 *Van den Berg*, S. 341 ff.; *Born*, Arbitration, S. 2818.

515 *Gaja*, Kap. I.C.4.; *Weigand/Haas*, Part 3 Rn. 78; *Fouchard/Gaillard/Goldman*, Rn. 1681 ff.

516 Vgl. *Adolphsen*, in: *MüKo*, § 1061 Anh. 1 UNÜ Art. V Rn. 55; *Schlosser*, in: *Stein/Jonas*, Anhang §1061 Rn. 130; *Schwab/Walter*, Kap. 57 Rn. 20.

517 *Darwazeh*, in: *Kronke/Nacimiento/Otto/Port*, 301 (311 ff.).

518 *Schwab/Walter*, Kap. 57 Rn. 20.

bewerten, wenn dieser alle Voraussetzungen erfüllt, nach denen dieser nach seinem Heimatrecht für vollstreckbar erklärt werden kann[519]. Dennoch führen die dargelegten Theorien in aller Regel zu demselben Ergebnis und stellen die staatlichen Gerichte nur ausnahmsweise vor besondere Rechtsanwendungsprobleme. Insbesondere wird ein Doppelexequatur als Voraussetzung der Wirkungserstreckung eines Schiedsspruchs vor den staatlichen Gerichten einheitlich abgelehnt[520]. Der *Miami-Entwurf* von *Albert van den Berg* möchte zukünftig durch Art. 5 Abs. 3 (f) ME zugunsten der herrschenden Auffassung dadurch Klarheit in dem Meinungsstreit schaffen, dass einem Konventionsschiedsspruch die Anerkennung verweigert werden kann, wenn dieser noch vor einem Berufungsschiedsgericht oder staatlichen Gericht des Ursprungslands inhaltlich angefochten werden kann.

bb) Aufhebung der Verbindlichkeit

Nach Art. 5 Abs. 1 (e) Var. 2 UNÜ kann die Anerkennung eines Konventionsschiedsspruchs versagt werden, wenn dieser durch eine zuständige Behörde aufgehoben worden ist. Inwiefern die staatlichen Gerichte dabei an die Wirkungen eines ausländischen Aufhebungsurteils gebunden sind, gehört mit zu den umstrittensten Auslegungsproblemen des UN-Abkommens. In weiterer Auslegung des Art. 5 Abs. 1 (e) Var. 2 UNÜ werden von dem Anerkennungsversagungsgrund aber auch solche Schiedssprüche erfasst, deren Bindungswirkung aus anderen Gründen *ex post* und in analoger Anwendung selbst nach der Vollstreckbarerklärung eines Schiedsspruchs entfallen ist[521].

Bedeutung: Wie bereits angedeutet, ist Art. 5 Abs. 1 (e) Var. 2 UNÜ eher von besonderer dogmatischer als von praktischer Bedeutung. Dies kann in erster Linie darauf zurückgeführt werden, dass – vergleichbar mit der schiedsfreundlichen Anwendung des UN-Abkommens – bereits die Aufhebung eines Schiedsspruchs durch die staatlichen Gerichte der Primärjurisdiktion

---

519 *Schlosser*, in: *Stein/Jonas*, Anhang § 1061 Rn. 126.

520 *Van den Berg*, in: *ICC*, Bulletin 18 (2008), 15 (28); Court of First Instance, Dordrecht (Niederlande) 30.06.2010, *Dubai Drydocks* v. *Bureau voor Scheeps- en Werktuigbouw*, Case No. 79684 / KG RK 09-85 = *Yearbook Comm. Arb'n* XXXVI (2011), 299 (301). Eine besondere Stellung nimmt in diesem Zusammenhang die dem anglo-amerikanischen Rechtskreis nahestehende „Doctrin of Merger" ein, nach der ein Schiedsspruch bei einer Vollstreckbarerklärung im Ursprungsland mit dem gerichtlichen Urteil „verschmilzt" und seine eigenständige Bindungswirkung verliert. Nach der herrschenden Meinung beschränkt sich diese Wirkung allerdings auf das Ursprungsland, was einer Anerkennung des Schiedsspruchs im Ausland nicht entgegensteht. Siehe dazu *Van den Berg*, 346 ff.; *Weigand/Haas*, Part 3 Rn. 84.

521 *Weigand/Haas*, Part 3 Rn. 82, 90.

grundsätzlich nur in den wenigsten Fällen von Erfolg ist[522]. Mit Blick auf die in dem *Yearbook of Commercial Arbitration* von 2008 bis einschließlich 2011 berichteten Urteile, bei denen die Vollstreckbarerklärung eines von einer zuständigen Behörde faktisch aufgehobenen Konventionsschiedsspruch beantragt wurde, ist in 5 von 7 Urteilen die Anerkennung verweigert worden[523]. Lediglich in zwei Fällen wurde ein im Ursprungsland aufgehobener Schiedsspruch für vollstreckbar erklärt[524]. Nach einer Untersuchung von *Albert van den Berg* konnte mit Ausnahme des umstrittenen Falls *Chromalloy Aeroservices, Inc.* v. *Arab Republic of Egypt*[525] unter mehr als 1500 veröffentlichen Urteilen keine (weitere) Entscheidung gefunden werden, in der ein aufgehobener Konventionsschiedsspruch in einer Sekundärjurisdiktion für vollstreckbar erklärt worden war[526].

Anwendbares Recht: Im Gegensatz zu anderweitigen Kollisionsnormen des UN-Abkommens regelt Art. 5 Abs. 1 (e) Var. 2 UNÜ ausdrücklich nur, dass die Aufhebung eines Schiedsspruchs durch eine dazu befugte Behörde des Ursprungslandes oder nach dessen Recht er ergangen ist zu erfolgen hat. Die territoriale, örtliche und sachliche Zuständigkeit bestimmt sich nach dem jeweiligen autonomen Recht des Aufhebungsstaates, der sich als Heimatstaat des Schiedsspruchs versteht[527]. In der überwiegenden Anzahl aller Fälle handelt es sich dabei um den nach dem Territorialitätsprinzip zu bestimmenden

---

522 Vgl. *Van den Berg*, in: *Gaillard/Di Pietro*, 39 (62).

523 Oberlandesgericht, Dresden (Deutschland) 31.01.2007, 11 Sch 18/05 = SchiedsVZ 5 (2007), 327 ff. = *Yearbook Comm. Arb'n* XXXIII (2008), 510 ff.; Bundesgerichtshof (Deutschland) 21.05.2007, III ZB 14/07 = SchiedsVZ 6 (2008), 195 ff. = *Yearbook Comm. Arb'n* XXXIV (2009), 504 ff.; Court of Appeals, Columbia (USA) 25.05.2007, *Termo Rio S.A. E.S.P. / LeaseCo Group LLC* v. *Electranta S.P.*, No. 06-7058 = *Yearbook Comm. Arb'n* XXXIII (2008), 955 ff.; Common Court of Justie of the Netherlands Antilles and Aruba (Niederländische Antillen) 10.05.2009, *Imanagement Services Ltd.* v. *Cukurova Holding A.S.*, no. EJ 529A/06; H-101/08 = *Yearbook Comm. Arb'n* XXXIV (2009), 733 ff.; District Court, New York (USA) 23.02.2010, *Scandinavian Reinsurance Ltd.* v. *St. Paul Fire & Marine Insurance Co. et. al.*, Civ. 9531 (SAS) = *Yearbook Comm. Arb'n* XXXVI (2011), 366 ff.

524 Court of Appeal, Amsterdam (Niederlande) 28.04.2009, *Yuko Capital s.a.r.l.* v. *OAO Rosneft*, No. 200.005.269 = *Yearbook Comm. Arb'n* XXXIV (2009), 703 ff . (m. Anm. *Van den Berg*, J. Int'l Arb. 27 (2010), 179 ff.); Arbitrazh Court, Kemerovskaya (Russische Föderation) 20.07.2011, Case No. A27-781/2011 = *Yearbook Comm. Arb'n* XXXVI (2011), 325 ff.

525 District Court, Columbia (USA) 31.07.1996, *Chromalloy Aeroservices, Inc.* v. *Arab Republic of Egypt*, 94-2339 (JLG) = *Yearbook Comm. Arb'n* XXII (1997), 1001 ff.

526 *Van den Berg*, J. Int'l Arb. 27 (2010), 179 (187).

527 *Schwab/Walter*, Kap. 57 Rn. 22; *Adolphsen*, in: *MüKo*, § 1061 Anh. 1 UNÜ Art. V Rn. 60; umfassend *Van den Berg*, in: *ICCA*, Bulletin 18 (2008), 15 (29 f.).

Schiedsort (*lex loci arbitri)*[528]. In Ausnahmefällen, in denen ein Schiedsspruch von einer Behörde *„nach deren Recht dieser ergangen ist"* aufgehoben worden ist, geht die überwiegende Meinung davon aus, dass Art. 5 Abs. 1 (e) Var. 2 i.V.m. Art. 1 Abs. 1 Satz 2 UNÜ zu interpretieren ist[529]. Es ist daher theoretisch denkbar, dass in Fällen, in denen die Schiedsparteien das Schiedsverfahren einem anderen Verfahrensrecht als dem des Schiedsorts unterstellt haben, konkurrierende Aufhebungszuständigkeiten bestehen[530].

Demgegenüber von größerer Praxisrelevanz sind die Fälle, in denen ein Schiedsspruch durch einen Staat aufgehoben wird, nach dessen materiellen Rechtsvorschriften oder Schiedsvertragsstatut dieser erlassen worden ist[531]. Unstrittig ist eine solche Entscheidung nicht i. S. v. Art. 5 Abs. 1 (e) Var. 2 UNÜ zu beachten[532].

Auslegung: Welche konkreten Rechtsfolgen die Aufhebung eines Schiedsspruchs in dessen Ursprungsland mit sich bringt und unter welchen Voraussetzungen dieser im Ausland gegebenenfalls weiter verfolgt werden kann, ist heftig umstritten. In den frühen Jahren des UN-Abkommens herrschte in der Literatur und Rechtsprechung überwiegend die Meinung vor, dass dem Wortlaut des Art. 5 Abs. 1 (e) Var. 2 UNÜ folgend ein im Ursprungsland aufgehobener Schiedsspruch international nicht weiter anerkannt und vollstreckt werden kann[533]. Begründet wurde die Auslegung damit, dass ein jeder Schiedsspruch in seinem Ursprungsland verwurzelt sei und mit seiner Aufhebung - unabhängig von den Gründen - jegliche rechtliche Wirkung verliere[534].

---

528 Vgl. Art. 1 Abs. 1 Satz 1 UNÜ; Art. 1 Abs. 2 MG.

529 Vgl. ausführlich *Darwazeh*, in: *Kronke/Nacimiento/Otto/Port*, 301 (321 ff.); *Giambastiani*, Am. U. Int'l L. Rev. 20 (2005), 1101 (1106).

530 *Solomon*, S. 145; a.A. Court of Appeals for 5th Circuit (USA) 23.03.2004, *Karaha Bodas Co. L.L.C.* v. *Perusahaan Pertambangan Minyak Dan Gas Bumi Negara*, 364 F.3d 274 = *Yearbook Comm. Arb'n* XXIX (2004), 1262 (1295); ebenso *Schwab/Walter*, Kap. 23.

531 Supreme Court (Pakistan) 10.06.1998, *Hitachi Ltd., et al.* v. *Rupali Polyester, et al.*, Civil Appeals Nos. 958 and 959 of 1994 = *Yearbook Comm. Arb'n* XXV (2000), 486 ff.; Supreme Court (Indien) 07.05.1992, *National Thermal Power Corp.* v. *The Singer Company and Others*, Civil Appeal No. 1978 of 1992 = *Yearbook Comm. Arb'n* XVIII (1993), 403 ff.

532 *Van den Berg*, ICCA, Congress Series No. 9, 25 (33); vgl. u.a.Court of Appeals (USA) 19.11.2009, *Steel Corporation of the Philippines* v. *International Steel Services Inc.*, Nos. 08-1853 and 08-2568 = *Yearbook Comm. Arb'n* XXXV (2010), 501 ff.

533 Vgl. *Born*, Arbitration, S. 2674; *Van den Berg*, in: *ICC*, Bulletin 9 (1998),15 (16); *Darwazeh*, in: *Kronke/Nacimiento/Otto/Port*, 301 (325 ff.).

534 Vgl. *Sanders*, Neth. Int'l L. Rev. 6 (1959): 43 (55); *Weigand/Haas*, Part 3 Rn. 86.

Der sogenannten Lehre der Territorialität wird insbesondere in China, Deutschland, Italien, Schweden und der Schweiz gefolgt[535].

Dem wird spätestens seit den frühen 90er Jahren durch die Präzedenzfälle *Hilmarton Ltd.* v. *Omnium de Traitement et de Valorisation* („*Hilmarton*")[536] und *Chromalloy Aeroservices, Inc.* v. *Arab Republic of Egypt* („*Chromalloy*")[537] entgegengehalten, dass Art. 5 Abs. 1 (e) Var. 2 UNÜ die Anerkennung und Vollstreckung eines im Ausland aufgehobenen Schiedsspruchs nicht kategorisch ausschließt[538]. Dadurch soll vor allem die Anerkennungsverweigerung rein auf „lokalen Aufhebungsstandards" gestützter Aufhebungsentscheidungen vermieden werden. Die angebrachten Begründungen dazu variieren erheblich[539]. Im Wesentlichen stützt sich diese Meinungsrichtung auf den Wortlaut des Art. 5 Abs. 1, 2 UNÜ, der den Anerkennungsbehörden bei ihrer abschließenden Entscheidung einen gewissen Ermessenspielraum zugesteht[540]. Unterstützung findet diese Auffassung in Art. 9 Abs. 1 EUÜ, welcher für alle EUÜ-Vertragsstaaten ausdrücklich und verbindlich die grenzüberschreitende Anerkennung eines aufgehobenen Schiedsspruchs ermöglicht[541]. Wie an anderen Stellen dieser Arbeit bereits festgestellt werden konnte, werden einzelne Regelungen des EU-Abkommens teils auch als universell geltendes Völkergewohnheitsrecht zur Auslegung des UN-Abkommens hinzugezogen[542]. Auch der *Miami-Entwurf* von Albert van den Berg möchte durch Art. 5 Abs. 3 (g) ME eine dem Art. 9 Abs. 1 EUÜ vergleichbare Anpassung des UN-Abkommens vornehmen. Daneben wird eine eigenständige Überprüfung des

535 *Nacimiento/Drop*, SchiedsVZ 7 (2009), 272 (273).

536 Cour d'appel (Frankreich) 19.12.1991, OTV, 90 – 16 778 = *Yearbook Comm Arb'n* XIX (1994), 655 ff.; Cour de cessation (Supreme Court, Frankreich) 23.03.1994, *Yearbook Comm. Arb'n* XX (1995), 663 ff.

537 District Court, Columbia (USA) 31.07.1996, 94-2339 (JLG) = *Yearbook Comm. Arb'n* XXII (1997), 1001 ff. ; Cour d'appel (Frankreich) 14.01.1997, *The Arab Republic of Egypt* v. *Chromalloy Aeroservices Inc.*,*Yearbook Comm. Arb'n* XXII (1997), 691 ff.

538 Ausführlich *Darwazeh*, in: *Kronke/Nacimiento/Otto/Port*, 301 (331 ff);. a.A. *Van den Berg*, in: *ICC*, Bulletin 9 (1998),15 ff.

539 Zusammenfassend *Goode/Kronke/McKendrick*, Rn. 17.138; *Van den Berg*, J. Int'l Arb. 27 (2010), 179 ff.

540 Siehe zu dem Meinungstreit *Kapitel 2 IV.) 10.)*.

541 Nach Art. 9 EUÜ bildet die Aufhebung eines Schiedspruchs in einem anderen Vertragstaat nur dann ein Grund für die Versagung der Anerkennung, wenn die Aufhebung in dem Staat, in dem oder nach dessen Recht der Schiedspruch ergangen ist, nach den abschließend aufgezählten und mit den Anerkennungsversagungsgründen aus Art. 5 Abs. 1 (a) – (d) UNÜ vergleichbaren Gründen aufgehoben worden ist.

542 Vgl. u.a. *Kapitel 2 IV.) 8.) a) i.) bb)* in Bezug auf Art. 2 Abs. 1 EUÜ; a.A. *Van den Berg*, J. Int'l Arb. 27 (2010), 179 (189).

aufgehobenen Schiedsspruchs durch das Exequaturgericht nach Art. 5 Abs. 1 (a) – (d), Abs. 2 UNÜ oder die Überprüfung der Anerkennungsfähigkeit des ausländischen Aufhebungsurteils nach der *lex fori* vertreten[543]. In jedem Fall wird, wie beispielsweise von *William Park* formuliert, dem UN-Abkommen eine Pflicht zur Herstellung eines internationalen Entscheidungseinklangs (engl. „*Comity of Nations*") zu entnehmen sein[544]. Der wiederum fordert nach *Herbert Kronke* eine zurückhaltende („*self-denying*") Ermessensausübung[545].

Der zuvor dargelegte Meinungsstreit und die generell zunehmende Tendenz, den staatlichen Gerichten bei der Anerkennung von Schiedssprüchen einen gewissen Ermessensspielraum einzuräumen, darf allerdings nicht darüber hinwegtäuschen, dass im Vergleich internationaler Gerichtsentscheidungen zu Art. 5 Abs. 1 (e) Var. 2 UNÜ die Vollstreckbarerklärung eines im Ursprungsland aufgehobenen Schiedsspruchs nach wie vor die absolute Ausnahme bildet und zurecht auf erhebliche dogmatische Bedenken stößt[546]. Aktuell sind ausschließlich Gerichtsentscheidungen aus Frankreich[547], der Niederlande[548] und den USA[549] bekannt, in denen ein im Ausland aufgehobener Schiedsspruch im Inland nach dem UN-Abkommen anerkannt und vollstreckt

---

543 Vgl. *Born*, Arbitration, S. 2689.

544 *Park*, AJIL 93 (1999), 805 (812).

545 *Kronke*, in: *Kronke/Nacimiento/Otto/Port*, 1 (12).

546 Dazu rechtvergleichend *Darwazeh*, in: *Kronke/Nacimiento/Otto/Port*, 301 (324 ff.).

547 Supreme Court (Frankreich) 09.10.1984, *Pabalk Ticaret Limited Sirketi* v. *Norsolar S.A.*, *Yearbook Comm. Arb'n* XI (1986), 484 ff.; Supreme Court (Frankreich) 23.03.1994, *Hilmarton Ltd.* v. *Omnium de Traitement et de Valorisation OTV*, *Yearbook Comm. Arb'n* XX (1995), 663 ff.; Court of Appeal (Frankreich) 14.01.1997, *The Arab Republic of Egypt* v. *Chromalloy Aeroservices Inc.*, *Yearbook Comm. Arb'n* XXII (1997), 691 ff.; Supreme Court(Frankreich) 29.06.2007, *PT Putrabali Adyamulia* v. *Rena Holding et. al.*,*Yearbook Comm. Arb'n* XXXII (2007), 299 ff.

548 Court of Appeal, Amsterdam (Niederlande), 28.04.2009, *Yukos Capital s.a.r.l.* v. *OAO Rosneft*, No. 200.005.269 = *Yearbook Comm. Arb'n* XXXIV (2009), 703 ff.; kritische Anm. *Van den Berg*, J. Int'l Arb. 27 (2010), 179 ff.; *Nacimiento/Drop*, SchiedsVZ 7 (2009), 272 (274 f.).

549 District Court, Columbia (USA) 31.07.1996, *Chromalloy Aeroservices, Inc.* v. *Arab Republic of Egypt*, 94-2339 (JLG) = *Yearbook Comm. Arb'n* XXII (1997), 1001 ff.; abweichend Court of Appeals 2nd Circuit (USA) 12.08.1999, *Baker Marine Ltd.* v. *Chevron Ltd. et al.*, Nos. 97-6515, 97-9617 = *Yearbook Comm. Arb'n* XXIVa (1999), 909 ff.; District Court, New York (USA) 22.10.1999, *Martin I. Spier* v. *Calzaturificio Tecnica S.p.A.*, No. 86 Civ. 3447 (CSH) = *Yearbook Comm. Arb'n* XXV (2000), 1042 ff.; Court of Appeals, Columbia (USA) 25.05.2007, *Termo Rio S.A. E.S.P. / LeaseCo Group LLC* v. *Electranta S.P.*, No. 06-7058 = *Yearbook Comm. Arb'n* XXXIII (2008), 955 ff.; vlg. dazu auch *Freyer*, in: *Gaillard/Di Pietro*, 757 (774 ff.).

wurde[550]. Darunter kann nur in Bezug auf die französischen Urteile von einer gesicherten Rechtsprechung gesprochen werden, während in den übrigen Ländern teils divergierende Entscheidungen existieren oder eine Bestätigung der Rechtsprechung noch aussteht[551].

Zu beachten ist dabei, dass die französische Rechtsprechung nicht auf Art. 3 Satz 1 UNÜ basiert, sondern, da die französische Rechtsordnung einen dem Art. 5 Abs. 1 (e) Var. 2 UNÜ vergleichbaren Anerkennungsversagungsgrund nicht kennt[552], eine Anerkennung nach Art. 1498 Code de Procedure Civile (Frankreich) erfolgt[553]. Strittig ist zwar weiterhin, inwiefern ein solches Vorgehen dogmatisch möglich und zweckmäßig ist, unstrittig gestattet Art. 7 Abs. 1 UNÜ ein solches Vorgehen[554].

cc) Wirkungshemmung der Verbindlichkeit

Grundsätzlich kann das zu Art. 5 Abs. 1 (e) Var. 2 UNÜ Gesagte auch auf den Anerkennungsversagungsgrund wegen einstweiliger Hemmung der Verbindlichkeit des Konventionsschiedsspruchs übertragen werden. Unterschiedlich wurde von den staatlichen Gerichten die Frage beantwortet, ob eine gesetzliche (automatische) Wirkungshemmung nach dem auf den Schiedsspruch anzuwendenden Recht zur Anerkennungsverweigerung i. S. v. Art. 5 Abs. 1 (e) Var. 3 UNÜ genügt oder ob diese von einer zuständigen Behörde ausdrücklich angeordnet werden muss. Nach mittlerweile einhelliger Auffassung kommt eine Anerkennungsverweigerung i. S. v. Art. 5 Abs. 1 (e) Var. 3 UNÜ nur in letzterem Fall in Betracht[555]. Dabei genügt es gleich der Auslegung des Art. 5

550 Vgl. *Darwazeh*, in: *Kronke/Nacimiento/Otto/Port*, 301 (324 ff.).

551 Vgl. *Darwazeh*, in: *Kronke/Nacimiento/Otto/Port*, 301 (331 ff.).

552 Siehe dazu Art. 1502 Code de Procedure Civile (Frankreich).

553 Vgl. dazu *Darwazeh*, in: *Kronke/Nacimiento/Otto/Port*, 301 (334 ff.).

554 Vgl. *Adolphsen*, in: *MüKo*, § 1061 Anh. 1 UNÜ Art. V Rn. 59; kritisch *Van den Berg*, J. Int'l Arb. 27 (2010), 179 (194 ff.).

555 So wurde beispielsweise auch in Ländern, die zunächst einen „automatischen“ Suspensiveffekt zur Anerkenungsverweigerung i.S.v. Art. 5 Abs. 1 (e) Var. 3 UNÜ genügen ließen [Court of Appeal, Genf (Schweiz) 10.10.1985, *Continaf BV* v. *Polycoton S.A.*, *Yearbook Comm. Arb'n* XII (1987), 505 ff.; District Court, Columbia (USA) 22.03.1995, *Creighton Ltd.* v. *The Government of Qatar*, *Yearbook Comm. Arb'n* XXI (1996), 751 ff.], diese mittlerweile zugunsten der h.M. geändert [Federal Supreme Court (Schweiz) 09.12.2008, 4A_403/2008/ech = *Yearbook Comm. Arb'n* XXXIV (2009), 810 (814 ff.)]; vgl. auch *Van den Berg*, S. 353; District Court, Columbia (USA) 23.04.2010, *Continental Transfer Technique* v. *Federal Government of Nigeria*, Civil Action No. 08-2026 (PLF) = *Yearbook Comm. Arb'n* XXXV (2010), 522 (525).

Abs. 1 (e) Var. 2 UNÜ nicht, wenn lediglich die Vollstreckbarkeit des Schiedsspruchs einstweilen gehemmt wird. Vielmehr hat sich die Entscheidung auf die Rechtsfolgen eines Schiedsspruchs insgesamt zu erstrecken[556]. Kommt der Einlegung eines Rechtsbehelfs in der Primärjurisdiktion *ipso jure* eine aufschiebende Wirkung zu, kann dies nur im Rahmen des Art. 6 UNÜ zu berücksichtigen sein[557].

Art. 5 Abs. 1 (e) Var. 3 UNÜ kommt praktisch kaum eine Bedeutung zu. Unter den 22 bis einschließlich Vol. XXXIII des *Yearbook of Commercial Arbitration* berichteten Urteilen sind lediglich 3 Fälle bekannt, in denen die Anerkennung eines Schiedsspruchs auf der Basis von Art. 5 Abs. 1 (e) Var. 3 UNÜ verweigert worden ist[558]. Wie bereits dargelegt sind die älteren Urteile mittlerweile durch eine Änderung der Rechtsprechung in den jeweiligen Vertragsstaaten überholt. Selbst in dem letzten Fall wurde unter der Berücksichtigung von Verfristungsaspekten unter Abänderung des ersten Urteils auf eine Aussetzung des Verfahrens i. S. v. Art. 6 UNÜ entschieden[559]. Entsprechend möchte der *Miami-Entwurf* von *Albert van den Berg* auf diesen Anerkennungsversagungsgrund unter Berücksichtigung von Art. 6 UNÜ zukünftig gänzlich verzichten.

dd) Verfahrensaussetzung

In Ergänzung zu Art. 5 Abs. 1 (e) Var. 2, 3 UNÜ eröffnet Art. 6 UNÜ den staatlichen Gerichten die Möglichkeit, bei Antragstellung auf Eröffnung eines Verfahrens auf Aufhebung oder Hemmung der Verbindlichkeit des Schiedsspruchs in dessen Primärjurisdiktion die Entscheidung über die Anerkennung des Konventionsschiedsspruchs einstweilen auszusetzen und gegebenenfalls auf Antrag der die Anerkennung ersuchenden Partei, der Gegenpartei angemessene

556 *Adolphsen*, in: *MüKo*, § 1061 Anh. 1 UNÜ Art. V Rn. 64.

557 Vgl. *Sanders*, Neth. Int'l L. Rev. 6 (1959): 43 (56).

558 Vgl. bis einschließlich 2007, *Van den Berg*, in: *ICC*, Bulletin 18 (2008), 15 (31 f.); Court of Appeal, Genf (Schweiz) 10.10.1985, *Continaf BV* v. *Polycoton SA*, *Yearbook Comm. Arb'n* XII (1987), 505 ff.; District Court, Columbia (USA) 22.03.1995, *Creighton Ltd.* v. *The Government of Qatar*, Yearbook Comm. Arb'n XXI (1996), 751 ff.; District Court, Delaware (USA) 20.11.2008, *EDF International S.A.* v. *YPE S.A.*, Civil Action No. 08-167-JJF = *Yearbook Comm. Arb'n* XXXIV (2009), 1000 (1002 ff.).

559 District Court, Delaware (USA) 13.08.2009, *EDF International S.A.* v. *YPE S.A., Civil Action*, No. 08-167-JJF = *Yearbook Comm. Arb'n* XXXIV (2009), 1000 (1006 ff.).

Sicherheitsleistung aufzuerlegen. Primär soll damit die Sicherstellung eines internationalen Entscheidungseinklangs ermöglicht werden[560].

Dazu räumt Art. 6 UNÜ den staatlichen Gerichten, sowohl bezüglich der Verfahrensaussetzung als auch der Auferlegung und Höhe einer Sicherheitsleistung, einen weiten Ermessenspielraum ein[561]. Nach welchen Kriterien das Ermessen, in der Balance zwischen der Verbindlichkeit eines Schiedsspruchs und dessen effizienter Vollstreckbarkeit nach dem UN-Abkommen gegenüber rechtmäßig in der Primärjurisdiktion erworbener Schutzrechte der Parteien, auszuüben ist, wird von den einzelnen Vertragsstaaten teils unterschiedlich beantwortet[562]. Zur Vermeidung von Verzögerungstaktiken kommt in aller Regel der summarischen Prüfung der Erfolgschancen des ausländischen Rechtsbehelfs eine besondere Bedeutung zu[563]. Daneben werden vielfach auch die voraussichtliche Verfahrensdauer des Aufhebungsverfahrens, die Risiken und Auswirkungen einer Verzögerung der Anerkennung des Schiedsspruchs, das auf das Schiedsverfahren und die materielle Rechtsstreitigkeit anzuwendende Recht und das Parteiverhalten in die Gesamtschau miteinbezogen[564]. Auch ein Ausgleich von Risiken durch Sicherheitsleistungen kann eine Rolle spielen, darf aber nach *Gerald Ghikas* zu Recht nicht zum Ausgleich von Schwächen in der Gesamtbewertung führen[565].

Ein Blick auf die in dem *Yearbook of Commercial Arbitration* von 2008 bis 2011 berichteten Entscheidungen zeigt, dass in der Mehrzahl aller Fälle eine Aussetzung des Anerkennungsverfahrens abgelehnt wurde[566]. Kommt es zu

---

560 Vgl. *Adolphsen*, in: *MüKo*, § 1061 Anh. 1 UNÜ Art. VI Rn. 1; *Ghikas*, Arb. Int'l 22 (2006), 53 (71).

561 Ausführlich dazu *Born*, Arbitration, S.2874 ff.; *Port/Simonoff/Bowers*, in: *Kronke/Nacimiento/Otto/Port*, 415 (419 ff.).

562 Vgl. *Rico*, AIAJ 1 (2005), 69.

563 Vgl. *Ghikas*, Arb. Int'l 22 (2006), 53 (73 f.); *Van den Berg*, in: *ICCA*, Yearbook Comm Arb'n XXVIII (2003), 562 (670).

564 Vgl. u.a. Court of Appeals, 2nd Circuit (USA) 02.09.1998, *Europcar Italia S.P.A.* v. *Maiellano Tours Inc.*, 156 F 3d 310 = *Yearbook Comm. Arb'n* XXIV (1999), 860 (866 ff.).

565 *Ghikas*, Arb. Int'l 22 (2006), 53 (69).

566 Unter den 20 berichteten Entscheidungen wurde lediglich in 4 Fällen eine Verfahrensaussetzung vollzogen; vgl. insbesondere Court of Appeal (Großbritannien) 21.10.2008, *Nigerian National Petroleu Corp.* v. *IPCO Ltd.*, Case No: 2004 Folio 1031 = *Yearbook Comm. Arb'n* XXXIII (2008), 788 (798 ff.), in der erstmals auch eine Teilverfahrensaussetzung bestätigt wurde; District Court, Delaware (USA) 20.11.2008, *EDF International S.A.* v. *YPE S.A.*, Civil Action No. 08-167-JJF = *Yearbook Comm. Arb'n* XXXIV (2009), 1000 (1002 ff.), in dem Fall wurde trotz vorliegender Wirkungshemmung des Schiedsspruchs aus Verfristungsaspekten eine

einer Verfahrensaussetzung, wird, sofern ein reelles Insolvenzrisiko besteht, der Aussetzungsbeschluss in der Regel mit einer Sicherheitsleistung kombiniert. Zu unterscheiden ist dabei unter anderem zwischen Rechtsordnungen, die stark von dem Prinzip der Territorialität geprägt sind und besonderen Wert auf einen internationalen Entscheidungseinklang legen, und solchen, die einen Schiedsspruch losgelöst von dessen Primärjurisdiktion beurteilen. Gerichte der letzteren Kategorie ignorieren Art. 6 UNÜ und nehmen ausschließlich eine eigenständige Überprüfung des Konventionsschiedsspruchs vor[567].

Aufgrund der zuvor dargelegten Auslegungsprobleme möchte der *Miami-Entwurf* von *Albert van den Berg* zukünftig gänzlich auf eine dem. Art. 5 Abs. 1 (e) Var. 3 UNÜ entsprechende Bestimmung verzichten[568].

Präklusion: Im Rahmen des Verhältnisses zwischen Entscheidungen der Primär- und Sekundärjurisdiktion wird häufig die Frage diskutiert, inwiefern den Parteien ein Wahlrecht zusteht, ihre Einwände gegen den Schiedsspruch entweder in einem Aufhebungsverfahren oder erst einem späteren Vollstreckbarerklärungsverfahren geltend zu machen. Dazu nachfolgend *Kapitel 2 IV.) 10.).*

Abgrenzung: Abgrenzungsprobleme zu anderweitigen Anerkennungsversagungsgründen ergeben sich nicht. In Abgrenzung zu Art. 6 UNÜ ist zu beachten, dass dieser für den Zeitraum zwischen Einlegung des Rechtsbehelfs in der Primärjurisdiktion bis zu dessen Entscheidung Anwendung findet, während danach Art. 5 Abs. 1 (e) Var. 2, 3 UNÜ anzuwenden sind.

b) Dem Amtsermittlungsgrundsatz unterliegende Anerkennungsversagungsgründe

In Abgrenzung zu den zuvor beschriebenen und in Art. 5 Abs. 1 UNÜ enthaltenen Anerkennungsversagungsgründen unterliegen die in Art. 5 Abs. 2 UNÜ festgeschriebenen Anerkennungsversagungsgründe dem Amtsermittlungsgrundsatz des Exequaturgerichts, wobei das Beweisrisiko für das Vorliegen von Tatsachen, die eine Anerkennungsverweigerung aus Art. 5 Abs. 2 UNÜ rechtfertigen, auch in diesem Zusammenhang bei dem Antragsgegner liegt[569].

Verfahrensaussetzung gem. Art. 6 UNÜ gegenüber einer Anerkennungsverweigerung den Vorzug gegeben.

567 Vgl. *Port/Simonoff/Bowers*, in: *Kronke/Nacimiento/Otto/Port*, 415 (433).

568 *Van den Berg*, in: *ICCA*, Congress Series No. 14, 649 (663).

569 Dazu *Adolphsen*, in: *MüKo*, § 1061 Anh. 1 UNÜ Art. V Rn. 3, 65; *Otto/Elwan*, in: *Kronke/Nacimiento/Otto/Port*, 345 (348); *Weigand/Haas*, Part 3 Rn. 96.

Während die Anerkennungsversagungsgründe aus Art. 5 Abs. 1 UNÜ unter der Stärkung der Verfahrensgestaltungsfreiheit der Parteien primär auf die ordnungsgemäße Durchführung des Schiedsverfahrens nach allgemein anerkannten Verfahrensstandards unter Berücksichtigung der von den Parteien gewählten Primärjurisdiktion abstellen, bietet Art. 5 Abs. 2 UNÜ als Korrektiv die Möglichkeit, in besonderen Ausnahmesituationen unverzichtbare öffentliche Interessen des Exequaturforums zu berücksichtigen. Dies ist einerseits aus der Perspektive der Interessen souveräner Vertragsstaaten üblich und unverzichtbar, andererseits eröffnet insbesondere der weit gefasste Anerkennungsversagungsgrund des Ordre Public Tür und Tor für den Einfluss unsachgemäßer Erwägungen zur Vermeidung unliebsamer Ergebnisse der Schiedsgerichtsbarkeit. Die Grenze zwischen einem auf gegenseitigem Vertrauen und einem schiedsfreundlich geprägten Auslegungsregime einerseits und der Anerkennungsverweigerung aus rein protektionistischen Interessen andererseits kann dabei gelegentlich verschwimmen.

i.) Mangelnde objektive Schiedsfähigkeit

Gemäß Art. 5 Abs. 2 (a) UNÜ darf die Anerkennung und Vollstreckung eines Schiedsspruchs verweigert werden, wenn

...

„... der Gegenstand des Streites nach dem Recht dieses Landes nicht auf schiedsrichterlichem Wege geregelt werden kann ...“

...

Danach kann ein Schiedsspruch in dem Hoheitsgebiet eines anderen Staates als desjenigen in dem dieser ergangen ist, nur dann anerkannt werden, wenn der Streitgegenstand nicht dem Rechtsschutzmonopol des Exequaturforums unterliegt.

Bedeutung: In den Anfängen der modernen Schiedsgerichtsbarkeit war die objektive Schiedsfähigkeit Gegenstand ausführlicher akademischer Debatten und wurde entsprechend häufig als Einwand in Exequaturverfahren geltend gemacht. In den vergangenen Jahren verlor der Einwand - insbesondere in entwickelten Vertragsstaaten - zunehmend an Bedeutung. Nach *Albert van den Berg* sind weltweit nur 3 Urteile bekannt, in denen die Anerkennung eines Schiedsspruchs nach Art. 5 Abs. 2 (a) UNÜ abgelehnt worden ist[570].

570 *Van den Berg*, in: *ICC*, Bulletin 18 (2008), 15 (33); Supreme Court (Belgien) 28.06.1979, *Audi-NSU Union A. G.* v. *S. A. Adelin Petit & Cie*, *Yearbook Comm. Arb'n* V (1980), 257; Commercial Court of First Instance, Brüssel (Belgien) 13.09.1979, *S. A. Agima* v. *Smith Industries Ltd.*, R.G./7736/77 = *Yearbook Comm. Arb'n* VIII (1983), 360; Supreme Court, New York County (USA) 10.04.1990,

Anwendbares Recht: Die Frage der objektiven Schiedsfähigkeit ist im Rahmen des gesamten Schiedsverfahrens in verschiedenen Verfahrensstadien und gegebenenfalls auch unter der Anwendung verschiedener Rechtsordnungen beachtlich[571]. Bei der Anerkennung eines Schiedsspruchs nach dem UN-Abkommen richtet sich die Frage der objektiven Schiedsfähigkeit gem. Art. 5 Abs. 2 (a) UNÜ ausschließlich nach dem Sachrecht des Exequaturforums[572].

Auslegung: Mit Blick auf die Rechtsnatur und Historie der Schiedsgerichtsbarkeit wäre es denkbar, dass dieser keine Grenzen gesetzt werden und es allen an einer Rechtsstreitigkeit beteiligten Parteien überlassen wird ihre Streitigkeiten selbst durch die Wahl einer zur Streitbeilegung berufenen Person zu regeln[573]. Aus den dem Staat obliegenden Schutzfunktionen heraus, aber auch aus rechtshistorischen, kulturellen und politischen Gründen, sind der Streitbeilegung im Wege der Schiedsgerichtsbarkeit jedoch rechtliche Grenzen gesetzt. Diese Grenzen lassen sich vor allem unter den Kategorien des Schutzes Einzelner vor Übervorteilung und dem öffentlichen Interesse der Bevölkerung des Exequaturstaates zusammenfassen und können in den einzelnen Vertragsstaaten stark voneinander abweichen.

Während im internationalen Vergleich die einzelnen Rechtsordnungen anfänglich die Grenzen der objektiven Schiedsfähigkeit eher eng gezogen haben, tendieren diese nunmehr dazu, die objektive Schiedsfähigkeit pauschal auf alle vermögensrechtlichen Streitigkeiten weit auszulegen und im Wege einer Einzelfallbetrachtung spezifische Randbereiche davon auszunehmen[574]. In aller Regel kommen die staatlichen Gerichte daher nur dann zu dem Ergebnis des Nichtvorliegens der objektiven Schiedsfähigkeit, wenn der Gesetzgeber die Streitbeilegung von zivilrechtlichen Streitigkeiten per gesetzliche Regelung ausdrücklich dem ordentlichen Rechtsweg vorbehalten hat[575]. Daneben wird - in Anlehnung an den vorherrschenden Meinungsstand zur Auslegung des Ordre Public - vereinzelt auch zwischen einem rein inländischen und einem internationalen Begriff der objektiven Schiedsfähigkeit unterschieden[576].

Ardra Insurance Co. Ltd. et al. v. *James P. Corcoran et al.*, *Yearbook Comm. Arb'n* XVI (1991), 663.

571 Vgl. ausführlich *Otto/Elwan*, in: *Kronke/Nacimiento/Otto/Port*, 345 (349).

572 *Weigand/Haas*, Part 3 Rn. 100; *Schlosser*, in: *Stein/Jonas*, Anhang § 1061 Rn. 133.

573 *Born*, Arbitration, S. 774.

574 Vgl. *Bernardini*, in: *Gaillard/Di Pietro*, 503(509); *Weigand/Haas*, Part III Rn. 99.

575 Vgl. *Born*, Arbitration, S. 788; *Otto/Elwan*, in: *Kronke/Nacimiento/Otto/Port*, 345 (349 ff.).

576 *Fouchard/Gaillard/Goldman*, Rn. 1706.

Abgrenzung: In vielen Rechtsordnungen wird Art. 5 Abs. 2 (b) UNÜ als reiner Unterfall des Ordre Public gesehen[577]. Wie der Kommentar *Schwab/Walter* es jedoch richtigerweise anführt, verweist Art. 5 Abs. 2 (a) UNÜ ausdrücklich auf das (Einzel-)Recht des Exequaturstaates, anstelle von dessen allgemeinem Ordre Public, was nur so ausgelegt werden kann, dass ein entsprechend strengerer Maßstab angelegt werden darf[578]. Dafür spricht auch, dass eine Konsolidierung von Art. 5 Abs. 1, 2 UNÜ von der Staatenkonferenz ausdrücklich abgelehnt worden ist[579]. Anders hingegen der *Miami-Entwurf* von *Albert van den Berg*, der zukünftig die objektive Schiedsfähigkeit als Teil des Ordre Public betrachtet haben möchte[580].

In Abgrenzung zu Art. 5 Abs. 1 (a) Var. 1 UNÜ (subjektive Schiedsfähigkeit) umfasst die objektive Schiedsfähigkeit i. S. v. Art. 5 Abs. 2 (a) UNÜ all jene Rechtsstreitigkeiten, die *ratione materiae,* also unabhängig von den individuellen Parteieigenschaften und dem Parteiwillen, dem staatlichen Rechtsschutzmonopol unterliegen[581].

ii.) Verstoß gegen den Ordre Public

Gemäß Art. 5 Abs. 2 (b) UNÜ darf die Anerkennung eines Schiedsspruchs verweigert werden, wenn

...

> „... die Anerkennung oder Vollstreckung des Schiedsspruches der öffentlichen Ordnung dieses Landes widersprechen würde."

...

Entgegen der grundsätzlichen Verpflichtung aus Art. 3 Satz 1 UNÜ gestattet die Generalklausel des Art. 5 Abs. 2 (b) UNÜ damit den Vertragsstaaten, in extremen Ausnahmefällen die Anerkennung eines Konventionsschiedsspruchs zu verweigern, wenn dieser fundamentalen nationalen Interessen nach dem in dem Exequaturstaat vorherrschenden Gerechtigkeitsempfinden entgegensteht[582].

---

577 Vgl. *Van den Berg*, in: *Gaillard/Di Pietro*, 39 (64).

578 *Schwab/Walter*, Kap. 57 Rn. 32; ebenso *Fouchard/Gaillard/Goldman*, Rn. 1706; *Arfazadeh*, Arb. Int'l 17 (2001), 73 (86).

579 Vgl. *Otto/Elwan*, in: *Kronke/Nacimiento/Otto/Port*, 345 (348); UN Doc. E/CONF.26/SR. 11 abgedruckt in *Gaja*, Kap. III. C. 89; vgl. dazu auch *ILA*, Final Report on Public Policy, Rn. 26.

580 *Van den Berg*, in: ICCA, Congress Series No. 14, 649 (663).

581 Vgl. *Bernardini*, in: *Gaillard/Di Pietro*, 503.

582 Dem unter anderem in der französichen Übersetzung des UN-Abkommens verwendete Begriff des "Ordre Public" wird vereinzelt eine weiterreichende Bedeutung beigemessen als dem Terminus der „Öffentlichen Ordnung" (engl."Public Policy"),

Bedeutung: Der schwer zu definierende und weite Anwendungsbereich des Art. 5 Abs. 2 (b) UNÜ, gepaart mit dem schwierigen Spannungsverhältnis zwischen der Verbindlichkeit von Schiedssprüchen und der Wahrung öffentlicher Interessen des Exequaturforums, wirft in der Rechtspraxis komplexe Auslegungsprobleme auf. Es ist daher nicht verwunderlich, dass der Ordre Public-Einwand zu den am häufigsten angebrachten und zugleich auch am häufigsten missbrauchten Anerkennungsversagungsgründen des UN-Abkommens zählt[583]. Wegen seiner besonderen Ausnahmestellung ist allerdings in der weit überwiegenden Anzahl aller Fälle mit einer Ablehnung des Anerkennungsversagungsgrunds durch die staatlichen Gerichte zu rechnen[584]. Beispielsweise konnten nach *Emmanuel Gaillard* und *John Savage* bei einer Analyse von 112 in den ersten 20 Jahren des UN-Abkommens erlassenen Gerichtsurteilen, gerade einmal drei Entscheidungen festgestellt werden, in denen die Anerkennung eines Konventionsschiedsspruchs aus Art. 5 Abs. 2 (b) UNÜ verweigert wurde[585]. Obgleich seither die Zahl an Urteilen zu Art. 5 Abs. 2 (b) UNÜ insgesamt gestiegen ist, kann aufgrund der zunehmenden Vertrautheit der staatlichen Gerichte mit der Rechtsinstitution der Schiedsgerichtsbarkeit tendenziell mit einem Rückgang an erfolgreicher Ordre Public-Einwendungen gerechnet werden[586].

Anwendbares Recht: Ausgangspunkt der Beurteilung des Verstoßes eines Konventionsschiedsspruchs gegen den Ordre Public ist nach der vertragseigenen Kollisionsnorm die *lex fori*[587]. Vereinzelt wird unter Verweis auf das Harmonisierungsziel rechtlicher Vorschriften des UN-Abkommens auch eine vertragseigene Auslegung des Ordre Public („*transnationaler Ordre Public*“) vertreten, mit Blick auf den klaren Wortlaut des Art. 5 Abs. 2 (b) UNÜ ist dies jedoch abzulehnen[588].

---

der in der englischen und deutschen Fassung des Vertragstexts verwendet wird. Dazu allgemein *Husserl*, Va. L. Rev. 25 (1938) 37 ff. Da eine wirkliche Unterscheidung der Termini praktisch kaum getroffen werden kann, soll nachfolgend der Begriff des “Ordre Public” einheitlich verwendet werden.

583 *Born*, Arbitration, S. 2827 f.

584 *Born*, Arbitration, S. 2841; *Van den Berg*, in: *ICC*, Bulletin 18 (2008), 15 (32); *Otto/Elwan*, in: *Kronke/Nacimiento/Otto/Port*, 345 (365).

585 *Fouchard/Gaillard/Goldman*, Rn. 1713, unter dem Hinweis, dass zwei der drei Fälle auf der Anerkennungsverweigerung wegen objektiver Schiedsunfähigkeit basieren.

586 Vgl. dazu auch *Böckstiegel*, Public Policy as a Limit to Arbitration and its Enforcement, S. 9.

587 Dazu ausführlich *ILA*, Interim Report on Public Policy, S. 30 f.

588 Vgl. *Buchanan*, ABLJ 26 (1998), 511 (529 ff.).

Auslegung: Insbesondere der kollisionsrechtliche Verweis der Bestimmung des Ordre Public nach den jeweiligen Länderordnungen des Exequaturstaates sowie die dem Begriff des Ordre Public natürlich innewohnende Auslegungsproblematik bieten Raum für eine Vielzahl komplexer Auslegungsfragen, die nicht nur im internationalen Vergleich unterschiedlich beantwortet werden[589].

Definitionsversuch: Nach der deutschen Rechtsordnung kommt eine Verletzung des Ordre Public in Betracht, wenn die Anerkennung und Vollstreckbarkeit eines Schiedsspruchs „*...zu einem Ergebnis führt, das mit wesentlichen Grundsätzen des deutschen Rechts offensichtlich unvereinbar ist*[590]". Darunter ist die Verletzung eines Maßstabs zu verstehen, der „*die Grundlagen des staatlichen oder wirtschaftlichen Lebens regelt oder mit deutschen Gerechtigkeitsvorstellungen [offensichtlich] in einem untragbaren Widerspruch steht*[591]".

In der Rechtsprechung des Common Law-Rechtskreises wird häufig auf die Definitionen in den Urteilen *Deutsche Schachtbau und Tiefbohr-Gesellschaft mbH* v. *Shell International Petroleum Co. Ltd. (Großbritannien)* [592] und *Parson & Whittemore Overseas Co. Inc.* v. *Société Générale de l'Industrie du Papier (RAKTA)*[593] zurückgegriffen. Danach liegt ein Verstoß gegen den Ordre Public vor, wenn die Durchsetzung des Schiedsspruchs: „*Einen Bezug zur Illegalität aufweist, eindeutig gegenüber dem Wohl der Allgemeinheit als ungerecht zu betrachten ist oder möglicherweise in der Gesamtschau durch einen durchschnittlichen, in vernünftiger Weise und voll informierten Angehörigen der Gesellschaft, in deren Namen die Hoheitsgewalt ausgeübt wird, als anstößig*

---

589 Ausführlich zu den einzelnen Fallgruppen *Otto/Elwan*, in: *Kronke/Nacimiento/Otto/Port*, 345 (369 ff); *Born*, Arbitration, S. 2851 ff.; *Hanotiau/Caprasse*, in: *Gaillard/Di Pietro*, 787 (819 ff.).

590 Art. 6 Satz 1 EGBGB.

591 *Schwab/Walter*, Kap. 30 Rn. 21.

592 Court of Appeal (Großbritannien) 24.03.1987, [1987] 2 Lloyd's Rep 246 = [1987] 2 All ER 769 = [1987] 3 WLR. 1023.

593 Court of Appeals 2nd Circuit (USA) 23.12.1974, 508 F 2d 969 = *Yearbook Comm. Arb'n* I (1976), 205.

gesehen wird[594]"; oder „*die absoluten Grundwerte von Moral und Gerechtigkeit des Forums verletzt*[595]".

Zusammenfassend ist daher von einem Verstoß gegen den Ordre Public i. S. v. Art. 5 Abs. 2 (b) UNÜ auszugehen, wenn fundamentale Rechtsprinzipien der *lex fori* offensichtlich durch die Anerkennung des Konventionsschiedsspruchs verletzt würden. Aus den zuvor gemachten Ausführungen wird allerdings auch deutlich, dass eine abschließende Definition des Anwendungsbereichs des Ordre Public nicht möglich ist. Dies kann schon alleine auf die Anpassung der Grenzen des Ordre Public an die jeweiligen gesellschaftlichen, politischen und wirtschaftlichen Entwicklungen der Vertragsstaaten zurückgeführt werden[596]. Gerade das über die letzten Jahrzehnte zunehmend liberalisierende Verhältnis der staatlichen Gerichte gegenüber dem Rechtsinstitut der Schiedsgerichtsbarkeit stellt ein Musterbeispiel dafür dar.

Ordre Public national / Beachtlichkeit zwingender Rechtsnormen: Obwohl sich die weit überwiegende Anzahl der Vertragsstaaten darüber einig sind, dass Art. 5 Abs. 2 (b) UNÜ eng auszulegen ist, unterscheiden sich die Grenzen des nationalen Verständnisses des Ordre Public teils erheblich. Dabei können die Vertragsstaaten grob in zwei Lager eingeteilt werden: Staaten wie beispielsweise Deutschland, die einem verhältnismäßig engen Auslegungsregime folgen, nach welchem ein Schiedsspruch allgemein nicht in einem untragbaren Widerspruch zu universell geltenden Gerechtigkeitsvorstellungen der Rechtsordnung treten darf[597]. Auf der anderen Seite Rechtsordnungen, wie beispielsweise Frankreich, die in weiterer Auslegung des nationalen Ordre Public bereits bei jeder Verletzung zwingender nationaler Rechtsnormen zu einer Verletzung des Ordre Public gelangen.

---

594 Court of Appeal (Großbritannien) 24.03.1987, *Deutsche Schachtbau und Tiefbohr-Gesellschaft mbH* v. *Shell International Petroleum Co. Ltd.*, [1987] 2 Lloyd's Rep. 246 = [1987] 2 All ER 769 = [1987] 3 W. L. R. 1023 (1035): "*It has to be shown that there is some element of illegality or that the enforcement of the award would be clearly injurious to the public good or, possibly, that enforcement would be wholly offensive to the ordinary reasonable and fully informed member of the public on whose behalfe the powers of the state are exercised.*"

595 Court of Appeals 2nd Circuit (USA) 23.12.1974, *Parson & Whittemore Overseas Co. Inc.* v. *Société Générale de l'Industrie du Papier (RAKTA)*, 508 F 2d 969 = *Yearbook Comm. Arb'n* I (1976), 205: "*Where the enforcement would violate the forums state's most basic notions of morality and justice.*"

596 Vgl. *Van den Berg*, S. 368, der die Entwicklung mit einem Pendel vergleicht.

597 Vgl. *Schwab/Walter*, Kap. 30 Rn. 21; *Weigand/Haas*, Part 3 Rn. 106.

Ordre Public international: In letzteren Fall laufen die Vertragsstaaten Gefahr, durch die an internationalen Standards gemessene weite Auslegung des nationalen Ordre Public ihre völkerrechtliche Verpflichtung aus Art. 3 Satz 1 UNÜ zu verletzen[598]. Als dogmatische Lösung des Konflikts wird in diesen Staaten vorwiegend zwischen einem nationalen Ordre Public („*Ordre Public interne*") und einem internationalen Ordre Public („*Ordre Public international* oder *Ordre Public externe*") unterschieden[599]. In Abgrenzung zu einer vertragseigenen Auslegung des Ordre Public handelt es sich bei dem *Ordre Public externe* allerdings um einen eigenständigen, liberaleren nationalen Ordre Public-Begriff, der ausschließlich bei Schiedssprüchen mit Auslandsbezug zur Anwendung gelangt und eine liberalere Überprüfung des Schiedsspruchs unter der Berücksichtigung des internationalen Bezugs sowie internationaler Anerkennungsstandards i. V. m. Art. 3 Satz 1 UNÜ ermöglicht[600]. Der *Ordre Public international* ist folglich enger zu fassen als der *Ordre Public national.* Auch der *Miami-Entwurf* von *Albert van den Berg* möchte zukünftig gem. Art. 5 Abs. 3 (h) UNÜ auf eine „*international public policy*" zurückgreifen[601].

Unabhängig davon, wie die Auslegung des Ordre Public in den einzelnen Vertragsstaaten zu kategorisieren ist, gelangen alle Ansichten im Grundsatz zu demselben Ergebnis einer restriktiven Anwendung des Art. 5 Abs. 2 (b) UNÜ, die nur in extremsten Ausnahmefällen zur Anerkennungsverweigerung eines Konventionsschiedsspruchs führten kann[602]. Dabei muss zu jeder Zeit beachtet werden, dass selbst unter dem Deckmantel des Ordre Public eine materiell-rechtliche Überprüfung des Schiedsspruchs oder der Sachverhaltsermittlung nicht zulässig ist[603].

---

598 Siehe dazu *ILA*, Final Report on Public Policy, Recommendation 3 (a).

599 Vgl. *Schwab/Walter*, Kap. 30 Rn. 21; *Weigand/Haas*, Part 3 Rn. 106; *Buchanan*, ABLJ 26 (1998), 511 (513 ff.). In Frankreich, Portugal, Algerien, Libanon und der OHADA wird die Unterscheidung kraft Gesetzes getroffen (*ILA*, Final Report on Public Policy, S. 3 Fn. 13). Eine Unterscheidung zwischen dem Ordre Public interne und externe wird teilweise auch in Staaten mit engem Auslegungsregime vertreten (so insbesondere auch Bundesgerichtshof (Deutschland) 18.01.1990, BGH III ZR 269/88 = *Yearbook Comm. Arb'n* XVII (1992), 503 (505)). Wie der Kommentar *Schwab/Walter* überzeugenderweise anführt, benötigt es in solchen Staaten allerdings eines solchen internationalen „Rabattes" nicht (*Schwab/Walter*, Kap. 30 Rn. 21).

600 Vgl. *ILA*, Final Report on Public Policy, S. 3.

601 *Van den Berg*, in: *ICCA*, Congress Series No. 14, 649 (663).

602 Siehe dazu die Empfehlung des *ILA*, Final Report on Public Policy, Recommendation 1 (a).

603 Vgl. *Born*, Arbitration, S. 2841 ff; a.A. zusammenfassend *Hanotiau/Caprasse*, in: *Gaillard/Di Pietro*, 787 (805 ff.); *ILA*, Interim Report on Public Policy, S. 31 ff.

Schwerstwiegende Rechtsanwendungsfehler: Obwohl eine *révision au fond* durch das UN-Abkommen unstrittig ausgeschlossen wird, wurde in den vergangenen Jahren in Anlehnung an kanadische und US-amerikanische Entwicklungen vermehrt darüber diskutiert, ob bei dem Vorliegen eines *„schwerstwiegenden Rechtsanwendungsfehlern"* (engl. *„egregious error / fundamental error of facts or law")* nicht ausnahmsweise ein Verstoß gegen den Ordre Public i. S. v. Art. 5 Abs. 2 (b) UNÜ bzw. Art. 1 Abs. 2 (d) UNÜ angenommen werden kann[604]. Die Befürworter einer solchen weiten Auslegung des Art. 5 Abs. 2 (b) UNÜ stützen sich dabei im wesentlich auf das Argument, dass bei der Durchsetzung von auf schwerstwiegenden Rechtsanwendungsfehlern beruhenden Schiedssprüchen das Vertrauen der Öffentlichkeit in die Schiedsgerichtsbarkeit sowie die rechtsstaatliche Aufsichtsfunktion der Gerichte in gleicher Weise wie bei der Annahme sonstiger anerkannter Fälle einer Verletzung des Ordre Public erschüttert würde[605].

Die weit überwiegende Ansicht lehnt eine solche Differenzierung weiterhin ab und verweist zu Recht auf die weitaus größere Gefahr an Rechtsunsicherheiten und die kaum mögliche Unterscheidbarkeit zwischen schwerstwiegenden Rechtsanwendungsfehlern und solchen Risiken, die bedauerlicherweise nicht vermieden werden können, aber im Austausch gegen eine rasche und flexible Streitbeilegungsmethode, dem Wesen der Schiedsgerichtsbarkeit entsprechend, von den Schiedsparteien bewusst in Kauf genommen werden (müssen)[606]. Selbst in Vertragsstaaten, wie beispielsweise den USA oder einzelnen Staaten des angelsächsischen Rechtskreises, deren autonomes Schiedsrecht für die Aufhebung rein inländischer Schiedssprüche eine eingeschränkte inhaltliche Überprüfung der schiedsrichterlichen Entscheidung ermöglichen, konnte kein Urteil festgestellt werden, in dem die Anerkennung eines Konventionsschiedsspruchs unter Bezugnahme auf einen *„schwerstwiegenden Rechtsanwendungsfehler"* verweigert wurde.

Präklusion: Unter Berücksichtigung des besonderen Charakters des Art. 5 Abs. 2 (b) UNÜ als Eingriffsnorm der staatlichen Gerichte zur Wahrung öffentlicher Interessen des Anerkennungsforums kommt Fragen der Rechtsverwirkung nur eine sehr eingeschränkte Bedeutung zu[607]. Bezogen auf den Einzelfall ist das vorangegangene Parteiverhalten in die Beurteilung des Vorliegens einer Ordre Public Verletzung miteinzubeziehen[608].

---

604 Ausführlich dazu *Hwang/Lai*, Arbitration 71 (2005), 1 ff, 364 ff.; vgl. allgemein zur US-amerikanischen Rechtlage *Drahozal*, SIAR 5 (2009), 1 ff.

605 Vgl. *Hwang/Lai*, Arbitration 71 (2005), 1 (4, 22).

606 Vgl. *Born*, Arbitration, S. 2865 ff.; *ILA*, Final Report on Public Policy, Rn. 29.

607 Vgl. *Hanotiau/Caprasse*, in: *Gaillard/Di Pietro*, 787 (817).

608 *ILA*, Final Report on Public Policy, Recommendation 2 (c).

Abgrenzung: Nicht nur die Auslegung der Generalklausel des Ordre Public selbst, sondern auch die vertragsinterne Abgrenzung des Art. 5 Abs. 2 (b) UNÜ gegenüber anderen Anerkennungsversagungsgründen des UN-Abkommens liefert eine Reihe an Auslegungsfragen. In Abgrenzung zu den Anerkennungsversagungsgründen aus Art. 5 Abs. 1 UNÜ stellt sich in erster Linie die Frage, inwiefern Art. 5 Abs. 2 (b) UNÜ neben dem sogenannten *materiellrechtliche Ordre Public,* welcher sich mit der Verurteilung zu einer Handlung, deren Vorname im Rahmen der Wertung des Ordre Public verboten ist, befasst, auch den *prozessuale Ordre Public* mitumfasst. Nach der herrschenden Meinung wird von Art. 5 Abs. 1 UNÜ sowohl der materielle als auch der prozessuale Ordre Public umfasst[609], welcher gleichbedeutend neben allen anderen Anerkennungsversagungsgründen zur Anwendung gelangt.

9.) Präklusion unterlassener Einwendungen im Ursprungsland

Anders als beispielsweise Art. 5 Abs. 1, 2 EUÜ enthält das UN-Abkommen keine ausdrücklichen Präklusionsregeln in Bezug auf die Beachtlichkeit vorangegangenen Parteiverhaltens[610]. Wie teils im Rahmen der Beurteilung der einzelnen Anerkennungsversagungsgründe dargelegt, kann das rügelose Einlassen im Schiedsverfahren, die Nichteinlegung von Rechtsbehelfen oder ein sonstiges treuwidriges Parteiverhalten im Einzelfall zu dem Ausschluss einzelner Rügerechte im Anerkennungsverfahren führen[611]. Vereinzelt sind Präklusionsvorschriften bereits in den jeweils anzuwendenden Schiedsordnungen beziehungsweise dem staatlichen Schiedsverfahrensrecht enthalten[612]. Ist dies nicht der Fall, ist strittig, nach welchem Kollisionsrecht die Präklusionsvoraussetzungen zu bestimmen sind[613]. Die herrschende Meinung geht davon aus, dass das Verbot eines treuwidrigen Verhaltens ein dem UN-Abkommen innewohnendes Rechtsprinzip darstellt[614]. Die Gegenauffassung möchte Präklusionsfragen nach der *lex fori* bestimmen, die aber in aller Regel zu demselben Ergebnis führt.

---

609 Vgl. dazu UN. Doc. A/40/17, Rn. 297.

610 *Adolphsen*, in: *MüKo*, § 1061 Anh. 1 UNÜ Art. V Rn. 6.

611 Vgl. auch *ILA*, Final Report on Public Policy, Recommendation 2 (c).

612 So beispielsweise in: Art. 23 Abs. 2, Art. 32 UNCITRAL-Schiedsverfahrensordnung; Art. 33 ICC-Schiedsverfahrensordnung; Art. 4 MG; Art. 5 Abs. 1, 2 EUÜ.

613 Vgl. dazu *Weigand/Haas*, Part 3 Rn. 10.

614 *Mallmann*, SchiedsVZ 2 (2004), 152 (157); *Kröll*, IPrax 29 (2009), 145 (147); *Van den Berg*, S. 185; vgl. auch Art. 5 Abs. 5 ME.

In diesem Zusammenhang ist ebenfalls umstritten, inwiefern durch die Nichteinlegung einer Aufhebungsklage in der Primärjurisdiktion die Anbringung derselben Anerkennungsversagungsgründe im Verfahren nach Art. 3 Satz 1 UNÜ ausgeschlossen sein kann. Die wohl herrschende Meinung ist der Auffassung, dass die Verfahren der Primär- und Sekundärjurisdiktion gleichwertig nebeneinanderstehen[615]. Die in dem Schiedsverfahren unterlegene Partei hat entsprechend ein Wahlrecht, ob sie alternativ oder kumulativ vor den jeweilig zuständigen Gerichten gegen den Schiedsspruch bzw. dessen Durchsetzung vorgehen will. Begründet wird dies insbesondere durch die unterschiedlichen Zielrichtungen der Verfahren und Parteiinteressen.

10.) Entscheidungsbindung der Gerichte

Eine weitere, viel diskutierte Auslegungsfrage des UN-Abkommens ist, ob Art. 5 UNÜ den Anerkennungsbehörden bei ihrer Entscheidungsfindung einen Ermessensspielraum zugesteht. Unstrittig ist die Anerkennung eines Konventionsschiedsspruchs nach den Rechtsvorschriften der *lex fori* durch Prozessurteil abzuweisen, wenn bereits die formellen Anerkennungsvoraussetzungen aus Art. 4 UNÜ nicht gegeben sind. Ebenfalls unstrittig sind die Exequaturbehörden bei dem Nichtvorliegen eines Anerkennungsversagungsgrunds gem. Art. 3 Satz 1 UNÜ dazu verpflichtet, einen Konventionsschiedsspruch anzuerkennen[616].

Hingegen wird insbesondere im Zusammenhang mit Art. 5 Abs. 1 (e) Var. 2, 3 UNÜ strittig diskutiert, inwiefern es den Anerkennungsbehörden gestattet ist, den Konventionsschiedsspruch für vollstreckbar zu erklären, obgleich das Vorliegen eines Anerkennungsversagungsgrundes angenommen wurde. Als

---

615 *Schlosser*, in: *Stein/Jonas*, Anhang § 1061 Rn. 75, 104; *Weigand/Haas*, Part 3 Rn. 11; Bundesgerichtshof (Deutschland) 17.04.2008, III ZB 97/06, Rn. 12 ff.; Anm. *Kröll*, IPrax 29 (2009), 145 ff; Supreme Court (Hong Kong) 15.01.1993, *Paklito Investment Ltd.* v. *Klockner East Asia Ltd.*, No. MP 2219 = *Yearbook Comm. Arb'n* XIX (1994), 664 (672 f.); a.A. unter Berücksichtigung eines internationalen Entscheidungseinklangs *Adolphsen*, in: *MüKo*, § 1061 Anh 1 UNÜ Art. V Rn. 12; eine differenzierende Ansicht macht dies davon abhängig, ob der Rechtsbehelf im Ursprungsland befristet ist. Ist eine solche Ausschlussfrist gegeben und verstreicht diese, ist die Geltendmachung des Aufhebungsgrunds auch im Exequartrverfahren nicht mehr möglich.

616 Art. 3 Satz 1 UNÜ (engl. Fassung): „*Each Contracting State shall recognise arbitral awards as binding and enforce them in accordance with the rules of procedure of the territory where the award is relied upon, under the conditions laid down in the following articles.*"; *Born*, Arbitration, S. 2717.

Ausgangspunkt dieser Diskussion dient der Wortlaut des UN-Abkommens, welcher in der englischen Fassung in Art. 5 Abs. 1, 2 UNÜ von dem Satzbaustein „*... may be refused ... only if ...*“ Gebrauch macht. Hingegen verwendet die gem. Art. 16 Abs. 1 UNÜ gleichbedeutende französische Textfassung den Satzbaustein: „*... ne seront refusées ... que si ...*“ (engl. „*... shall not be refused ... unless ...*“). Die herrschende Ansicht geht unter Hinweis auf die übrigen, dem englischen Wortlaut entsprechenden amtlichen Übersetzungen und einer anerkennungsfreundlichen teleologischen Auslegung des Vertragstexts von einem grundsätzlichen Ermessenspielraum der Behörden aus[617]. Die Gegenansicht, wie sie beispielsweise von der nicht amtlichen deutschen Übersetzung des UN-Abkommens unterstützt wird[618], geht hingegen zur Vermeidung von Rechtsunsicherheiten bei der Anwendung des UN-Abkommens in den einzelnen Vertragsstaaten von einer gebundenen Entscheidung der Behörden aus[619]. Untermauert wird diese Meinung durch den Vertragsentwurf von *Albert van den Berg,* in den mit Art. 5 Abs. 2 ME ausdrücklich eine Vorschrift eingefügt wurde, die den Meinungsstreit zugunsten einer gebundenen Entscheidung der Gerichte beenden möchte[620].

Wie die Diskussion zu Art. 5 Abs. 1 (e) UNÜ zeigt, führt der Meinungsstreit in kaum einem bis keinem Fall zu unterschiedlichen Ergebnissen, obwohl die Gerichte einen möglichen Ermessenspielraum vielfach betonen. Wie zuvor dargelegt konnte mit Ausnahme der umstrittenen Fälle *Chromalloy Aeroservices, Inc.* v. *Arab Republic of Egypt*[621] und *Yuko Capital s.a.r.l.* v. *OAO Rosneft*[622] unter den mehr als 1700 in dem *Yearbook of Commercial Arbitration* abgedruckten Urteilen keine (weitere) Entscheidung gefunden werden, in der ein

---

617 Vgl. *Schlosser*, in: *Stein/Jonas*, Anhang § 1061 Rn. 73; *Paulsson*, Arb. Int'l 14 (1998), 227 ff.; *Lew/Mistelis/Kröll*, Rn. 26-67; *Born*, Arbitration, S. 2722 ff.; *ILA*, Final Report on Public Policy, Rn. 5; Supreme Court (Hongkong), 13.07.1994, *China Nanhai Oil Joint Service Corp. Shenzhen Branch* v. *Gee Tai Holdings Co.*, No. MP 2411 = *Yearbook Comm. Arb'n* XX (1995), 671 (678 ff.).

618 Art. 5 Abs. 1 UNÜ: „*Die Anerkennung und Vollstreckung des Schiedsspruches darf auf Antrag der Partei, gegen die er geltend gemacht wird, nur versagt werden, wenn ...*“.

619 So *Schwab/Walter*, Kap. 56 Rn. 3; *Weigand/Haas*, Part 3 Rn. 4; *Adolphsen*, in *MüKo*, § 1061 Anh. 1 UNÜ Art. V Rn. 4; differenzierend *Van den Berg*, J. Int'l Arb. 27 (2010), 179 (186 f.).

620 Vgl. *Van den Berg*, in: *ICCA*, Congress Series No. 14, 649 (660).

621 District Court, Columbia (USA) 31.07.1996, *Chromalloy Aeroservices, Inc.* v. *Arab Republic of Egypt,* 94-2339 (JLG) = *Yearbook Comm. Arb'n* XXII (1997), 1001 ff.

622 Court of Appeal, Amsterdam (Niederlande) 28.04.2009, No. 200.005.269 = *Yearbook Comm. Arb'n* XXXIV (2009), 703 ff; kritische Anm. *Van den Berg*, J. Int'l Arb. 27 (2010), 179 ff.

aufgehobener Schiedsspruch unter Berufung auf einen Ermessensspielraum i. V. m. Art. 5 Abs. 1 (e) Var. 2 UNÜ für vollstreckbar erklärt wurde[623]. Nach *Albert van den Berg* machen die Gerichte von einem ihnen durch das UN-Abkommen eingeräumten Ermessenspielraum nur im Zusammenhang mit Kausalitäts- und Präklusionsfragen Gebrauch[624]. Wird daher von einem Ermessenspielraum der Gerichte nach Art. 5 Abs. 1, 2 UNÜ ausgegangen, ist dieses zumindest pflichtgemäß unter Berücksichtigung der allgemeinen Auslegungsgrundsätze des UN-Abkommens auszulegen. Insofern kann von einem *intendierten Ermessen* ausgegangen werden, nach dem die Anerkennung eines Konventionsschiedsspruchs bei dem Vorliegen eines Anerkennungsversagungsgrunds im Interesse eines internationalen Entscheidungseinklangs grundsätzlich verweigert werden „*soll*“[625].

11.) **Das (Zwangs-)Vollstreckungsverfahren**

Wie zuvor in *Kapitel 2 II.* dargelegt, sind die *Termini* der Anerkennung, Vollstreckbarkeit und (Zwangs-)Vollstreckung eng miteinander verknüpft, aber dogmatisch getrennt voneinander zu betrachten. Durch die Anerkennung eines Schiedsspruchs wird dieser zum Gegenstand der nationalen Rechtsordnung gemacht. Durch die Vollstreckbarerklärung wird der anzuerkennende Schiedsspruch zur Vollstreckung zugelassen, woraus dieser dann unter der Zuhilfenahme hoheitlicher Sanktionen zwangsweise durchgesetzt werden kann.

Das Zwangsvollstreckungsverfahren richtet sich, gleich der Vollstreckung anderer Schuldtitel, ausschließlich nach der *lex fori* und kann folglich mit eigenen Vollstreckungshindernissen verbunden sein[626]. Das UN-Abkommen hält für dieses Verfahrensstadium keine besonderen Regelungen bereit. Lediglich mittelbar sind die Vertragsstaaten durch die allgemeine völkerrechtliche Vollstreckungspflicht aus Art. 3 Satz 1 UNÜ, das Diskriminierungsverbot aus Art. 3 Satz 2 UNÜ und die damit verbundenen allgemeinen Rechtsgrundsätze des UN-Abkommens dazu verpflichtet, den Konventionsschiedsspruch in effizienter und unbürokratischer Weise zu vollstrecken, ohne dabei den Sinn und Zweck des UN-Abkommens zu unterlaufen[627]. Letztlich schließt sich an dieser

---

623 Siehe dazu *Kapitel 2 IV.) 8.) a) v.) bb).*

624 *Van den Berg*, J. Int'l Arb. 27 (2010), 179 (186).

625 Vgl. dazu auch *Kronke*, in: *Kronke/Nacimiento/Otto/Port*, 1 (12), der eine zurückhaltende („self-denying“) Ermessensausübung fordert.

626 Vgl. *Adolphsen*, in *MüKo*, § 1061 Anh. 1 UNÜ Rn. 1; *Börner*, in: *Kronke/Nacimiento/Otto/Port*, 115 (136).

627 Vgl. *Börner*, in: *Kronke/Nacimiento/Otto/Port*, 115 (117).

Stelle der Kreis, in welchem (in vermindertem Umfang) die Stärken und Schwächen einer Rechtsordnung zum Vorschein kommen, die aus unterschiedlichsten Gründen durch die Wahl der Schiedsgerichtsbarkeit vermieden werden sollten. Nach einer Studie der *Queen Mary School of International Arbitration* können 24 % aller Fälle, in denen die Befragten bei der Anerkennung und Vollstreckung von Schiedssprüchen auf Schwierigkeiten gestoßen sind, auf das lokale Vollstreckungsverfahren zurückgeführt werden[628].

V. Zusammenfassung

Wie das vorangegangene Kapitel gezeigt hat, kann bei der Anerkennung und Vollstreckung ausländischer Schiedssprüche im internationalen Rechtsverkehr auf ein buntes Geflecht an Rechtsvorschriften zurückgegriffen werden. Dies darf aber nicht darüber hinwegtäuschen, dass das UN-Abkommen nach wie vor die zentrale Rechtsnorm der grenzüberschreitenden Vollstreckbarkeit von Schiedssprüchen bildet und zumindest mittelbar auch wesentlich auf die Entwicklung der Schiedsgerichtsbarkeit der letzten Jahrzehnte Einfluss genommen hat.

Der Erfolg des UN-Abkommens beruht entscheidend auf dessen Grundgedanken, die internationalen Voraussetzungen der Anerkennung von Schiedssprüchen und Schiedsvereinbarungen, unter der Stärkung der Privatautonomie der Schiedsparteien, zu harmonisieren, während gleichzeitig das Maß an subjektiver Einflussnahme der souveränen Vertragsstaaten auf ein international anerkanntes und rechtssicheres Minimum beschränkt wird.

Obgleich das UN-Abkommen zu den effektivsten, transnationalen Rechtsinstrumenten zu zählen ist, besteht selbst 54 Jahre nach dessen Inkrafttreten weiterhin ein großer Diskussionsbedarf bezüglich dessen einheitlicher Auslegung und Rechtsanwendung. Beispielsweise bestehen in den einzelnen Vertragsstaaten nach wie vor unterschiedliche Ansichten über die an die Qualifikation eines Konventionsschiedsspruchs zu stellenden Anforderungen, die Dokumentationspflicht des Antragsstellers, die an eine Schiedsvereinbarung und das Schiedsverfahren zu stellenden (Mindest-)Anforderungen unter der Berücksichtigung des Parteiwillens, die Bindung der Anerkennungsbehörden an Entscheidungen in der Primärjurisdiktion und insbesondere die Grenzen der Schiedsgerichtsbarkeit im Verhältnis zu dem Ordre Public der

628 *Queen Mary School of International Arbitration*, International Arbitration: Corporate attitudes and practices 2008, S. 11. Daneben werden 32 % aller angegebenen Probleme dem „Anerkennungs- und Vollstreckungsverfahren" zugewiesen; 12 % hohen Verfahrenskosten; 22 % der Dauer des Gesamtprozesses und 10 % bestehenden Korruptionsproblematiken.

Vertragsstaaten. Wegen der erheblichen praktischen Relevanz dürfen in diesem Zusammenhang auch die gem. Art. 3 Satz 1 UNÜ der Gestaltungsfreiheit der Vertragsstaaten überlassenen und teils erheblich voneinander abweichenden Verfahrensvorschriften nicht übersehen werden.

Trotz allem bildet die Anerkennungsverweigerung eines Konventionsschiedsspruchs in der überwiegenden Anzahl der Vertragsstaaten die absolute Ausnahme. Ausschlaggebend dafür ist die sehr enge Auslegung der Anerkennungsversagungsgründe durch die Vertragsstaaten. Der völkerrechtliche Grundsatz der *Comitas Gentium*, die Respektierung der Privatautonomie der Parteien und das Vertrauen der staatlichen Behörden in die Professionalität der internationalen Schiedsgerichtsbarkeit spielen dabei eine wichtige Rolle.

Nach dem jüngst erschienenen „*ICCA Guide on the Interpretation of the New York Convention*" wurde in gerade einmal 10 % aller in dem *Yearbook of Commercial Arbitration* berichteten Fälle die Anerkennung eines Konventionsschiedsspruchs vor den staatlichen Gerichten verweigert[629]. *Albert van den Berg* geht sogar von einem Wert unter der 5 %-Marke aus[630].

Diese äußerst positive Bilanz des UN-Abkommens darf allerdings nicht über die verhältnismäßig geringe Anzahl an Vertragsstaaten hinwegtäuschen, in denen für die Anerkennung und Vollstreckung von Konventionsschiedssprüchen mit teils erheblichen Schwierigkeiten zu rechnen ist. Neben einfachen Rechtsanwendungsfehlern, der Unvertrautheit mit der Materie, einem befangenen Rechtssystem oder der ungerechtfertigten Beachtung sachfremder Interessen, können vielerlei Gründe zu einer Rechtsverweigerung führen. Insbesondere in Schwellenländern, in denen sich die Schiedsgerichtsbarkeit noch in einem frühen Entwicklungsstadium befindet, können vermehrt entsprechende Hürden festgestellt werden.

---

629 *ICCA*, Guide to the NYC, S. 71.

630 *Van den Berg*, in: *ICCA*, Congress Series No. 9, 25. Bei beiden Prozentzahlen ist zu berücksichtigen, dass eine große Anzahl an unstrittigen Fällen nicht in dem Jahrbuch berichtet werden.

Kapitel 3

Die Anerkennung und Vollstreckung ausländischer Schiedssprüche in der Republik Singapur

I. Einleitung

Obwohl mit Ausnahme von Myanmar, Nordkorea und Taiwan alle Staaten des asiatischen Raums das UN-Abkommen ratifiziert haben, stellt sich in vielen Ländern die Anerkennung und Vollstreckung von Konventionsschiedssprüchen häufig als problematisch dar[631]. Immer wieder werden Urteile bekannt, die eine von Art. 3 Satz 1 UNÜ geforderte Zurückhaltung der staatlichen Gerichte schwer erkennen lassen[632]. Folglich ist auch die wissenschaftliche Auseinandersetzung mit dem Thema von größter Aktualität und Bedeutung, um einen weiteren Beitrag zur Harmonisierung des multinationalen Rechts nach dem UN-Abkommen zu leisten, aber auch um konkrete Rechtsunsicherheiten in Bezug auf die jeweilige Rechtsordnung zu vermeiden.

Eine besondere Stellung in nahezu allen gesellschaftlichen, politischen und wirtschaftlichen Bereichen nimmt die Republik Singapur ein[633]. Die *„Schweiz des Ostens"*, wie Singapur insbesondere nach der europäischen und US-amerikanischen Finanzkrise zunehmend genannt wird[634], ist nicht nur ein wichtiger Dreh- und Angelpunkt für Dienstleistungs-, Waren- und Finanzströme, sondern zählt mittlerweile auch zu den bedeutendsten Schiedszentren der Welt. Als *„Tor nach Asien"*, wie Singapur ebenfalls häufig bezeichnet wird[635], vereint der kleine Stadtstaat zugleich viele überregionale wie auch regionale, kulturelle, politische und rechtliche Besonderheiten wie kein zweiter Staat.

Michael Pryles lobt den Schiedsort Singapur zusammenfassend als *„einen neutralen Standort zur Durchführung internationaler Schiedsverfahren, der durch eine geografisch vorteilhafte Lage und eine hoch entwickelte, hoch qualifizierte und im höchsten Maß integre physische, rechtliche und politische Infrastruktur besticht*[636]*."* Umso mehr verwundert es, dass trotz der Bedeutung

---

631 So u.a. *Bose/Yap/Jaliwala*, in: *ICMA*, XVI Congress Papers Singapore, 477 (478); *Moser*, 1. Aufl., S. 154 ff.; ausführlich *Hwang/Tat*, in: *Pryles/Moser*, 407 (414 ff.).

632 Vgl. auch *Hwang/Lee*, J. Int'l Arb. 25 (2008), 873 (876).

633 Dazu nachfolgend *Kapitel 3 II.*

634 Stellvertretend *McBain*, Spear's Magazine 23 (2011), 78 (78 ff.).

635 Stellvertretend *Economic Development Board of Singapore*, http://singaporebusiness.com/de/warum-singapur/index.shtml

636 *Pryles*, Singapore: The Hub of Arbitration in Asia, S. 2.

Singapurs für den asiatischen Kontinent und auch auf dem Gebiet der Schiedsgerichtsbarkeit es sowohl in der nationalen wie internationalen Literatur an substantiiertem Schrifttum zu der Rechtslage in Singapur insgesamt und in Bezug auf die Anerkennung und Vollstreckung ausländischer Schiedssprüche mangelt.

Während in *Kapitel 2* ein detaillierter Querschnitt über die Auslegung und Rechtsanwendung des UN-Abkommens im internationalen Vergleich gegeben wurde, soll *dieses Kapitel*, ergänzend dazu, die Lücke in der wissenschaftlichen Auseinandersetzung mit dem Thema in Bezug auf die Republik Singapur schließen. Wie *Andrew Phang* in seinem Aufsatz „*The Singapore Legal System – History Theory and Practice*“ richtigerweise heraushebt, kann eine umfassende Bewertung eines Rechtssystems nicht ausschließlich auf der Untersuchung von dessen gegenwärtiger Rechtspraxis basieren, sondern sollte vielmehr im Zusammenhang mit seiner geschichtlichen Entwicklung und der zugrunde gelegten Rechtskultur gesehen und bewertet werden[637]. Insbesondere das komplexe singapurische Rechtssystem, das sich aus der Rezeption englischen Rechts und eigener Rechtsfindung in einer multiethnischen Gesellschaft zusammensetzt, bietet Anlass dazu[638]. Entsprechend wird zunächst ein Querschnitt der historischen Wurzeln und Rechtstradition der Republik Singapur und deren Auswirkung auf die Entwicklung des singapurischen Schiedswesens gegeben. Basierend auf dem gewonnenen Grundverständnis, wird dann das autonome Schieds- und Prozessrecht mit Fokus auf die Anerkennungs- und Vollstreckungsregelungen ausländischer Konventionsschiedssprüche genauer dargestellt.

---

637 *Phang*, Sing. LR 21 (2000), 23 (25).

638 So auch *Jenckel*, S. 3.

II. Lex Fori & Lex Arbitri

1.) Geschichte und Rechtssystem der Republik Singapur

a) Rahmenbedingungen

Der kleine Stadtstaat mit einer Gesamtfläche von 687 km²[639] und einer Bevölkerungszahl von 5 976 700[640] (davon 3 771 700 Einwohner[641]) spielt sowohl auf der großen Bühne der führenden Wirtschaftsnationen wie auch der internationalen Handelsschiedsgerichtsbarkeit eine weitaus gewichtigere Rolle, als seine Größe vermuten lässt. Mit einer Bruttoinlandsprodukt-Kaufkraftparität von geschätzten 314,2 Milliarden USD (2011)[642], einer Bruttoinlandsprodukt-Kaufkraftparität pro Kopf von geschätzten 59.900 USD (2011)[643] und einem eindrucksvollen Wirtschaftswachstum von 14.7 % (2010) und 4.9 % (2011)[644] zählt die Republik Singapur trotz ihrer Größe und dem Nichtvorkommen von natürlichen Ressourcen zweifelsohne zu den wohlhabendsten Staaten dieser Welt.

Dies wird auch durch eine Vielzahl von internationalen Studien untermauert[645]. Beispielsweise wird Singapur wiederholt als „*The world's easiest place to do business*[646]", „*The most globalized country in the world*[647]", „*The world's leader in foreign trade*[648]", „*The 2nd most competitive country in*

---

639 *Central Intelligence Agency*, The World Factbook, https://www.cia.gov/library/publications/the-world-factbook/geos/sn.html. Dies entspricht beispielsweise der Fläche der Stadt Frankfurt am Main oder der Fläche des Bodenseegebiets.

640 *Singapore Department of Statistics*, Advance Census Release, S. v.

641 *Singapore Department of Statistics*, Statistical Release 1, S. viii.

642 *Central Intelligence Agency*, The World Factbook, https://www.cia.gov/library/publications/the-world-factbook/geos/sn.html. Damit nimmt die Republik Singapur im weltweiten Vergleich Platz 40 ein.

643 *Central Intelligence Agency*, The World Factbook, https://www.cia.gov/library/publications/the-world-factbook/geos/sn.html. Damit nimmt die Republik Singapur im weltweiten Vergleich Platz 5 ein.

644 *Central Intelligence Agency*, The World Factbook, https://www.cia.gov/library/publications/the-world-factbook/geos/sn.html. Damit nimmt die Republik Singapur im weltweiten Vergleich Platz 2 in 2010 und Platz 79 in 2011 ein.

645 Dazu auch http://www.edb.gov.sg/edb/sg/en_uk/index/why_singapore/singapore_rankings.html

646 *World Bank Publications*, Doing Business 2011, S. 4. Daneben wird auch die weltweit herausragende Stellung von Singapur bei Exportbedingungen (Seite 68) und der Vertragsvollstreckung (Seite 75) herausgehoben.

647 *Foreign Policy/A. T. Kearney*, Foreign Policy 2007, 68 (71).

648 *Foreign Policy/A. T. Kearney*, Foreign Policy 2007, 68 (70).

the world[649]" oder „*The country with the world's best legal framework*[650]" bezeichnet.

Durch die Singapur auszeichnende günstige geografischen Lage, ein hohes Maß an politischer wie wirtschaftlicher Stabilität, eine ausgezeichnete Infrastruktur und hohes Bildungsniveau bildet der Stadtstaat für viele Unternehmen einen wichtigen Dreh- und Angelpunkt für Geschäftsbeziehungen mit, von und innerhalb des kontinuierlich an Bedeutung gewinnenden asiatischen Kontinents. Beispielsweise kann ein Großteil der asiatischen Wirtschaftszentren und damit auch die Hälfte der Weltbevölkerung innerhalb von bis zu 7 Flugstunden von Singapur aus erreicht werden. Daneben profitiert der Stadtstaat auch von seiner sprachlichen, religiösen und kulturellen Vielfalt, die eine Einbindung in eine globalisierte Weltwirtschaft erheblich erleichtert[651]. Die geschätzten Export- und Importwerte von 409,2 Milliarden USD (Export)[652] und 365,5 Milliarden USD (Import)[653] sind ein weiterer Beleg für die herausragende regionale und globale Stellung des kleinen Stadtstaats.

b) Geschichtliche Entwicklung

Der Grundstein für den raketenartigen Aufstieg der kleinen Insel *Singapura*[654] von einem winzigen, verschlafenen Fischerdorf mit circa 150 Einwohnern[655] hin zu einem modernen, multikulturellen, pulsierenden Stadtstaat und einer der bedeutendsten Metropolen in Asien und darüber hinaus wurde am 28. Januar 1819 gelegt, als *Sir Thomas Stanford Raffles* erstmals seinen Fuß auf die Insel

---

649 *World Economic Forum*, S. 15.

650 Vgl. u.a. *International Institute for Management*, World Competitiveness Yearbook, abrufbar unter: http://www.imd.org/research/publications/ wcy/ wcy_online.cfm.

651 So auch *Wee*, The Dragon, Elephant and the Little Red Dot, S. 3.

652 *Central Intelligence Agency*, The World Factbook, https://www.cia.gov/library/publications/the-world-factbook/geos/sn.html. Damit nimmt die Republik Singapur im weltweiten Vergleich Platz 14 ein.

653 *Central Intelligence Agency*, The World Factbook, https://www.cia.gov/library/publications/the-world-factbook/geos/sn.html. Damit nimmt die Republik Singapur im weltweiten Vergleich Platz 60 ein.

654 Der Name „Singapura" stammt aus einer Legende, nach der Prinz Sang Nila Utama im 13. Jahrhundert auf der Insel Temasek (übersetzt „Wasser Stadt") landete um dort Schutz vor einem Unwetter zu suchen. Dabei erblickte er eine löwenartige Kreatur, worauf er die Insel fortan als „Singapura" (übersetzt „Löwen-Stadt") bezeichnetet. Noch heute bildet ein halb fisch- und halb löwenartige Fabelwesen (auch bekannt unter der Bezeichnung „Merlion") das Wahrzeichen der Republik Singapur.

655 *Phang*, Sing. LR 21 (2000), 23 (27).

setzte[656]. Als Repräsentant der *British East India Company*, die seinerzeit mit ihren Mitstreitern in einem erbitterten Wettkampf um die Vorherrschaft der Handelsströme im Fernen Osten stand, erkannte Sir Raffles die strategische und geopolitische Bedeutung des an der „Straße von Malakka“ äußerst günstig gelegenen Standorts[657]. Von einem anfangs reinen Handelsstützpunkt unter der Billigung des Sultans von Johore (1819-1924), über die britische Kolonialisierung im Rahmen des sogenannten „*Straits Settlement*“ (1824 – 1942)[658], der japanischen Besetzung im Zweiten Weltkrieg (1942 – 1945), der erneuten Kolonialherrschaft mit zunehmender Selbstverwaltung (1945 – 1961), der Unabhängigkeit von den Briten durch den Beitritt zur Malaysischen Föderation (1961 – 1965) bis hin zur völkerrechtlichen Souveränität am 9. August 1965 gewann Singapur langsam, aber stetig zunehmend an Struktur und Bedeutung[659].

Die größte Entwicklung fand allerdings erst in den letzten Jahrzehnten statt, in denen sich die Republik Singapur von einem der weltbedeutendsten Häfen, trotz der Ermangelung eigener Ressourcen, zu einem hoch entwickelten „Global Player“ in vielen weiteren Wirtschaftssektoren entwickelt hat. Das Geheimrezept des Erfolgs Singapurs ist dabei auf viele der zuvor in *Kapitel 3 II 1.) a)* genannten Faktoren zurückzuführen. In Abgrenzung zu anderen aufstrebenden Nationen in der Region profitiert der multikulturelle Mikrostaat aber insbesondere von seiner besonderen Mischung aus einem stark betonten, westlich geprägten demokratischen Wirtschaftsliberalismus und einem asiatisch geprägten Autoritarismus, die vor allem auch in dem Verhältnis des singapurischen Staats gegenüber der Rechtsinstitution der Schiedsgerichtsbarkeit deutlich zu erkennen ist[660].

---

656 Über die Geschichte Singapurs vor 1819 ist abgesehen von der zuvor beschriebenen Sage des „Merlion“ wenig bekannt. Zum Zeitpunkt der Anlandung von Sir Thomas Stamford Raffles unterlag die Insel Singapur der Herrschaft des Sultans von Johore.

657 Die Straße von Malakka gehört damals wie heute zu den am stärksten frequentierten Wasserstraßen der Welt. Es ist daher nicht verwunderlich, dass der singapurische Seefrachthafen sowohl nach Frachtvolumen als auch Containerumschlag gemessen, als zweitgrößter Seefrachthafen der Welt gilt. Vgl. *American Association of Port Authorities*, World Port Ranking 2008. Abrufbar unter: http://www.aapa-ports.org/Industry/content.cfm?ItemNumber=900&navItemNumber=551

658 Dem sogenannten „Straits Settlement“ gehoerten die Gebieten Penang, Malacca und Singapur an.

659 Vertiefend *Tan*, Singapore Legal History, 27 ff.; *Woon*, S. 108 ff.; *Jenckel*, S.3 ff.; *Schütze/Hirt*, S. 1 f.

660 Vgl. *McBain*, Spear´s Magazine 23 (2011), 78 (80).

c) Die singapurische Rechtsordnung

Prägnant für den ehemaligen Kolonialstaat ist, dass das singapurische Recht als ein Schmelztiegel unterschiedlichster Rechtsordnungen und Rechtsgrundsätze zu verstehen ist, die teilweise auch nebeneinander zur Anwendung gelangen können. Geprägt durch die Kolonialgeschichte bildet das Fundament der singapurischen Rechtsordnung, ähnlich den Rechtssystemen in Hongkong, Indien und Malaysia, das in erster Linie auf Gewohnheitsrecht basierende britische Common Law[661].

Vor der Ankunft der Briten herrschte mehr rechtliches Chaos als geordnete Rechtsverhältnisse[662]. Bei Meinungsverschiedenheiten wurden die Führer der jeweiligen ethnischen Gruppen befragt, was wiederum auf die tiefe historische Verwurzelung alternativer Streitbeilegungsmethoden im singapurischen Rechtssystem hinweist[663]. Unter der Herrschaft des Sultans von Johore wurde die Rechtsprechung durch den höchsten Beamten des Sultanats Dato Temenggong nach malaiischem Brauchtum durchgeführt[664].

Seit den ersten Tagen unter dem Regime der *British East India Company* bis hin zur Unabhängigkeit 1965 war die singapurische Rechtsordnung hingegen mit dem Recht ihrer britischen Kolonialmacht untrennbar verbunden[665]. Selbst noch nach Jahren der Unabhängigkeit wurden Gesetze, Rechtsgrundsätze und Rechtsprechung nahezu „eins zu eins“ (automatisch) in das singapurische Recht übernommen[666].

---

661 Vertiefend *Phang*, Sing. LR 21 (2000), 23 ff.; *Tan*, Singapore Legal History, S. 1 ff.; *Woon*, S. 112 ff.; *Jenckel*, S. 9 ff.; *Schäfer*, Arb. Int'l. 16 (2000), 297 (298 ff.).

662 Zum anfänglichen Rechtspluralismus, der in verminderter Form auch heute noch in Singapur eine Rolle spielt, *Jenckel*, S. 35, 83 ff.

663 Vgl. *Phang*, Sing. LR 21 (2000), 23 (27).

664 *Jenckel*, S. 9 f.

665 Differenzierend *Jenckel*, S. 57 ff.

666 Detailliert zur Kontinuität des Kolonialrechts über die britische Herrschaftszeit hinaus, *Woon*, S. 122 ff. Dies galt for allem im Bereich des allgemeinen Zivilrechts, während die Republik Singapur in anderen Rechtsgebieten, wie beispielsweise dem Strafrecht, Gesellschaftsrecht und Sachenrecht schon früh eine eigenständige Rechtsdogmatik entwickelte.

Rechtsdogmatisch betrachtet basiert die „*Indoktrinierung*" des englischen Rechts auf drei, das singapurische Recht prägenden Rechtsakten:

- 27. November 1826 „Second Charter of Justice"
  Die „*Second Charter of Justice*" erstrecke das von der englischen Krone der British East India Company gewährte Privileg der Rechtsprechung in den von der Gesellschaft verwalteten Gebieten („*First Charter of Justice*") auf das gesamte „*Straits Settlement*" und damit auch auf Singapur. Obwohl die Charta keinen ausdrücklichen Verweis auf die Anwendung englischen Rechts enthielt, führte die Anwendung der auf Billigkeitsrecht basierenden Rechtssätze zumindest mittelbar zu einer Anwendung englischer Rechts. Der Grund dafür ist darin zu sehen, dass der gesamte Justizapparat zu jener Zeit nahezu ausschließlich in der Hand der Kolonialmacht lag und so quasi „über die Hintertür" das von den Rechtsanwendern vertraute Recht zunehmend in Singapur Einfluss erlangte[667].

- 23. Juli 1909 "Civil Law Act"
  Mit zunehmendem (wirtschaftlichem) Wachstum musste zwangsläufig auch das singapurische Rechtssystem auf ein stabileres Fundament gestellt werden und das bis dahin bestehende Rechtsvakuum durch eigene – wenn auch weitestgehend auf britisches Recht verweisende – Rechtsvorschriften ersetzt werden[668].

- 12. November 1993 "Application of English Law Act[669]"
  Obwohl Singapur im Jahre 1965 die staatliche Unabhängigkeit erlangte, fehlte es dem Stadtstaat noch über Jahre hinaus an einer faktischen rechtlichen Unabhängigkeit. In wesentlichen Bereichen fand nach wie vor das englische Recht einschließlich aller Rechtsänderungen unmittelbare Anwendung. Selbst das höchste Berufungsgericht der unabhängigen

---

667 Nach *Andrew Phang Boon Long* wurde beispielsweise erst im Jahre 1894 der erste chinesische Anwalt zur Anwaltskammer zugelassen (*Phang*, S. 69).

668 Nach § 5 Abs. 1 Civil Law Act sollte "*...in allen [privatrechtlichen] enstehenden Rechtsstreitigkeiten, welche der singapurischen Jurisdiktion unterliegen, das selbe Recht zur Anwendung gelangen, welches in Hinblick auf die zu entscheidende Angelegenheiten bei einem gleich gelagtern Fall in England zur Anwendung käme...*". Von der Zeit der japanischen Besatzung abgesehen, wurde diese Rechtsmethodik jeweil in die einzelnen staatshistorischen Entwicklungsphasen Singapurs, bis einschließlich der Unabhängigkeit Singapurs, übernommen. Vgl. dazu entsprechende Vorschriften § 73 Malaysia Act (beim Eintritt in die Malaysische Föderation) und § 13 Republic of Singapore Independence Act.

669 Act 35 of 1993, Application of Englisch Law Act (Chapter 7A of the Laws of Singapore).

Republik Singapur, der sogenannte „Privy Council", hatte seinen Sitz in London und wurde von der ehemaligen Kolonialmacht bis 1994 gestellt[670]. Dies führte zwangsläufig zu erheblichen Problemen der Rechtsanwendung, insbesondere ob und in welcher Gestalt im konkreten Einzelfall englisches Recht Anwendung fand. Mit zunehmender Erkenntnis dieser Problematik wurde das Streben hin zu einer faktischen (rechtlichen) Unabhängigkeit immer deutlicher. Es wurde erkannt, dass in Anbetracht örtlicher, wirtschaftlicher, multiethnischer, multireligiöser und sozialer Besonderheiten einer südostasiatischen Gesellschaft Singapur eine eigene Antwort auf seine ureigenen rechtlichen Probleme entwickeln musste[671]. Als Konsequenz dieser Bestrebungen wurde der „*Application of English Law Act*" im singapurischen Parlament am 12. Oktober 1993 verabschiedet, durch welchen die bis dahin gemeinsamen Wege des singapurischen und englischen Rechts zumindest rein dogmatisch getrennt und das singapurische Rechtssystem mit Blick auf die Zukunft endgültig auf eigene Füße gestellt wurde. Getragen von grundlegenden Reformen in den 90er Jahren und dem Selbstbewusstsein einer boomenden Wirtschaft, entwickelte sich die singapurische Rechtsordnung zunehmend zu einem international ausgerichteten, eigenständigen, stabilen und weltweit anerkannten Rechtssystem[672].

Die moderne singapurische Rechtsordnung ist heutzutage dadurch gekennzeichnet, dass sie basierend auf grundlegenden Rechtsprinzipien des englischen Rechts beziehungsweise des Common Law-Rechtskreises bewährte Rechtselemente von anderen Rechtssystemen entleiht und entsprechend an örtliche Gegebenheiten anpasst, um dadurch bestmögliche (wirtschaftliche) Rahmenbedingungen für die singapurische Bevölkerung zu schaffen[673].

Dies darf aber, wie später am Beispiel der Geschichte der singapurischen Schiedsgerichtsbarkeit nochmals deutlich wird, nicht darüber hinwegtäuschen, dass das englische Recht auch heute noch stark in der singapurischen Rechtsordnung verwurzelt ist und erheblichen Einfluss hat[674]. Neben der historischen und legislativen Verwandtschaft zum englischen Recht liegt dies in praktischer Hinsicht auch daran, dass in einem weitestgehend auf Präzedenzrecht basierenden Rechtssystem, bei Ermangelung eigener Quellen zur Lösung von

670 Ausführlich dazu *Jenckel*, S. 115 ff.

671 Vgl. Ansprache des *Chief Justice Yong Pung How*, in: *Yong Pung How*, 193 f.

672 Vgl. u.a. *International Institute for Management*, World Competitiveness Yearbook, abrufbar unter: http://www.imd.org/research/publications/wcy/wcy_online.cfm; *World Justice Project*, S. 92; *World Bank*, Doing Business 2012, S. 125.

673 Vgl. dazu *Schaefer*, J. Int'l Arb. 16 (1999), 41 (41 ff.).

674 Vgl. *Schaefer*, Arb. Int'l 16 (2000), 297 (299).

Rechtsproblemen, der Blick über den Kontinent zu einem nahezu identischen System am nächsten liegt. Dazu mag sicherlich auch beitragen, dass in aller Regel ein nicht ganz unerheblicher Teil des juristischen Nachwuchses wenigstens einen Teil seines Rechtsstudiums in Großbritannien oder anderen Common Law Nationen ableistet.

2.) Entwicklung der Schiedsgerichtsbarkeit in Singapur

Allgemein wird den Völkern des asiatischen Kontinents eine lange Tradition der Streitschlichtung zugesprochen, was, wie zuvor in *Kapitel 1 IV. 2.)* genauer beschrieben, in aller Regel auf das in den verschiedenen Kulturen zutiefst verwurzelte Gemeinschafts- und Harmoniestreben des Einzelnen zurückzuführen ist. Für die Insel Singapur sind abgesehen davon, dass in dem vorkolonialen Zeitalter die Führer der jeweiligen ethnischen Gruppen zu ihrer Rechtsansicht befragt wurden, keine weiteren Hinweise auf eine frühe Existenz einer rudimentären Form der Schiedsgerichtsbarkeit bekannt[675].

Der erste schriftliche Beleg existierender Schiedsstrukturen kann durch ein Gerichtsurteil vom 26. Dezember 1839, der Zeit des sogenannten „Straits Settlement“, geführt werden, in dem das Gericht die Aufhebung eines Schiedsspruchs verweigerte[676]. Ähnlich der Situation zu Beginn des kolonialen Hongkongs, wurden basierend auf der zuvor beschriebenen indirekten Übernahme englischen (Schieds-)Rechts und vermutlich auch aus praktischen Erwägungen heraus sehr früh Schiedsverfahren ein- bzw. weitergeführt, die der heutigen Schiedsgerichtsbarkeit sehr ähnlich waren[677]. Das angewandte Recht basierte dabei vermutlich zunächst auf den Grundsätzen des englischen „*Statute 9 Will. III c.15*“ aus dem Jahre 1698, welche durch die zuvor beschriebene

---

675 Vgl. *Phang*, Sing. LR 21 (2000), 23 (27); *Lee Suet Lin Joyce*, J. Int'l Arb. 15 (1998), 95 (96); kritisch *Woon*, S. 112 Fn. 22.

676 *Ponachee* v. *J. B. Westerhout*, and the East India Company [1889] II SLJ 82. In dem Urteil hatte das Gericht über die zwangsweise Durchsetzung einer Räumungsklage zu entscheiden. Zuvor war die Grenzstreitigkeit durch Parteivereinbarung und Gerichtsbeschluss an ein Schiedstribunal übertragen worden, dessen Schiedsspruch zugunsten der Klägerin weiter vor Gericht vollstreckt werden sollte. Die in dem Verfahren vor dem Schiedstribunal unterlegene Partei beantragte hingegen die Aufhebung des Schiedsspruchs nach dem „Statute of William 3rd“. Unter anderem aus Gründen der Nichtgewährung rechtlichen Gehörs, der Befangenheit und fehlerhafter Entscheidung des Tribunals.

677 Ausführlich zu der vergleichbaren Situation in Hongkong, *Roebuck/Munn*, Arb. Int'l 26 (2010), 87 ff.

„*Second Charter of Justice, 1826*“ mittelbar in die singapurische Rechtsordnung übernommen worden ist[678].

Ausdrücklich geregelt wurde das Schiedswesen am 30. Oktober 1890 mit dem Erlass des „*The Arbitration Ordinance, 1890*“ durch den Gouverneur des „*Straits Settlement*“[679]. Der Rechtslage in England entsprechend wurde darin beispielsweise die Schiedsabrede nach Art. 1 als „*... eine schriftliche Vereinbarung, gegenwärtige oder zukünftige Meinungsverschiedenheiten der Schiedsgerichtsbarkeit zu übertragen ...*[680]“ definiert, welcher nach Art. 4 „*... dieselbe Wirkung wie einem Gerichtsbeschluss ...*[681]“ zugesprochen wurde. Daneben enthielt Art. 14 erstmals eine Regelung zur Anerkennung und Vollstreckung des Schiedsspruchs „*... in gleicher Weise, als ob dieser durch das Gericht oder einen Richter veranlasst worden wäre*[682]“.

Entsprechend der kolonialen Rechtstradition der Rezeption britischen Rechts und den konstitutiven Veränderungen der Staatsstruktur Singapurs bis hin zu Singapurs Unabhängigkeit im Jahre 1965 wurden die Regelungen der Rechtsverordnung mehrfach abgeändert und an die neuen Umstände angepasst[683]. Zunächst wurde die Rechtsverordnung am 4. Mai 1953 durch die „*Arbitration Ordinance, 1953*[684]“ ersetzt, um damit den in demselben Jahr verabschiedeten Regelungen des britischen „*Arbitration Act*“ auch in Singapur Geltung zu verschaffen[685]. Mit der Unabhängigkeit der Republik Singapur wurden die bis zu diesem Zeitpunkt geltenden Regelungen in die neue Rechtsordnung durch den singapurischen „*Arbitration Act*“ übernommen[686].

In diesem Zeitraum ist davon auszugehen, dass bedingt durch die pluralistische Rechtskultur und Effizienzproblem der Justiz viele *ad hoc* Schiedsverfahren verborgen vor der Aufmerksamkeit der Öffentlichkeit oder vor den zahlreichen ansässigen Handelskammern durchgeführt wurden[687]. Dies gerade auch, da die Republik Singapur nicht dem englischen Vorbild gefolgt

---

678 Vgl. dazu *Lee Suet Lin Joyce*, J. Int'l Arb. 15 (1998), 95 (96 f.).

679 Ordinance Nr. XII of 1890, Straits Settlement Government Gazette; vgl. zusammenfassend *Lee Suet Lin Joyce*, J. Int'l Arb. 15 (1998), 95 (97 f.).

680 Art. 1 Arbitration Ordinance, 1890.

681 Art. 4 Arbitration Ordinance, 1890.

682 Art. 14 Arbitration Ordinance, 1890.

683 Vgl. dazu *Hwang/Chan/Selvaraj*, in: Moser, 2. Aufl., SING-3 (4).

684 Act 14 of 1953, Arbitration Ordinance, 1953 (Chapter 16 of the Laws of the Colony of Singapore), abgedruckt in: *Colony of Singapore Government Gazette*, S. 94 ff.

685 *Lee Suet Lin Joyce*, J. Int'l Arb. 15 (1998), 95 (99).

686 Dazwischen wurde den die Vorschriften durch § 73 Malaysia Act und § 13 Republik of Singapore Independence Act in die jeweiligen Staatsformen mit übertragen (*Hwang/Chan/Selvaraj*, in: *Moser*, 2. Aufl., SING-3 (4 Fn. 3).

687 Vgl. *Jenckel*, S. 135 f.

war, spezielle Gerichte für Handelssachen zu schaffen und der Versuch, in einer besonderen Liste aufgeführte Handelssachen beschleunigt zu behandelt, nicht von besonderem Erfolg gekrönt war.

In 1981 wurde die älteste singapurische institutionelle Schiedsorganisation, das „*Singapore Institute of Arbitrators*“ (kurz „*SiArb*“) gegründet. Die Hauptaufgabe von *SiArb* beschränkte sich damals wie heute ausschließlich auf die Förderung der Schiedsgerichtsbarkeit allgemein und die Ausbildung von Schiedsrichtern[688].

Im Vergleich zu anderen mit Singapur im direkten Wettbewerb stehenden Wirtschaftszentren im südostasiatischen und pazifischen Raum trat die Republik Singapur dem UN-Abkommen erst verhältnismäßig spät am 21. August 1986 bei[689]. Die erforderliche Ratifizierung des UN-Abkommens in das singapurische Gesetzesrecht erfolgte i. S. v. Art. 12 UNÜ zum 19. November 1986 durch den Erlass des „*Arbitration (Foreign Awards) Act, 1986*[690]“. Der Beitritt zu dem UN-Abkommen markierte zugleich den Beginn einer Trendwende von der Übernahme eines „fremden“ Kolonialrechts und der einfachen Administration von Schiedsverfahren hin zu einem bewussten Bekenntnis zum Schiedswesen und dessen gezielter staatlichen Förderung.

Katalysiert durch einen boomenden Welthandel und den zunehmenden politischen wie wirtschaftlichen Bedeutungsgewinn des asiatischen Kontinents, stieg auch das Selbstbewusstsein der Republik Singapur in den 80er und 90er Jahren. Die neue Agenda des noch jungen Stadtstaates beabsichtigte, in vielen Wirtschaftssektoren zu einem führenden internationalen Dreh- und Angelplatz aufzusteigen. So auch im Bereich der Justizdienstleistungen[691]. Getragen wurde dieses Vorhaben aber auch von der Notwendigkeit ein insgesamt effizientes Streitbeilegungssystem zu schaffen, das einerseits der kontinuierlich steigenden Arbeitsbelastung der Justiz gewachsen war und andererseits seinen Beitrag dazu liefern konnte, einen Überhang von anhängigen Gerichtsverfahren aus mehreren Jahrzenten abzubauen. Unter der Führung des frisch ernannten *Chief Justice Yong Pung How* wurden in diesen Jahren eine Vielzahl an Reformen zur

688 Vgl. *Lee Tye Beng Joel*, in: *Tan*, 414 (429).

689 *Jayme/Hausmann*, Nr. 240 Fn. 1; BGBl. 1987 II, 177; http://www.uncitral.org/uncitral/en/uncitral texts/arbitration/NYConvention_status.html

690 Act 24 of 1986, Arbitration (Foreign) Awards Act, 1986 (Chapter 10A of the Laws of Singapore).

691 Beispielsweise wurde bereits 1985 der Ausbau des rechtlichen Dienstleistungssektors von der wirtschaftlichen Lenkungskommission der singapurischen Regierung empfohlen. Dazu zählte auch die Entwicklung der Singapurischen Republik zu einem Schiedszentrum. Vgl. dazu Singapore Parlament Debates, Official Report (31. Oktober 1994) vol. 63 Rn. 625 (*Ho Peng Kee*, Parliament Secretary to the Minister for Law).

Effizienzsteigerung der Justiz auf den Weg gebracht. Insbesondere die Stärkung und der Ausbau von alternativen Streitbeilegungsmethoden spielte zunehmend eine wichtige Rolle[692]. Diese wurden ausdrücklich nicht als Konkurrenz, sondern vielmehr als notwendige Unterstützung der staatlichen Gerichte gesehen[693], wodurch die Republik Singapur zusammen mit Hongkong zu den Pionieren einer modernen Schiedsgerichtsbarkeit in Asien zählte und der Grundstein einer beispiellosen regionalen wie überregionalen Erfolgsgeschichte gelegt war[694].

In der Konsequenz wurde am 1. Juli 1991 mit staatlicher Unterstützung des „*Trade Development Board*“ und des „*Economic Development Board*“ das „*Singapore International Arbitration Centre*“ (kurz: „*SIAC*“) gegründet, um in enger Zusammenarbeit mit dem „*Singapore Institute of Arbitrators*“ die Entwicklung Singapurs als Zentrum für nationale und internationale Schiedsverfahren voranzutreiben[695]. Im Unterschied zu dem „*Singapore Institute of Arbitrators*“ fungiert *SIAC* allerdings im Sinne einer klassischen Schiedsinstitution mit einer eigenen Schiedsordnung und zählt heute zu den erfolgreichsten Schiedsinstitutionen der Welt.

Singapur hatte damit zwar einerseits Anfang der 90er Jahre das UN-Abkommen in die nationale Rechtsordnung übernommen und zugleich modernste Institutionen zur Förderung und Durchführung von Schiedsverfahren geschaffen, andererseits basierte das autonome Schiedsrecht auch weiterhin auf nicht mehr ganz zeitgemäßen Rechtsvorschriften, die mit dem ambitionierten Vorhaben, zu einem weltweit anerkannten Schiedszentrum emporzusteigen, kaum noch zu vereinbaren waren.

Beispielsweise galt damals nach dem *Legal Profession Act*[696] auch in inländischen Schiedsverfahren ein Rechtsschutzmonopol singapurischer Anwälte[697]. Dieses wurde kurz nach der Eröffnung des *SIAC* durch den neu eingefügten § 34A Legal Profession Act[698] erstmals gelockert[699] und nach

---

692 Grundlegend dazu die Antrittsrede des *Chief Justice Yong Pung How* vom 8. Oktober 1990, abgedruckt in:*Yong Pung How*, S. 25 ff.

693 So u.a. *Chief Justice Yong Pung How*, in: *Yong Pung How*, S. 74.

694 So auch *Schaefer*, Arb. Int'l 16 (2000), 297 (312).

695 Vgl. *Boo*, The Asian Business Lawyer 2008, 32 (33); *Lee Tye Beng Joel*, in: Tan, 414 (429).

696 Legal Profession Act (Chapter 161 of the Laws of Singapore, 1991 Ed).

697 Vgl. *Tabalujan*, J. Int'l Arb. 12 (1995), 51; *Hwang/Boo/Lai*, in: *ICCA*, Handbook on Commercial Arbitration, Singapore-35 f.; *Turner (East Asia) Pte. Ltd.* v. *Builders Federal (Hong Kong) Ltd. & Another*, [1988] SGHC, [1988] SLR 532.

698 Act 7 of 1992, Legal Professions (Ammendment) Act 1992 (Chapter 161 of the Laws of Singapore).

anhaltender Kritik 2004 durch § 35 Legal Profession Act gänzlich aufgehoben[700].

Vor allem entsprach aber der singapurische *Arbitration Act,* welcher noch auf der *Arbitration Ordinance, 1953* basierte, nicht mehr der globalen Entwicklung der von dem UNCITRAL-Mustergesetz 1985 geprägten international anerkannten Rechtsstandards. Nach einem intensiven Beratungsverfahren wurde daher mit Wirkung zum 27. Januar 1995 der „*International Arbitration Act, 1994*[701]" erlassen. Das Gesetz, welches im Rahmen dieser Arbeit nachfolgend genauer betrachtet werden soll, setzt unter Beibehaltung des *Arbitration Act* für rein nationale Schiedsverfahren und Aufhebung des *Arbitration (Foreign Awards) Act* weitestgehend das UNCITRAL-Mustergesetz in die singapurische Rechtsordnung um[702].

Im Jahre 1997 hatte das Büro des singapurischen *Attorney-General* ein *ad hoc* Komitee zur Überprüfung und Harmonisierung des singapurischen Schiedsrechts einberufen. Mit den Abschlussempfehlungen wurde von dem Komitee zugleich ein Gesetzesentwurf zur Reformierung des spätestens mit Erlass des *International Arbitration Act* überholten *Arbitration Act* vorgelegt, welcher wiederum nach dem Durchlauf des ordentlichen Gesetzgebungsverfahrens mit Wirkung zum 1. März 2002 in den „*Arbitration Act, 2001*[703]" und den „*International Arbitration (Amendment) Act 2001*[704]" mündete[705].

Getragen von den zahlreichen weiteren Reformen des Schiedsrechts und einem Bestreben, die schiedsgerichtlichen Rahmenbedingungen kontinuierlich

---

699 § 34 A Legal Professions Act, 1992 Ed.: "*(1) For the avoidance of doubt, it is hereby declared that sections 32 and 33 shall not extend to any person acting as an advocate and solicitor in (a) proceedings before an arbitrator or umpire lawfully acting under any written law relating to arbitration (referred to in this section as arbitration proceedings) where the law, designated by the parties or otherwise determined by the rules of the conflict of laws, as applicable to the dispute to which the proceedings relate is not the law of Singapore; and (b) arbitration proceedings, where the applicable law referred to in paragraph (a) is the law of Singapore, if that person appears in the proceedings jointly with an advocate and solicitor who has in force a practising certificate....*"

700 Act 23 of 2004, Legal Profession (Ammendment) Act 2004 (Chapter 161 of the Laws of Singapore).

701 Act 23 of 1994, International Arbitration Act 1994 (Chapter 143A of the Laws of Singapore).

702 Genauer dazu nachfolgend *Kapitel 3 II. 3.) d) i.).*

703 Act 37 of 2001, Arbitration Act 2001 (Chapter 10 of the Laws of Singapore).

704 Act 38 of 2001, International Arbitration (Amendment) Act 2001 (Chapter 143A of the Laws of Singapore).

705 Genauer dazu nachfolgend *Kapitel 3 II. 3.) d) ii.).*

zu verbessern, trug die Arbeit der 90er Jahre erste Früchte. Rasch machte sich Singapur regional wie international einen Namen für seine vorbildliche Rechtsordnung und den Schiedsort Singapur. Dabei spielte die singapurische Legislative eine herausragende Rolle, die nicht davor zurückschreckt, mit Augenmaß in aktuelle Entwicklungen der singapurischen Schiedsgerichtsbarkeit einzugreifen, um rasch korrigierende oder klarstellende Maßnahmen zur Förderung der Schiedsgerichtsbarkeit zu beschließen[706].

Daneben schuf die singapurische Regierung weitere Anreize zur Förderung des Schiedsorts Singapur[707]. Beispielsweise können seit dem 1. Februar 2008 ausländische Schiedsrichter und Rechtsbeistände in Schiedsverfahren ohne besondere Arbeitsgenehmigung in Singapore tätig werden[708]. Zusätzlich wurden steuerliche Anreize zur Förderung inländischer Schiedsverfahren geschaffen. Unter anderem wurde die viel kritisierte Besteuerung des Einkommens ausländischer Schiedsrichter abgeschafft und ein 50 % Steuerabschlag auf das Einkommen von registrierten Anwälten aus singapurischen Schiedsverfahren gewährt.

Ergänzt wird die Schiedsgerichtsbarkeit in Singapur durch eine weite Bandbreite an außergerichtlichen Streitbeilegungsverfahren: Von institutionellen Streitschlichtungskörpern, wie beispielsweise dem *Industrial Conciliation Board, dem Income Tax Review Board*, dem *Council of Private Education* oder *dem Council for Estate Agencies* bis hin zu allgemeinen Streitschlichtungs- und Mediationsverfahren und deren jeweilige Mischformen[709].

Zuletzt unterstrich die die singapurische Regierung am 21. Januar 2010 mit der Eröffnung der *Maxwell Chambers* ihr jahrzehntelanges Bekenntnis zur Förderung alternativer Streitbeilegungsmethoden. Das weltweit erste integrierte Streitbeilegungszentrum agiert als eine sogenannte „*One-Stop Facility*“, die mehrere Streitbeilegungsinstitutionen, modernste Verhandlungsräumlichkeiten und damit in Verbindung stehenden Dienstleistern unter einem Dach vereint. Darunter neben *SIAC*, *SIArb* und den *Singapore Chambers of Maritime Arbitration* auch die Außenstelle des *ICC Court of Arbitration*, *International Centre of Dispute Resolution* der *American Arbitration Association* und das *WIPO Arbitration and Mediation Centre*.

---

706 *Hwang/Chang/Selvaraj*, in: *Moser*, 2. Aufl., SING-3 (5); *Howell*, SchiedsVZ 1 (2003), 114 (115 ff.). *Michael Moser* zählt die Gesetzgebung in Schiedssachen von Hongkong und Singapur zu den heute aktuellsten und fortschrittlichsten der Welt (*Moser*, 2. Aufl., S. XX).

707 Vgl. dazu u.a. *Lau*, in: *Weigand*, 693 (693 f.); *Gordon*, Asia´s Hub for Oil & Gas Arbitration, S. 2 f.

708 Vgl. auch SINARB 3 (2008), S. 1.

709 Vgl. auch *Schütze/Hirth*, S. 8 f.

Es ist daher nicht verwunderlich, dass Singapur mittlerweile auch im Bereich der Schiedsgerichtsbarkeit nicht nur regional, sondern zunehmend auch global eine führende Rolle einnimmt[710]. Die 2010 veröffentlichte empirische Studie der *Queen Mary School of International Arbitration* verleiht der Republik Singapur beispielsweise den Titel des beliebtesten Schiedsorts in Asien[711]. Damit reiht sich der Stadtstaat hinter London und Genf und zusammen mit Paris und Tokyo weltweit an dritter Stelle ein[712]. Dies wird auch durch die aktuelle Statistik des *International Court of Arbitration* bestätigt, wonach 2010 die meisten Schiedsverfahren mit einem asiatischen Schiedsort in Singapur durchgeführt wurden[713].

3.) Rechtsquellen

Die Anerkennung und Vollstreckung von Schiedssprüchen in Singapur richtet sich nach einer überschaubaren Anzahl an Gesetzen und sonstigen Rechtsquellen. Welche Vorschriften davon im Einzelfall Anwendung finden, bestimmt sich dem Territorialitätsprinzip folgend in erster Linie nach dem Ort, an welchem der Schiedsspruch oder gegebenenfalls das auf einem Schiedsakt basierende gerichtliche Urteil erlassen worden ist. Da die anzuwendenden Vorschriften eng miteinander verknüpft sind und teilweise aufeinander verweisen, sollen zunächst alle relevanten singapurischen Rechtsquellen aufgezeigt und in gebotener Kürze beschrieben werden.

---

710 Zu den Gründen vertiefend *Pryles*, Singapore: The Hub of Arbitration in Asia, S. 1 f.; *Koh*, in: SIAC, 534 (545); *Gordon*, Singapore – Asia's Hub for Oil & Gas Arbitration?, S. 2 f.

711 *Queen Mary School of International Arbitration*, 2010 International Arbitration Survey: Choices in International Arbitration, S. 19 f.

712 *Queen Mary School of International Arbitration*, 2010 International Arbitration Survey: Choices in International Arbitration, S. 19.

713 *ICC*, Bulletin 22 (2011), Internetausgabe, S. 15.

a) Multilaterale Staatsverträge

i.) New Yorker Übereinkommen über die Anerkennung und Vollstreckung ausländischer Schiedssprüche

Die Republik Singapur ist mit Wirkung zum 19. November 1986 dem New Yorker Übereinkommen über die Anerkennung und Vollstreckung ausländischer Schiedssprüche vom 10. Juni 1958 beigetreten[714]. Das UN-Abkommen wurde zunächst durch Erlass des *Arbitration (Foreign Awards) Act, 1986*[715] in die singapurische Rechtsordnung übernommen, welches mit Wirkung zum 27. Januar 1995 durch den *International Arbitration Act, 1994*[716] aufgehoben und in den 3. Abschnitt desselben Gesetzes integriert wurde[717].

ii.) Übereinkommen zur Beilegung von Investitionsstreitigkeiten

Das Übereinkommen zur Beilegung von Investitionsstreitigkeiten zwischen Staaten und Angehöriger anderer Staaten vom 18. März 1965 wurde von der Republik Singapur am 2. Februar 1968 gezeichnet[718]. Die Ratifizierung erfolgte durch den Erlass des *„Arbitration (International Investment Disputes) Act, 1968"* zum 10. September 1968[719]. Gemäß § 4 Abs. 1 AIIDA hat jede Person, die die Anerkennung und Vollstreckung eines unter dem Washington-Abkommen erlassenen Schiedsspruchs ersucht, das Recht, den Schiedsspruch vor dem singapurischen High Court registrieren zu lassen, worauf dem Schiedsspruch gem. § 5 AIIDA dann dieselbe Wirkung wie einem staatlichen Urteil zugesprochen wird.

---

714 *Jayme/Hausmann*, Nr. 240 Fn. 1; BGBl. 1987 II, 177; http://www.uncitral.org/uncitral/en/uncitral_ texts/arbitration/NYConvention_status.html

715 Act 24 of 1986, Arbitration (Foreign) Awards Act, 1986 (Chapter 10A of the Laws of Singapore).

716 Act 23 of 1994, International Arbitration Act, 1994 (Chapter 143A of the Laws of Singapore).

717 Genauer dazu *Kapitel 3 II. 3.) d.) i.) bb).*

718 http://icsid.worldbank.org/ICSID/FrontServlet?requestType=ICSIDDocRH&action Val=Contracting... States&ReqFrom=Main.

719 Act 18 of 1968, Arbitration (International Investment Disputes) Act, 1968 (Chapter 11 of the Laws of Singapore). Nachfolgend im Fließtext als „*AIIDA*" bezeichnet.

iii.) Reciprocal Enforcement of Commonwealth Judgments

Eine Sonderstellung nimmt das auf das Jahr 1921 zurückzuführende „*Reciprocal Enforcement of Commonwealth Judgments Act, 1985*[720]" ein, welches die gegenseitige Anerkennung höchstrichterlicher Urteile unter den Commonwealth Nationen garantiert. Paragraph 2 Abs. 1 RECJA bezieht dabei auch ausdrücklich die Anerkennung und Vollstreckung einer entsprechenden Vollstreckbarerklärung eines Schiedsspruchs in den Anwendungsbereich mit ein[721].

b) Regionale Staatsverträge

Am 26. Februar 2009 wurde von der Republik Singapur zusammen mit 9 weiteren ASEAN-Mitgliedstaaten das *ASEAN „Comprehensive Investment Agreement*[722]*"* zur Förderung regionaler Direktinvestitionen geschlossen[723]. Der Staatsvertrag verweist dabei ausdrücklich auch auf die Möglichkeit der Anerkennung und Vollstreckung von dem ASEAN IA unterfallenden Schiedssprüchen nach dem UN-Abkommen, in dem diese gem. Art. 41 Abs. 8 ASEAN IA als Handelsstreitigkeiten i. S. v. Art. 1 Abs. 3 Satz 1 UNÜ anzusehen sind.

Daneben setzt sich die Republik Singapur innerhalb der ASEAN-Staatengemeinschaft für die regionale Harmonisierung des Schiedsrechts und dessen einheitliche Anwendung ein[724]. Ein Beispiel dafür sind die aktuellen Bestrebungen zum Entwurf eines „*ASEAN Protocol on Enforcement of Awards*" unter der Schirmherrschaft der *ASEAN Law Association*[725]. Die Gespräche zeigen erneut, wie vielseitig die Rechtslage in den einzelnen Staaten ist. Gespannt kann die Entwicklung in den kommenden Jahren abgewartet werden, wobei die in Singapur vorherrschende Rechtslage sicherlich eine bedeutende Rolle einnehmen wird.

---

720 Reciprocal Enforcement of Commonwealth Judgments Act, 1985 (Chapter 264, 1985 Rev. ed. of the Laws of Singapore). Nachfolgend im Fließtext auch "*RECJA*" bezeichnet.

721 Ausführlich dazu nachfolgend *Kapitel 3 IV. 2.)*.

722 Abrufbar unter: http://www.asean.org/documents/FINAL-SIGNED-ACIA.pdf

723 Siehe dazu *Kapitel 2 III. 2.) f)*.

724 Vgl. dazu auch Joint Statement of the Seventh ASEAN Law Ministers Meeting vom 20. Oktober 2008, Rn. 10; abrufbar unter http://www.aseansec.org/22702.htm

725 Siehe dazu auch *Kapitel 2 III. 2.) g)*.

c) Bilaterale Staatsverträge

Die Republik Singapur hat eine Fülle an bilateralen Handels- und Investitionsabkommen gezeichnet, in denen vielfach auch Vorschriften zur Beilegung von Rechtsstreitigkeiten im Wege der Schiedsgerichtsbarkeit enthalten sind[726]. Gesonderte Vereinbarungen über die Anerkennung und Vollstreckung entsprechender Schiedssprüche bilden hingegen die Ausnahme. Abhängig von dem gewählten Regime der Streitbeilegung kommt daher meist eine Anerkennung des Schiedsspruchs nach den Vorschriften des Washington-Abkommens oder auch des UN-Abkommens in Betracht.

Bei dem Abschluss reiner Vollstreckungsabkommen ist die Republik Singapur unter dem Verweis auf bereits bestehende multilaterale Vereinbarungen tendenziell zurückhaltend. Abgesehen von dem *„Reciprocal Enforcement of Foreign Judgments (Hong Kong Special Administrative Region of the People´s Republic of China) Order*[727]", welches ein Exequatur nach dem *„Reciprocal Enforcement of Foreign Judgements Act*[728]" ermöglicht, bestehen derzeit keine bilateralen Vollstreckungsmöglichkeiten von Schiedssprüchen bzw. Exequaturentscheidungen[729].

d) Staatliche Rechtsquellen

Im Unterschied zu der stark rechtspluralistisch geprägten Rechtsordnung in den Anfängen Singapurs und den teils mit der Rezeption des englischen Rechts verbundenen erheblichen Rechtsunsicherheiten bezüglich der Anwendbarkeit bestimmter Rechtsvorschriften ist die Rechtslage im Bereich der Schiedsgerichtsbarkeit in Singapur heutzutage deutlich einfacher und übersichtlicher. Das singapurische Schiedsrecht der Gegenwart wird weitestgehend von dem *Arbitration Act*[730] und dem *International Arbitration Act*[731] geregelt. Ergänzt werden diese Bestimmungen durch die *„Rules of Court"* und dem Common Law innewohnendes Präzedenzrecht.

---

726 Vgl. u.a. *Lau*, in *Weigand*, Rn. 10.300 f.

727 Reciprocal Enforcement of Foreign Judgments (Hong Kong Special Administrative Region of the People´s Republic of China) Order 1999 (GN No S 93/1999).

728 Reciprocal Enforcement of Foreign Judgments Act 2001 (Chapter 265, 2001 Rev.Ed. of the laws of Singapore). Nachfolgend im Fließtext auch als "*REFJA*" bezeichnet.

729 *Halsbury*, Arbitration, Rn. 20.011; ausführlich dazu nachfolgend *Kapitel 3 IV. 2.), 3.).*

730 Arbitration Act (Chapter 10, 2002 Rev. Ed. of the Laws of Singapore). Nachfolgend im Fließtext als "*AA*" bezeichnet.

731 International Arbitration Act (Chapter 143A, 2002 Rev. Ed. of the Laws of Singapore). Nachfolgend im Fließtext als "*IAA*" bezeichnet.

i.) International Arbitration Act

aa) Allgemein

Obwohl der bereits mit Wirkung zum 19. Dezember 1986 in Kraft getretene *Arbitration (Foreign Award) Act* den Anschein erwecken vermag, dass dieses Gesetz neben der Anerkennung und Vollstreckung von Schiedssprüchen auch Regelungen bezüglich des Schiedsverfahrens enthält, diente dieses Gesetz ausschließlich dazu, den Beitritt der Republik Singapur zu dem UN-Abkommen in die singapurischen Rechtsordnung umzusetzen. Ergänzend dazu wurden alle Schiedsverfahren bis zum Inkrafttreten des IAA im Jahr 1995 einheitlich von dem veralteten, noch aus der Kolonialzeit stammenden und auf das lokale Schiedswesen zugeschnittene AA miterfasst. Aufgrund der damals geringen Anzahl an internationalen Schiedsverfahren mit Schiedsort Singapur stellte dies anfänglich kein größeres Problem dar[732]. Allerdings entsprachen die Regelungen des AA, nach der Veröffentlichung und Empfehlung des UNCITRAL-Mustergesetzes durch die Vollversammlung der Vereinten Nationen, nicht mehr den international anerkannten Rechtsstandards. Insbesondere erlaubte der bis dahin anzuwendende und mit dem englischen Recht eng verbundene AA ein relativ höheres Maß an Interventionsmöglichkeiten der staatlichen Gerichte, als dies in dem UNCITRAL-Mustergesetz vorgesehen ist[733]. Beispielsweise war bis zum Erlass des IAA bezüglich aller nationalen Schiedssprüche eine Aufhebung eines Schiedsspruchs auf der Grundlage von Rechtsanwendungsfehlern möglich[734]. Dies widersprach den zuvor beschriebenen ehrgeizigen Zielen der Republik Singapur, zu einem Dreh- und Angelpunkt im regionalen oder gar internationalen Geschäftsverkehr emporzusteigen[735].

Konsequenterweise und katalysiert durch Gründung des *Singapur Arbitration Centre*, wurde im Rahmen der Reformbewegung der 90er Jahren am 22. November 1991 von dem *Attorney-General* eine Gesetzgebungskommission zur Überarbeitung des existierenden Schiedsrechts im Lichte der internationalen Entwicklungen eingesetzt[736]. Dabei darf, wie in der singapurischen Rechtsentwicklung üblich, der Blick nach Großbritannien nicht vergessen werden, welches zur selben Zeit damit befasst war, auf der Grundlage des

732 *Chew*, Arbitration in Singapore, S. 11.

733 *Boo/Lim*, J. Int'l Arb. 12 (1995), 75.

734 *Boo/Lim*, J. Int'l Arb. 12 (1995), 75 (79).

735 Vgl. *Chew*, Arbitration in Singapore, S. 11.

736 Vgl. Law Reform Committee, Sub-Committee Report on the Review of Arbitration Laws, S. 16, abrufbar unter: http://www.sal.org.sg/digitallibrary/Lists/Law%20Reform%20Reports/Attachments/1/review_of_arbitration_laws.pdf

„*Mustill Report*“ das nationale Schiedsrecht zu reformieren[737]. Die Kommission bezog daher die Studien und Argumentation der Briten in ihre eigenen Erwägungen mit ein[738].

Basierend auf den Empfehlungen der Kommission wurde am 25. November 1994 mit Wirkung zum 27. Januar 1995 der *International Arbitration Act* erlassen[739]. Der singapurische Gesetzgeber entschied sich damit, in Abkehr von dem zuvor geltenden Einheitssystem, für ein duales Schiedsverfahrensrecht, welches gem. Art. 5 IAA, sofern keine übereinstimmende Rechtswahl der Parteien getroffen wurde, zwischen rein nationalen Schiedssprüchen, die nach dem AA zu behandeln sind, und nationalen Schiedssprüchen mit Auslandsbezug (sog. internationale Schiedssprüche), die dem IAA unterfallen, unterscheidet[740]. In Abweichung zu Art. 3 Abs. 1 MG, nach welchem ein schiedsrichterliches Verfahren als international anzusehen ist, wenn „*die Parteien der Schiedsvereinbarung im Zeitpunkt des Abschlusses dieser Vereinbarung ihre Niederlassung* <u>*in verschiedenen Staaten*</u> *haben*“, ist der *International Arbitration Act* gem. § 5 Abs. 2 (a) IAA bereits anzuwenden, wenn „*zumindest eine der Parteien der Schiedsvereinbarung im Zeitpunkt des Abschlusses dieser Vereinbarung ihre Niederlassung* <u>*in einem anderen Staat als Singapur*</u> *hat*“.

Durch das liberalere Regime des IAA sollte einerseits die Internationalisierung der singapurischen Wirtschaft und die Attraktivität Singapurs als internationales Schiedszentrum vorangetrieben werden. Andererseits wurde aus historischen und rechtspolitischen Gründen die Annahme eines liberalen Einheitssystems, welches insgesamt in einem weitgehenden Verzicht auf staatliche Interventionsmöglichkeiten resultiert hätte, zu dem damaligen Zeitpunkt als „*unakzeptabel radikal*“ für den singapurischen Juristenstand und den örtlichen Geschäftsmann empfunden[741].

Das UNCITRAL-Mustergesetz wurde vollumfänglich durch den IAA übernommen. Das 35 Paragraphen starke IAA ist in vier Abschnitte unterteilt. <u>Abschnitt 1 IAA</u> umfasst die Gesetzesformalien. <u>Abschnitt 2 IAA</u> übernimmt gem. § 3 Abs. 1 IAA das UNCITRAL-Mustergesetz per Gesamtrechtsverweis in die singapurische Rechtsordnung. Ausgenommen davon ist alleine Kapitel 8 MG über die Anerkennung und Vollstreckung von Schiedssprüchen, um

737 Vertiefend zu der Reform des englischen Arbitration Act, *Anselm*, S. 3 ff.

738 Vgl. *Law Reform Committee*, Sub-Committee Report on Review of Arbitration Laws, S. 17; *Chew*, Arbitration in Singapore, S. 12.

739 Act 23 of 1994, International Arbitration Act 1994 (Chapter 143A of the Laws of Singapore).

740 Vgl. *Law Reform Committee*, Sub-Committee Report on Review of Arbitration Laws, S. 18 ff.

741 *Law Reform Committee*, Sub-Committee Report on Review of Arbitration Laws, S. 18.

zugunsten der staatsvertraglichen Verpflichtung aus Art. 3 Satz 1 UNÜ bewusst jeglichen Auslegungskonflikt zu vermeiden[742]. Zusätzlich erhält der Abschnitt einzelne Regelungen zur Auslegung, Konkretisierung und vereinzelt auch der Erweiterung der im 1. Anhang IAA beigefügten Vorschriften des UNCITRAL-Mustergesetzes[743]. Durch diese Methodik sollte sichergestellt werden, dass internationale, mit dem UNCITRAL-Mustergesetz vertraute Rechtsanwender sich unmittelbar mit den singapurischen Besonderheiten in der Anwendung des Gesetzes vertraut machen können, um so dem Förderungszweck des Schiedsorts Singapur nachkommend unnötige Rechtsunsicherheit zu vermeiden[744].

Durch Abschnitt 3 IAA wurden die in dem *Arbitration (Foreign Awards) Act* enthaltenen Regelungen des UN-Abkommens aufgehoben und in den *International Arbitration Act* integriert[745]. Abschnitt 4 IAA enthält Nebenbestimmungen wie beispielsweise in § 35 IAA die Ermächtigungsgrundlage zum Erlass ergänzender Verfahrensregeln (sog. „*Rules of Court*")[746].

Aus den dargelegten Umständen, die zu der Reformierung des singapurischen Schiedsrechts geführt haben, den Gesetzgebungsmaterialien sowie dem Aufbau des IAA wird deutlich, dass sich der singapurische Gesetzgeber wesentlich an den international geltenden Rechtsstandards zur Förderung der internationalen Attraktivität des Standorts Singapur orientiert. So wurde beispielsweise das UNCITRAL-Mustergesetz vom 21. Juni 1985 nicht pauschal in die singapurische Rechtsordnung übernommen, sondern es wurden auch Erfahrungsberichte des UNCITRAL-Sekretariats und bereits dem UNCITRAL-Mustergesetz folgender Staaten in das intensive Beratungsverfahren mit einbezogen, um 10 Jahre nach der Veröffentlichung des UNCITRAL-Mustergesetzes die neuesten Entwicklungen der internationalen Schiedsgerichtsbarkeit in den Gesetzgebungsprozess mit einfließen zu lassen[747].

Bemerkenswert ist dabei, dass sich das singapurische Gesetzesrecht mit Blick auf den *Mustill-Report* und Reformbestrebungen zum englischen *Arbitration Act*[748] deutlich von seinen kolonialen Wurzeln verabschiedete und einen gesetzestechnisch relativ unabhängigen Weg vom englischen Recht wählte. Die ehemalige Kolonialmacht hat sich unter anderem ausdrücklich

---

742 Vgl. *Law Reform Committee*, Sub-Committee Report on Review of Arbitration Laws, S. 25.

743 Siehe dazu ausführlich *Boo/Lim*, J. Int'l Arb. 12 (1995), 75 ff.; *Tabalujan*, J. Int'l Arb. 12 (1995), 51 (55 ff.).

744 *Boo/Lim*, J. Int'l Arb. 12 (1995), 75 (76).

745 Weiterfürhend dazu *Kapitel 3 II. 3.) d) i.) bb).*

746 Dazu weiterführend *Kapitel 3 II. 3.) d) iii.).*

747 *Boo/Lim*, J. Int'l Arb. 12 (1995), 75 (76).

748 Arbitration Act 1996 (Chapter 23 of the Laws of the United Kingdom).

gegen eine Übernahme des UNCITRAL-Mustergesetzes, die Beibehaltung eines Einheitssystems für nationale sowie internationale Schiedsverfahren und ein höheres Maß an Interventionsmöglichkeiten entschieden[749]. Nach Auffassung des singapurischen Gesetzgebers wäre die Übernahme eines solchen Regimes nicht mit den ambitionierten Zielen der noch relativ unbekannten singapurischen Schiedsrechtsordnung vereinbar gewesen[750]. Insbesondere im Hinblick darauf, dass zu dieser Zeit 15 Staaten das UNCITRAL-Mustergesetz in ihre Rechtsordnung bereits übernommen hatten und viele weitere Staaten beabsichtigten, dies in naher Zukunft zu tun[751], darunter auch der Republik Singapur nahestehende Staaten wie Hongkong, Australien und Neuseeland, deren Rechtssystem und Rechtsgeschichte der singapurischen Kolonialgeschichte ähneln und die ebenfalls bewusst nicht dem eingeschlagenen Weg ihrer früheren Kolonialmacht gefolgt waren. Entsprechend wurden auch die Gesetzesmaterialien dieser Jurisdiktionen intensiv in die Beratungen mit einbezogen[752].

Seit dem Inkrafttreten des IAA am 27. Januar 1995 wurde das Gesetz mehrmals abgeändert. Die Änderungen bestanden dabei weitestgehend darin, die Anwendung des IAA bei national wie international aufgetretenen Auslegungsfragen dem aktuellen (internationalen) Meinungsstand anzupassen. Die Empfehlungen der Vollversammlung der Vereinten Nationen zur Änderung des UNCITRAL-Mustergesetzes vom 4. Dezember 2006 wurden im Unterschied zu der im 1. Anhang IAA abgedruckten Fassung von 1985 nicht in gleicher Weise übernommen. Jüngst wurde am 9. April 2012 der *International Arbitration (Amendment) Bill*[753] vom singapurischen Parlament verabschiedet. Insbesondere wurde damit Art. 7 Option I MG (Fassung 2006) weitestgehend wortgleich in den neuen Art. 2A IAA integriert.

---

749 Zusammenfassend *Anselm*, S. 220 ff.

750 Ausführlich dazu *Boo/Lim*, J. Int'l Arb. 12 (1995), 75 (77 f.).

751 Vgl. UN Doc. A/CN.9/401, S. 7; http://www.uncitral.org/uncitral/en/uncitral_texts/arbitration/1985 Model_arbitration_status.html

752 Vgl. u.a. *Law Reform Committee*, Sub-Committee Report on Reveiw of Arbitration Laws, Annex VI – Comparative Table; Referenzliste abgedruck in: *Chew*, Arbitration Handbook, S. 203; ausführlich im Rechtsvergleich zu Hongkong *Schaefer*, J. Int'l Arb. 16 (1999), 41 (54 ff.).

753 International Arbitration (Amendment) Bill 2012 (No 10 of 2012).

bb) Anerkennungs- und Vollstreckungsvorschriften

Die Anerkennung und Vollstreckung eines Schiedsspruchs aus einem inländischen, dem IAA unterfallenden Schiedsverfahren ist in § 19 IAA geregelt.

Die Anerkennung und Vollstreckung von ausländischen Schiedssprüchen, auf die das UN-Abkommen Anwendung findet, bestimmt sich hingegen nach dem 3. Abschnitt des IAA, der in § 28 Abs. 1 IAA bezüglich des Anerkennungsverfahrens und der Wirkungen der Anerkennung teils auf § 19 IAA zurückverweist.

Wie zuvor beschrieben, sind die Regelungen des UNCITRAL-Mustergesetzes über die Anerkennung und Vollstreckung von Schiedssprüchen bewusst nicht in die singapurische Rechtsordnung übernommen worden, um eventuelle Auslegungskonflikte zu vermeiden. Außerdem wäre eine mit den Art. 35 f. MG verbundene Abkehr von dem in singapurischen Anerkennungsangelegenheiten wesentlichen Rechtsgrundsatz der Gegenseitigkeit, der sich durch die Erklärung des singapurischen Vertragsstaatenvorbehalts i. S. v. Art. 1 Abs. 3 Satz 1 UNÜ widerspiegelt, mit dem damaligen Rechtsverständnis unvereinbar gewesen[754]. Stattdessen wurden die Vorschriften des *Arbitration (Foreign Awards) Act (Chapter 10A, 1986 Ed.)* in den 3. Abschnitt des IAA integriert[755].

Entgegen der im 2. Abschnitt des IAA verwendeten Gesetzgebungsmethodik, nach welcher der Text des UNCITRAL-Mustergesetzes gem. § 2 Abs. 1 IAA durch einfache Rechtsverweisung in das singapurische Gesetzesrecht aufgenommen und durch konkretisierende Rechtsvorschriften zusätzlich ausgestaltet wird, schreibt der 3. Abschnitt den gesamten Text für die Anerkennung und Vollstreckung ausländischer Schiedssprüche selbst fest. Der Inhalt stimmt nicht wortgleich mit dem UN-Abkommen überein. Beispielsweise fehlt eine dem Art. 2 UNÜ vergleichbare Regelung zur Anerkennung und Vollstreckung von Schiedsvereinbarungen. Insofern ist auf Art. 7 ff. MG i.V.m. §§ 7 ff. IAA zu verweisen, auf die nach der Thematik dieser Arbeit nicht weiter eingegangen werden kann.

In der Gesamtschau ist aber davon auszugehen, dass die §§ 27 – 33 IAA dem Regelungsgehalt des UN-Abkommens vollumfänglich entsprechen. Abweichungen in der Struktur und dem Wortlaut des Abschnitts sind vielmehr der redaktionellen Anpassung des Konventionstexts an die singapurische Gesetzgebungspraxis oder der Konkretisierung des Vertragstexts geschuldet.

---

754 Vgl. *Tabalujan*, J. Int'l Arb. 12 (1995), 51 (59).

755 Zugleich wurde der Arbitration (Foreign Awards) Act (Chapter 10A, 1986 Ed.) gem. § 36 Abs. 1 IAA mit Wirkung zum 27. Januar 1995 aufgehoben.

§ 27 IAA statuiert zunächst, der Gesetzgebungsmethodik des angelsächsischen Rechtskreises folgend, die für die Anerkennung von Konventionsschiedssprüchen erforderlichen Legaldefinitionen.

§ 28 IAA regelt den zeitlichen Anwendungsbereich des UN-Abkommens[756].

Die Rechtsgrundlage für die Anerkennung von Konventionsschiedssprüchen ist in *§ 29 IAA* festgeschrieben, gefolgt von *§ 30 IAA*, der die Anerkennungsvoraussetzungen des Art. 4 UNÜ in die singapurische Rechtsordnung übernimmt[757].

Das Herzstück des UN-Abkommens über die Anerkennungsverweigerungsgründe aus Art. 5 f. UNÜ regelt *§ 31 IAA*.

Der mittlerweile durch den *„International Arbitration (Amendment) Act, 2009"*[758] ersatzlos gestrichene *§ 32 IAA* enthielt eine Beweisregelung zur Bestimmung der dem singapurischen Reziprozitätsvorbehalt unterfallenden Vertragsstaaten des UN-Abkommens[759].

Abschließend verdeutlicht *§ 33 IAA* in Anlehnung an das in Art. 7 Abs. 1 UNÜ geregelte Günstigkeitsprinzip, dass eine Anerkennung des Schiedsspruchs nach anderweitigen Rechtsvorschriften durch das Verfahren nach dem 3. Abschnitts IAA nicht ausgeschlossen wird[760].

ii.) Arbitration Act

Der Erlass des IAA im Jahre 1994 und die Entscheidung des singapurischen Gesetzgebers hin zu einem dualen System machten weitere Reformbemühungen unerlässlich. Im Gegensatz zu dem an internationalen Standards gemessenen hochmodernen IAA war der teils noch auf englischem Kolonialrecht basierende *Arbitration Act (Chapter 10, 1985 Rev. Ed.)* hoffnungslos veraltet und nicht mehr den Anforderungen des modernen Singapurs gewachsen[761].

Eine von dem *Attorney-General* 1997 eingesetzte Arbeitsgruppe zur Reformierung des (rein nationalen) Schiedsrechts (*„Committee on the Review of Arbitration Laws"*) legte nach einem ausführlichen Beratungsverfahren den *„Draft Arbitration Bill 2001"* vor[762], auf dessen Grundlage nur wenige Monate

---

756 Siehe dazu *Kapitel 3 III. 1.) e).*

757 Siehe dazu *Kapitel 3 III. 2.) a) ii.).*

758 Act 26 of 2009, International Arbitration (Amendment) Act 2009 (Chapter 143A of the Laws of Singapore).

759 Siehe dazu *Kapitel 3 III. 1.) d) i.).*

760 Siehe dazu *Kapitel 3 IV.*

761 *Chew*, Arbitration in Singapore, S. 8.

762 Vgl. Law Reform and Revision Division Attorney-General's Chamber Singapore, Review of Arbitration Laws, LRRD No. 3/2001; abrufbar unter: www.agc.gov.sg/publications/Law_Reform_Publications_by_subject.htm#arbitration

später und mit Wirkung zum 1. März 2002 der neue *Arbitration Act*[763] erlassen worden ist.

Der überarbeitet AA bildete eine Mischung aus Regelungen des IAA beziehungsweise des UNCITRAL-Mustergesetzes und des englischen „*Arbitration Act, 1996*[764]"[765]. Im Unterschied zu dem IAA übernimmt der AA den Vertragstext des UNCITRAL-Mustergesetzes nicht pauschal durch Rechtsverweisung, sondern wiederholt dessen Vorschriften teils wortgleich und unter Anpassung an das gewünschte höhere Maß an Eingriffsmöglichkeiten der staatlichen Gerichte in den zehn sich chronologisch an dem Schiedsverfahren orientierenden Abschnitten. Die Übernahme der Regelungen des UNCITRAL-Mustergesetzes diente dabei vor allem dazu, die Regelungen des IAA und des AA aufeinander abzustimmen, um so ein einheitliches, insgesamt an internationalen Standards gemessenes, schiedsfreundliches singapurisches Schiedsverfahrensrecht zu schaffen[766].

Im Rahmen der Verhandlungen der Gesetzesreform des AA wurde nochmals ausführlich über die Beibehaltung des dualen Systems oder die Rückkehr zu einem Einheitssystem diskutiert[767]. Die Gesetzgebungskommission kam in einem Vorabbericht zunächst zu der Empfehlung, zu einem einheitlichen Schiedsrecht für nationale und internationale Schiedsverfahren zurückzukehren. Unter Bezugnahme auf die bereits zum Erlass des *International Arbitration Act, 1994* geführte Diskussion wurde davon aber wieder Abstand genommen.

Wie *Robert Merking* und *Johanna Hjalmarsson* es richtigerweise zusammenfassen, „*ist es [dadurch] zwar der Fall, dass Singapur zwei selbständigen Schiedsverfahrensregimen folgt ... allerdings entsprechen sich viele der Vorschriften oder folgen meist demselben Wortlaut*[768]". Im Ergebnis folgt demnach auch der AA überwiegend den Vorschriften des UNCITRAL-Mustergesetzes, wobei den Gerichten in Anlehnung an das englische Schiedsrecht die Möglichkeit einer strengeren Kontrolle durch die staatlichen Gerichte offen steht[769]. Beispielsweise bleibt in rein nationalen Schiedsverfahren gem. § 49 AA eine Aufhebung eines Schiedsspruchs wegen materieller Rechtsanwendungsfehler weiterhin möglich.

---

763 Act 37 of 2001, Arbitration Act 2001 (Chapter 10 of the Laws of Singapore).

764 Arbitration Act 1996 (Chapter 23 of the Laws of the United Kingdom).

765 Siehe dazu die Referenzliste abgedruck in: *Chew*, Arbitration Handbook, S. 203.

766 *Chew*, Arbitration in Singapore, S. 9.

767 Vgl. *Chew*, Arbitration in Singapore, S. 9 f.; vertiefend *Boo*, The Asian Business Lawyer 2008, 32 (34 ff.).

768 *Merkin/Hjalmarsson*, S. 3.

769 Vgl. *Chew*, Arbitration in Singapore, S. 21.

Auch der AA wurde seit seinem Bestehen mehrfach an die aktuellsten schiedsverfahrensrechtlichen Entwicklungen angepasst. Dies geschieht häufig parallel zu den Gesetzesänderungen des IAA, wie beispielsweise zuletzt durch den *International Arbitration (Amendment) Bill*, der unter anderem auch in Bezug auf das rein nationale Schiedsverfahrensrecht die UNCITRAL-Empfehlung zum Schriftformerfordernis von Schiedsvereinbarungen vom 4. Dezember 2006 in § 4 AA umsetzt[770].

Art. 46 AA regelt die Anerkennung und Vollstreckung von Schiedssprüchen, die einem rein inländischen Schiedsverfahren nach dem AA entstammen (Abs. 1), und ausländischen Nichtkonventionsschiedssprüchen (Abs. 3). Danach können die Schiedssprüche nach der Erteilung der Vollstreckbarkeit durch das zuständige Gericht („*Leave of the Court*") gleich einem staatlichen Gerichtsurteil oder eines gerichtlichen Beschlusses vollstreckt werden.

iii.) Rules of Court

Das Prozessrecht vor den staatlichen Gerichten der Republik Singapur wird primär von dem „*Supreme Court Judicature Act*[771]" und dem „*Subordinate Courts Act*[772]" erfasst. Ergänzend können kraft gesetzlicher Ermächtigung weitere prozessuale Ausführungsbestimmungen, die sogenannten „*Rules of Court*[773]", durch eine i. S. v. Art. 80 Abs. 3 Supreme Court Judicature Act bestellte Kommissionen verabschiedet werden[774]. Zusätzlich enthalten sowohl § 35 IAA als auch § 55 AA besondere Ermächtigungsgrundlagen, nach welchen entsprechende Verfahrensvorschriften in Schiedssachen erlassen werden können. Von dieser Ermächtigung wurde durch „*Order 69 – Arbitration Proceedings*" und „*Order 69A - International Arbitration Act*" Gebrauch gemacht[775]. Beide Vorschriften enthalten spezielle Ausführungsregelungen zur Anerkennung und Vollstreckung von Schiedssprüchen[776].

---

770 International Arbitration (Amendment) Bill 2012 (No 10 of 2012).

771 Supreme Court Judicature Act (Chapter 322, 2007 Rev. Ed. of the Laws of Singapore).

772 Subordinate Courts Act (Chapter 321, 2007 Rev. Ed. of the Laws of Singapore).

773 Nachfolgend auch als "*RoC*" bezeichnet.

774 Vgl. § 69 Abs. 1 Subordinate Courts Act und § 80 Abs. 1 Supreme Court Judicature Act. Dieses setzt sich gem. § 80 Abs. 3 Supreme Court Judicature Act aus dem „Chief Justice", dem "Attorney-General", meherern Richtern des Supreme Court, dem "Chief District Judge" und sei Vertretern der Anwaltschaft zusammen.

775 Nachfolgend im Fließtext „*O.*",

776 Vgl. O. 69, r. 14; O. 69A, r. 6.

iv.) Präzedenzrecht

Neben dem zuvor dargelegten Gesetzesrecht spielt in *Common Law* Jurisdiktionen wie Singapur das richterliche Gewohnheitsrecht eine nicht zu vernachlässigende Rolle[777]. Aufgrund der historischen Entwicklung des singapurischen Gerichtsverfassungssystems, der Rezeption englischen Rechts und der besonderen Bedeutung anderweitiger Rechtsordnungen für das singapurische Rechtssystem stellen sich teils interessante Auslegungsfragen in Verbindung mit der „*Doctrine of Stare Decisis*“. Im Grundsatz können ausländische Entscheidungen (auch englischer Gerichte) in Singapur keine unmittelbare Bindungswirkung entfalten[778]. Dennoch kommt diesen, insbesondere im Bereich der Schiedsgerichtsbarkeit, als sogenannte „*persuasive authority*“ eine bedeutende Rolle in der singapurischen Rechtsprechung zu, wie nachfolgend genauer zu erkennen sein wird.

III. Die Annerkennung und Vollstreckung auf der Basis des UN-Abkommens

Mit dem Beitritt der Republik Singapur zum UN-Abkommen am 21. August 1986 und dem gleichzeitig erklärten Reziprozitätsvorbehalt i. S. v. Art. 1 Abs. 3 UNÜ verpflichtete sich der Stadtstaat gem. Art. 3 UNÜ völkerrechtlich dazu, Schiedssprüche, die in dem Hoheitsgebiet eines anderen Vertragsstaates ergangen sind, anzuerkennen und diese in gegenüber nationalen Schiedssprüchen nicht diskriminierender Weise zu vollstrecken.

Aufbauend auf den Erkenntnissen des *2. Kapitels*, soll nachfolgend genauer dargelegt werden, wie die Republik Singapur mehr als 25 Jahre nach der Zeichnung des UN-Abkommens dieses in die singapurische Rechtspraxis umgesetzt hat.

777 Ausführlich dazu *Jenckel*, S. 146 ff.; *Schütze/Hirth*, S. 4 ff.

778 *Jenckel*, S. 187.

1.) Sachlicher Anwendungsbereich

Gemäß § 29 Abs. 1 IAA

...

> "... kann ein ausländischer Schiedsspruch in einem Gericht unter dem Vorbehalt der Regelungen dieses Abschnitts, durch eine eigenständige Verpflichtungsklage ["action in common law"] oder in gleicher Weise wie ein inländischer Schiedsspruch nach § 19 vollstreckt werden."

...

Entsprechend zu der in Art. 1 Abs. 1 UNÜ enthaltenen Doppelqualifikation setzt dies voraus, dass die anzuerkennende Entscheidung als ausländischer (Konventions-)Schiedsspruch zu qualifizieren ist.

a) Schiedsspruch

Wie in *Kapitel 2* dargelegt, wird die Qualifikation eines Schiedsspruchs im internationalen Vergleich teils uneinheitlich vorgenommen, gelangt aber in den wenigsten Fällen zu unterschiedlichen Ergebnissen[779].

Im Gegensatz zu dem UN-Abkommen enthält die singapurische Rechtsordnung in § 27 Abs. 1 IAA eine Legaldefinition für den Terminus des „*Schiedsspruchs*". Zunächst beschränkte sich diese auf einen einfachen Rechtsverweis, nach dem ein Schiedsspruch im Sinne des 3. Abschnitt IAA „*dieselbe Bedeutung wie nach dem [UN-]Abkommen hat*[780]". Die neue Fassung des durch das von dem singapurischen Parlament am 9. April 2012 im Rahmen des *International Arbitration (Amendment Bill)* [781] geänderten § 27 Abs. 1 IAA lautet nunmehr:

...

> „[ein] Schiedsspruch hat dieselbe Bedeutung wie in dem [UN-]Abkommen, umfasst aber zusätzlich einen von einem Schiedsgericht im Laufe eines Schiedsverfahrens erlassenen Beschluss oder eine Anweisung in Angelegenheiten nach § 12 (1) (c) bis (i) [IAA]."

...

779 Siehe dazu *Kapitel 2 IV. 5.) a).*

780 § 27 Abs. 1 IAA a. F.

781 International Arbitration (Amendment) Bill 2012 (No 10 of 2012).

i.) Kollisionsrechtliche Qualifikation

In der Auslegung des Art. 1 Abs. 1 UNÜ ist umstritten, nach welchem Recht eine schiedsrichterliche Entscheidung als Schiedsspruch zu qualifizieren ist[782]. Die im internationalen Vergleich vertretenen Ansichten variieren von einer vertragseigenen Auslegung des Terminus über die Anknüpfung an das Recht der *lex fori* oder der *lex loci arbitri* bis hin zu einer Doppelqualifikation.

Die singapurischen Gerichte hatten sich bisher mit dieser Fragestellung nicht ausdrücklich auseinanderzusetzen. Auch in der Rechtsliteratur können keine klaren Anhaltspunkte für die Beantwortung der Rechtsfrage gefunden werden. Einerseits kann in dem Wortlaut der Legaldefinition in § 27 Abs. 1 IAA, welche auf *„dieselbe Bedeutung wie in dem UN-Abkommen"* verweist, ein Rechtsgrundverweis auf eine vertragsautonome Qualifikation eines Schiedsspruchs gesehen werden. Andererseits kann argumentiert werden, dass der Verweis das vertragseigene Kollisionsrecht mit einbezieht und entsprechend auf die *lex fori* zurückverwiesen oder auf die *lex loci arbitri* weiterverwiesen wird.

Wie nachfolgend mehrfach zu erkennen sein wird, tendiert die singapurische Rechtsordnung stark dazu, sich bei der Anwendung des 3. Abschnitt IAA an der international herrschenden (vertragsautonomen) Auslegung des UN-Abkommens zu orientieren. Hinzu kommt, dass viele der singapurischen Ergänzungen zu dem Wortlaut des UN-Abkommens, als Konkretisierungen zu den im Zeitpunkt des Erlasses strittigen Auslegungsfragen des UN-Abkommens in den Gesetzestext aufgenommen worden sind. Ein gutes Beispiel dafür ist insbesondere auch die jüngst aufgenommene Ergänzung der Legaldefinition in § 27 Abs. 1 IAA durch das *International Arbitration (Amendment) Act 2012.* Zusätzlich enthält die singapurische Rechtsordnung in § 2 Abs. 1 IAA und § 2 Abs. 1 AA eigenständige Legaldefinitionen für das Vorliegen eines Schiedsspruchs, die eine Rück- beziehungsweise Weiterverweisung des UN-Abkommens i. V. m. § 27 Abs. 1 IAA unwahrscheinlich erscheinen lassen[783]. Unterstützt wird diese These dadurch, dass im angelsächsischen Rechtskreis wie auch in Singapur die Verbindlichkeit eines Schiedsspruchs i. S. v. Art. 5 Abs. 1 (e) Var. 1 UNÜ tendenziell vertragsautonom zu bestimmen ist[784].

---

782 Vgl. dazu *Kapitel 2 IV. 5.) a) i.).*

783 Vgl. *Law Reform Committee*, Sub-Committee Report on Review of Arbitration Laws, S. 4, wonach in im Geegensatz zu dem ersten Gesetztesentwurf, der alle Definitionen zu Beginn des IAA aufführte, bewußt zwischen Definitionen für den 2. Abschnitt IAA und den Teil über das UN-Abkommen getrennt und unterschieden wurde.

784 Vgl. *Redfern/Hunter*, Rn. 11.85; siehe dazu *Kapitel 3 III. 3.) vi.) aa).*

ii.) Definition

Der Theorie einer vertragsautonomen Qualifikation einer schiedsrichterlichen Entscheidung folgend, liegt ein Schiedsspruch vor, wenn dieser als abschließende Entscheidung über den Streitgegenstand zu werten ist[785].

Wird hingegen der Theorie der Qualifikation eines Schiedsspruchs nach der *lex fori* gefolgt, ist die Frage des Vorliegens eines Schiedsspruchs nach § 2 Abs. 1 IAA zu beurteilen. Danach ist ein Schiedsspruch „... *eine Sachentscheidung des Schiedsgerichts über den Streitgegenstand und umfasst jeden Zwischen- [interim], Vorab- [interlocutory] oder Teilschiedsspruch [partial award], unter der Ausnahme von Beschlüssen oder Verfügungen i. S. v. § 12 [IAA]*“[786]. Auf den ersten Blick erweckt die Legaldefinition den Eindruck, dass es sich dabei um einen weiteren Begriff des „*Schiedsspruchs*“ im Vergleich mit der vertragsautonomen Auslegung des UN-Abkommens handelt, der in negativer Abgrenzung zu den in § 12 IAA aufgeführten Beschlüssen oder Verfügungen eines Schiedsgerichts zu bestimmen ist.

Wann die Voraussetzungen für einen Zwischen-, Vorab- oder Teilschiedsspruch gegeben sind, wird durch die singapurische Rechtsordnung nicht weiter konkretisiert[787]. Bedauerlicherweise werden die Begriffe vielfach nicht einheitlich verwendet, sodass beispielsweise ein Teilschiedsspruch („*Partial Award*“) zugleich auch als Zwischenschiedsspruch („*Interim Award*“) bezeichnet wird und *vice versa*. Der Bericht des *Law Reform Committee* verwendet den Begriff des „*Interim Award*“ wiederum im Zusammenhang mit Maßnahmen des einstweiligen Rechtsschutzes nach Art. 17 MG[788]. Folglich sind die in § 2 Abs. 1 IAA aufgezählten Unterkategorien von Schiedssprüchen kaum zur näheren Bestimmung des Vorliegens eines Schiedsspruchs geeignet.

Ausschlaggebend ist nach § 2 Abs. 1 Hs. 1 IAA zur Entfaltung der Wirkungen aus §§ 19, 19B IAA, §§ 46, 44 AA alleine das Vorliegen einer schiedsrichterlichen (Teil-)Entscheidung über den dem Schiedsverfahren zugrunde liegenden (materiellrechtlichen) Streitgegenstand. Dabei gilt auch in diesem Zusammenhang, dass nicht auf die Bezeichnung der schiedsrichterlichen Entscheidung als Schiedsspruch, sondern auf deren konkreten Regelungsgehalt abzustellen ist[789].

---

785 Siehe dazu *Kapitel 2 IV. 5.) a) ii.)*.

786 Ebenso § 2 Abs. 1 AA.

787 Vgl. *Chan*, Rn. 2.3; *Halsbury*, Arbitration, Rn. 20.096 f.

788 *Law Reform Committee*, Sub-Committee Report on Review of Arbitration Laws, S. 24.

789 *PT Asuransi Jasa Indonesia (Persero)* v. *Dexia Bank SA* [2006] SGCA 41, Rn. 70; *Halsbury*, Arbitration, Rn. 20.094.

iii.) Fallgruppen

Wie zuvor beschrieben, werden die einzelnen Begrifflichkeiten zur vereinfachten Kategorisierung von Schiedssprüchen in Singapur teils uneinheitlich verwendet. Dennoch soll nachfolgend der Versuch vorgenommen werden, die einzelnen Begrifflichkeiten im Vergleich zu der in *Kapitel 2* vorgenommenen Unterscheidung gegeneinander abzugrenzen[790].

aa) Teil- /Zwischen- /Vorabschiedsspruch

Eine Unterscheidung zwischen den *Termini* eines Teil- („*Partial Award*“), Zwischen- („*Interim Award*“) und Vorabschiedsspruchs („*Interlocutory Award*“) kann in Singapur schwer getroffen werden[791]. Nach der in *Kapitel 2* vertretenen Auffassung ist zwischen einem Teil- und Zwischen-/Vorabschiedsspruch dadurch zu unterschieden, dass der Teilschiedsspruch bei Teilbarkeit des Streitgegenstands abschließend über diesen entscheidet (z. B. über die Widerklage, einzelne Ansprüche etc.), während durch den Zwischen- und Vorabschiedsspruch lediglich Teilaspekte eines Streitgegenstands entschieden werden, die in der späteren abschließenden Entscheidung über den Streitgegenstand aufgehen und nicht der Rechtskraft fähig sind (z. B. Entscheidung über das Bestehen eines Anspruchs dem Grunde nach)[792].

Nach dem Kommentar *Halsbury's Laws of Singapore* wird hingegen in der singapurischen Rechtspraxis allgemein jeder Schiedsspruch, der ein Schiedsverfahren nicht insgesamt verbindlich abschließt, auch als Zwischen-/Vorabschiedsspruch („*Interim Award*“) bezeichnet[793].

Internationale Verwirrung stiftete in diesem Zusammenhang ein Urteil des singapurischen *Court of Appeal* in dem Fall *Tang Boon Jek Jeffrey* v. *Tan Poh Leng Stanley*[794]. In diesem gelangte das Berufungsgericht, unter Aufhebung des erstinstanzlichen Urteils, zu dem Entschluss, dass in einem abschließend über den Streitgegenstand befindenden Schiedsspruch unter dem Vorbehalt einer Kostenentscheidung kein „*Final Award*“ zu sehen sei und dieser folglich von dem Schiedsgericht inhaltlich abgeändert werden könne.

---

790 Siehe dazu *Kapitel 2 IV. 5.) a) iii.).*

791 Auführlich dazu *Halsbury*, Arbitration, Rn. 20.095; *Hwang/Boo/Lai*, in: *ICCA*, Handbook on Commercial Arbitration, Singapore-36 ff.

792 Siehe dazu *Kapitel 2 IV. 5.) a) iii) aa), bb).*

793 *Halsbury*, Arbitration, Rn. 20.095.

794 [2001] SGCA 46; ausführlich dazu *Chew*, Arbitration in Singapore, S. 94 ff.

Dem Fall um Ansprüche aus einem zwischen den Parteien abgeschlossenen Vergleichsvertrag liegen zwei gegenläufige Entscheidungen des Schiedsgerichts zugrunde[795]. In der ersten Entscheidung wies das Schiedsgericht alle geltend gemachten Klagen und Ansprüche unter dem Vorbehalt einer abschließenden Kostenentscheidung ab. Die zweite Entscheidung änderte unter der Begründung, dass die erste der beiden Entscheidungen fehlerhaft gewesen sei, diese insofern ab, dass der anfänglich geltend gemachten Widerklage der Berufungsklägerin nunmehr stattgegeben wurde. Unter der Berufung darauf, dass das Schiedsgericht bei letzterem Schiedsspruch bezüglich der Entscheidung über den Streitgegenstand *functus officio* gewesen sein, beantragte die Berufungsbeklagte vor dem singapurischen *High Court* erfolgreich dessen Aufhebung. Bedauerlicherweise war das Berufungsgericht in der Abgrenzung zwischen einem „*Final Award*" und sonstigen Teilentscheidungen des Schiedsgerichts der Auffassung, dass lediglich der insgesamt das Schiedsverfahren beendenden Entscheidung des Schiedsgerichts eine verbindliche Wirkung zugesprochen werden kann[796].

Obwohl die Entscheidung im Rahmen des Art. 32 ff. MG gefällt wurde, hätte dies zur Folge gehabt, dass in Abgrenzung zu anderweitigen Teilentscheidungen eines Schiedsgerichts das Vorliegen eines i. S. d. 2. Abschnitt IAA verbindlichen Schiedsspruchs nur bei einer insgesamt das gesamte Schiedsverfahren abschließenden Entscheidung angenommen werden könnte („*Final Award*"). Der singapurische Gesetzgeber reagierte unverzüglich und machte nur wenige Monate später durch die Einfügung der §§ 19A, 19B IAA durch das *International Arbitration (Amendment) Act 2001*[797] deutlich, dass entgegen der Entscheidung des *Court of Appeal* auch einer Teilentscheidung eines Schiedsgerichts über den Streitgegenstand eine abschließende und verbindliche Wirkung zukommt und diese entsprechend anerkannt und vollstreckt werden kann.

bb) Vergleichsschiedsspruch

Ein Vergleichsschiedsspruch ist in der singapurischen Rechtsordnung gem. Art. 30 Abs. 2 MG i. V. m. § 3 Abs. 1 IAA einem einfachen Schiedsspruch gleichzustellen. In Ergänzung zu dem Wortlaut des UNCITRAL-Mustergesetzes bekräftigt dies § 19 IAA zusätzlich dadurch, dass der Vergleichsschiedsspruch *„(a) gleich einem Schiedsspruch auf der Grundlage einer Schiedsvereinbarung zu behandeln ist; und (b) kann durch Zulassungsbeschluss des High Court oder*

795 Vgl. [2001] SGCA 46, Rn. 2 ff.

796 Vgl. [2001] SGCA 46, Rn. 32 ff.; *Boo*, SAL Ann Rev 2 (2001), Rn. 3.40 ff.

797 Act 38 of 2001, International Arbitration (Amendment) Act 2001 (Chapter 143A of the Laws of Singapore).

eines seiner Richter in gleicher Weise wie ein Urteil oder entsprechender Beschluss vollstreckt werden..."[798].

cc) Negativer Schiedsspruch

Die Frage ob eine ablehnende Entscheidung des Schiedsgerichts über seine Verfahrenszuständigkeit als Schiedsspruch zu qualifiziert ist, ist mangels der Vollstreckungsfähigkeit eines solchen Entscheids im Rahmen der Anerkennung und Vollstreckung von Schiedssprüchen praktisch nicht von Bedeutung. Allerdings, wie beispielsweise die singapurische Leitentscheidung des *Court of Appeal* in dem Fall *PT Asuransi Jasa Indonesia (Persero) v. Dexia Bank SA*[799] zeigt, können aus der im internationalen Vergleich uneinheitlich vorgenommenen Qualifikation eines solchen Schiedsspruchs allgemein wichtige Rückschlüsse auf die an einen Schiedsspruch nach der *lex fori* zu stellenden Voraussetzungen gezogen werden[800].

In dem Fall *PT Asuransi Jasa Indonesia (Persero)* v. *Dexia Bank SA* hatten sich der singapurische *High Court* und der *Court of Appeal* im Rahmen eines Wertpapiergeschäfts mit zwei sich teils widersprechenden, die jeweiligen Schiedsverfahren abschließenden Entscheidungen unter demselben Sachverhalt auseinanderzusetzen[801]. In der letzteren der beiden Entscheidungen lehnte das Schiedsgericht seine Verfahrenszuständigkeit unter Berücksichtigung des zuvor durch einen Schiedsspruch zugunsten der *Dexia Bank SA* beendeten Schiedsverfahrens ab, wogegen die Firma *PT Asuransi Jasa Indonesia (Persero)* Aufhebungsklage gem. Art. 34 Abs. 2 (a) (ii), (iii), (b) (ii) MG i. V. m. § 3 Abs. 1 IAA und § 24 (b) IAA vor dem singapurischen *High Court* einreichte. Dieses lehnte die Aufhebungsklage in erster Instanz ab. Auch das Berufungsgericht schloss sich weitestgehend der Meinung des singapurischen *High Court* an, allerdings kam dieses in erstmaliger Prüfung der Voraussetzungen eines Schiedsspruchs hilfsweise zu dem Ergebnis, dass in der schiedsrichterlichen Ablehnung der Verfahrenszuständigkeit bereits kein Schiedsspruch i. S. v. Abschnitt 2. IAA zu sehen sei[802].

Entgegen der Auffassung beider Parteien folgte das oberste Gericht damit dem von diesem eigens zur Klärung der Rechtsnatur der Ablehnungsentscheidung des Schiedsgerichts bestimmten *amicus curiae*. Der *Court of Appeal* machte dabei unter Berücksichtigung der Beratungen zum Erlass des

---

798 Vgl. auch §§ 37 f. AA.

799 [2006] SGCA 41.

800 Siehe dazu *Kapitel 2 IV. 5.) a) iii.) ee)*.

801 Siehe dazu auch die Sachverhaltszusammnefassung in *Kapitel 3 III. 3.) a.) iv.) aa)*.

802 [2006] SGCA 41, Rn. 61 ff.

UNCITRAL-Mustergesetzes und in Anlehnung an den Wortlaut des Art. 2 Abs. 1 IAA deutlich, dass die Qualifikation einer schiedsrichterlichen Entscheidung als Schiedsspruch eine (verbindliche) Entscheidung über den dem Schiedsverfahren zugrunde liegenden materiellrechtlichen Streitgegenstand erfordert[803]. Eine negative Zuständigkeitsentscheidung eines Schiedsgerichts wurde hingegen nur als prozessuale Vorfrage gewertet, die auch nicht mittelbar mit einer Entscheidung über den materiellrechtlichen Streitgegenstand gleichgesetzt werden kann.

Die höchstrichterliche Rechtsprechung wurde durch die am 9. April 2012 von dem singapurischen Parlament verabschiedete Änderung des § 10 IAA[804] von dem singapurischen Gesetzgeber nochmals bestätigt. Im Gegensatz zu der vor der Gesetzesänderung herrschenden Rechtslage besteht aber nunmehr gem. § 10 Abs. 3 IAA die Möglichkeit, eine negative Zuständigkeitsentscheidung eines Schiedsgerichts innerhalb von 30 Tagen nach der Bekanntgabe der Entscheidung vor dem singapurische *High Court* überprüfen zu lassen. Das *Law Reform Committe* der *Singapore Academy of Law* unterstrich in seinem Gutachten dabei ausdrücklich, dass es sich bei einer negativen Zuständigkeitsentscheidung nach Ansicht des Ausschusses nicht um eine Schiedsspruch handelt[805].

dd) Maßnahmen des einstweiligen Rechtsschutzes

Gemäß Art. 17 Abs. 2 MG n. F. können Maßnahmen des einstweiligen Rechtsschutzes („*Interim Measures*") eines Schiedsgerichts durch Beschluss oder in Form eines Schiedsspruchs erlassen werden, welche wiederum gem. Art. 17 H f. MG n. F. unabhängig davon, in welchem Staat diese erlassen worden sind, anerkannt und vollstreckt werden können[806]. Inwiefern eine solche Maßnahme eines Schiedsgerichts nach Art. 3 Satz 1 UNÜ vollstreckt werden kann, ist umstritten.

Entgegen der Erstfassung des UNCITRAL-Mustergesetzes aus dem Jahre 1985, welche durch Art. 3 Abs. 1 IAA in die singapurische Rechtsordnung wörtlich übernommen worden ist, wurden die Neufassung vom 4. Dezember 2006 und damit auch die zuvor genannten Vorschriften nicht in gleicher Weise in den IAA eingefügt. Maßnahmen des einstweiligen Rechtsschutzes („*Interim Measures*" / „*Interim Directions*") sind nach der Legaldefinition in

---

803 [2006] SGCA 41, Rn. 66.

804 International Arbitration (Amendment) Bill 2012 (No 10 of 2012).

805 *Singapore Academy of Law*, Report of the Law Reform Committee on Right to Judical Review of Negative Jurisdictional Rulings, S. 8 f.

806 Vgl. dazu auch *Kapitel 2 IV. 6.) a) iii.) ff)*.

§ 2 Abs. 1 IAA in negativer Abgrenzung zu § 12 Abs. 1 IAA ausdrücklich nicht als Schiedsspruch i. S. d. 2. Abschnitts IAA zu qualifizieren[807]. Diese können für singapurische Schiedsverfahren aber gem. § 12 Abs. 6 IAA / 28 Abs. 4 AA anerkannt und vollstreckt werden[808].

Hingegen konnten durch ausländische Schiedsgerichte erlassene Maßnahmen des einstweiligen Rechtsschutzes zunächst nicht vereinfacht in Singapur anerkannt und vollstreckt werden[809]. Vor allem war lange umstritten, ob die Gerichte eigenständige Maßnahmen des einstweiligen Rechtsschutzes zur Unterstützung ausländischer Schiedsverfahren erlassen konnten[810]. Klarheit schuf der *International Arbitration (Amendment) Act 2009* durch Einfügung des § 12A IAA, der es dem *High Court* unabhängig von dem Schiedsort eines Schiedsverfahrens ermöglicht, in zurückhaltender Unterstützung (ausländischer) Schiedsverfahren, eigenständig Maßnahmen i. S. v. § 12 Abs. 1 (c) bis (i) IAA zu erlassen[811]. Im Vergleich zu Art. 17 H f. MG und selbst dem englischen Arbitration Act geht die singapurische Rechtsordnung damit erstmals deutlich einen eigenständigen Weg. Eine vereinfachte Anerkennung und Vollstreckung von Maßnahmen des einstweiligen Rechtsschutzes ausländischer Schiedsgerichte blieb aber zunächst in Singapur auch nach der Gesetzesänderung weiterhin nicht möglich.

Erst durch die am 9. April 2012 von dem singapurischen Parlament beschlossene Ergänzung der Definition eines Konventionsschiedsspruchs in § 27 Abs. 1 IAA, nach der ein Schiedsspruch *„zusätzlich einen von einem Schiedsgericht im Laufe eines Schiedsverfahrens erlassenen Beschluss oder eine Anweisung in Angelegenheiten nach § 12 (1) (c) bis (i) [IAA umfasst]“*, besteht die Möglichkeit solche Maßnahmen vereinfacht vor den singapurischen Gerichten anerkennen und vollstrecken zu lassen[812]. Wie im Einzelfall die Vorschriften des UN-Abkommens auf schiedsrichterliche Maßnahmen nach § 12 Abs. 1 (c) bis (i) IAA anzuwenden sind, wird die Anwendung des 3. Abschnitts IAA noch zeigen müssen. Insbesondere im Vergleich zu Art. 17H f. MG, dem von Singapur erklärten Vertragsstaatenvorbehalt und den

807 *Hwang/Boo/Lai*, in: *ICCA*, Handbook on Commercial Arbitration, Singapore-35; vgl. auch §§ 2 Abs.1, 28 AA.

808 Zusammenfassend *Lau*, in *Weigand*, Rn. 10.284 ff.

809 Ausführlich dazu *Chan*, AIAJ 3 (2007), 142 ff.

810 Vgl. *Front Carriers Ltd.* v. *Atlantic & Orient Shipping Corp*, [2006] SGHC 127; *Swift-Fortune Ltd.* v. *Magnifica Marine SA*, [2007] SGCA 42; ausführlich dazu auch *Chan*, Rn. 2.42 ff.

811 Act 26 of 2009, International Arbitration (Amendment) Act 2009 (Chapter 143A of the Laws of Singapore).

812 International Arbitration (Amendment) Bill 2012 (No 10 of 2012).

einzelnen auf die Anerkennung von Schiedssprüchen ausgerichteten Maßnahmen des UN-Abkommens, stellen sich einige interessante Auslegungsfragen, die im Rahmen dieser Arbeit nicht weiter vertieft werden sollen.

b) Schiedsvereinbarung

Während Art. 1 Abs. 1 Satz 1 UNÜ für die Anwendung des UN-Abkommens an das Vorliegen eines Konventionsschiedsspruchs anknüpft, nimmt die in § 27 Abs. 1 IAA festgeschriebene Legaldefinition erweiternd auch auf die Existenz einer Schiedsvereinbarung Bezug[813]. Fraglich ist daher, welcher Bedeutung diesem der singapurischen Rechtsordnung eigenen Zusatz beizumessen ist. Denn anders als im Rahmen der Art. 4, 5 UNÜ spielt das Vorliegen einer Schiedsvereinbarung bei der Bestimmung des sachlichen Anwendungsbereichs des UN-Abkommens zunächst keine Rolle. Dies vermag zu suggerieren, dass bereits bei der Prüfung des Anwendungsbereichs des UN-Abkommens nach singapurischem Recht die Gerichte in irgendeiner Form dazu verpflichtet sind, die Existenz einer Schiedsvereinbarung bereits in diesem frühen Verfahrensstadium zu überprüfen.

In der singapurischen Rechtsprechung und Rechtsliteratur lassen sich allerdings keinerlei Anzeichen finden, die eine entsprechende Auslegung rechtfertigen würden. Vielmehr ist der in der § 27 Abs. 1 IAA enthaltene Zusatz „*...an arbitral award made, <u>in pursuance of an arbitration agreement</u>...*“ der redaktionellen Anpassung des Konventionstexts an die singapurische Gesetzgebungspraxis geschuldet[814]. Der Zusatz, der in ähnlicher Weise auch in § 30 Abs. 1 (b) IAA und § 31 Abs. 2 (a) IAA wiedergefunden werden kann, ist als deklaratorischer Hinweis auf die allgemeine rechtsbegründende Bedeutung einer Schiedsvereinbarung und die gesonderte Anknüpfung der Schiedsvereinbarung an die in § 27 Abs. 1 IAA enthaltene Legaldefinition in Abgrenzung zu § 2 Abs. 1 IAA zu verstehen. Eine inhaltliche Überprüfung wird, abgesehen von der formellen Vorlagepflicht einer Schiedsvereinbarung i. S. v. § 30 Abs. 1 (b) IAA, auch nach der singapurischen Rechtsordnung erst im Rahmen des Einwands der Anerkennungsversagung aus § 31 Abs. 2 (b) IAA vorgenommen[815].

---

813 § 27 Abs. 1 IAA: „*'foreign award' means an arbitral award made in pursuacne of an arbitration agreement ...*“.

814 Art. 2 UNÜ wurde nur durch Rechtsverweis der in § 27 Abs. 1 IAA enthaltenen Legaldefinition einer „Schiedsvereinbarung“ in das singapurische Gesetzesrecht übernommen, was wiederum eine Anpassung des Vertragstexts an die singapurische Gesetzgebungsmethodik erforderlich machte.

815 Siehe dazu *Kapitel 3 III. 2.) ii.)* sowie *Kapitel 3 III. 3.) a) ii.)*.

c) Nationalität des Schiedsspruchs

Nach der Legaldefinition aus § 27 Abs. 1 IAA ist ein Schiedsspruch als „*ausländisch*" zu qualifizieren, wenn dieser „... *in dem Hoheitsgebiet eines anderen Vertragsstaates als Singapur ergangen ist*".

Der IAA übernimmt damit sinngemäß das in Art. 1 Abs. 1 Satz 1 UNÜ geregelte Territorialitätsprinzip[816]. Die Auffangregelung aus Art. 1 Abs. 1 Satz 2 UNÜ wurde in die §§ 27 ff. IAA nicht ausdrücklich übernommen, da es gem. §§ 3, 2 Abs. 1 AA i. V. m. § 1 Abs. 2 IAA in Singapur nicht zu Schiedssprüchen kommen kann, die nach dem Verfahrensprinzip zu qualifizieren sind.

In der Rechtspraxis sind keine Verfahren bekannt, in denen die Bestimmung der Nationalität eines Schiedsspruchs gem. § 27 Abs. 1 IAA zu besonderen Auslegungsproblemen geführt hat. Entscheidend ist auch in diesem Zusammenhang auf den Schieds- und nicht den Sitzungsort des Schiedsverfahrens abzustellen[817].

i.) Inländische Schiedssprüche mit Auslandsbezug

Die Staatsangehörigkeit der Schiedsparteien, deren Wohnsitz oder der internationale Bezug des Streitgegenstands spielt bei der Anwendung des 3. Abschnitts IAA im Unterschied zu der Abgrenzung zwischen rein nationalen Schiedsverfahren und nationalen Schiedsverfahren mit Auslandsbezug gem. § 5 IAA i. V. m. § 3 AA keine Rolle.

ii.) Anationale Schiedssprüche

Die umstrittene Rechtsfrage der Existenz und Anerkennungsfähigkeit sogenannter anationaler Schiedssprüche wurde durch das *Law Reform Committee on the Review of Arbitration Laws 2001* negativ beantwortet[818]. Danach „... *könnte das Konzept der delokalisierten Schiedsgerichtsbarkeit, welche unabhängig von jeglichem staatlichem [Verfahrens-]Recht durchgeführt wird, nicht anerkannt werden*[819]". Der Ausschuss nahm zwar nicht ausdrücklich auf die Auslegung des 3. Abschnitts IAA Bezug; bedenkt man dabei aber, dass

816 Siehe dazu *Kapitel 2 IV. 6.) b)*.

817 Vgl. dazu im Zusammenhang mit Art. 20 MG, *P.T. Garuda Indonesia* v. *Birgen Air*, [2002] SGCA 12.

818 Vgl. auch *Chan*, Rn. 5.34.

819 *Law Reform and Revision Division Attorney-General's Chamber Singapore*, Review of Arbitration Laws, LRRD No.3/2001, Rn. 2.1.1; ebenso *Singapore Parlament Debates*, Official Report (5. Oktober 2001) vol. 73 Rn. 2215 (Ho Peng Kee, Acting Minister of State for Law).

die Anerkennung nach § 29 Abs. 1 IAA wesentlich auf dem Grundsatz der Gegenseitigkeit aufbaut und sonstige Schiedssprüche der strengeren Kontrolle des § 46 Abs. 3 AA unterliegen, erscheint eine Anerkennung anationaler Schiedssprüche nach dem Regime des UN-Abkommens als äußerst unwahrscheinlich.

d) Vorbehaltsregelungen

Art. 1 Abs. 3 UNÜ räumt den Vertragsstaaten des UN-Abkommens die Möglichkeit ein, dessen nationalen Anwendungsbereich durch förmliche Erklärung eines sogenannten Vertragsstaaten- oder Handelssachenvorbehalts einzuschränken[820].

i.) Vertragsstaatenvorbehalt

Die Republik Singapur hat bei der Hinterlegung der Beitrittsurkunde zu dem UN-Abkommen, durch Erklärung des Vertragsstaatenvorbehalts i. S. v. Art. 1 Abs. 3 Satz 1 UNÜ, seine Anerkennungsverpflichtung auf Schiedssprüche aus anderen Vertragsstaaten beschränkt[821]. Dies spiegelt sich in der Legaldefinition aus § 27 Abs. 1 IAA wieder, nach der ein Schiedsspruch als „*ausländisch*" zu qualifizieren ist, wenn dieser „*in dem Hoheitsgebiet eines anderen Vertragsstaates als Singapur ergangen ist*".

§ 32 IAA a. F enthielt dazu zunächst eine Beweisregelung, nach der:

...

„(1) Im Falle, dass der Minister durch eine in der Gazette veröffentlichte Anordnung erklärt, dass ein in der Anordnung genannter Staat als Vertragsstaat [des UN-Abkommens] anzusehen ist, soll die Anordnung, solange diese Geltung hat, als Beweis dieser Tatsache dienen.

(2) Zu dem Zweck dieses Abschnitts, soll eine von dem Minister unterzeichnete Bescheinigung, die besagt, dass ein dort, jedoch in keiner anderen in Kraft befindlichen Anordnung gemäß Absatz (1) genannter Staat ein Vertragstaat ist oder zum Zeitpunkt, der in der Bescheinigung genannt ist, war, durch einfache Vorlage als Beweis des ersten Anscheins der Tatsache dienen[822]."

---

820 Siehe dazu *Kapitel 2 IV. 6.) c)*.

821 *Jayme/Hausmann*, Nr. 240 Fn. 1; BGBl. 1987 II, 177; http://www.uncitral.org/uncitral/en/uncitral_texts/arbitration/NYConvention_status.html

822 § 32 IAA a. F.: "*(1) Where the Minister by an order published in the Gazette declares that any State specified in the order is a Convention country, the order, while in force, shall be evidence of that fact. (2) For the purpose of this Part, a certificate signed by the Minister stating that a State specified in the certificate but not specified in any order made under section (1) which is in force is, or was at a time specified in the*

Obgleich § 32 IAA a. F. die Regelung aus dem § 8 Arbitration (Foreign Awards) Act übernommen hatte, wurden erstmals mit dem Inkrafttreten zum 27. Januar 1995 die damaligen Vertragsstaaten des UN-Abkommens durch den *International Arbitration (New York Convention Countries) Order*[823] amtlich bekannt gegeben[824]. Nach einigen Ergänzungen zum 28. Februar 1997[825] und 29. Dezember 1998[826] wurde von dieser Veröffentlichungsmethodik nicht mehr weiter Gebrauch gemacht. Wie bereits vor Erlass des *International Arbitration (New York Convention Countries) Order* nach § 8 Abs. 2 Arbitration (Foreign Awards) Act praktiziert, musste bis zur Aufhebung des § 32 IAA a. F. mit Wirkung zum 1. Januar 2010[827] das Vorliegen eines Schiedsspruchs aus einem Vertragsstaat durch eine Urkunde des Justizministers bewiesen werden. Nunmehr gelten die allgemeinen Beweisregeln.

Die Prüfung der Vertragsstaateneigenschaft erfolgt nach rein formalen Gesichtspunkten. Eine zusätzliche Loyalitätsprüfung des Vertragsstaats, wie sie von einer Mindermeinung im internationalen Vergleich vertreten wird, findet nicht statt.

ii.) Handelssachenvorbehalt

Weitere Erklärungen, wie beispielsweise die eines Handelssachenvorbehalts i. S. v. Art. 1 Abs. 3 Satz 2 UNÜ, wurden durch die Republik Singapur nicht abgegeben.

---

certificate, a Convention country shall, upon mere production, be prima facie evidence of that fact."

823 International Arbitration Order (New York Convention Countries) Order 1995 (GN No S 30/1995).

824 Vgl. *Boo/Lim*, J. Int'l Arb. 12 (1995), 75 (85).

825 International Arbitration Order (New York Convention Countries) (Amendment) Order 1997 (GN No S 127/1997).

826 International Arbitration Order (New York Convention Countries) (Amendment) Order 1998 (GN No S 629/1998).

827 Act 26 of 2009, International Arbitration (Amendment) Act 2009 (Chapter 143A of the Laws of Singapore).

e) Zeitlicher Anwendungsbereich

Mangels einer ausdrücklicher Regelung des UN-Abkommens ist es im internationalen Vergleich strittig, inwiefern dieses auch rückwirkend zur Anerkennung von Konventionsschiedssprüchen herangezogen werden kann, wenn die zugrunde liegende Schiedsvereinbarung oder der Schiedsspruch bereits vor der Ratifikation des UN-Abkommens durch den jeweiligen Vertragsstaat zustande gekommen ist[828]. Die im internationalen Vergleich vermeintlich herrschende Ansicht geht aufgrund des weitestgehend verfahrensrechtlichen Charakters der Anerkennungsvorschriften nicht von einem Rückwirkungsverbot aus.

Im Unterschied zu den Rechtsordnungen vieler Vertragsstaaten statuiert das singapurische Recht in § 28 IAA eine ausdrückliche Regelung zum zeitlichen Anwendungsbereich des Ratifizierungsgesetzes. Ergänzend enthielt der mittlerweile aufgehobene § 36 IAA a. F. eine Übergangsregelung zwischen den Regelungen des *Arbitration (Foreign Awards) Act, 1986* und dem *International Arbitration Act, 1994.*

i.) Übergangsvorschriften

In Bezug auf das durch § 36 Abs. 1 IAA a. F. aufgehobene *Arbitration (Foreign Awards)* Act, *1986,* regelte § 36 Abs. 2 IAA a. F., dass alle nach den Vorschriften des *Arbitration (Foreign Awards) Act (Cap. 10A)* vor dem 27. Januar 1995 begonnenen Verfahren fortzusetzen sind, als ob diese bereits unter den Vorschriften des IAA anhängig geworden wären.

Anwendung fand die Vorschrift des § 36 Abs. 2 IAA a.F. in dem Fall *Hainan Machinery Import and Export Corporation* v. *Donald & McArthy Pte. Ltd.*[829]. In dem Verfahren wurde von der Firma *Hainan Machinery Import and Export Corporation* Ende des Jahres 1994 Antrag auf *ex parte* Vollstreckbarerklärung gem. § 5 Abs. 1 *Arbitration (Foreign Awards) Act, 1986* i. V. m. § 20 AA a. F., Order 69 RoC a. F. gestellt. Nach Zustellung der Vollstreckbarerklärung und erfolglosem Einspruch vor einem Justizbeamten des *High Court* (engl. *„Registrar")* wurde das Verfahren gem. § 32 Abs. 2 IAA nach den Vorschriften des IAA vor der zuständigen Richterin *Judith Prakash* fortgesetzt[830].

828 Siehe dazu *Kapitel 2 IV. 6.) d).*

829 [1995] SGHC 232; nachfolgend im Fließtext *„Hainan Machinery"*.

830 [1995] SGHC 232, Rn. 12.

ii.) Rückwirkungsverbot

Nach § 28 Abs. 2 IAA sind die Ratifizierungsvorschriften des UN-Abkommens nicht auf ausländische Schiedssprüche anzuwenden, die vor dem Beitritt der Republik Singapur zu dem UN-Abkommen am 19. November 1986 erlassen worden sind. Der Meinungsstreit zu dem UN-Abkommen wird daher nach der singapurischen Rechtsordnung zugunsten eines Rückwirkungsverbots entschieden.

Wie § 28 Abs. 1 IAA in diesem Zusammenhang ausdrücklich klarstellt, ist dabei alleinig auf den Zeitpunkt des Erlasses des anzuerkennenden Konventionsschiedsspruchs abzustellen. Entgegen der nachvollziehbaren Mindermeinung der internationalen Diskussion zur Annahme eines Rückwirkungsverbots bleibt der Abschluss einer Schiedsvereinbarung für die Beurteilung des zeitlichen Anwendungsbereichs des Ratifizierungsgesetzes unberücksichtigt. Praktisch kommt einem Rückwirkungsverbot nach § 28 Abs. 2 IAA keine Bedeutung mehr zu, da gem. § 6 Abs. 1 (c) Limitation Act (Cap. 163, 1996 Rev. Ed.) die Antragsfrist zur Vollstreckbarerklärung eines Schiedsspruchs auf 6 Jahre festgelegt ist.

f) Verhältnis zu anderweitigen Rechtsquellen

Das Rechtsprinzip der Meistbegünstigung aus Art. 7 Abs. 1 UNÜ wurde durch § 33 Abs. 1 IAA in die singapurische Rechtsordnung übernommen[831]. Wie nachfolgend in *Kapitel 3 IV.* genauer dargelegt wird, bestehen neben der Anerkennung von Konventionsschiedssprüchen nach § 29 Abs. 1 Var 2. i. V. m. § 19 IAA eine Reihe an weiteren Möglichkeiten, den Rechtswirkungen eines exterritorialen Schiedsspruchs in der Republik Singapur Geltung zu verschaffen.

Die singapurischen Gerichte hatten sich bisher mit dem Grundsatz der Meistbegünstigung i. S. v. § 33 Abs. 1 IAA nicht ausdrücklich zu befassen. Vor allen Dingen lassen sich keine Anhaltspunkte dafür feststellen, dass eine selektive Anwendung günstigerer Rechtsvorschriften aus unterschiedlichen Rechtsquellen (sog. *„Rosinen-Picken“)* ermöglicht wird. Zwar würde die Vielzahl an Anerkennungsmöglichkeiten exterritorialer Schiedssprüche und das eng verwobene bzw. teils aufeinander Bezug nehmende Netz an Rechtsvorschriften zu diesem Thema Anlass dazu geben, alternative Möglichkeiten der Rechtserwirkung in Betracht zu ziehen. Bedenkt man dabei, dass die Anerkennung und Vollstreckung ausländischer Schiedssprüche nach

---

831 Siehe allgemein zu Art. 7 Abs. 1 UNÜ *Kapitel 2 IV. 5.) e).*

dem UN-Abkommen das geringste Maß an staatlicher Einflussnahme bietet, läuft der Verweis in § 33 Abs. 1 IAA praktisch ins Leere[832].

Art. 7 Abs. 2 UNÜ wurde nicht in die singapurische Rechtsordnung übernommen, da die Republik Singapur keinem der Genfer Verträge beigetreten ist. Stattdessen enthalten § 33 Abs. 2, 3 IAA besondere Regelungen im Zusammenhang mit dem *Reciprocal Enforcement of Commonwealth Judgments Act (Chapter 264)* und dem *Reciprocal Enforcement of Foreign Judgments Act (Chapter 265)*.

2.) **Das Anerkennungsverfahren**

Gemäß Art. 3 Satz 1 UNÜ ist ein Exequaturverfahren „*... nach den Verfahrensvorschriften des Hoheitsgebietes, in dem der Schiedsspruch geltend gemacht wird ...*“ durchzuführen. Mit Ausnahme der Dokumentenvorlagepflicht gem. Art. 4 UNÜ, dem Diskriminierungsverbot aus Art. 3 Satz 2 UNÜ und der allgemeinen Verpflichtung zum effizienten Exequatur von Konventionsschiedssprüchen enthält das UN-Abkommen keine weiteren Mindeststandards zu den an ein Exequaturverfahren zu stellenden Voraussetzungen[833].

Nach § 29 Abs. 1 Var. 2 i.V.m. § 19 IAA kann ein Konventionsschiedsspruch „*... gleich einem in Singapur entstandenen Schiedsspruch eines Schiedsrichters nach § 19 vollstreckt werden*“. Durch den Verweis auf das gem. § 19 IAA für inländische Schiedssprüche mit Auslandsbezug geltende Verfahrensregime kann bereits an dieser Stelle festgehalten werden, dass die Republik Singapur dadurch zumindest formaljuristisch den Anforderungen des Gleichbehandlungsgrundsatzes i. S. v. Art. 3 Satz 2 UNU nachgekommen ist.

Die Wirkungserstreckung des ausländischen Schiedsspruchs auf die singapurische Rechtsordnung erfolgt gem. § 19 IAA durch eine Vollstreckbarerklärung („*leave of the Court*“) in der Form eines Gerichtsbeschlusses oder eines Urteils. In der Folge können diese gleich jedem anderen staatlichen Vollstreckungstitel im Wege der Zwangsvollstreckung weiter verfolgt werden. Die singapurische Rechtsordnung unterscheidet dabei kaum zwischen den genannten Entscheidungsformen und verwendet die Begriffe häufig synonym füreinander[834].

---

832 Ausführlich *Kapitel 3 IV.*

833 Siehe dazu *Kapitel 2 IV. 6.)*.

834 Vgl. *Halsbury*, Civil Procedure, Rn. 50.503.

Der IAA regelt das der Vollstreckbarerklärung zugrunde liegende Exequaturverfahren nicht selbst. Durch § 35 IAA ist das sogenannte „*Rules Committee*[835]" des singapurischen *Supreme Court* dazu ermächtigt, die im Zusammenhang mit dem IAA erforderlichen zivilprozessualen Ausführungsbestimmungen zu erlassen. Vor dem Erlass des IAA wurde das Exequaturverfahren gem. § 5 Abs. 1 Arbitration (Foreign Awards) Act i. V. m. § 20 AA a.F., O 69 r. 14 RoC geregelt. Mit Erlass des IAA und Aufhebung des *Arbitration (Foreign Awards) Act* wurde zusätzlich mit Wirkung zum 27. Januar 1995 der „*Order 69A: International Arbitration Act*" erlassen. Die Exequaturverfahren für rein inländische und Nichtkonventionsschiedssprüche richten sich hingegen (weiterhin) nach O. 69 r. 14 RoC. Leichte Unterschiede ergeben sich bei den mit dem Exequaturantrag einzureichenden Dokumenten[836]. Im Übrigen sind die Verfahren identisch, wobei nach den der Wahl des dualen Systems zugrunde liegenden Rechtsgrundsätzen in Zweifelsfällen von einem liberaleren Verfahren unter dem Regime des IAA ausgegangen werden kann.

a) Formelle Anerkennungsvoraussetzungen

Den formellen Anerkennungsvoraussetzungen kommt in einem Exequaturverfahren nach dem UN-Abkommen eine besondere Bedeutung bei, da bei deren Vorliegen die Vollstreckbarkeit eines Konventionsschiedsspruchs i. S. v. Art. 3 Abs. 1 UNÜ zunächst vermutet wird[837].

i.) Antragserfordernis

Gem. O. 69A, r. 6 RoC bedarf es zur Einleitung des Verfahrens auf Vollstreckbarerklärung eines Antrags an das zuständige Gericht. Dieser wird in aller Regel *ex parte* gestellt[838].

Der Antrag hat in der Rechtstradition des Common Law in der Form der „*Originating Summons*" zu erfolgen[839]. Der in den *Rules of Court* abgedruckten Mustervorlage[840] ist gem. O. 69A, r. 6 Abs. 1 RoC ein „*Affidavit*[841]" beizufügen.

---

835 Siehe dazu *Kapitel 3 II. 3.) d) iii.).*

836 Siehe nachfolgend *Kapitel 3 III. 2.) a) ii.) aa).*

837 Genauer dazu nachfolgend *Kapitel 3 III. 2) a) ii.) bb).*

838 Vgl. *Aloe Vera of America Inc.* v. *Asianic Food (S) Pte. Ltd. and another*, [2006] SGHC 78, Rn.1. Eine Ausnahme Bildet der Fall *Denmark Skibstekniske Konsulenter A/S I Likvidation* v. *Ultrapolis 3000 Investments Ltd.*, [2010] SGHC 108, Rn. 5, in dem der Antrag auf Vollstreckbarerklärung ausnahmsweise *inter partes* gestellt wurde.

839 O. 69A, r. 3 Abs. 2, Var. 2 RoC i.V.m. O. 7 RoC.

840 O. 7, r. 2 RoC.

Dessen formelle Voraussetzungen bestimmen sich nach O. 41 RoC, ergänzt durch die für die Vollstreckbarerklärung von Schiedssprüchen spezielleren Vorgaben des O. 69A, r. 6 Abs. 1 RoC.

Wird der Antrag *ex parte* gestellt, besteht über die Wahrheitspflicht für die in dem *Affidavit* enthaltenen Tatsachenbehauptungen hinaus, eine Pflicht des Antragstellers, umfassend und aufrichtig alle im Zusammenhang mit der Anerkennung und Vollstreckung stehenden und für den Richter relevanten Tatsachen mitzuteilen (engl. „*material and full disclosure*")[842]. In dem Fall *Strandore Invest A/S and others* v. *Soh Kim Wat* fasst der singapurische *High Court,* unter Bezugnahme auf die Leitentscheidung in *Asian Corporate Services (SEA) Pte. Ltd.* v. *Eastwest Management Ltd.*[843] und die englische Entscheidung *Siporex Trade SA* v. *Comdel Commodities Ltd.*[844], die Obliegenheit wie folgt zusammen: „*...der Antragsteller hat dem Gerichte alle ihm bekannten Tatsachen oder solche, die ihm bekannt sein sollten, vorzulegen, die für [den Ausgang] des Verfahrens maßgeblich sind und möglicherweise auch zugunsten des Antragsgegner gehen.... Er hat die ausschlaggebenden Punkte für und gegen den Antrag zu identifizieren...[und] hat alle Tatsachen vorzulegen, die erwartungsgemäß von dem Richter zur Entscheidung des Antrags in Betracht gezogen werden könnten.*[845]" Kommt der Antragsteller dieser Verpflichtung nicht nach, kann der Antrag abgewiesen oder die Vollstreckbarerklärung gegebenenfalls nachträglich aufgehoben werden[846]. Das Urteil *Strandore Invest A/S and others* v. *Soh Kim Wat* macht aber auch deutlich, dass die Aufklärungspflicht von den Gerichten eng ausgelegt wird und nur dann in Betracht kommt, wenn entscheidungserhebliche Tatsachen von dem Antragsteller zumindest grob fahrlässig unterschlagen werden[847]. Daneben ist zu beachten, dass eine ungerechtfertigte Ausdehnung der Aufklärungspflicht auf die Darlegung von Tatsachen, die eine Anerkennungsversagung nach Art. 5 Abs. 1 UNÜ rechtfertigen würden, der Vollstreckbarkeitsvermutung gem. Art. 4, 5 UNÜ widersprechen würde.

---

841 Dieses entspricht einer eidesstaatlich versicherten Sachverhaltsschilderung nach den Vorgaben des O. 41 RoC.

842 Dazu *Halsbury*, Civil Procedure, Rn. 50.362.

843 [2006] SGCA 1, Rn. 43 ff.

844 [1986] 2 Lloyd´s Rep. 428.

845 [2010] SGHC 151, Rn. 37.

846 Vgl. *Halsbury*, Civil Procedure, Rn. 50.362.

847 Vgl. [2010] SGHC, 151, Rn. 38 ff.

In dem *Affidavit* hat der Antragsteller gem. O. 69A, r. 6 Abs. 1 (b), (c) RoC die vollumfängliche oder teilweise Nichterfüllung des Schiedsspruchs eidesstaatlich zu versichern und die Parteien durch Name und Anschrift genau zu bezeichnen.

ii.) Dokumentenvorlage

Zusätzlich sind dem *Affidavit* die Schiedsvereinbarung und der darauf beruhende Schiedsspruch in der in O. 69A, r. 6 Abs. 1 (a) RoC genannten Form beizulegen.

aa) Formelle Voraussetzungen

Gemäß O. 69A, r. 6 Abs. 1 (a) Var. 1 RoC ist die Schiedsvereinbarung in Urschrift und der darauf beruhende Schiedsspruch in legalisierter Urschrift dem Antrag beizufügen. Alternativ kann dies gem. O. 69, r. 6 Abs. 1 (a) Var. 2 RoC auch durch die Vorlage einer ordnungsgemäß beglaubigten Abschrift der Dokumente erfolgen. Ist die Schiedsvereinbarung oder der Schiedsspruch nicht in englischer Sprache abgefasst, sind diese jeweils in die englische Sprache zu übersetzen und von einem beeidigten Übersetzer, Beamten oder diplomatischen oder konsularischen Vertreter aus dem Ursprungsland des Schiedsspruchs zu beglaubigen[848].

Der als *lex specialis* zu sehende O. 69A, r. 6 Abs. 1 (a) RoC übernimmt damit die bereits in § 30 Abs. 1 IAA enthaltene Regelung, welche wiederum auf Art. 4 UNÜ basiert. Erneut kann festgestellt werden, dass die Regelung des UN-Abkommens nicht wortgleich in die singapurische Rechtsordnung übernommen wurde, aber bedingt durch redaktionelle Anpassungen des Konventionstextes an das singapurische Rechtssystem diesem inhaltlich weitestgehend entspricht.

In Ergänzung zu Art. 4 UNÜ, regeln § 30 Abs. 1 IAA und O. 69A, r. 6 Abs. 1 (a) RoC, dass die Übersetzungsbeglaubigung von einem „...*vereidigten Übersetzer, einem [dazu staatlich ermächtigten] Offiziellen oder einem konsularischen Vertreter des Ursprungslands des Schiedsspruchs ...*“ vorzunehmen ist. Die singapurischen Ratifizierungsvorschriften konkretisieren damit die international umstrittene Auslegungsfrage, nach welchem Sachrecht die Rechtmäßigkeit einer Beglaubigung i. S. v. Art. 4 Abs. 2 UNÜ vorzunehmen ist[849]. Die singapurische Rechtsordnung folgt damit nicht der international herrschenden Meinung, die von einem Wahlrecht des Antragstellers zwischen dem Recht der *lex fori* oder der *lex loci arbitri* ausgeht.

---

848 O. 69A, r. 6 Abs. 1(a) Var. 3 RoC.

849 Vgl. dazu *Kapitel 2 IV. 7.) b), c)*.

Unklar bleibt, wie der internationale Meinungsstreit in Bezug auf § 30 Abs. 1 (a), (b) IAA und O. 69A, r. 6 Abs. 1 (a) Var. 1, 2 RoC zu behandeln ist, da lediglich bezüglich den an die Übersetzung der vorzulegenden Dokumente zu stellenden Anforderungen eine kollisionsrechtliche Regelung getroffen wurde[850]. Welcher der vertreten Ansichten die singapurische Rechtsordnung in diesem Zusammenhang folgt, kann anhand der zur Verfügung stehenden Literatur und Rechtsprechung nicht eindeutig festgestellt werden. In keinem der untersuchten Urteile führte die Anwendung des O. 69A, r. 6 Abs. 1 (a) RoC zu besonderen Auslegungsschwierigkeiten[851]. Auch in der singapurischen Rechtsliteratur wird die Auslegung des § 30 Abs. 1 IAA und O. 69A, r. 6 Abs. 1 (a) RoC kaum problematisiert. Der klare Wortlaut des § 30 Abs. 1 IAA und O. 69A, r. 6 Abs. 1 (a) RoC spricht für eine gesonderte Anknüpfung bezüglich dem auf die Legalisierung und Beglaubigung einer Schiedsvereinbarung beziehungsweise eines Schiedsspruchs anzuwendenden Recht. Dabei ist nach dem Kommentar *Halsbury Laws of Singapore* davon auszugehen, dass von den singapurischen Gerichten kein „*strikter Formalismus*" in diesem Zusammenhang praktiziert wird, sondern vielmehr mit einer pragmatischen Herangehensweise an die Dokumentenvorlagepflicht zu rechnen ist[852]. So wurde beispielsweise die Vorlage von Schiedssprüchen in beglaubigter Kopie von Schiedsinstitutionen oder staatlichen Einrichtungen sowie notariell beglaubigte Kopien von den singapurischen Gerichten als ausreichend erachtet[853].

Im Vergleich dazu fordert die Dokumentenvorlagepflicht zur Anerkennung und Vollstreckung rein nationaler und ausländischer Nichtkonventionsschiedssprüche gem. O. 69, r. 14. Abs. 1 (a) RoC lediglich „*... die Beifügung der Schiedsvereinbarung und des Schiedsspruchs in Urschrift, oder jeweils einer [einfachen] Kopie davon*". Unter Umständen könnte daher nach dem in § 33 Abs. 1 IAA festgeschriebenen Günstigkeitsprinzip eine Vollstreckbarerklärung gem. § 46 Abs. 3 IAA i.V.m. O. 69, r. 14 RoC alternativ in Betracht kommen.

---

850 Ebenso *Chan*, Rn. 5.62. *Exkurs*: Gem. § 19C IAA / § 59A AA besteht die Möglichkeit inländische Schiedssprüche durch speziell ernannte singapurische Hoheitsträger legalisieren oder beglaubigen zu lassen. Obgleich die Vorschriften ausdrücklich zur Förderung der Anerkennung und Vollstreckung singapurischer Schiedssprüche in Vertragstaaten des UN-Abkommens gedacht sind, kann mit großer Wahrscheinlichkeit davon ausgegangen werden, dass auch ausländische Schiedssprüche in entsprechender Anwendung des § 19C IAA durch die singapurischen Hoheitsträger beglaubigt und i.S.v. § 30 Abs. 1 IAA in einem singapurischen Exequaturverfahren verwendet werden können.

851 Vgl. auch *Halsbury*, Arbitration, Rn. 20.139 Fn. 8.

852 Vgl. *Halsbury*, Arbitration, Rn. 20.139.

853 *Halsbury*, Arbitration, Rn. 20.139 Fn. 8.

bb) Beweiswirkung

Kommt der Antragsteller seiner Obliegenheit i. S. v. O. 69A, r. 6 Abs. 1 (a) RoC, § 30 Abs. 1 IAA nach, ist in der formgerechten Vorlage der Schiedsvereinbarung und dem darauf basierenden Schiedsspruch ein Beweis des erstens Anscheins der Anerkennungsfähigkeit und Vollstreckbarkeit des Konventionsschiedsspruchs zu sehen[854]. Im Gegensatz zu dem Wortlaut des UN-Abkommens wurde diese Beweisregel durch den singapurischen Gesetzgeber ausdrücklich in § 30 Abs. 2 IAA festgeschrieben. Danach gilt, dass *„ein nach den Vorschriften dieses Paragraphs bei Gericht vorgelegtes Dokument, mit dessen Beibringung als prima facie Beweis der darin erhaltenen Tatsachen zu verstehen ist[855]"*. Wird die Anerkennungsfähigkeit des zu vollstreckenden Schiedsspruchs von dem Vollstreckungsschuldner in Frage gestellt, obliegt es diesem, die Beweisvermutung durch den Beweis des Vorliegens eines der Anerkennungsversagungsgründe aus § 31 Abs. 2 IAA zu entkräften.

Wie im Rahmen der Darlegung der einzelnen Anerkennungsversagungsgründe aus § 31 Abs. 2 IAA genauer zu erkennen sein wird, legen die singapurischen Gerichte strenge Maßstäbe an die Beweislast des Antragsgegners an. Vielfach scheitert der Einwand eines Anerkennungsversagungsgrunds bereits an den durch § 30 Abs. 2 IAA aufgestellten Beweishürden[856]. Die singapurischen Exequaturgerichte gehen dabei im Vertrauen auf die Rechtmäßigkeit der Entscheidung der Schiedsgerichte auf eine detaillierte Prüfung des vorgelegten Sachverhalts nur dann ein, wenn *„außergewöhnliche Umstände"* von dem Vollstreckungsschuldner dargelegt werden, die den Anscheinsbeweis erschüttern und eine genaue Überprüfung der Sachlage rechtfertigen[857]. Selbst im Rahmen der Prüfung dem Amtsermittlungsgrundsatz unterliegender Anerkennungsversagungsgründe gehen die singapurischen Gerichte von einer konkreten Darlegungspflicht des Antragsgegners aus[858].

---

854 Siehe dazu *Kapitel 2 IV. 7.) a)*.

855 § 30 Abs. 2 IAA.

856 So beispielsweise in *Denmark Skibstekniske Konsulenter A/S I Likvidation (formerly known as Knud E. Hansen A/S)* v. *Ultrapolis 3000 Investments Ltd. (formerly known as Ultrapolis 3000 Theme Park Investments Ltd.)*, [2010] SGHC 108, Rn. 49; *Galsworthy Ltd. of the Republic of Liberia* v. *Glory Wealth Shipping Pte. Ltd.*, [2010] SGHC 304, Rn. 10.

857 *Aloe Vera of America, Inc.* v. *Asianic Food (S) Pte. Ltd. and another*, [2006] SGHC 78, Rn. 61 f.

858 Siehe dazu nachfolgend *Kapitel 3 III. 3.) b)*.

cc) Prüfungskompetenz der Gerichte

In Fällen, in denen die Wirksamkeit einer Schiedsvereinbarung umstritten ist, stellt sich in Abgrenzung zwischen der Beweispflicht des Antragstellers i. S. v. Art. 4 Abs. 1 (b) UNÜ und der Beweislast des Antragsgegners i. S. v. Art. 5 Abs. 1 (a) Var. 2 UNÜ die Frage, ob mit der schlichten Vorlage einer Schiedsvereinbarung bereits den Anforderungen des Art. 4 Abs. 1 (b) UNÜ Rechnung getragen ist oder ob schon in diesem Stadium eines Exequaturverfahrens eine (eingeschränkte) Wirksamkeitsprüfung der vorgelegten Schiedsvereinbarung zu erfolgen hat[859].

Mit dieser Rechtsfrage hatten sich auch die singapurischen Exequaturgerichte mehrfach auseinanderzusetzen. Der international dominierenden Meinung folgend, verdeutlicht zunächst die Leitentscheidung *Aloe Vera of America Inc.* v. *Asianic Food (S) Pte Ltd. and another*[860], dass es sich bei den Aufgaben der Gerichte i. S. v. O. 69A, r. 6 RoC um formalistische und nicht inhaltliche Prüfungskompetenzen handelt[861]. Bereits in dem vor einem US-amerikanischen Schiedsgericht verhandelten Fall wegen Schadensersatzforderungen aus Vertragsauflösung war strittig, ob sich der von dem Mitbeklagten in seiner Funktion als Geschäftsführer der Firma *Asianic Food (S) Pte. Ltd.* unterzeichnete Vertrag und die darin enthaltene Schiedsvereinbarung auch auf den Geschäftsführer und Alleingesellschafter der Firma erstreckt. Der Geschäftsführer der Firma *Asianic Food (S) Pte. Ltd.* unterlag in dem Schiedsverfahren und wendete nach Zustellung der gegen ihn *ex parte* erteilten Vollstreckbarerklärung gegen diese unter anderem ein, dass diese zuunrecht ergangen sei, da die Antragstellerin bereits in dem *ex parte* Verfahren ihrer Verpflichtung aus O. 69A, r. 6 Abs. 1 (a) RoC nicht nachgekommen sei, die Existenz einer ihm gegenüber wirksamen Schiedsvereinbarung zu beweisen[862]. Das Gericht folgte dieser Auffassung nicht und führte dazu aus, dass die singapurischen Gerichte bei der Anerkennung von ausländischen Schiedssprüchen nach dem UN-Abkommen bei der Überprüfung des Vorliegens einer wirksamen Schiedsvereinbarung einem pragmatischen Vorgehen folgen, um dem UN-Abkommen bestmögliche Geltung zu verleihen[863]. Entsprechend würde die Überprüfung der Voraussetzungen i. S. v. § 30 IAA bzw. O. 69A, r. 6 RoC einem „*mechanischen Prozess*" gleichen[864]. Die Richterin *Judith Prakash*

---

859 Siehe dazu *Kapitel 2 IV. 7.) a)*.

860 [2006] SGHC 78; nachfolgend im Fließtext „*Aloe Vera of America*".

861 [2006] SGHC 78, Rn. 39.

862 Vgl. [2006] SGHC 78, Rn. 21.

863 Vgl. [2006] SGHC 78, Rn. 17.

864 [2006] SGHC 78, Rn. 39 ff.

begründete ihre Auffassung unter Verweis auf den eindeutigen Wortlaut der §§ 30, 31 Abs. 1 IAA: Insbesondere unter Bezugnahme auf die dem singapurischen Recht eigenen und das UN-Abkommen konkretisierenden Zusätze, wie beispielsweise § 31 Abs. 1 IAA, der ausdrücklich die abschließende Natur des Katalogs der Anerkennungsversagungsgründe betont, § 30 Abs. 2 IAA, der ausdrücklich vorschreibt, dass der Anscheinsbeweis bereits durch *„einfache Vorlage"* der genannten Dokumente (engl. *„upon mere production"*) eintritt, sowie dem in diesem Zusammenhang zu lesenden Zusatz in § 30 Abs. 1 (b) IAA, der den Schiedsspruch in Bezug zu der behaupten Schiedsvereinbarung stellt (engl. *„... the original arbitration agreement under which der award purports to have been made, ..."*)[865]. Nach der Auffassung des Gerichts ist den Anforderungen des § 30 Abs. 1 IAA im Vertrauen auf eine professionelle Entscheidung des Schiedsgerichts zunächst damit Genüge getan, wenn die Parteien in der vorgelegten Schiedsvereinbarung schlicht genannt werden und ein Schiedsgericht in dem darauf basierenden Schiedsspruch zu dem Entschluss gekommen ist, dass die Schiedsvereinbarung zwischen den Parteien wirksam besteht[866].

Die Auffassung des Gerichts wurde wenige Jahre später durch das Urteil *Denmark Skibstekniske Konsulenter A/S I Likvidation (formerly known as Knud E. Hansen A/S)* v. *Ultrapolis 3000 Investments Ltd. (formerly known as Ultrapolis 3000 Theme Park Investments Ltd.)* ausdrücklich bestätigt[867]. Zu den Kernpunkten der Rechtsstreitigkeit zählte die Frage, ob eine in den allgemeinen Geschäftsbedingungen enthaltene und in den erstem von zwei Verträgen eingebundene Schiedsvereinbarung auch in einem später geschlossenen Abänderungsvertrag Wirkung zwischen den Parteien entfaltet. In Ergänzung zu dem Anerkennungsversagungsgrund aus § 31 Abs. 2 (b) IAA argumentierte die Antragsgegnerin auch in diesem Fall, dass die Antragstellerin bereits ihrer Vorlagepflicht einer zwischen den Parteien wirksamen Schiedsvereinbarung i. S. v. § 30 Abs. 1 (b) IAA nicht nachgekommen sei[868]. Die zur Urteilssprechung berufene Richterin *Belinda Ang Saw Ean* bekräftigte unter Verweis auf das Urteil *Aloe Vera of America Inc.* v. *Asianic Food (S) Pte. Ltd. and another*[869] nochmals, dass es sich bei dem ersten Abschnitt des Exequaturverfahrens bis zum Zeitpunkt des Vorbringens möglicher Anerkennungsversagungsgründe um einen weitestgehend *„mechanischen Prozess"* handelt, bei dem die einfache Vorlage der Dokumente i. S. v. § 30 IAA bereits genügt, um

865 Vgl. [2006] SGHC 78, Rn. 44 ff..
866 Vgl. [2006] SGHC 78, Rn. 39 ff.
867 [2010] SGHC 108, Rn. 8–25. Nachfolgend im Fließtext *„Ultrapolis"*.
868 Vgl. [2010] SGHC 108, Rn. 11 ff.
869 [2006] SGHC 78.

den Anscheinsbeweis für die Existenz einer Schiedsvereinbarung und dem darauf beruhenden Schiedsspruch zur weiteren Anerkennung und Vollstreckung zu erbringen[870].

Verwirrung stiftete ein Urteil aus demselben Jahr, welches durch den *Judicial Commissioner Quentin Loh*[871] in dem Fall *Strandore Invest A/S and others* v. *Soh Kim Wat* erlassen wurde und die gefestigte Rechtsprechung aus *Aloe Vera of America* und *Ultrapolis* in Frage stellte[872]. Obgleich die Antragsgegnerin ihren Einwand gegen die Vollstreckbarerklärung eines dänischen Schiedsspruchs ausschließlich auf eine Verletzung des Ordre Public gem. § 31 Abs. 4 (b) IAA gestützt hatte[873], nutze der *Judicial Commissioner* die Gelegenheit, die zuvor dargelegte Rechtsprechung zu kritisieren[874]. Das Gericht sprach sich dabei (insgesamt) gegen den Ansatz der „*mechanischen*" Vollstreckung von Konventionsschiedssprüchen aus und verlangte unter Verweis auf die englische Rechtsprechung in dem Fall *Dallah Estate and Tourism Holding Company* v. *The Ministry of Religious Affairs, Government of Pakistan*[875] eine umfassende Prüfungskompetenz der Exequaturgerichte[876].

Klarheit in der teils alarmierende Debatte über die Prüfungskompetenzen der singapurischen Exequaturgerichte im Zusammenhang mit der Beweislast aus § 30 Abs. 1 IAA und § 31 Abs. 2 IAA schafft das Urteil *Galsworthy Ltd. of the Republic of Liberia* v. *Glory Wealth Shipping Pte. Ltd.*[877]. Vermittelnd zwischen den Urteilen in *Aloe Vera of America* und *Strandore* macht das Gericht deutlich, dass Verfahrensstadien nach § 30 IAA und § 31 Abs. 2 IAA gegeneinander abgegrenzt werden müssten: Während sich die Beweislast und Prüfungskompetenz der Exequaturgerichte i. S. v. § 30 IAA nach den Vorgaben aus

870 [2010] SGHC 108, Rn. 22-25.

871 Das Amt eines „Judical Commissioner" wird von dem Presidenten der Republik Singapur auf bestimmte Zeit verliehen und dient der Arbeitsbewältigung der Gerichte, wobei diesem die funktionelle Stellung eines Richters zugesprochen wird.

872 [2010] SGHC 151; nachfolgend im Fließtext „*Strandore*".

873 Die Antragsgegnerin argumentierte, dass der Schiedsspruch unvollstreckbar sei, da sich die Parteien bei dem Abschluss der zugrundeliegenden Verträge darüber einig waren, dass diese zu keinem Zeitpunkt vollstreckt werden sollten ([2010] SGHC 151, Rn. 28).

874 Vgl. [2010] SGHC 151, Rn. 22 ff; kritisch dazu *Boo*, SAL Ann Rev 11 (2010), Rn. 4.66 ff.

875 [2009] EWCA Civ 755.

876 [2010] SGHC 151, Rn. 23 f. Interessant festzustellen ist in diesem Zusammenhang auch, dass der Judical Commissioner in dem von ihm im scharft kritisierten Fall *Aloe Vera of America*, selbst als Anwalt des unterlegenen Vollstreckungsschuldners tätig war.

877 [2010] SGHC 304.

Aloe Vera of America und *Ultrapolis* auf einen formalistischen oder „*mechanischen*" Vorgang beschränkt, obliegt dem Antragsgegner gem. § 31 Abs. 2 IAA die volle Beweislast der Tatsachen, die eine Anerkennungsverweigerung rechtfertigen, die von den Gerichten in einer eigenständigen Sachentscheidung i. S. d § 31 Abs. 1 IAA überprüft werden können[878].

iii.) Antragsfrist

Der Antrag auf Anerkennung eines Schiedsspruchs ist gem. § 6 Abs. 1 (c) Limitation Act (Cap. 163, 1996 Rev. Ed.) innerhalb von einer Frist von 6 Jahren seit Erlass des Schiedsspruchs bei der zuständigen Behörde einzureichen.

iv.) Zuständigkeit

Der Antrag auf Vollstreckbarerklärung ist gem. O. 69A, r. 3 (e) RoC i.V.m. § 29 Abs. 1, 19 IAA ausschließlich an den singapurischen *High Court* zu richten, dem höchsten erstinstanzlichen Gericht in Zivil und Strafsachen, welches zusammen mit dem *Court of Appeal* den *Supreme Court of Singapore* bildet[879].

Die funktionelle Zuständigkeit innerhalb des *High Court* kann gem. O. 69A, r. 3 Abs. 1 (e) RoC sowohl durch einen Richter als auch einen *Registrar* ausgeübt werden[880]. Da die Vollstreckbarerklärung in aller Regel in einem vereinfachten und formalisierten *ex parte* Verfahren erteilt wird, findet dieses in der überwiegenden Anzahl aller Fälle vor einem *Registrar* statt. Allerdings steht es dem *Registrar* nach seinem Ermessen gem. O. 32, r. 10 RoC frei, das Verfahren jederzeit an einen Richter zu verweisen. Sollte ein Richter zu keiner Zeit in das Vollstreckbarerklärungsverfahren eingebunden sein, besteht spätestes im Wege eines Einspruchs gegen die Entscheidung (engl. „*appeal*") die Möglichkeit richterliches Gehör zu erlangen[881].

---

878 Vgl. [2010] SGHC 304, Rn. 11.

879 Zur Vertiefung des Gerichtsverfassungssystems der Republik Singapur siehe *Halsbury*, Civil Procedure, S. 35 ff.; *Schütze/Hirt*, S. 6 ff.

880 Der Registrar übt in Common Law Jurisdiktionen eine mit einem deutschen Justizbeamten der Geschäftstelle vergleichbare Funktion aus. Gem. O. 32, r. 9 Abs. 1, 2 RoC ist der Registrar des Supreme Court zur Durchführung aller Geschäfte berechtigt, die von einem „Judge in Chambers" ausgeübt werden können und nicht ausdrücklich einem Richter übertragen sind.

881 Siehe dazu nachfolgend *Kapitel 3 III. 2.) c)*.

Zur Förderung der sachgerechten Bearbeitung spezieller und komplexer Rechtsgebiete wurden vor wenigen Jahren innerhalb des *High Court* spezialisierte Gerichtseinheiten gebildet[882]. Dazu zählt der sogenannte *Admiralty Court* auf dem Gebiet von Schifffahrtsangelegenheiten, der *Intellectual Property Court* im Bereich der Immaterialgüterrechte und der *Arbitration Court*. Mit der Ernennung der Richterin *Judith Prakash* am 7. April 2003 bestand der *Arbitration Court* zunächst aus nur einer Richterin, deren personelle Zuständigkeit sich auf die Durchführung aller im Zusammenhang mit der Schiedsgerichtsbarkeit stehender Verfahren belief[883]. Dem folgte schon bald am 1. November 2004 die Ernennung von Richterin *Belinda Ang* und Richter *V. K. Rajah,* gefolgt von Richter *Lee Seiu Kin*, Richter *Quentin Loh*, Richter *Chang Seng Onn* und Richter *Steven Chong.* Damit gehören nunmehr ein Drittel aller Richter des *Supreme Court* zugleich dem *Arbitration Court* an. Der *Arbitration Court* ist damit zugleich die größte der spezialisierten Gerichtseinheiten. Einerseits zeigt dies deutlich den kontinuierlichen Bedeutungsgewinn der Schiedsgerichtsbarkeit über die vergangenen Jahre und deren aktuellen Stellenwert in Singapur. Vor allem wird aber im Lichte der Bemühungen der Republik Singapur, sich zu einem weltweit führenden Schiedszentrum zu entwickeln, eine besondere Form der justiziellen Qualitätssicherung betrieben, indem spezialisierte Richter zu einem kontinuierlichen Entscheidungseinklang beitragen können. Gerade mit Blick auf die Auslegung des UN-Abkommens, zu der insbesondere Richterin *Judith Prakash* seit mehr als zehn Jahren wesentlich beigesteuert hat[884], kann eine einheitliche und konventionsnahe Auslegung der relevanten Vorschriften attestiert werden. Mit Blick auf die zunehmende Anzahl an Richtern des *Arbitration Court* und dem bevorstehenden Generationenwechsel innerhalb des Gerichts, der bereits zu einzelnen fragwürdigen Entscheidungen geführt hat, kann die weitere Entwicklung allerdings gespannt abgewartet werden.

---

882 Vgl. http://app.supremecourt.gov.sg/default.aspx?pgID=43

883 Vgl. *Chik*, SYBIL 9 (2005), 259 (260).

884 Bedeutsame Leitentscheidungen wie *Re An Arbitration Between Hainan Machinery Import and Export Corp. and Donald & McArthy Pte. Ltd.*, [1995] SGHC 232 und *Aloe Vera of America, Inc.* v. *Asianic Food (S) Pte. Ltd. and another*, [2006] SGHC 78 stammen beispielsweise aus ihrer Feder.

b) Verfahren

Wie zuvor angedeutet besteht vor den singapurischen Gerichten die Möglichkeit, eine Vollstreckbarerklärung eines Schiedsspruchs sowohl in einem eigenständigen Erkenntnisverfahren als auch in einem vereinfachten *ex parte* Verfahren zu erlangen, wobei in der Rechtspraxis letzterer Fall die Regel bildet[885].

i.) Ex-parte-Verfahren

Sofern der zur Entscheidung berufene Richter oder *Registrar* in einem durch einen *ex parte* Antrag eingeleiteten Verfahren i. S. v. O. 69A, r. 6 Abs. 1 RoC mangels besonderer Umstände des Einzelfalls ohne Anhörung des Antragsgegners zu dem Entschluss gelangt, dass die formalen Prozessvoraussetzungen der Anerkennung des Schiedsspruchs gegeben sind, hat dieser gem. O. 69A, r. 6 Abs. 2 RoC die Vollstreckbarerklärung durch einen richterlichen Beschluss zu erteilen. Abgesehen von den im Wege des Amtsermittlungsgrundsatzes zu prüfenden Anerkennungsversagungsgründen aus § 31 Abs. 4 IAA spielt das Vorliegen weiterer Versagungsgründe in diesem Verfahrensstadium keine Rolle[886]. Die Entscheidung des Gerichts stützt sich ausschließlich auf den Anscheinsbeweis i. S. v. § 30 Abs. 2 IAA.

Der Beschluss ist dem Antragsgegner nach dem Ermessen des Gerichts im Wege der Privatzustellung oder auf dem Postwege zuzustellen[887]. Gegen den dem Antragsgegner ordnungsgemäß zugestellten und mit einer Rechtsbehelfsbelehrung zu versehenden Beschluss kann dieser gem. O. 69A, r. 6 Abs. 4 RoC innerhalb von 14 Tagen ab Empfang der Zustellungsdokumente Rechtsbeschwerde einlegen und die Aufhebung der Vollstreckbarerklärung beantragen[888].

---

885 Vgl. O. 69A, r. 6 Abs. 1 RoC.

886 Vgl. *Chew*, Arbitration in Singapore, S. 100 f.

887 Zur Vertiefung der der singapurischen Zustellungsvoraussetzungen siehe *Halsbury*, Civil Procedure, S. 122 ff.

888 Sofern die Vollstreckbarerklärung ausserhalb der Jurisdiktion der Republik Singapur zuzustellen ist, ist es dem Gericht gem. Order 69A, r. 6 Abs. 4 RoC gestatted nach seinem Ermessen eine verlängerte Ausschlussfirst festlegen.

ii.) Parteiverfahren

Wird das Verfahren entgegen der herrschenden Praxis i. S. v. O. 69A, r. 6 Abs. 1 RoC durch „*Originating Summons*" im Parteiverfahren eingeleitet, nach einem *ex parte* Antrag in ein solches übergeleitet oder gegen eine *ex parte* erteilte Vollstreckbarerklärung Rechtsbeschwerde eingelegt, sind die allgemeinen Verfahrensregeln eines streitigen Zivilverfahrens unter Berücksichtigung der besonderen Regelungen des O. 69A, r. 6 RoC zu beachten. Im Gegensatz zu dem *ex parte* Verfahren hat der Antragsgegner von Beginn an die Möglichkeit, sich durch den Einwand von Anerkennungsversagungsgründen i. S. v. § 31 Abs. 2 IAA gegen die Erteilung einer Vollstreckbarerklärung zur Wehr zu setzten.

Eine allgemeine Bewertung der Effizienz und Professionalität des singapurischen Zivilverfahrens mit all seinen Facetten würde den Rahmen dieser Arbeit sprengen. In diesem Zusammenhang sei jedoch auf die in einem jährlichen Turnus durchgeführte Studie der Weltbank mit dem Titel „*Doing-Business*" und des *International Institute for Management Development* mit dem Titel „*The World Competitiveness Yearbook*" hingewiesen, die die singapurische Rechts- und Prozessordnung in Zivilsachen in regelmäßigen Abständen zu den besten der Welt zählen[889].

iii.) Vertraulichkeit

Dem die Schiedsgerichtsbarkeit prägenden Grundsatz der Vertraulichkeit nachkommend, ist das Anerkennungsverfahren gemäß § 22 IAA auf Antrag einer der Parteien unter Ausschluss der Öffentlichkeit („*in Chambers*") durchzuführen[890]. In diesem Zusammenhang können auch Veröffentlichungspflichten gem. § 23 IAA eingeschränkt beziehungsweise ausgeschlossen werden.

---

889 Vgl. u.a. *World Bank*, Doing Business 2012, S. 125; International Institute for Management, World Competitiveness Yearbook, jeweils abrufbar unter: http://www.imd.org/research/publications/wcy/wcy_online.cfm. Nach der letzteren der Länderstudien reiht sich die Republik Singapur in den letzten 5 Jahren kontinuierlich unter den drei weltweit besten Nationen in den Kategorien „The Worlds best legal and regulatory framework; Minimum Bureaucracy, Business Legislation" ein.

890 § 22 IAA ist auf alle dem IAA unterliegende Verfahren anzuwenden. Vgl. auch § 56 AA.

iv.) Verfahrensfehler

Verfahrensfehler sind nach den allgemeinen Rechtsgrundsätzen des singapurischen Zivilprozessrechts, insbesondere nach dem *Supreme Court Judicature Act* und den entsprechend anzuwendenden *Rules of Court* zu behandeln. Dabei kommt dem O. 2 RoC, der sich mit den Rechtsfolgen der Nichtbeachtung von Verfahrensvorschriften befasst, eine besondere Bedeutung zu.

In Bezug auf die Anerkennung und Vollstreckung von Schiedssprüchen gibt das Urteil *Hainan Machinery Import and Export Corp and Donald & McArthy Pte. Ltd.*[891] erstmals darüber Einblick, wie förmliche Fehler in einem Vollstreckbarerklärungsverfahren vor den singapurischen Gerichten zu behandeln sind. In dem Fall zur Vollstreckbarerklärung eines Konventionsschiedsspruchs, der unter dem Regime des *Arbitration (Foreign Awards) Act, 1986 (Cap. 10A)* begonnen und gem. § 36 Abs. 2 IAA a. F. nach den neu erlassenen Vorschriften des IAA und des O. 69A fortgesetzt wurde, wurde der Antragstellerin im Rahmen eines *ex parte* Verfahrens eine Vollstreckbarerklärung nach den Vorschriften des O. 69 RoC a. F. erteilt und der Antragsgegnerin zugestellt[892]. Dabei wurde vergessen, dem Dokument die erforderliche Rechtsbehelfsbelehrung i. S. v. O. 69, r. 7 Abs. 7 RoC a. F. beizufügen[893]. Dies hielt die Antragsgegnerin zwar nicht davon ab, fristgemäß Einspruch gegen die Vollstreckbarerklärung einzulegen. In den darauf folgenden, auf die Aufhebung der Vollstreckbarerklärung gerichteten Verfahren wurde jedoch neben dem Vorbringen verschiedener Anerkennungsversagungsgründen auch die Wirksamkeit der Vollstreckbarerklärung mangels ordnungsgemäßer Rechtsbehelfsbelehrung gerügt.

Der *High Court* kam in seiner Entscheidung zu dem Ergebnis, dass der „*technische Fehler*" die Wirksamkeit der Vollstreckbarerklärung i. S. d. O. 2, r. 1 Abs. 1 RoC nicht beeinträchtige[894]. Dies wurde von dem Gericht in erster Linie damit begründet, dass die Antragsgegnerin durch die fehlende Rechtbehelfsbelehrung keine Rechtsnachteile erlitten habe. Die Antragsgegnerin habe auch ohne die Rechtsbehelfsbelehrung i. S. v. O. 69, r. 7 Abs. 7 RoC fristgemäß Einspruch erhoben und es seien während der gesetzlichen Einspruchsfrist auch keine Vollstreckungsmaßnahmen durch die Antragstellerin durchgeführt worden. Eine nach den Grundsätzen des Common Law vertretbare,

891 [1995] SGHC 232, [1995] 3 SLR(R) 354. Nachfolgend im Fließtext „*Hainan Machinery*".

892 Vgl. auch O. 69A, r. 6 Abs. 2 RoC.

893 Vgl. auch O. 69A, r. 6 Abs. 5 RoC.

894 Vgl. [1995] SGHC 232, Rn. 15 ff.

aber nicht unumstrittene Entscheidung, die das pragmatische Vorgehen der singapurischen Gerichte bei der Anerkennung ausländischer Schiedssprüche erneut unterstreicht[895].

In der Begründung gab das Gericht aber auch zu erkennen, wann ein Verfahrensfehler als beachtlich einzustufen ist[896]. Danach würde das Gericht zu einer anderen Entscheidung gelangen, wenn in dem zur Vollstreckbarerklärung führenden Antragsverfahren grundlegende Verfahrensvoraussetzungen wie beispielsweise die Gerichtszuständigkeit oder formelle Anerkennungsvoraussetzungen nicht beachtet würden. Inwieweit bei dem Vorliegen eines beachtlichen Verfahrensfehlers eine Heilung i. S. v. O. 2, r. 1 (2) RoC oder gar eine Aufhebung der Vollstreckbarerklärung in Betracht kommt, bleibt jedoch offen. Im Lichte der von dem *High Court* mehrfach betonten pragmatischen Herangehensweise und unter der Berücksichtigung des Einzelfalls wird in den meisten Fällen von einer Heilung eines Verfahrensfehlers i. S. v. O. 2, r. 1 Abs. 2 RoC auszugehen sein. Die Entscheidung, ob und wie ein solcher wesentlicher Verfahrensfehler geheilt werden kann, steht gem. O. 2, r. 1 Abs. 2 RoC im Ermessen des Gerichts. Berücksichtigt man dabei, dass in der überwiegenden Anzahl aller Fälle bei der Einlegung eines Rechtsbehelfs gegen die Vollstreckbarerklärung ein sogenanntes „*re-hearing*" durchzuführen ist, in dem mögliche Verfahrensfehler ohne weiteres geheilt werden können, sind nur wenige Konstellationen denkbar, in denen eine Vollstreckbarerklärung zu Rechtsbeeinträchtigungen führen und wegen schwerwiegenden Verfahrensfehlern aufgehoben werden kann.

c) Rechtsbehelfe

Die Entscheidung des singapurischen *High Court* i. S. v. Art. 29 Abs. 1 Var. 2 i. V. m. Art. 19 IAA kann durch die Parteien des Verfahrens nach dem allgemein auf Beschlüsse und Urteile geltenden Prozessrecht der singapurischen Rechtsordnung angefochten werden[897]. Dabei wird zwischen den möglichen Entscheidungsformen der Vollstreckbarerklärung durch Beschluss oder Urteil praktisch keine Unterscheidung getroffen[898]. Vielmehr ist zur Bestimmung der Rechtsbehelfsmöglichkeiten auf die jeweilige Verfahrensart und den Entscheidungsträger abzustellen.

---

895 Kritisch *Ho*, SJLS 6 (1996), 241 (243).

896 Vgl. [1995] SGHC 232 Rn. 18.

897 Vgl. insbesondere O. 56 f. RoC i. V. m. O. 69A, r. 6 Abs. 4 RoC.

898 Vgl. *Halsbury*, Civil Procedure, Rn. 50.503.

Wurde eine Vollstreckbarerklärung im Wege eines *ex parte* Verfahrens durch einen *Registrar* oder Richter des singapurischen *High Court* erteilt, hat der Antragsgegner gem. O. 69A, r. 6 Abs. 4 RoC die Möglichkeit, gegen diese innerhalb von 14 Tagen ab Zustellung Einspruch bei dem Erlassgericht zu erheben[899]. Bis zum Ablauf der Ausschlussfrist darf eine Vollstreckbarerklärung nicht vollstreckt werden[900]. Wird Einspruch gegen die Vollstreckbarerklärung eingelegt, kommt diesem eine Suspensivwirkung zu[901].

Wird dem Antrag auf Aufhebung der Vollstreckbarerklärung stattgegeben oder die Erteilung einer Vollstreckbarerklärung nicht gestattet, kann die beschwerte Partei gem. O. 56 RoC Berufung an die nächsthöhere Instanz einlegen. Wurde das Verfahren vor einem *Registrar* durchgeführt, ist die Berufung gem. O. 56, r. 1 RoC innerhalb von 14 Tagen ab Zustellung der Entscheidung vor einem Richter des *High Court* einzulegen. Wurde das Verfahren bereits vor einem Richter des *High Court* verhandelt, besteht die Möglichkeit, gem. O. 56, r. 3 RoC innerhalb eines Monats Berufung vor dem *Court of Appeal* einzulegen. In beiden Fällen stellen die Verfahren ein eigenständiges Erkenntnisverfahren dar (engl. „*re-hearing*“)[902]. Unter Berücksichtigung vorangegangener Verfahrenshandlungen wird der Antrag auf Vollstreckbarerklärung behandelt, als ob er von Anbeginn vor dem jeweiligen Gericht gestellt worden wäre[903]. Der Berufung gegen eine Vollstreckbarerklärung kommt, sofern dies nicht ausdrücklich von dem Gericht angeordnet wird, keine aufschiebende Wirkung bei[904].

Wie das Urteil *Strandore Invest A/S and others* v. *Soh Kim Wat* zeigt, lassen sich die singapurischen Gerichte nicht dazu verleiten, auf Taktiken des Antragsgegners zur Verzögerung der Anerkennung und Vollstreckung eines Konventionsschiedsspruchs einzugehen[905]. Der Fall *Strandore,* in dem es sich um eine von einem dänischen Schiedsgericht entschiedene Streitigkeit aus dem Verkauf von Gesellschaftsanteilen drehte, beschäftigte die singapurischen Gerichte gleich in mehreren Verfahren[906]. In Kombination mit den größtenteils

---

899 Ist die Vollstreckbarkeit außerhalb des singapurischen Staatsgebiets zuzustellen, bestimmt sich die First nach dem Ermessen des Gerichts. Nach *Chan*, Rn. 5.20 beträgt diese meist 21 Tage. Vgl. auch O. 69, r. 14 Abs. 4 RoC.

900 O. 69A, r, 6 Abs. 4 RoC; vgl. auch O. 69, r. 15 Abs. 4 RoC.

901 O. 69A, r, 6 Abs. 4 RoC; vgl. auch O. 69, r. 15 Abs. 4 RoC.

902 Art. 37 Abs. 1 Supreme Court Judicature Act i. V. m. O. 57, r. 3 Abs. 1 RoC; Art. 22 Abs. 1 Supreme Court Judicature Act.

903 Vgl. *Halsbury*, Civil Procedure, Rn. 50.665.

904 O. 57, r. 15 RoC; O. 56, r. 1 Abs. 4 RoC.

905 Vgl. [2010] SGHC 174.

906 Siehe dazu zusammenfassen [2010] SGHC 174, Rn. 8.

von dem Vollstreckungsschuldner eingeleiteten Verfahren versuchte dieser zunächst erfolglos, der drohenden Zwangsvollstreckung durch einen Antrag auf Aussetzung des Verfahrens auf Vollstreckbarerklärung des Schiedsspruchs zu entgehen[907]. Nachdem dieses Vorhaben wegen offensichtlicher Verzögerungstaktiken des Vollstreckungsschuldners gescheitert war[908], reichte dieser Berufung gegen die Vollstreckbarerklärung ein und verband dies zugleich mit einem Antrag auf Aussetzung der Vollziehung der Vollstreckbarerklärung[909]. In beiden Verfahren machte der singapurische *High Court* deutlich, dass, sofern keine außergewöhnlichen Umstände vorliegen, die eine ungerechtfertigte Schädigung des Vollstreckungsschuldners nahe legen, eine Aussetzung des Verfahrens bzw. der Vollstreckbarkeit des Schiedsspruchs nicht in Betracht kommt[910]. In erster Linie sollen damit die Früchte der Arbeit der in den vorangegangenen Verfahren erfolgreichen Partei bewahrt werden, auf die nach dem Ausgang des Schieds- bzw. Gerichtsverfahrens *prima facie* ein Anrecht besteht. Das Gericht macht dabei auch deutlich, dass die Erfolgschancen eines eingelegten Rechtsmittels für sich genommen eine Aussetzung der Vollstreckbarkeit nicht rechtfertigen. In erster Linie ist auf die Vollstreckungsfolgen abzustellen.

3.) Materielle Anerkennungsvoraussetzungen

Als Gegenstück zu der Vermutung der Vollstreckbarkeit eines Schiedsspruchs i. S. v. Art. 4 UNÜ darf gem. Art. 5 UNÜ die Anerkennung eines Konventionsschiedsspruchs von den staatlichen Gerichten versagt werden, wenn einer der darin genannten Anerkennungsversagungsgründe von dem Antragsgegner bewiesen wird. Diese Regelung wurde mit wenigen Ausnahmen durch § 31 IAA nahezu wortgleich in die singapurische Rechtsordnung übernommen.

Zwar mag ein erster Blick auf § 31 IAA in Vergleich zu Art. 5 UNÜ zunächst irritieren, da die Gesamtstruktur mit der des UN-Abkommens nicht übereinstimmt. Beispielsweise können anstelle der sieben Versagungsgründe des UN-Abkommens in § 31 IAA acht eigenständig gelistete Anerkennungsversagungsgründe gezählt werden. Daneben ist § 31 IAA im Vergleich zu Art. 5 Abs. 1, 2 UNÜ in fünf Absätze untergliedert. Bei genauerer Betrachtung kann jedoch festgestellt werden, dass die strukturellen Veränderungen der

907 [2010] SGHC 151.

908 Dabei ging das Gericht bedauerlicherweise nicht ausdrücklich auf die Frage ein, ob eine Aussetzung des Vollstreckbarerklärungsverfahren aus anderen als den in § 31 Abs. 5 IAA genannten Gründen zulässig ist.

909 [2010] SGHC 174.

910 Vgl. [2010] SGHC 174 Rn. 7.

redaktionellen Anpassung des Konventionstexts an die singapurische Gesetzgebungspraxis oder vereinzelt dessen Konkretisierung dienen. Art. 31 Abs. 1 IAA unterstreicht ergänzend zu dem Vertragstext des UN-Abkommens ausdrücklich die Bedeutung und die abschließende Natur der in Art. 31 Abs. 2, 4 IAA genannten Anerkennungsversagungsgründe. Der Anerkennungsversagungsgrund der Unwirksamkeit der Schiedsvereinbarung aus Art. 5 Abs. 1 (a) UNÜ, welcher sich aus der Unwirksamkeit einer Schiedsvereinbarung mangels subjektiver Schiedsfähigkeit (Art. 5 Abs. 1 (a) Var. 1 UNÜ) und der Unwirksamkeit einer Schiedsvereinbarung aus sonstigen Gründen (Art. 5 Abs. 1 (a) Var. 2 UNÜ) zusammensetzt, wurde in § 31 Abs. 2 (a), (b) IAA getrennt in die singapurische Rechtsordnung aufgenommen. Gleiches gilt für Art. 5 Abs. 1 (c) UNÜ, dessen Teilsatz über die Teilbarkeit des Streitgegenstands gesondert in § 31 Abs. 3 IAA festgeschrieben wurde. Art. 6 UNÜ bezüglich der Möglichkeit einer einstweiligen Aussetzung des Exequaturverfahrens bei gleichzeitiger Anhängigkeit eines Aufhebungsverfahrens im Ursprungsland des Schiedsspruchs wurde in § 31 Abs. 5 IAA übernommen.

a) Antragsgebundene Anerkennungsversagungsgründe

Gleich der Regelungssystematik des UN-Abkommens unterscheidet § 31 IAA zwischen Anerkennungsversagungsgründen, die gem. § 31 Abs. 2 IAA auf Antrag des Antragsgegners zu beachten sind, und solchen, die gem. § 31 Abs. 4 IAA dem Amtsermittlungsgrundsatz des Gerichts unterliegen.

i.) Mangelnde subjektive Schiedsfähigkeit

Wie zuvor dargelegt, wird der Unterfall der Unwirksamkeit einer Schiedsvereinbarung mangels subjektiver Schiedsfähigkeit einer der Parteien i. S. v. Art. 5 Abs. 1 (a) Var. 1 UNÜ in der singapurischen Rechtsordnung gem. § 31 Abs. 2 (a) IAA als eigenständiger Anerkennungsversagungsgrund behandelt.

Gem. § 31 Abs. 2 (a) IAA darf die Annerkennung eines Konventionsschiedsspruchs versagt werden, wenn

...

> „... eine Partei zu einer Schiedsvereinbarung, auf deren Grundlage ein Schiedsspruch erlassen worden ist, nach dem Recht, das für sie persönlich maßgebend ist, im Zeitpunkt des Vertragsschlusses in irgendeiner Hinsicht hierzu nicht fähig war".

...

Damit unterscheidet sich der Wortlaut der singapurischen Vorschrift nur marginal von dem des Art. 5 Abs. 1 (a) Var. 1 UNÜ. Im Unterschied zu Art. 5 Abs. 1 (a) Var. 1 UNÜ verweist § 31 Abs. 2 (a) IAA nicht unmittelbar auf eine

(Schieds-)Vereinbarung „... *im Sinne des Artikel II [UNÜ]...*“, da dieser durch das Ratifizierungsgesetz nicht in die singapurische Rechtsordnung übernommen worden ist. Über die in § 27 Abs. 1 IAA enthaltene Legaldefinition, welche im Rahmen der Anerkennung von Konventionsschiedssprüchen einer Schiedsvereinbarung dieselbe Bedeutung wie nach Art. 2 UNÜ beimisst, wird jedoch dieselbe Wirkung erreicht. Außerdem konkretisiert § 31 Abs. 2 (a) IAA den Konventionstext insofern, dass der Willensmangel „*...im Zeitpunkt des Vertragsschlusses...*“ vorgelegen haben muss.

Bedeutung: Der Anerkennungsversagungsgrund der subjektive Schiedsfähigkeit i. S. v. § 31 Abs. 2 (a) IAA ist in der singapurischen Rechtspraxis nicht von Bedeutung und wurde bisher in keiner der bekannten Urteile der Anerkennung eines Konventionsschiedsspruchs entgegengehalten.

Anwendbares Recht: Für die Bestimmung der subjektiven Schiedsfähigkeit einer Partei verweist § 31 Abs. 2 (a) IAA auf das für die jeweilige Partei persönlich maßgebende Recht (sog. *Personalstatut*). Nach international herrschender Ansicht zur Auslegung des Art. 5 Abs. 1 (a) Var. 1 UNÜ ist die Fähigkeit der Parteien, eine Schiedsvereinbarung wirksam abzuschließen, nach dem Kollisionsrecht der *lex fori* zu bestimmen[911]. Dieser Ansicht folgt auch die singapurische Rechtsordnung[912].

In Abwesenheit spezieller gesetzlicher Kollisionsnormen richtet sich die kollisionsrechtliche Bestimmung des singapurischen Personalstatuts nach den allgemeinen Rechtsgrundsätzen des Common Law beziehungsweise des singapurischen Präzedenzrechts. Welches Recht danach zur Anwendung gelangt, ist allerdings umstritten[913]. Neben Anknüpfungspunkten wie dem Domizil der Person kommen auch die Anknüpfung an deren gewöhnlichen Wohnsitz („*habitual residence*“), einfachen Wohnsitz („*simple residence*“), Nationalität der Partei oder eine unselbständige Anknüpfung an das Vertragsstatut in Betracht. Nach der herrschenden Ansicht ist die Fähigkeit zum Abschluss einer Schiedsvereinbarung bei natürlichen Personen nach der *lex domicillii* und bei juristischen Personen nach der *lex incorporationis* zu bestimmen[914].

---

911 Siehe dazu *Kapitel 2 IV. 8.) a) i.) aa)*.

912 Vgl. *Chan*, Rn. 7.44.

913 Vgl. Chan, Rn. 7.44.

914 Vgl. *Halsbury*, Arbitration, Rn. 20.141; *Law Reform Committee*, Sub-Committee Report on Review of Arbitration Laws, S. 29.

Auslegung: Ist das Personalstatut nach singapurischen Sachrecht zu beurteilen, knüpft dieses zur Festlegung der subjektiven Schiedsfähigkeit einer natürlichen oder juristischen Person an deren allgemeine Geschäftsfähigkeit an[915]. Danach ist in Singapur jede volljährige natürliche Person im Vollbesitz ihrer geistigen Kräfte und Fähigkeiten zum Abschluss einer Schiedsvereinbarung berechtigt[916]. Die subjektive Schiedsfähigkeit einer juristischen Person bestimmt sich hingegen nach deren Satzung in Verbindung mit der Verleihung der Geschäftsfähigkeit nach dem jeweils auf die Gesellschaft anzuwendenden Gesetz[917].

Hinsichtlich der subjektiven Schiedsfähigkeit von juristischen Personen des öffentlichen Rechts beziehungsweise dem Einwand der Staatenimmunität regelt § 11 State Immunity Act[918] ausdrücklich, dass sich ein Staat in einem im Zusammenhang mit einem Schiedsverfahren stehenden Verfahren vor den singapurischen Gericht nicht auf eine Staatenimmunität berufen kann, sofern dieser sich der Schiedsgerichtsbarkeit in einer Schiedsvereinbarung unterworfen hat. Allerdings bezieht das Gesetz die Republik Singapur selbst nicht in dessen Anwendungsbereich mit ein. Insofern ist auf § 34 IAA und § 64 AA zu verweisen, die beide ausdrücklich festlegen, dass *„dieses Gesetz die [singapurische] Regierung bindet“*[919]. Nach *Michael Hwang, Lawrence Boo* und *Amy Lai* bedeutet dies, dass die singapurische Republik durch den Abschluss einer Schiedsvereinbarung oder den darauf basierenden Schiedsspruch in gleicher Weise wie jede andere Partei gebunden ist[920]. Entsprechend ist kein Fall bekannt, in dem der Einwand der Staatenimmunität von der Republik Singapur in einem Schieds- oder damit in Verbindung stehenden Verfahren erhoben worden ist, obgleich die Möglichkeit dazu bereits mehrfach bestanden hätte[921].

---

915 Vgl. *Chew*, Arbitration in Singapore, S. 100.

916 In der Republik Singapur tritt mit Vollendung des 21. Lebensjahres die volle Geschäftfähigkeit einer natürlich Person ein. Siehe dazu vertiefend: *Halsbury*, Contract, Rn. 80.372 ff.

917 Vertiefend *Halsbury*, Contract, Rn. 80.417 ff.

918 State Immunity Act (Chapter 313 of the Laws of Singapore, 1985 Rev. Ed.).

919 Vgl. auch § 4 (c) Government Proceedings Act (Chapter 121 of the Laws of Singapore, 1985 Rev. Ed.) i. V. m. Government Contracts Act (Chapter 118 of the Laws of Singapore, 1985 Rev. Ed.).

920 *Hwang/Boo/Lai*, in: *ICCA*, Handbook on Commercial Arbitration, Singapore-13.

921 *Halsbury*, Arbitration, Rn. 20.019.

Präklusion: In Anlehnung an Art. 16 Abs. 2 MG, Art. 5 Abs. 2 EUÜ und ein dem UN-Abkommen innewohnendes Rechtsprinzip des Verbots widersprüchlichen Verhaltens kommt die international herrschende Meinung zu dem Entschluss, dass der Antragsgegner mit dem Einwand der Unwirksamkeit einer Schiedsvereinbarung i. S. v. Art. 5 Abs. 1 (a) UNÜ präkludiert ist, wenn der Einwand nicht bereits in dem vorangegangenen Schiedsverfahren erhoben worden ist[922]. Obgleich dem Einwand der subjektiven Schiedsunfähigkeit eine besondere Schutzfunktion beizumessen ist, wird dieser als Unterfall der Unwirksamkeit einer Schiedsvereinbarung grundsätzlich gleich wie Art. 5 Abs. 1 (a) Var. 2 UNÜ behandelt.

Gleich dem UN-Abkommen enthält auch die singapurische Rechtsordnung keine ausdrückliche Regelung bezüglich einer möglichen Rechtsverwirkung im Exequaturverfahren. In Anlehnung an das UNCITRAL-Mustergesetz regeln hingegen Art. 16 Abs. 2 MG i. V. m. §§ 3 Abs. 1 IAA und § 21 Abs. 4 AA ausdrücklich, dass in einem Schiedsverfahren „*die Einrede der Unzuständigkeit des Schiedsgerichts spätestens mit der Klageerwiderung vorzubringen ist*". Zusätzlich statuieren § 2 Abs. 3 IAA[923] und § 4 Abs. 6 AA n. F. die Beweisregelung, dass „*in den Fällen, in denen eine Partei in einem Schieds- oder Gerichtsverfahren die Existenz einer Schiedsvereinbarung in einem Schriftsatz, Klagevortrag oder sonstigem Dokument in der Weise behauptet, dass dies eine Erwiderung erfordert,* die *Wirksamkeit der Schiedsvereinbarung zwischen den Parteien des Verfahrens vermuten werden soll, sofern dieser nicht widersprochen wird*". Insofern ist davon auszugehen, dass auch in Singapur der herrschenden Meinung zur Auslegung des Art. 5 Abs. 1 (a) UNÜ gefolgt wird und eine Präklusion des Einwands aus § 31 Abs. 2 (a) IAA grundsätzlich möglich ist[924]. Allerdings stellt sich die Frage, zu welchem Zeitpunkt und auf welcher dogmatischen Grundlage der Einwand spätestens zu erheben ist. Unter der Annahme, dass sich die Gerichte bei der Anwendung der §§ 27 ff. IAA grundsätzlich in enger Anlehnung an der herrschenden Auslegung des UN-Abkommens orientiert und, obgleich sich die Verfahren nach § 19 IAA und § 29 Abs. 1, 19 IAA gleichen, zwischen der Anwendung nationaler Rechtsvorschriften und solchen des UN-Abkommens unterscheiden, ist davon auszugehen, dass die Einrede der mangelnden subjektiven Schiedsfähigkeit in vertragsautonomer Auslegung und unter Anlehnung an Art. 16 Abs. 2 MG spätestens mit der Klageerwiderung in dem Schiedsverfahren zu erheben ist.

---

922 Siehe dazu *Kapitel 2 IV. 8.) a) i.).*

923 Vgl. § 2A Abs. 6 IAA n. F.

924 Vgl. auch *Chan*, Rn. 6.88.

Abgrenzung: In der singapurischen Rechtspraxis wird von den Antragsgegnern häufig die gesamte Bandbreite an möglichen Anerkennungsversagungsgründen geltend gemacht, ohne dabei besonders auf einzelne Abgrenzungsfragen einzugehen. Gerade in den Anfängen des Exequaturs ausländischer Schiedssprüche nach dem UN-Abkommen führte dies gelegentlich dazu, dass die Grenzen zwischen den verschiedenen Anerkennungsversagungsgründen zu verschwimmen schienen oder der Sachvortrag in einem anderen Zusammenhang besser zu behandeln gewesen wäre[925].

Während der Einwand mangelnder subjektiver Schiedsfähigkeit nach den Vorschriften des UN-Abkommens lediglich ein Unterfall des Anerkennungsversagungsgrunds wegen Unwirksamkeit der Schiedsvereinbarung i. S. v. Art. 5 Abs. 1 (a) Var. 2 UNÜ bildet, sind die beiden Einwendungen gem. § 31 Abs. 2 (a), (b) IAA getrennt voneinander zu behandelt. Dadurch ergeben sich aber sowohl in der individuellen Auslegung der jeweiligen Anerkennungsversagungsgründe als auch dem Verhältnis der Anerkennungsversagungsgründe zueinander keine Besonderheiten gegenüber der Rechtslage nach Art. 5 Abs. 1 (a) UNÜ. Beide Einwendungen beschäftigen sich in Abgrenzung zu den anderen Anerkennungsversagungsgründen aus § 31 Abs. 2 IAA mit Sachverhalten, die die Rechtswegzuständigkeit zu den Schiedsgerichten insgesamt in Frage stellen[926]. Bei § 31 Abs. 2 (a) IAA fehlt es bereits an der individuellen Berechtigung eine Schiedsvereinbarung wirksam abzuschließen, während § 31 Abs. 2 (b) IAA auf die Existenz oder Mängel der Schiedsvereinbarung selbst abstellt. Ist der Rechtsweg zu den Schiedsgerichten nach der singapurischen Rechtsordnung *ratione materiae* nicht gestattet, ist die Anerkennung hingegen gem. § 31 Abs. 4 (a) IAA zu verweigern.

925 Vgl. dazu u.a. nachfolgend *Kapitel 3 III. 3.) a) ii.).*

926 Dazu genauer nachfolgend *Kapitel 3 III. 3.) a) ii.).*

ii.) Unwirksamkeit der Schiedsvereinbarung

Der Anerkennungsversagungsgrund wegen Unwirksamkeit der Schiedsvereinbarung ist in § 31 Abs. 2 (b) IAA geregelt. Danach kann die Anerkennung eines Konventionsschiedsspruchs versagt werden, wenn

...

„... die Schiedsvereinbarung nach dem Recht, dem die Parteien sie unterstellt haben, oder falls die Partien hierüber nichts bestimmt haben, nach dem Recht des Landes, in dem der Schiedsspruch ergangen ist, ungültig ist".

...

§ 31 Abs. 2 (b) IAA entspricht nahezu wortgleich dem Vertragstext des Art. 5 Abs. 1 (a) Var. 2 UNÜ. Zu registrierende minimale Abweichungen in dem Wortlaut der singapurischen Norm können ausschließlich auf die Anpassung des Konventionstextes an die singapurische Gesetzgebungspraxis zurückgeführt werden.

Bedeutung: Im Gegensatz zu dem Einwand der Unwirksamkeit einer Schiedsvereinbarung wegen mangelnder subjektiver Schiedsfähigkeit einer Partei (§ 31 Abs. 2 (a) IAA) ist § 31 Abs. 2 (b) IAA in der singapurischen Rechtspraxis von erheblicher Bedeutung. In knapp der Hälfte aller untersuchten Exequatururteile hatte sich die singapurische Justiz mit dem Einwand der Unwirksamkeit einer Schiedsvereinbarung auseinanderzusetzen. Allerdings konnte der Anerkennungsversagungsgrund in keinem der Fälle mit Erfolg durchgesetzt werden.

Anwendbares Recht: Dem Wortlaut des UN-Abkommens folgend, ist das Zustandekommen und die Wirksamkeit einer Schiedsvereinbarung gem. § 31 Abs. 2 (b) IAA primär nach dem Recht, dem die Parteien die Schiedsvereinbarung unterstellt haben, und sekundär nach der *lex loci arbitri* zu bestimmen (sog. *Vertragsstatut*). In Bezug auf die singapurische Rechtsanwendung sind diesbezüglich keine Besonderheiten ersichtlich. Vor allem wird eine getroffene Rechtswahl auch dann respektiert und dieser die bestmögliche Geltung verschafft, wenn eine Beurteilung nach singapurischen Rechtsmaßstäben gegebenenfalls zu einem anderen Ergebnis gelangen würde[927].

927 Ausführlich dazu *Kapitel 3 III. 3.) a) ii.) aa) (1.).*

Auslegung: Die Fallgruppen zu § 31 Abs. 2 (b) IAA bzw. Art. 5 Abs. 1 (a) Var. 2 UNÜ sind vielfältig. Insbesondere die Formwirksamkeit einer Schiedsvereinbarung ist nach wie vor Gegenstand heftiger Diskussionen.

aa) Allgemeine Wirksamkeit

Obgleich ein Schiedsgericht dazu berechtigt ist, über seine Zuständigkeit selbst zu entscheiden (sog. *Kompetenz-Kompetenz*), steht den Exequaturgerichten nach überwiegender Auffassung zur Auslegung des Art. 5 Abs. 1 (a) UNÜ bei der Prüfung der Wirksamkeit einer Schiedsvereinbarung eine eigenständige Prüfungskompetenz zu[928].

Wie bereits im Zusammenhang mit der Prüfungskompetenz der singapurischen Gerichte i. S. v. § 30 IAA dargelegt wurde, schienen sich diese jüngst darüber uneinig zu sein, welcher Prüfungsmaßstab in den einzelnen Verfahrensstadien an die Überprüfung der vorzulegenden Dokumente i. S. v. § 30 IAA und an eine Wirksamkeitsprüfung i. S. v. § 31 Abs. 2 (b) IAA zu stellen sind[929]. Letztlich verdeutlichen die Fälle *Aloe Vera of America, Inc.* v. *Asianic Food (S) Pte. Ltd. and another*[930] und *Strandore Invest A/S and others* v. *Soh Kim Wat*[931] im Zusammenspiel mit dem Urteil *Galsworthy Ltd. of the Republic of Liberia* v. *Glory Wealth Shipping Pte. Ltd.*[932], dass, der international herrschenden Meinung folgend, den Gerichten im Parteiverfahren eine eigenständige Prüfungskompetenz in der Form eines „*re-hearing*" obliegt. Die Gerichte sind folglich nicht an die Feststellung der Existenz und Wirksamkeit einer Schiedsvereinbarung durch ein Schiedsgericht gebunden. Allerdings werden die Beweishürden zur Entkräftung des Anscheinsbeweises gem. § 30 Abs. 2 IAA im Vertrauen auf die Richtigkeit der Entscheidung des Schiedsgerichts verhältnismäßig hoch angesetzt.

(1.) Ausländisches Vertragsstatut

Ist die Frage des Vorliegens einer wirksamen Schiedsvereinbarung nach einem ausländischen Vertragsstatut zu beurteilen, vertrauen die singapurischen Gerichte unter Bezugnahme auf den Anscheinsbeweis aus § 30 Abs. 2 IAA und unter Betonung des Grundsatzes der *Comitas Gentium*[933] zunächst auf die

---

928 Siehe dazu *Kapitel 2 IV. 8.) a) i.).*

929 Siehe dazu *Kapitel 3 III. 2.) a) ii.) cc).*

930 [2006] SGHC 78.

931 [2010] SGHC 174.

932 [2010] SGHC 304.

933 Der Grundsatz der *Comitas Gentium*, auch als Comity-Doktrin oder Grundsatz des guten Einvernehmens der Völker bezeichnet (engl. „international comity"), beinhaltet

Richtigkeit der Entscheidung des Schiedsgericht, sofern keine von dem Antragsgegner zu beweisenden *„außergewöhnliche Umstände“* eine eigenständige Überprüfung der Wirksamkeit der Schiedsvereinbarung durch das Exequaturgericht rechtfertigen[934]. Der Beweis der Unwirksamkeit einer Schiedsvereinbarung nach ausländischem Vertragsstatut wird dabei einem Tatsachenbeweis gleichgesetzt (engl. *„question of fact“*)[935]. In aller Regel verlangt das singapurische Exequaturgericht daher von dem Antragsgegner die Vorlage eines Sachverständigengutachtens zur Anwendung des fremden Sachrechts. Wie die Fälle *Aloe Vera of America Inc.* v. *Asianic Food (S) Pte. Ltd. and another*[936] und *Denmark Skibstekniske Konsulenter A/S I Likvidation (formerly known as Knud E. Hansen A/S)* v. *Ultrapolis 3000 Investments Ltd. (formerly known as Ultrapolis 3000 Theme Park Investments Ltd.)*[937] zeigen, genügt es dabei gerade nicht, einen Bezug zur Beurteilung nach der singapurischen Rechtsordnung herzustellen oder die bereits im Schiedsverfahren geltend gemachten Einwendungen durch einen Parteivertreter schlicht im Exequaturprozess zu wiederholen.

In dem Fall *Aloe Vera of America* wurde im Wesentlichen darüber gestritten, ob eine Schiedsvereinbarung, welche US-amerikanischem Recht unterstellt war und welche der Antragsgegner lediglich in seiner Funktion als Geschäftsführer der Firma *Asianic Food (S) Pte. Ltd.* unterzeichnet hatte, diesen als alleinigen Firmeninhaber der Gesellschaft auch mit einbezog. Das Schiedsgericht kam in seinem Schiedsspruch, welcher in Abwesenheit des Antragsgegners erging, zu dem Ergebnis, dass die Schiedsvereinbarung auch Wirkung für und gegen den Antragsgegner entfaltet. In dem darauf folgenden singapurischen Exequaturteil machte das Gericht deutlich, dass: *„In dem Fall, dass die Schiedsvereinbarung [ausländischem Recht] untersteht, es dem [Antragsgegner] obliegt den Beweis zu erbringen, dass die Vereinbarung nach dem [ausländischen Recht] unwirksam sei und gegenüber [dem Antragsgegner] keine Wirkung entfalte. Es wäre für das Gericht daher falsch [die Vereinbarung] in gleicher Weise auszulegen, als das Gericht dies tun könnte,*

---

nach Ilka Klöckner die gegenseitige zwischenstaatliche Rücksichtnahme und Kooperation auf der Basis der Freiwilligkeit zur Erreichung eines internationalen Entscheidungseinklangs (*Klöckner*, S. 155 f.).

934 Vgl. *Aloe Vera of America, Inc.* v. *Asianic Food (S) Pte. Ltd. and another*, [2006] SGHC 78, Rn. 63; *Denmark Skibstekniske Konsulenter A/S I Likvidation (formerly known as Knud E. Hansen A/S)* v. *Ultrapolis 3000 Investments Ltd. (formerly known as Ultrapolis 3000 Theme Park Investments Ltd.)*, [2010] SGHC 108, Rn. 35 ff.

935 Vgl. *Chan*, Rn. 6.5.

936 [2006] SGHC 78, Rn. 59 ff.

937 [2010] SGHC 108, Rn. 8 ff.

wenn diese singapurischem Recht unterfallen würde[938]*"*. Abgesehen von einer Stellungnahme des amerikanischen Anwalts des Antragsgegners, versäumte es der Antragsgegner, dem Gericht ein Sachverständigengutachten zur US-amerikanischen Rechtslage beizubringen, weshalb das Vorliegen des Anerkennungsversagungsgrunds aus § 31 Abs. 2 (b) IAA letztlich von dem Gericht im Wege einer Beweisentscheidung abgelehnt worden ist.

Auch in dem Urteil *Ultrapolis* wurde der Anerkennungsversagungsgrund aus § 31 Abs. 2 (b) IAA durch einen Beweisentscheid abgelehnt. Im Unterschied zu dem letzteren Fall, welcher auf die Erstreckung einer unstrittig wirksamen Schiedsvereinbarung auf eine dritte Person gerichtet war, beschäftigt sich der Fall *Ultrapolis* mit den Voraussetzungen der Einbeziehung allgemeiner Geschäftsbedingungen in einen Abänderungsvertrag nach dänischem Vertragsrecht[939]. Erneut wurde von der Antragsgegnerin als Sachverständigenbeweis lediglich eine eidesstattliche Stellungnahme des anwaltlichen Parteivertreters im Schiedsverfahren zum Beweis der Unwirksamkeit der Schiedsvereinbarung vorgelegt. Im Unterschied zu dem Fall *Aloe Vera of America* wurde dem Gericht der Beweisentscheid dadurch erleichtert, dass die Antragstellerin durch die Vorlage eines unabhängigen Rechtsgutachtens den Gegenbeweis antrat.

Im Fortgang der genannten Urteile gilt es abzuwarten, wie die singapurischen Gerichte die Wirksamkeit einer Schiedsvereinbarung nach ausländischem Vertragsstatut beurteilen, wenn es dem Antragsgegner gelingen sollte, deren Wirksamkeit zumindest in Zweifel zu ziehen. Inwiefern die singapurischen Gerichte dabei von einer engen oder weiten Auslegung einer Schiedsvereinbarung ausgehen, kann mangels vorliegendem Präzedenzrecht nicht eindeutig festgestellt werden. In Anlehnung an die nachfolgend dargelegte Auslegungspraxis der Beurteilung einer Schiedsvereinbarung nach inländischem Vertragsstatut kann aber mit großer Wahrscheinlichkeit vermutet werden, dass die singapurischen Gerichte der international herrschenden Auslegungspraxis folgend grundsätzlich eine geltungserhaltende Auslegung der Schiedsvereinbarung bestätigen werden[940].

Jüngste Bestrebungen nach dem Fall *Westacre Investments Inc.* v. *The State-Owned Company Yugoimport SDPR*[941] tendieren dazu, bei der Beurteilung von Rechtsfragen nach ausländischem Recht im Zweifelsfall die Vorfrage(n) durch ein Rechtshilfeersuchen von einem kompetenten Gericht der jeweiligen Jurisdiktion vorab entscheiden zu lassen[942]. *Die prozessualen Grundlagen dafür*

---

938 [2006] SGHC 78, Rn. 61.

939 Vgl. [2010] SGHC 108, Rn. 26 ff.

940 So auch *Chew*, Arbitration in Singapore, S. 49 f.

941 [2008] SGCA 45.

942 Ausführlich dazu *Teo*/*Wong*, SAcLJ 22 (2011), 227 ff.

wurde durch O. 101 RoC geschaffen. Allerdings ist die Anwendung des O. 101 RoC noch weitestgehend unerprobt und mit vielen offenen Detailfragen verbunden. Beispielsweise stellt sich die Frage, inwiefern die singapurischen Gerichte die Bindungswirkung einer Entscheidung eines ausländischen Gerichts beurteilen.

(2.) Inländisches Vertragsstatut

Unterliegt das Schiedsvertragsstatut i. S. v. § 31 Abs. 2 (b) IAA singapurischem Sachrecht, sind Fragen der Existenz und der Wirksamkeit der Schiedsvereinbarung nach § 2 IAA, 2. Abschnitt MG und den allgemeinen vertragsrechtlichen Vorschriften zu bestimmen[943]. Ohne vertieft die Details der Beurteilung der Schiedsvereinbarung nach singapurischen Recht zu untersuchen, kann festgehalten werden, dass gegenüber der international herrschenden Auslegungspraxis des UNCITRAL-Mustergesetzes folgender Staaten keine wesentlichen Besonderheiten zu erkennen sind. Nach *Leslie Chew* nehmen *„die Gerichte im Bereich der Schiedsgerichtsbarkeit, moderner und entwickelter Rechtsordnungen wie Singapur, tendenziell eine weite und großzügige Auslegung von Schiedsabreden und Schiedsklauseln vor. Grundsätzlich unternehmen die Gerichte in solchen Rechtsordnungen dabei ihr Bestes (gelegentlich unter einer Dehnung der Auslegungsmöglichkeiten), um sicherzustellen, dass ein Verweis oder vermeintlicher Verweis auf den Rechtsweg der Schiedsgerichtsbarkeit nicht fehlschlägt*[944]“.

So beispielsweise auch der singapurische *High Court* in dem Fall *WSG Nimbus Pte. Ltd.* v. *Board of Control for Cricket in Sri Lanka*[945]. Das Gericht fügt in seinem Urteil unter Bezugnahme auf die Gesetzesmaterialien des IAA und dem Sinn und Zweck des UN-Abkommens an, dass die staatlichen Gerichte grundsätzlich im Lichte der Förderung der Schiedsgerichtsbarkeit von einer weiten, wirksamkeitsfördernden und damit schiedsfreundlichen Beurteilung der Existenz und Wirksamkeit einer Schiedsvereinbarung auszugehen haben[946].

In dem Fall beantragte die Klägerin vor dem singapurischen *High Court*, dem Beklagten gem. § 12 Abs. 6 IAA durch eine einstweilige Verfügung zu untersagen, ein vor dem *Colombo High Court* (Sri Lanka) anhängiges Verfahren im Widerspruch zu der Verpflichtung aus einer Schiedsvereinbarung weiter zu betreiben. Strittig war dabei vor beiden Gerichten, ob eine Klausel des dem

943 Ausführlich dazu *Halsbury*, Arbitration, Rn. 20.014 ff.; vlg. auch *Chew*, Arbitration in Singapore, Chapter 5.

944 *Chew*, Arbitration in Singapore, S. 50.

945 [2002] SGHC 104, Rn. 88 ff.

946 [2002] SGHC 104, Rn. 30 i.V.m. Rn. 88 ff.

englischen Recht unterstehenden Hauptvertrags mit dem Satzbaustein „...*may elect to submit such matter to arbitration in Singapore ...*" als verbindliche Schiedsvereinbarung anzusehen ist oder den Parteien ein Wahlrecht zwischen dem staatlichen und dem Rechtsweg zu den Schiedsgerichten ermöglicht. Der von der Beklagten angerufene srilankesische *High Court* nahm seine Rechtswegzuständigkeit unter der Begründung an, dass die Vereinbarung der Parteien keine zwingend bindende Schiedsvereinbarung i. S. v. § 5 Arbitration Act (Sri Lanka) darstellen würde[947]. Der von der Klägerin angerufene singapurische *High Court* war hingegen anderer Auffassung[948]. In detaillierter Auseinandersetzung mit dem Präzedenzrecht anderer Jurisdiktionen des angelsächsischen Rechtskreises und unter dem Hinweis auf den zuvor genannten Sinn und Zweck des IAA kam das Gericht zu dem Entschluss, dass (im Zweifelsfall) von dem Vorliegen einer Schiedsvereinbarung i. S. v. § 2 IAA i.V.m. Art. 7 Abs. 1 MG auszugehen sei[949].

Das die singapurische Rechtsordnung der Feststellung der Existenz einer wirksamen Schiedsvereinbarung als den Rechtsweg begründender Willensakt eine große Bedeutung beimisst und besondere Sorge dafür trägt, dass einerseits keine natürliche oder juristische Person gegen ihren Willen zur Teilnahme an einem Schiedsverfahren gezwungen wird, andererseits von allen Parteien die mit dem Abschluss einer Schiedsvereinbarung entstehenden Verpflichtungen eingehalten werden, zeigt unter anderem auch § 10 IAA[950]. Als eine der wenigen Abweichungen von dem gem. § 3 Abs. 1 IAA in das singapurische Recht übernommene UNCITRAL-Mustergesetz eröffnet § 10 Abs. 4 IAA den Parteien in Erweiterung der gerichtlichen Kontrollmöglichkeiten i. S. v. Art. 16 Abs. 3 MG zusätzlich die Möglichkeit, gegen ein Urteil des singapurischen *High Court* Zulassungsberufung an den *Court of Appeal* einzulegen[951]. Daneben kann nach der Verabschiedung des *International Arbitration (Amendment) Bill 2012*[952] gem. § 10 Abs. 2 IAA nunmehr auch eine die Rechtswegszuständigkeit ablehnende Entscheidung eines Schiedsgerichts vor den singapurischen Gerichten überprüft werden. Selbst die singapurischen Ratifizierungsvorschriften des UN-Abkommens betonen die besondere Bedeutung einer Schiedsvereinbarung dadurch, dass der Wortlaut des IAA in Ergänzung zu dem

947 [2002] SGHC 104, Rn. 13.

948 Vgl. [2002] 1 SLR (R) 1088, Rn. 17 ff.

949 [2002] 1 SLR (R) 1088, Rn. 30.

950 Vgl. auch § 6 AA.

951 Vgl. dazu u.a. *Tabalujan*, J. Int'l Arb. 12 (1995), 51 (58); auch *Boo/Lim*, J. Int'l Arb. 12 (1995), 75 (82 f.).

952 International Arbitration (Amendment) Bill 2012 (No 10 of 2012).

Konventionstext, mehrfach die Abhängigkeit zwischen einer Schiedsvereinbarung und dem darauf basierenden Schiedsspruch hervorhebt[953].

Dass dies im Umkehrschluss aber nicht bedeutet, dass die singapurischen Gerichte ihre Aufsichtsmöglichkeiten dazu missbrauchen, unnötig in den von den Parteien gewählten Prozess der Schiedsgerichtsbarkeit einzugreifen oder den Anreiz schaffen, ein Schiedsverfahren zu verzögern, zeigen neben der zuvor dargelegten schiedsfreundlichen Auslegungstendenz der Gerichte Vorschriften wie beispielsweise Art. 8 Abs. 1 MG i. V. m. § 3 Abs. 1 IAA oder der durch das *International Arbitration (Amendment) Bill 2012* hinzugefügte § 10 Abs. 9, 10 IAA. Entgegen der Regelung des § 6 Abs. 2 AA für rein inländische Verfahren haben die singapurischen Gerichte in einem Verfahren mit Auslandsbezug gem. Art. 8 Abs. 1 MG i. V. m. § 3 Abs. 1 IAA bindend zugunsten der Schiedsgerichtsbarkeit zu entscheiden und die Parteien auf ein entsprechendes Schiedsverfahren zu verweisen, sofern die Unwirksamkeit der Schiedsvereinbarung nicht durch das Gericht festgestellt wird[954]. § 10 Abs. 9, 10 IAA machen hingegen deutlich, dass den Verfahren zur gerichtlichen Feststellung der Rechtswegzuständigkeit eines Schiedsgerichts i. S. v. Art. 16 Abs. 3 MG i.V.m. § 3 Abs. 1 IAA und § 10 Abs. 4 IAA keinerlei Suspensiveffekt beizumessen ist.

bb) Formwirksamkeit

Nach überwiegender Auffassung knüpft das UN-Abkommen bezüglich der Formwirksamkeit einer Schiedsvereinbarung gesondert an die vertragseigene Sachnorm des Art. 2 Abs. 2 UNÜ an[955]. Heftig umstritten ist dabei, inwiefern die Maximalanforderungen des Art. 2 Abs. 2 UNÜ im Sinne einer „*schiedsfreundlichen*" Auslegung von den Vertragsstaaten unterschritten werden dürfen.

Art. 2 Abs. 2 UNÜ wurde nicht ausdrücklich in den 3. Abschnitt IAA übernommen. Folglich könnte argumentiert werden, dass die an eine Schiedsvereinbarung zu stellenden Formerfordernisse entweder in einheitlicher Anknüpfung nach dem Vertragsstatut oder in Anlehnung an § 29 Abs. 1 i. V. m. § 19 IAA nach § 2 IAA zu bestimmen sind[956]. Die Argumentation verkennt allerdings, dass der Konventionsteil des IAA in § 27 IAA eine eigenständige

---

953 Vgl. § 30 Abs. 1 (b) IAA: „*... the original arbitration agreement under which the award purpors to have been made, ...*"; § 31 Abs. 2 (a) IAA: "*... the arbitration agreement in pursuance of which the award was made...*".

954 Vgl. u.a. *Chew*, Arbitration in Singapore, S. 56 ff.

955 Siehe dazu *Kapitel 2 IV. 8.) a) i.) bb)*.

956 Vgl. dazu ablehnend *Aloe Vera of America Inc.* v. *Asianic Food (S) Pte Ltd and another*, [2006] SGHC 78, Rn. 14 ff.

Legaldefinition einer „*Schiedsvereinbarung*“ enthält, die unmittelbar auf Art. 2 UNÜ verweist und damit als *lex specialis* die Anwendung des § 2 IAA sperrt. Diese Ansicht wurde in dem Urteil *Aloe Vera of America Inc.* v. *Asianic Food (S) Pte. Ltd. and another* durch den singapurische *High Court* ausdrücklich bekräftigt[957]. Die Richterin *Judith Prakash* betont dabei, dass die Formerfordernisse im Wege einer pragmatischen Auslegung des Art. 2 Abs. 2 UNÜ i. V. m. § 27 IAA vorzunehmen sei, um so ausländischen Schiedssprüchen in der Republik Singapur die bestmögliche Geltung zu verschaffen[958].

Der international herrschenden Ansicht zur Auslegung des Art. 2 Abs. 2 UNÜ folgend, geht die singapurische Rechtspraxis davon aus, dass es sich bei den Formerfordernissen des UN-Abkommens um verbindliche Anforderungen handelt, die von den Vertragsstaaten weder überschritten noch unterschritten werden dürfen. Auch in der Auslegung des Schriftformerfordernisses i. S. v. Art. 2 Abs. 2 UNÜ folgt die singapurische Rechtsordnung der international herrschenden Meinung[959]. Danach handelt es sich bei den in Art. 2 Abs. 2 UNÜ aufgezählten Fallgruppen nicht um einen abschließenden Katalog der Vereinbarungsmöglichkeiten, sondern eine Referenzliste an Dokumentierungsmethoden zum Beweis der von den Parteien getroffenen schriftlich fixierten Einigung, Rechtsstreitigkeiten im Wege der Schiedsgerichtsbarkeit beizulegen. Folglich bedarf eine Schiedsvereinbarung keiner Unterschrift der Parteien, um im Rahmen der Anerkennung eines Konventionsschiedsspruchs in der Republik Singapur Geltung zu erlangen.

Mit dem vom singapurischen Parlament am 9. April 2012 verabschiedeten *International Arbitration (Amendment) Bill*[960] wurde Art. 7 Opinion I des UNCITRAL-Mustergesetzes vom 4. Dezember 2006 in Art. 4 AA und den neu gefassten Art. 2A IAA integriert. Die singapurische Regierung beabsichtigte damit, die an die Schriftform einer Schiedsvereinbarung zu stellenden Anforderungen zu erleichtern[961]. Nach dem neu gefassten § 2A Abs. 4 IAA liegt eine schriftliche Schiedsvereinbarung vor, wenn deren Inhalt, unabhängig davon, in welcher Form die Vereinbarung geschlossen wurde, in irgendeiner

---

957 Vgl. [2006] SGHC 78, Rn. 18.

958 [2006] SGHC 78, Rn. 18.

959 Vgl. *Aloe Vera of America Inc.* v. *Asianic Food (S) Pte. Ltd. and another*, [2006] SGHC 78, Rn. 17; *Denmark Skibstekniske Konsulenter A/S I Likvidation (formerly known as Knud E Hansen A/S)* v. *Ultrapolis 3000 Investments Ltd (formerly know as Ultrapolis 3000 Theme Park Investments Ltd.)*, [2010] SGHC 108, Rn. 24.

960 International Arbitration (Amendment) Bill 2012 (No 10 of 2012).

961 *Singapore Parlament Debates*, Official Report (9. April 2012) vol. 89 at 5.43 pm (Mr. K. Shanmugam, Minister for Law).

Weise aufgezeichnet worden ist[962]. Gem. § 2A Abs. 5 IAA n. F. schließt dies ausdrücklich Vereinbarungen im elektronischen Geschäftsverkehr mit ein[963]. Zusätzlich statuiert § 2A Abs. 7 IAA n. F., dass auch eine in einem anderen Dokument als der Hauptvereinbarung enthaltene Schiedsvereinbarung dem Schriftformerfordernis entspricht, wenn diese ordnungsgemäß in den Hauptvertrag mit einbezogen worden ist[964]. Gem. § 2A Abs. 8 IAA n. F. zählen dazu unter anderem auch eine in einem Frachtbrief (engl. „*Bill of Lading*") enthaltene Schiedsvereinbarung[965]. Inwiefern die Erneuerung der Vorschriften tatsächlich eine Erweiterung des Begriffs der schriftlichen Schiedsvereinbarung im Vergleich zu § 2 IAA a. F. i.V.m. Art. 7 MG mit sich bringt oder vielmehr als Konkretisierung des Gesetzestexts im Lichte der Rechtsprechung der vergangenen Jahre und den Auslegungsempfehlungen der UNCITRAL zu verstehen ist, werden die kommenden Jahre zeigen müssen. Insbesondere, ob die Vorschriften des § 2A IAA n. F. gegenüber Art. 2 Abs. 2 UNÜ i. V. m. §§ 31 Abs. 2 (b), 27 IAA als günstigere Regelungen i. S. v. § 33 Abs. 1 IAA betrachtet werden können. Da das singapurische Recht aber sowohl nach dem Regime aus § 2A IAA n. F. bzw. § 4 AA als auch § 27 IAA i. V. m. Art. 2 Abs. 2 UNÜ strikt den Auslegungsempfehlungen der UNCITRAL zu dem Mustergesetz und Art. 2 Abs. 2 UNÜ folgt, kommt eine Günstigstellung nach den autonomen Vorschriften des singapurischen Rechts gegenüber Art. 2 Abs. 2 UNÜ i. V. m. § 27 IAA kaum in Betracht[966]. Insbesondere der im Rahmen der Anerkennung und Vollstreckung von Konventionsschiedssprüchen von den singapurischen Gerichten kontinuierlich betonte Grundsatz der *Comitas Gentium* legt im Zweifelsfall eine „*schiedsfreundlichere*" Auslegung des Art. 2 Abs. 2 UNÜ nahe.

Präklusion des Rügerechts: Wie bereits im Rahmen des Anerkennungsversagungsgrunds wegen mangelnder subjektiven Schiedsfähigkeit gem. § 31 Abs. 2 (a) IAA ausführlich dargelegt wurde, enthält die singapurische Rechtsordnung keine ausdrückliche Regelung bezüglich einer möglichen Präklusion von Anerkennungsversagungsgründen im Exequaturverfahren.

---

962 Vgl. auch § 4 Abs. 4 AA n.F.

963 Vgl. auch § 4 Abs. 5 AA n.F. Die Republik Singapur ist mit Wirkung zum 7. Juli 2010 dem Abkommen der Vereinten Nationen "On the Use of Electronic Communication in International Contracts" beigetreten (http://www.uncitral.org/uncitral/en/uncitral_texts/electronic_commerce/2005 Convention_status.html).

964 Allgemein dazu *Halsbury*, Arbitration, Rn. 20.021.

965 Vgl. auch § 4 Abs. 8 AA n.F.

966 A.A. *Chan*, 6.109.

Zwar statuieren § 2 Abs. 3 IAA[967] und § 4 Abs. 6 AA n. F. ausdrücklich die Beweisregelung, dass *„in den Fällen, in denen eine Partei in einem Schieds- oder Gerichtsverfahren die Existenz einer Schiedsvereinbarung in einem Schriftsatz, Klagevortrag oder sonstigem Dokument in der Weise behauptet, dass dies eine Erwiderung erfordert, die Wirksamkeit der Schiedsvereinbarung zwischen den Parteien des Verfahrens vermuten werden soll, sofern dieser nicht widersprochen wird*". Nach den vorangegangenen Ausführungen zu dem Fall *Aloe Vera of America, Inc.* v. *Asianic Food (S) Pte. Ltd. and another* ist die Anwendung des § 2 Abs. 3 IAA[968] durch den Verweis aus § 27 IAA i. V. m. Art. 2 Abs. 2 UNÜ allerdings gesperrt[969]. Nach der international herrschenden Meinung ist aber auch nach dem dem UN-Abkommen innewohnenden Rechtsprinzip des Verbots widersprüchlichen Verhaltens der Einwand einer unwirksamen Schiedsvereinbarung auszuschließen, wenn dieser in Anlehnung an Art. 16 Abs. 2 MG spätestens mit der Klageerwiderung in einem vorangegangenen Schiedsverfahren zu erheben ist.

Abgrenzung: Abgrenzungsprobleme zu den Anerkennungsversagungsgründen des § 31 IAA treten in aller Regel zu § 31 Abs. 2 (d), (e) IAA auf. Die §§ 31 Abs. 2 (a), (b), Abs. 4 (a) IAA umfassen dabei die Fallgruppen, in denen die Rechtswegzuständigkeit zu den Schiedsgerichten insgesamt in Frage steht. Ergänzend zu diesen Versagungsgründen, nach denen der Schiedsspruch mangels Schiedsfähigkeit oder einer Schiedsvereinbarung von keinem Schiedsgericht hätte gefällt werden dürfen, regelt § 31 Abs. 2 (d) IAA die konkrete Entscheidungszuständigkeit eines ordnungsgemäß konstituierten Schiedsgerichts[970]. Sind hingegen bei der Bildung eines zuständigen Schiedsgerichts oder der Entscheidungsfindung die anzuwendenden Verfahrensvorschriften nicht beachtet worden, ist § 31 Abs. 2 (e) IAA anzuwenden.

Mit Blick auf die singapurische Rechtspraxis wird von den Antragsgegnern (verständlicherweise) häufig die gesamte Bandbreite an denkbaren Anerkennungsversagungsgründen ohne besondere Berücksichtigung von Abgrenzungsfragen geltend gemacht. Insbesondere in den frühen Jahren des Exequatur von Schiedssprüchen nach dem UN-Abkommen führte dies dazu, dass die Grenzen zwischen den einzelnen Anerkennungsversagungsgründen gelegentlich verschwimmen konnten.

---

967 Vgl. § 2A Abs. 6 IAA n.F.

968 Vgl. § 2A Abs. 6 IAA n.F.

969 [20006] SGHC 78, Rn. 18.

970 Vgl. *CRW Joint Operation* v. *PT Perusahaan Gas Negara (Persero) TBK*, [2011] SGCA 33, Rn. 31.

Ein Beispiel dafür bildet das Urteil *Hainan Machinery Import and Export Corporation and Donald & McArthy Pte. Ltd.*[971]. Ein wesentlicher Streitpunkt in dem Verfahren vor einem chinesischen Schiedsgericht und dem darauf folgenden Exequaturverfahren in Singapur bildete der Einwand der Antragsgegnerin, dass die Antragstellerin durch ihr Verhalten vor der Einreichung der Schiedsklage zu erkennen gegeben habe, nicht mehr an der wirksam abgeschlossenen Schiedsvereinbarung festhalten zu wollen, weshalb diese ihr Recht auf Erhebung einer Klage vor einem Schiedsgericht verwirkt habe[972]. Die Antragsgegnerin berief sich dazu vor allem auf mehrere Schreiben der Antragstellerin. Darin forderte diese die Antragsgegnerin zur Zahlung auf, behielt sich aber für den Fall der Nichtzahlung zugleich den „*Rechtsweg*" (engl. „*recourse through legal/governmental channels*") vor. Die Richterin *Judith Prakash* teilte die Auffassung der Antragsgegnerin nicht und wies den Einwand der Überschreitung der Entscheidungsbefugnisse des Schiedsgerichts (§ 31 Abs. 2 (d) IAA) durch Beweisentscheid ab. Das Gericht unterließ es dabei darauf einzugehen, ob der Einwand korrekterweise unter § 31 Abs. 2 (d) IAA erhoben wurde oder besser unter § 31 Abs. 2 (b) IAA hätte subsumiert werden müssen[973]. Richtigerweise hätte die Frage des Erlöschens der Schiedsvereinbarung unter § 31 Abs. 2 (b) IAA behandelt werden sollen, denn in Frage stand nicht das Ausmaß der Entscheidungszuständigkeit des angerufenen Schiedsgerichts, sondern ob der Weg zu den Schiedsgerichten insgesamt noch offen stand.

10 Jahre nach dem Urteil Hainan Machinery Import and Export Corporation and Donald & McArthy Pte. Ltd. bot der Fall *Aloe Vera of America Inc. v. Asianic Food (S) Pte. Ltd.* dem singapurischen High Court erneut die Möglichkeit, zu dem Verhältnis zwischen den §§ 31 Abs. 2 (b), (d) IAA konkret Stellung zu nehmen[974]. In dem Exequaturverfahren erhob die Antragsgegnerin unter anderem die Einwendungen, dass die zwischen den Firmen *Aloe Vera of America Inc. und Asianic Food (S) Pte. Ltd.* abgeschlossene, von dem Firmeninhaber in seiner Funktion als Geschäftsführer unterschriebene Schiedsvereinbarung weder auf vertraglicher Basis noch auf der Grundlage einer Durchgriffshaftung für und gegen diesen Wirkung entfalte und subsumierte dies unter die Anerkennungsversagungsgründe aus §§ 31 Abs. 2 (b), (d) IAA. Die vorsitzende Richterin, die bereits das Urteil in dem Fall *Hainan Machinery Import and Export Corporation and Donald & McArthy Pte. Ltd.* gesprochen hatte, lehnte im Ergebnis beide Anträge ab. Im Gegensatz zu dem zuvor

971 [1995] SGHC 232.

972 Vgl. [1995] SGHC 232 Rn. 28 ff.

973 Kritisch dazu auch *Ho*, SJLS 6 (1996), 241 (244 ff.).

974 [2006] SGHC 78.

beschriebenen Urteil und in Abgrenzung zu § 31 Abs. 2 (a) IAA verdeutlicht die Richterin in ihrer Begründung, dass § 31 Abs. 2 (d) IAA sich auf den Umfang der sich aus einer Schiedsvereinbarung ergebenden Entscheidungszuständigkeit beziehe und nicht darauf, ob die Schiedsvereinbarung gegenüber einer Person als Rechtsgrund existiert[975].

iii.) Verletzung des rechtlichen Gehörs

Der Anerkennungsversagungsgrund wegen einer Verletzung des rechtlichen Gehörs ist in § 31 Abs. 2 (c) IAA geregelt. Danach kann die Anerkennung eines Konventionsschiedsspruchs versagt werden, wenn

...

> „... [die Partei, gegen die der Schiedsspruch geltend gemacht wird], von der Bestellung des Schiedsrichters oder von dem schiedsrichterlichen Verfahren nicht gehörig in Kenntnis gesetzt worden ist oder daß [diese] aus einem anderen Grund in dem Schiedsverfahren ihre Angriffs- oder Verteidigungsmittel nicht hat geltend machen können."

...

§ 31 Abs. 2 (c) IAA entspricht nahezu wortgleich dem Vertragstext des Art. 5 Abs. 1 (b) UN-Abkommen. Auch hier gilt, dass minimale Abweichungen des Wortlauts der redaktionellen Anpassung des Konventionstextes an die singapurische Gesetzgebungspraxis geschuldet sind. Insbesondere der Zusatz, dass die Verletzung des rechtlichen Gehörs „*in dem Schiedsverfahren*" stattgefunden haben muss, ist lediglich als gesonderter Hinweis auf einen erfoderlichen Kausalzusammenhang zwischen der Rechtsverletzung und der Entscheidung des Schiedsgerichts zu verstehen.

Bedeutung: Obgleich die Gerichte im internationalen Rechtsvergleich relativ häufig über den Anerkennungsversagungsgrund aus Art. 5 Abs. 1 (b) UNÜ zu befinden haben, wurde § 31 Abs. 4 (c) IAA vor den singapurischen Gerichten bisher in nur einem der berichteten Urteile formal gegen einen Schiedsspruch eingewendet[976]. Auch in diesem Fall gelang es der Antragsgegnerin nicht, sich der Anerkennung und Vollstreckung des Schiedsspruchs zu widersetzen.

Ein anderes Bild zeichnet sich hingegen mit Blick auf sonstige nach den Vorschriften des IAA oder AA durchzuführende Gerichtsverfahren ab, in denen in anderem Zusammenhang die Nichtbeachtung des rechtlichen Gehörs von einer Schiedspartei gerügt worden ist. Insbesondere in Verbindung mit dem dem singapurischen Recht eigenen Einwand der Verletzung der Grundprinzipien des

---

975 [2006] 3 SLR(R) 174 (176).

976 Vgl. *Newspeed International Ltd.* v. *Citus Trading Pte. Ltd.*, [2001] SGHC 126.

natürlichen Rechts (engl. „*principles of natural justice*")[977], zu denen unter anderem auch der Grundsatz der Gewährung des rechtlichen Gehörs zu zählen ist[978], haben sich die singapurischen Gerichte regelmäßig auseinanderzusetzen[979]. In mindestens einem der Fälle, allerdings im Rahmen eines Ablehnungsverfahrens eines Schiedsrichters gem. § 17 Abs. 1 AA (Cap. 10, 1985 Rev. Ed.), konnte der Einwand mit Erfolg durchgesetzt werden[980].

Anwendbares Recht: Wie Art. 5 Abs. 1 (b) UNÜ kollisionsrechtlich zu bewerten ist, ist im internationalen Vergleich umstritten[981]. Von der Beurteilung des Vorliegens eines Verstoßes des rechtlichen Gehörs nach der *lex fori* des Exequaturforums, dem auf das Schiedsverfahren anzuwendenden Recht, einer vertragseigenen Auslegung bis hin zu mehreren vermittelnden Ansichten werden dazu eine Vielzahl an Theorien vertreten. Im Wesentlichen kommen aber alle Theorien zu demselben Ergebnis, dass unter der Berücksichtigung internationaler Mindeststandards nur schwerstwiegende Verstöße gegen den Grundsatz des rechtlichen Gehörs zu einer Anerkennungsversagung führen können.

Nach welchen Rechtsmaßstäben die singapurische Rechtsordnung bei der Beurteilung der Verletzung des rechtlichen Gehörs i. S. v. § 31 Abs. 2 (c) IAA vorgeht, kann mangels einer ausführlichen Behandlung des Themas in Rechtsprechung und Literatur nur vermutet werden. Nach einer Literaturansicht basiert der Anerkennungsversagungsgrund auf den Grundprinzipien des natürlichen Rechts (engl. „*principle of natural justice*"), welche wiederum dem Ordre Public eines Staates zuzuordnen sind und entsprechend auf eine Auslegung des § 31 Abs. 2 (c) IAA nach der *lex fori* des Exequaturforums schließen lassen[982]. Bezieht man in diese Überlegung allerdings mit ein, dass die singapurische Rechtsordnung in ihrem Bestreben, zu einem international anerkannten Schiedszentrum aufzusteigen, und in kontinuierlicher Betonung des Grundsatzes der *Comitas Gentium* sich stark an den international herrschenden Auslegungsmaßstäben orientiert und – sofern erforderlich – scharf zwischen

---

977 Vgl. § 24 (b) IAA, § 48 Abs. 1 (a) (vii) AA.

978 Vgl. dazu *Chan*, Rn. 6.113.

979 Vgl. u.a. *Koh Bros Building and Civil Engineering Contractor Pte. Ltd.* v. *Scotts Development (Saraca) Pte. Ltd.*, [2002] SGHC 223; *Soh Beng Tee & Co Pte. Ltd.* v. *Fairmount Development Pte. Ltd.*, [2007] SGCA 28; *PT Asuransi Jasa Indonesia (Persero)* v. *Dexia Bank SA*, [2006] SGCA 41; *Dongwoo Mann+Hummel Co Ltd.* v. *Mann+Hummel GmbH*, [2008] SGHC 67.

980 Vgl. *Koh Bros Building and Civil Engineering Contractor Pte. Ltd.* v. *Scotts Development (Saraca) Pte. Ltd.*, [2002] SGHC 223.

981 Siehe dazu *Kapitel 2 IV. 8.) a) ii.).*

982 Vgl. *Chew*, Arbitration in Singapore, S. 104.

einer Auslegung nach rein singapurischen Rechtsmaßstäben in Abschnitt 1, 2 IAA und solchen nach dem 3. Abschnitt IAA über das UN-Abkommen unterscheidet, liegt auch die Beurteilung des § 31 Abs. 2 (c) IAA in vertragsautonomer Auslegung nahe. Letztlich gilt aber auch in diesem Zusammenhang, dass der Meinungsstreit mehr von dogmatischer als praktischer Bedeutung ist, da beide Auslegungsansätze inhaltlich schwer voneinander unterschieden werden können.

Auslegung: Als Garant für die Durchführung eines fairen Schiedsverfahrens und im Wesentlichen der durchgängigen Beachtung des Gleichbehandlungsgrundsatzes der Parteien ist Art. 5 Abs. 1 (b) UNÜ ein wichtiger Bestandteil der Aufsichtsfunktion der Exequaturgerichte. Die Beurteilung, wann durch eine Verfahrenshandlung die Hürde der Verletzung grundlegender Verfahrensstandards überschritten wird, ist häufig ein schwieriger Balanceakt zwischen der von dem UN-Abkommen geförderten Privatautonomie und der Schutzfunktion der Gerichte vor der Übervorteilung einzelner. Entsprechend sind die Anwendungsfälle dazu vielseitig. Gleich wie Art. 5 Abs. 1 (b) UNÜ lässt sich § 31 Abs. 2 (c) IAA in drei Fallgruppen unterteilen: Der Hauptanwendungsfall des § 31 Abs. 2 (c) Var. 3 IAA befasst sich allgemein mit der Verletzung des rechtlichen Gehörs; die §§ 31 Abs. 2 (c) Var. 1, 2 IAA sind demgegenüber als besondere Unterfälle der Verletzung prozessualer Teilhaberechte zu sehen[983].

Überraschenderweise sahen sich die singapurischen Gerichte bisher nur in dem Fall *Newspeed International Ltd.* v. *Citus Trading Pte. Ltd.* mit dem Einwand aus § 31 Abs. 2 (c) IAA konfrontiert[984]. Allerdings nutzte der singapurische *High Court* die Gelegenheit nicht, zu dem Anerkennungsversagungsgrund Stellung zu beziehen, sondern lehnte den Einspruch gegen die erteilte Vollstreckbarerklärung unter Verweis auf das auf denselben Einwänden basierte und erfolglos durchgeführte Aufhebungsverfahren im Ursprungsland des Schiedsspruchs ab[985]. Auch in der singapurischen Rechtsliteratur finden sich nur wenige konkrete Anhaltspunkte zur Auslegung des § 31 Abs. 2 (c) IAA[986]. Hilfsweise wird daher auf die Rechtsliteratur und Rechsprechung zu den Aufhebungsgründen Art. 34 MG i. V. m. § 3 Abs. 1 IAA bzw. § 48 AA zurückgegriffen, die mit den entsprechenden Anerkennungsversagungsgründen aus § 31 IAA weitestgehend verglichen werden können[987]. Dabei kann nach den

983 So auch *Halsbury*, Arbitration, Rn. 20.144.

984 [2001] SGHC 126.

985 Siehe dazu nachfolgend *Kapitel 3 III. 4.*).

986 Vgl. u.a. *Halsbury*, Arbitration, Rn. 20.144.

987 So auch *Halsbury*, Arbitration, Rn. 20.128, 20.131; *Chew*, Arbitration Handbook, S. 64; *Chan*, Rn. 6.66 f.

bereits mehrfach getroffenen Feststellungen davon ausgegangen werden, dass im Zweifelsfall die Hürden zur Annahme einer Verletzung des rechtlichen Gehörs gem. Art. 31 Abs. 2 (c) IAA nochmals etwas höher angesetzt werden können.

Die allgemeinen Anforderungen, die an die Aufhebung eines Schiedsspruchs wegen der Verletzung des Grundsatzes des rechtlichen Gehörs zu stellen sind, ergeben sich in Singapur aus der Leitentscheidung des *Court of Appeal* in dem Urteil *Soh Beng Tee & Co Pte. Ltd.* v. *Fairmount Development Pte. Ltd.*[988]. In dem Fall hatte die Firma *Fairmount Development Pte. Ltd.* die Firma *Soh Beng Tee & Co Pte. Ltd.* zur Errichtung eines Bauprojekts engagiert. Bei der Durchführung des Projekts kam es zu Leistungsverzögerungen, die letztlich zur Aufkündigung des Vertrags durch den Bauherrn führten. Die Firma *Soh Beng Tee & Co Pte. Ltd.* legte daraufhin wegen ungerechtfertiger Kündigung erfolgreich Schiedsklage vor einem singapurischen Schiedsgericht ein. *Fairmount Development Pte. Ltd.* beantragte hingegen die Aufhebung des Schiedsspruchs gem. § 48 Abs. 1 (a) (iv), (vii) AA und begründete das Aufhebungsbegehren damit, dass das Schiedsgericht seine Entscheidungszuständigkeit dadurch überschritten und zugleich den Parteien nicht ausreichend rechtliches Gehör gewährt habe, da dieses seine Entscheidung auf einen Gesichtspunkt gestützt habe, der von keiner der Parteien im Schiedsverfahren vorgebracht worden sei. Konkret wurde in dem Verfahren darüber verhandelt, ob der Beklagten für den Verzug eine Mitverantwortung zur Last gelegt werden konnte und welche angemessene Verlängerung der Fertigstellungsfrist dies mit sich gebracht hätte. Für die Beklagte überraschend und ohne dass diese dazu spezifisch Stellung nehmen konnte, kam das Schiedsgericht zu dem Entschluss, dass die Fertigstellungsfrist auf unbestimmte Zeit zu verlängern sei und gab der Klage der Firma *Soh Beng Tee & Co Pte. Ltd.* statt. Der mit der Aufhebungsklage befasste *High Court* teilte zwar nicht die Meinung der Klägerin, dass das Schiedsgericht seine Entscheidungszuständigkeit aus § 48 Abs. 1 (a) (iv) AA überschritten habe, hob den Schiedsspruch aber wegen einer Verletzung des rechtlichen Gehörs gem. § 48 Abs. 1 (a) (vii) AA auf[989]. Das Urteil wurde anschließend von dem *Court of Appeal* aufgehoben. In der Leitentscheidung setzte sich das höchste singapurische Gericht im Rahmen der Beurteilung der Verletzung der Grundprinzipien des natürlichen Rechts (engl. „*principles of*

988 [2007] SGCA 28.
989 Vgl. [2006] SGHC 189.

natural justice“) ausführlich mit der Frage auseinander, wann ein Schiedsverfahren gegen den Grundsatz des rechtlichen Gehörs verstößt[990].

Danach sind bei der Überprüfung, ob eine Verletzung des rechtlichen Gehörs nach singapurischem Recht vorliegt, folgende Grundsätze zu beachte[991]:

- Allen Parteien in einem Schiedsverfahren ist das Recht zu gewähren, zu jedem Gesichtspunkt eines Streitgegenstands in fairer (gleicher) und effizienter Weise vorzutragen und Stellung zu beziehen.
- Fairness ist ein multidimensionaler Grundsatz, der auch die Früchte des Erfolgs der im Schiedsverfahren obsiegenden Partei nicht außer Betracht lassen darf.
- Daraus ergibt sich der allgemein anerkannte Rechtsgrundsatz der minimalen staatlichen Einflussnahme, um die Verbindlichkeit eines Schiedsspruchs in dem auf der Privatautonomie der Parteien basierenden Prozess zu garantieren.
- Dem schwierigen Balanceakt zwischen der Integrität des Schiedswesens und dem Schutz des Individuums ist dabei in enger Auslegung des Aufhebungsgrunds bestmöglich Rechnung zu tragen. Folglich führt nicht jede Prozesshandlung eines Schiedsgerichts, die es unterlässt, einen Streitpunkt den Parteien zur Stellungnahme zu übertragen, zwingend zu einer Verletzung des rechtlichen Gehörs. Nur bei willkürlichen und unvorhersehbaren Prozesshandlungen des Schiedsgerichts kommt eine Verletzung des rechtlichen Gehörs in Betracht.

---

990 *Exkurs*: In § 48 Abs. 1 (a) (vii), (vii) AA und § 24 IAA enthält die singapurische Rechtsordnung zwei Aufhebungsgründe, die in dem UNCITRAL-Mustergesetz sowie dem UN-Abkommen nicht ausdrücklich festgeschrieben sind. Welche Bedeutung diesen Normen im Verhältnis zu den anderweitigen Aufhebungsgründen zukommt kann vereinzelt zu Rechtsunsicherheiten führen. Nach *Michael Hwang* und *Shaun Lee*, sind die Aufhebugnsgründe aus § 48 Abs. 1 (a) (vii), (viii) AA und § 24 IAA, wie dies beispielsweise auch in Neuseeland der Fall ist, nicht als Erweiterung der Vorschriften des UNCITRAL-Mustergesetzes zu sehen, sondern dienen vielmehr der Erläuterung und Klarstellung, wann die Mindestanforderungen des (singapurischen) Ordre Public verletzt sind (*Hwang/Lee*, J. Int'l Arb. 25 (2008), 873 (880)). Dabei überschneidet sich der Aufhebungsgrund wegen der Verletzung von Grundsätzen des natürlichen Rechts (engl. „natural justice“) auch wesentlich mit den sonstigen Aufhebungsgründen des UNCITRAL-Mustergesetzes. Insbesondere die Gewährung rechtlichen Gehörs bildet ein wesentlicher Bestandteil des Rechtsgrundsatzes des „Natural Justice“. Entsprechend können die Ausführungen zu § 48 Abs. 1 (a) (viii) AA und § 24 (b) IAA weitestgehend auf die Ausführung der einzelnen (spezielleren) Anerkennungsversagungsgründe übertragen werden.

991 Vgl. [2007] SGCA 28, Rn. 65.

- Dabei ist ein Schiedsgericht nicht zwingend an die Parteianträge gebunden, sondern ist dazu verpflichtet seine eigenen (begründeten) Entscheidungen zu treffen.
- Bei einer Überprüfung eines Schiedsspruchs haben die Gerichte die Umstände des Einzelfalls zu berücksichtigen. Dabei ist zu beachten, dass es nicht die Aufgabe der Gerichte ist, einen Schiedsspruch „mikroskopisch" genau auf Rechtsfehler zu untersuchen. Vielmehr ist ein Schiedsspruch großzügig zu lesen, um lediglich schwerste Verletzungen allgemeiner Grundsätze des natürlichen Rechts (engl. „principles of natural justice") zu ahnden.

Auch wenn das Gericht damit nur ein sehr grobes Raster für die Beurteilung der Verletzung des rechtlichen Gehörs in einem Schiedsverfahren liefert, wird deutlich, dass die singapurischen Gerichte, im Einklang mit der international herrschenden Auslegung des Art. 5 Abs. 1 (b) UNÜ, im Zweifelsfall zugunsten der Aufrechterhaltung eines Schiedsspruchs tendieren und lediglich bei klar identifizierten und schwerstwiegenden Verstößen gegen unverzichtbare Mindeststandards des rechtlichen Gehörs eine Aufhebung bzw. eine Verweigerung der Anerkennung eines Schiedsspruchs ermöglichen. In dem Fall *Soh Beng Tee & Co Pte. Ltd.* v. *Fairmount Development Pte. Ltd.* bedeutete dies konkret, dass das Schiedsgericht auch eine von dem Sachvortrag abweichende Entscheidung treffen konnte, ohne die Parteien gesondert darauf hinzuweisen und ihnen eine weitere Möglichkeit zur Stellungnahme einzuräumen, sofern über den Streitgegenstand verhandelt wurde und die Parteien mit einer entsprechenden Entscheidung des Gerichts hätten rechnen können[992].

Die Spezialfälle der Verwehrung rechtlichen Gehörs durch mangelnde Bekanntgabe der Ernennung des Schiedsgerichts (§ 31 Abs. 2 (c) Var. 1 IAA) oder der mangelnden Bekanntgabe der Einleitung eines Schiedsverfahrens (§ 31 Abs. 2 (c) Var. 2 IAA) wurden bisher weder in einem Exequaturverfahren noch in einem Verfahren auf Aufhebung eines inländischen Schiedsspruchs vor den singapurischen Gerichten geltend gemacht[993]. Nach *Leng Sun Chan* ist im Rahmen der Tatsachenfeststellung gem. Art. 34 Abs. 2 (a) (ii) MG i. V. m. § 3 Abs. 1 IAA bzw. § 48 Abs. 1 (a) (iii) AA auf den Akt der Inkenntnissetzung aller Parteien, unabhängig von einem meist in den Verträgen oder dem Schiedsverfahrensrecht spezifizierten Formerfordernis, abzustellen[994]. Selbstverständlich muss damit auch die tatsächliche Möglichkeit der Kenntnisnahme verbunden sein. Das Beweisrisiko trägt dabei nach den allgemeinen

992 Vgl. [2007] SGCA 28, Rn.71.

993 So auch *Chan*, Rn. 6.122.

994 *Chan*, Rn. 6.112, 7.66.

Beweisregeln des UN-Abkommens der sich auf § 31 Abs. 2 (c) Var. 1 IAA berufende Antragsgegner[995].

Kausalität: Kommt ein Exequaturgericht zu dem Entschluss, dass eine Verletzung einer der Varianten gem. Art. 5 Abs. 1 (b) UNÜ bewiesen ist, ist in der Auslegung des UN-Abkommens des Weiteren strittig, inwiefern sich der Verstoß gegen den Rechtsgrundsatz des rechtlichen Gehörs auf die Entscheidung des Schiedsgerichts ausgewirkt haben muss[996]. Vertreten wird einerseits, dass jeder Verstoß gegen das rechtliche Gehör im Sinne des Art. 5 Abs. 1 (b) UNÜ zu beachten ist. Die Gegenmeinung verlangt hingegen den Nachweis eines Kausalzusammenhangs. Nach der vermittelnden und vermutlich herrschenden Möglichkeitstheorie genügt es hingegen, wenn die Ursächlichkeit der Rechtsverletzung für die Entscheidung des Schiedsgerichts nicht ausgeschlossen werden kann.

Die Antwort, welcher der zuvor genannten Theorien das singapurische Recht bei der Anerkennung von ausländischen Konventionsschiedssprüchen folgt, gibt erneut die höchstrichterliche Leitentscheidung in *Soh Beng Tee & Co Pte. Ltd.* v. *Fairmount Development Pte. Ltd.*[997]. Während der *High Court* in erster Instanz noch davon ausgegangen ist, dass bereits jede Verletzung der Grundsätze des „*Natural Justice*" i. S. d. § 48 Abs. 1 (a) (vii) AA beachtlich ist[998], macht die höchstrichterliche Instanz in Aufhebung des Urteils und Verweis auf den klaren Wortlaut aus § 48 Abs. 1 (a) (vii) AA unmissverständlich deutlich, dass zwischen der Rechtsverletzung und dem Schiedsspruch ein Kausalzusammenhang bestehen muss[999]. Dabei stützt sich der *Court of Appeal* unter anderem auf den Wortlaut des § 48 Abs. 1 (a) (vii) AA[1000], nach dem „*die Verletzung der Grundsätze des natürlichen Rechts [„natural justice"] bei der Erstellung des Schiedsspruchs die Rechte einer Partei beeinträchtigt haben muss*".

Bezüglich der an den Kausalzusammenhang zu stellenden Anforderungen kommt das Gericht in intensiver Auseinandersetzung mit dem englischen Präzedenzrecht zu dem Entschluss, dass „*es erforderlich ist, dass die Verletzung [der Grundsätze des „Natural Justice"] die Partei, die die Aufhebung eines Schiedsspruchs begehrt, tatsächlich beschwert*[1001]. ... *die Verletzung der Grundsätze des „Natural Justice" muss den Ausgang des Schiedsverfahrens*

995 Vgl. *Halsbury*, Arbitration, Rn. 20.143..
996 Siehe dazu *Kapitel 2 IV. 8.) a) ii.)*.
997 [2007] SGCA 28, Rn. 73 ff.
998 [2006] SGHC 189, Rn. 31.
999 [2007] SGCA 28, Rn. 84.
1000 Vgl. auch § 24 (b) IAA.
1001 [2007] SGCA 28, Rn. 86.

tatsächlich in einer bedeutsamen Weise beeinflusst haben[1002]". Das Gericht begründet diese enge Auslegung des § 48 Abs. 1 (a) (vii) AA mit der gesetzgeberischen Absicht, „*die Eigenständigkeit und Verbindlichkeit eines Schiedsverfahrens zu fördern, um unnötige Nebenstreitigkeiten zu vermeiden, die die Bedeutung der Schiedsgerichtsbarkeit als effiziente und kostengünstige alternative Streitbeilegungsmethode untergraben würden*[1003]". Damit unterstreichen die singapurischen Gerichte deutlich ihre rechtspolitische Leitlinie der minimalen Einflussnahme auf die Schiedsgerichtsbarkeit[1004].

Auf § 31 Abs. 2 (c) IAA übertragen bedeutet dies zusammenfassend, dass die singapurische Rechtsordnung nicht nur bei der Prüfung der Anspruchsvoraussetzungen des § 31 Abs. 2 (c) IAA eine enge Auslegung des Anerkennungsversagungsgrunds vornimmt, sondern auch im Rahmen der Überprüfung eines Ursachenzusammenhangs zwischen der Rechtsverletzung und der Entscheidung einen konkreten Nachweis der Rechtsbeschwer verlangt. Damit geht die singapurische Rechtsordnung einen Schritt weiter als die international in vielen Jurisdiktionen bevorzugte Möglichkeitstheorie.

Präklusion des Rügerechts: Nach überwiegender Auffassung ist eine Verwirkung der Einwendung aus Art. 5 Abs. 1 (b) UNÜ bis zur Grenze des verfahrensrechtlichen Ordre Public möglich, sofern der jeweiligen Partei durch das Schiedsgericht die Möglichkeit zur Wahrnehmung ihrer Rechte eingeräumt worden ist[1005].

Nach dem Kommentar *Halsbury's Laws of Singapore* gilt dies auch für die singapurische Rechtsordnung. Danach bestimmt sich die Frage, ob eine Partei mit dem Einwand aus § 31 Abs. 2 (c) IAA präkludiert ist, danach, ob „*...[diese] tatsächlich davon zurückgehalten worden ist, ihren Standpunkt in dem Schiedsverfahren zu vertreten. Dazu zählt nicht, wenn die Partei die Möglichkeit hatte von ihrem rechtlichen Gehör gebrauch zu machen, dies aber aus eigener Nachlässigkeit versäumt hat*[1006]". Sofern der Antragsgegner es vorgezogen hat an dem Schiedsverfahren nicht teilzunehmen, muss diesem durch die Übersendung der Verfahrenskorrespondenz die Möglichkeit zur Stellungnahme erhalten werden[1007].

1002 [2007] SGCA 28, Rn. 91.

1003 [2007] SGCA 28, Rn. 93.

1004 Vgl. zusammenfassen auch *Hwang/Tan*, AIAJ 5 (2009), 210 (215 f.).

1005 Siehe dazu *Kapitel 2 IV. 8.) a) ii.).*

1006 *Halsbury*, Arbitration, Rn. 20.144; vgl. auch *Sobi General Trading LLC* v. *PT Multistrada Arahsarana*, [2009] SGHC 245, Rn. 28.

1007 *Chan*, Rn. 7.68.

Abgrenzung: Wie zuvor dargelegt, ist es im Rahmen des Art. 5 Abs. 1 (b) UNÜ umstritten, nach welchen anzuwendenden Rechtsmaßstäben die Verletzung des rechtlichen Gehörs zu beurteilen ist, was letztlich darauf zurückzuführen ist, dass der Theorienstreit in Abgrenzung zu den Anerkennungsversagungsgründen aus Art. 5 Abs. 1 (d), Abs. 2 (b) UNÜ geführt wird[1008].

Unstrittig sichert § 31 Abs. 4 (c) IAA die Wahrung verfahrensrechtlicher Fundamentalstandards, die bei der Durchführung eines Schiedsverfahrens im Sinne eines fairen Verfahrens zu beachten sind, wie dies bei § 31 Abs. 4 (b) IAA ebenfalls der Fall ist. Ob dabei in der Auslegung des § 31 Abs. 4 (c) IAA auf die Rechtsstandards der Republik Singapur oder international anerkannte Mindeststandards in vertragsautonomer Auslegung der Vorschrift abzustellen ist, konnte zuvor nicht eindeutig festgestellt werden. Wird der Literaturansicht gefolgt, die § 31 Abs. 2 (c) IAA nach singapurischen Rechtsmaßstäben bewerten möchte, stellt sich die Frage, ob zwischen dem Anerkennungsversagungsgrund wegen Verletzung des rechtlichen Gehörs und § 31 Abs. 4 (b) IAA - abgesehen von dem Antragserfordernis - ein Exklusivitätsverhältnis anzunehmen ist oder ob beide Anerkennungsversagungsgründe nebeneinander angewendet werden können. Der international herrschenden Auffassung zu dem Verhältnis zwischen Art. 5 Abs. 1 (b) UNÜ und Art. 5 Abs. 2 (b) UNÜ folgend ist davon auszugehen, das theoretisch beide Vorschriften nebeneinander zur Anwendung gelangen können[1009]. Wie der Fall *Galsworthy Ltd. of the Republic of Liberia* v. *Glory Wealth Shipping Pte. Ltd.* zeigt, müssen zu den Voraussetzungen der Anerkennungsversagungsgründe gem. § 31 Abs. 2 IAA allerdings besondere Umstände hinzutreten, damit eine Verletzung der Grundwerte von Moral und Gerechtigkeit i. S. d. § 31 Abs. 4 (b) IAA mit verwirklicht wäre[1010].

Weitere Abgrenzungsfragen stellen sich im Verhältnis zu dem Anerkennungsversagungsgrund wegen der Verletzung von Verfahrensvorschriften gem. § 31 Abs. 2 (e) IAA. Verletzt eine von den Parteien i. S.d. § 31 Abs. 2 (e) IAA gewählte Verfahrensvorschrift die an ein faires Schiedsverfahren zu stellenden Mindeststandards i. S. v. § 31 Abs. 2 (c) IAA, stellt sich die Frage, welchem der Anerkennungsversagungsgründe der Vorrang einzuräumen ist[1011]. Die international herrschende Ansicht des eher rechtstheoretischen Meinungsstreits räumt den Parteien grundsätzlich ein freies Wahlrecht bezüglich dem anzuwendenden Verfahrensrecht i. S. v. Art. 5 Abs. 1

1008 Siehe dazu *Kapitel 2 IV. 8.) a) ii.).*

1009 Siehe dazu nachfolgend *Kapitel 3 III. 3.) b) ii.).*

1010 [2010] SGHC 304, Rn. 17.

1011 Siehe dazu nachfolgend *Kapitel 3 III. 3.) a) iii.).*

(d) UNÜ ein, unterstellt das Verfahren aber dennoch der Kontrolle des Art. 5 Abs. 1 (d) UNÜ, da schwerwiegende Verstöße gegen Fundamentalstandards eines fairen Verfahrens nicht abbedungen werden können. Auch mit dieser Rechtsfrage haben sich die singapurische Rechtsprechung und Rechtsliteratur bisher nicht ausdrücklich beschäftigt. Wie die vorangegangenen Untersuchungen bereits gezeigt haben, versuchen die singapurischen Gerichte gerade bei dem Exequatur von Konventionsschiedssprüchen, konsequent dem Gestaltungswillen der Parteien die bestmögliche Geltung zu verschaffen, ohne die Schiedsverfahren besonderen nationalen Einflüssen auszusetzen. Es könnte daher vertreten werden, dass die singapurische Rechtsordnung konsequent der Mindermeinung folgt, nach der ein im Rahmen des Parteiwillens durchgeführtes Schiedsverfahren nicht zugleich das rechtliche Gehör einer der Parteien verletzten kann. Die starke Tendenz der Anlehnung der singapurischen Rechtsordnung an die international herrschende Rechtsauffassung zur Auslegung des UN-Abkommens sowie die auf den Wurzeln des angelsächsischen Rechts basierende flexible Gesetzgebungstendenz, die den Gerichten grundsätzlich einen weiten Entscheidungsspielraum überlässt, der dann erst bezogen auf den Einzelfall von diesen zu konkretisieren ist, lassen hingegen vermuten, dass der international herrschenden Ansicht gefolgt wird. Letztendlich ist davon auszugehen, dass beide Ansichten zu dem selben Ergebnis führen werden, da ein dem Parteiwillen entsprechendes Verfahren auch im Rahmen der Auslegung des § 31 Abs. 2 (c) IAA die Annahme einer Verletzung des rechtlichen Gehörs weitestgehend ausschließt.

iv.) Überschreitung der Schiedsvereinbarung

Der Anerkennungsversagungsgrund der Überschreitung der Schiedsvereinbarung ist in § 31 Abs. 2 (d) IAA geregelt. Danach kann die Anerkennung eines Konventionsschiedsspruchs versagt werden, wenn

...

> „... unter Vorbehalt von Abs. 3, der Schiedsspruch eine Streitigkeit betrifft, die in der Schiedsabrede nicht erwähnt ist oder nicht unter die Bestimmungen der Schiedsklausel fällt, oder er eine Entscheidung enthält, welche die Grenze[n] der Schiedsabrede oder der Schiedsklausel überschreitet“.

...

§ 31 Abs. 3 IAA, auf welchen § 31 Abs. 2 (d) IAA verweist, besagt:

...

> „In dem Fall, dass ein unter den Absatz 2 (d) zu subsumierender ausländischer Schiedsspruch Entscheidungen enthält, die nicht dem schiedsrichterlichen Verfahren unterworfen waren, solche Entscheidungen aber von unter das schiedsrichterliche

Verfahren fallenden Entscheidungen getrennt werden können, kann der Schiedsspruch insofern vollstreckt werden, als er dem schiedsrichterlichen Verfahren unterworfene Entscheidungen enthält."

...

Wie bereits aus der Struktur der § 31 Abs. 2 (d), 3 IAA im Vergleich zu Art. 5 Abs. 1 (c) UNÜ unschwer zu erkennen ist, ergeben sich bereits im Aufbau der Norm dieses Anerkennungsversagungsgrundes grundlegende Unterschiede. In der Gesamtschau kann aber auch an dieser Stelle zusammenfassend festgehalten werden, dass die Abweichungen in Aufbau, Wortlaut und Grammatik der redaktionellen Anpassung des Konventionstextes an die singapurische Gesetzgebungspraxis geschuldet sind. Beispielsweise ist Art. 5 Abs. 1 (c) UNÜ in zwei separate Abschnitte in § 31 Abs. 2 (d), 3 IAA aufgespalten. Ein weiterer Unterschied ist die Umformulierung des bezüglich der Rechtsfehler des Schiedsverfahrens teilweise im Plural verfassten Art. 5 Abs. 1 (c) UNÜ, gegenüber dem im Singular gehaltenen § 31 Abs. 2 (d) IAA.

Bedeutung: Im Gegensatz zu der verhältnismäßig geringen Bedeutung des Anerkennungsversagungsgrunds der Überschreitung der Schiedsvereinbarung im internationalen Vergleich[1012] spielt der Einwand in den singapurischen Exequaturverfahren eine deutlich größere Rolle. In 50 % der berichteten Fälle wurde der Anerkennungsversagungsgrund von dem Antragsgegner formal erhoben[1013]. Dabei gilt auch in Singapur, dass die Mehrzahl aller Fälle (hilfsweise) im Zusammenhang mit Mängeln der Schiedsvereinbarung erhoben wurden[1014]. In keinem der Verfahren konnte der Anerkennungsversagungsgrund mit Erfolg durchgesetzt werden.

Mit Blick auf die Aufhebung von inländischen Schiedssprüchen besteht hingegen mittlerweile ein umfangreiches Präzedenzrecht von Fällen, in denen ein Schiedsspruch wegen einer Überschreitung der Entscheidungszuständigkeit des Schiedsgerichts gem. Art. 34 Abs. 2 (a) (iii) MG i. V. m. § 3 Abs. 1 IAA aufgehoben worden ist[1015].

1012 Siehe dazu *Kapitel 2 IV. 8.) a) iii.).*

1013 Vgl. *Hainan Machinery Import and Export Corporation and Donald & McArthy Pte. Ltd.*, [1995] SGHC 232; *Aloe Vera of America Inc.* v. *Asianic Food (S) Pte. Ltd.*, [2006] SGHC 78; *Galsworthy Ltd of the Republic of Liberia* v. *Glory Wealth Shipping Pte Ltd.*, [2010] SGHC 304.

1014 Vgl. *Hainan Machinery Import and Export Corporation and Donald & McArthy Pte. Ltd.*, [1995] SGHC 232; *Aloe Vera of America Inc.* v. *Asianic Food (S) Pte Ltd.*, [2006] SGHC 78.

1015 Vgl. *CRW Joint Operation* v. *PT Perusahaan Gas Negara (Persero) TBK*, [2011] SGCA 33; *Kempinski Hotels SA* v. *PT Prima International Development*, [2011] SGHC 171. Vgl. auch *Koh Bros Building and Civil Engineering Contractor Pte. Ltd.*

Anwendbares Recht: Nach der herrschenden Ansicht zur Auslegung des Art. 5 Abs. 1 (c) UNÜ ist der Umfang der Entscheidungszuständigkeit des Schiedsgerichts i. S. d. Art. 5 Abs. 1 (d) UNÜ primär verfahrensrechtlich zu qualifizieren[1016].

Welches Recht die singapurische Rechtsordnung auf die Bestimmung des schiedsrichterlichen Mandats i. S. v. § 31 Abs. 2 (d) IAA anwendet, ist sowohl in der Rechtsliteratur und Rechtsprechung nicht eindeutig ersichtlich. In dem Urteil *Aloe Vera of America Inc.* v. *Asianic Food (S) Pte. Ltd. and another* kam der singapurische *High Court* in einem Fall, der sich in erster Linie um die Frage der rechtmäßigen Einbeziehung einer dritten Partei in ein Schiedsverfahren drehte, zu dem Entschluss, dass das auf die Schiedsvereinbarung anwendbare Recht zur Bestimmung der sich aus ihr ergebenden Entscheidungsbefugnisse i. S. v. § 31 Abs. 2 (d) IAA heranzuziehen ist[1017]. Ob die singapurische Rechtsordnung dabei in selbständiger Anknüpfung an das Schiedsvertragsstatut oder über die Anwendung der Rechtsvorschriften der *lex loci arbitri* zu dem Ergebnis gelangt ist, wird in dem Urteil nicht genauer beschrieben. Das Urteil zeigt aber, dass die singapurische Rechtsordnung zur Beurteilung der Entscheidungsbefugnisse des Schiedsgerichts gesondert an das Schiedsvertrags- und/oder Schiedsverfahrensstatut anknüpft. Wobei auch in diesem Zusammenhang viel dafür spricht, dass der international herrschenden Auffassung zur Auslegung des Art. 5 Abs. 1 (c) UNÜ gefolgt wird.

Auslegung: Auch im Rahmen dieses Anerkennungsversagungsgrunds sind die Fallgruppen der Auslegung des § 31 Abs. 2 (d) IAA vielfältig. Essentiell zur Beurteilung der einzelnen Rechtsprobleme ist die genaue Bestimmung der konkreten Entscheidungszuständigkeit des Schiedsgerichts.

aa) Umfang der Entscheidungsbefugnisse

Das Amt des Schiedsrichters ist in erster Linie nach dem Inhalt der dem Schiedsspruch wirksam zugrunde liegenden Schiedsvereinbarung zu bestimmen[1018]. Ergänzend können die sich daraus ergebenden Entscheidungsbefugnisse des Schiedsgerichts durch weitere Prozessabreden wie Prozessanträge, den Schiedsauftrag (engl. *„Terms of Reference")* oder sonstiges auf den übereinstimmenden Parteiwillen zurückzuführendes Prozessverhalten konkretisiert werden. Vergleichbar zu der Auslegung einer Schiedsvereinbarung

---

v. *Scotts Development (Saraca) Pte. Ltd.*, [2002] SGHC 223; *Front Row Investment Holdings (Singapore) Pte. Ltd.* v. *Daimler South East Asia Pte. Ltd.*, [2010] SGHC 80.

1016 Siehe dazu *Kapitel 2 IV. 8.) a) iii.).*

1017 [2006] SGHC 78, Rn. 68 f.

1018 Siehe dazu *Kapitel 2 IV. 8.) a) iii.).*

nach Art. 5 Abs. 1 (a) UNÜ folgt die international herrschende Meinung einem weitem Auslegungsregime bezüglich dem Umfang der auf den Parteiwillen zurückzuführenden schiedsrichterlichen Entscheidungsbefugnisse. Das zentrale Auslegungskriterium ist dabei die Schiedsvereinbarung, die in Zweifelsfällen über individuelle Verfahrensabsprachen den Rahmen für das schiedsrichterliche Amt setzt.

Ist das Amt des Schiedsgerichts i. S. d. § 31 Abs. 2 (d) IAA nach inländischem Recht zu bestimmen, gilt nach dem Kommentar *Halsbury's Laws of Singapore* auch für die singapurischen Rechtsordnung, dass die Entscheidungszuständigkeit eines Schiedsgerichts primär nach dem Inhalt der Schiedsvereinbarung zu beurteilen ist[1019]. Das Urteil *Sabah Shipyard (Pakistan) Ltd.* v. *Government of the Islamic Republic of Pakistan* macht deutlich, dass der Umfang der sich aus einer Schiedsvereinbarung ergebenden Entscheidungsbefugnisse weit auszulegen ist[1020]. Das Gericht folgt im Rahmen eines Anscheinsbeweises der Beweisvermutung, dass *„die [Schieds-]Parteien beabsichtigten alle Rechtsstreitigkeiten im Zusammenhang mit einer bestimmten Transaktion vor dem selben Schiedsgericht [abschließend] entscheiden zu lassen*[1021]". Zusätzlich macht die Richterin *Judith Prakash* in dem Urteil deutlich, dass die Gerichte auf der Basis der Intentionen der Parteien über den reinen Wortlaut hinaus eine weite Auslegung der Schiedsvereinbarung vornehmen, um sicherzustellen, dass die Rechtstreitigkeit vor dem selben Schiedsgericht abschließend geregelt werden kann[1022].

Ergänzend sind die Klageschrift und die Klageerwiderung (engl. „*pleadings*") dazu heranzuziehen, welche Entscheidungsbefugnisse auf das jeweilige Verfahren bezogen einem Schiedsgericht übertragen worden sind[1023]. Der sich daraus ergebende und mittlerweile in vielen Schiedsverfahrensordnungen obligatorisch vorgeschriebene Schiedsauftrag (engl. „*Terms of Reference*") bildet ein wichtiges Beweismittel zur Ermittlung der von den

1019 *Halsbury*, Arbitration, Rn. 20.145.

1020 [2004] SGHC 109. Gegenstand des Verfahrens nach Art. 16 Abs. 3 MG i. V. m. war, ob eine Schiedsvereinbarung mit dem Inhalt, dass "any dispute or difference arising out of or in connection with the [agreement] would be settled by arbitration", auch ein Schiedsverfahren über eine Kostenentscheidung aus einem vorangegangenen Schiedsverfahren miteinschließt.

1021 [2004] SGHC 109, Rn. 12; *Mustill/Boyd*, S. 118.

1022 [2004] SGHC 109, Rn. 14.

1023 Vgl. dazu *Kempinski Hotels SA* v. *PT Prima International Development*, [2011] SGHC 171, Rn. 54 f., darin widerspricht das Gericht ausdrücklich dem Parteivortrag, dass der Umfang der schiedsrichterlichen Entscheidungszuständigkeit ausschließlich nach der Schiedsvereinbarung zu bestimmen sei.

Parteien übertragenen Aufgaben des Schiedsgerichts. Auch in diesem Zusammenhang ist davon auszugehen, dass der Parteivortrag weit auszulegen ist.

Inwiefern ein sonstiges Prozessverhalten der Parteien dazu geeignet ist, die zu Beginn eines jeden Verfahrens festgelegten Entscheidungsbefugnisse eines Schiedsgerichts zu erweitern oder zu beschränken, wurde von dem *Court of Appeal* in der Leitentscheidung PT *Asuransi Jasa Indonesia (Persero)* v. *Dexia Bank SA* entschieden[1024]. In dem Urteil hatte sich das Gericht mit dem Antrag auf Aufhebung des letzteren von zwei sich scheinbar widersprechenden Schiedssprüchen gem. Art. 34 Abs. 2 (a) (iii) MG i. V. m. § 3 Abs. 1 IAA detailliert auseinanderzusetzen. Ausgangspunkt waren zwei zeitlich aufeinanderfolgende Schiedsverfahren. Beide Verfahren basierten auf einem Wertpapiergeschäft, für welches die von dem indonesischen Staat gehaltene Gesellschaft *PT Asuransi Jasa Indonesia (Persero)* als Bürge auftrat. Mit Zeitablauf des Wertpapiergeschäfts strebte die genannte Gesellschaft ein Restrukturierungsprogramm an, wodurch die zur Liquidierung berechtigten Wertpapiere durch neu emittierte Wertpapiere ersetzt werden sollten. Die Möglichkeit dazu enthielt eine Passage des zugrunde liegenden „*Debt Issuance Programm*", welche im Falle einer solchen Restrukturierungsmaßnahme die Zustimmung der Gläubigerversammlung vorsah. Entgegen dem Widerstand der *Dexia Bank SA* sowie weiteren Gläubigern des Wertpapiergeschäfts wurde am 29. Februar 2000 eine Gläubigerversammlung durchgeführt und die Restrukturierung des Wertpapiergeschäfts beschlossen. Hiergegen wendete sich die *Dexia Bank SA* im Rahmen eines Schiedsverfahrens unter Berufung darauf, dass der Beschluss der Gläubigerversammlung nicht ordnungsgemäß zustande gekommen sei. Die Schiedsbeklagte *PT Asuransi Jasa Indonesia (Persero)* zog es vor, an dem Schiedsverfahren nicht teilzunehmen und strebte stattdessen eine zweite Gläubigerversammlung an, welche am 4. Juni 2001 erneut (und wirksam) die Restrukturierung des Wertpapiergeschäfts beschloss. Die Schiedsbeklagte setzte das Schiedsgericht durch einfaches Übersenden der Beschlussvorlagen von der zweiten Gläubigerversammlung in Kenntnis, entschied sich aber, weiterhin nicht an dem Verfahren teilzunehmen. In dem darauf folgenden Schiedsspruch stellte das Schiedsgericht einen Zahlungsanspruch der Schiedsklägerin aus dem Wertpapiergeschäft fest und stützte diesen auf die Feststellung der Unwirksamkeit des Beschlusses der ersten Gläubigerversammlung. Bezüglich der während des Verfahrens durchgeführten zweiten Gläubigerversammlung führte das Schiedsgericht hingegen aus, dass diese nicht Gegenstand des Verfahrens gewesen sei.

1024 [2006] SGCA 41.

Daraufhin erhob die in dem Schiedsverfahren unterlegene Partei Schiedsklage vor einem neu konstituierten Schiedsgericht mit dem Antrag, die Restrukturierung des Wertpapiergeschäfts durch die Gesellschafterversammlung im Juni 2001 festzustellen. Dem wurde von der in dem ersten Schiedsverfahren obsiegenden Partei entgegengehalten, dass der Sachverhalt bereits Gegenstand in dem ersten Schiedsverfahren gewesen sei oder hätte zumindest sein müssen. In der Folge lehnte das mit drei Schiedsrichtern besetzte Schiedsgericht seine Rechtswegszuständigkeit durch Prozessurteil ab. In der Begründung dazu führt das Schiedsgericht an, dass die Klägerin in Kenntnis des ersten Schiedsverfahrens an diesem bewusst nicht teilgenommen habe, obgleich der Sachverhalt der zweiten Gläubigerversammlung bereits in dem Schiedsverfahren relevant gewesen sei. Folglich habe die Klägerin ihr Recht auf Vorbringen desselben Streitgegenstands in einem weiteren Schiedsverfahren verwirkt.

Gegen diese Entscheidung legte die in beiden Schiedsverfahren unterlegene Partei Aufhebungsklage und später Berufungsklage ein. Begründet wurde das Klagebegehren unter anderem damit, dass das Schiedsgericht seine Entscheidungszuständigkeit dadurch überschritten habe, das es (widersprüchlich) über bereits von dem ersten Schiedsgericht getroffene Feststellungen befunden habe, die nicht mehr Entscheidungsgegenstand des zweiten Schiedsverfahrens sein konnten. Streitentscheidend war dabei die exakte Bestimmung des Streitgegenstands des ersteren der beiden Schiedsverfahren. Insbesondere inwiefern die Berufungsklägerin durch das schlichte Übersenden der Dokumente der Gläubigerversammlung vom Juni 2001 an dem ersten Schiedsverfahren teilgenommen hatte und ob der Streitgegenstand des Verfahrens dadurch auf den neuen Sachverhalt erweitert wurde.

Sowohl der singapurische *High Court* als auch das Berufungsgericht kamen zu dem Ergebnis, dass die Annahmen und Entscheidungen des zweiten Schiedsgerichts teils fehlerhaft waren, dies jedoch eine Aufhebung des Schiedsurteils aus Art. 34 Abs. 2 (a) (iii) MG i.V.m. § 3 Abs. 1 IAA nicht rechtfertigen würde, da das Schiedsgericht trotz der gemachten Fehler noch innerhalb seiner Entscheidungszuständigkeit gehandelt habe. Das Gericht vertrat dabei die Ansicht, dass der Sachverhalt der Gläubigerversammlung vom Juni 2001 durch das schlichte Übersenden der Versammlungsdokumente zwar in informeller Weise in das Schiedsverfahren eingebracht werden konnte[1025]. Allerdings hätten sich die Parteien aber darüber einig sein müssen, den zu Beginn des Verfahrens festgelegten Streitgegenstand entsprechend zu erweitern. Eine ausdrückliche

1025 Vgl. [2006] SGCA 41, Rn. 36 ff.

Einigung war jedoch nicht ersichtlich, obgleich dies bei objektiver Betrachtung und im Lichte einer abschließenden Streitbeilegung zweckmäßig gewesen wäre.

Die schiedsrichterliche Entscheidungsbefugnis umfasst dabei nicht nur die dem Schiedsgericht konkret zur Entscheidung übertragenen Rechtsfragen, sondern auch solche Entscheide, die damit in einem untrennbaren Zusammenhang stehen. Beispielsweise verweigerte der singapurische *High Court* in dem Fall *Government of the Republic of the Philippines* v. *Philippine International Air Terminals Co, Inc.* die Aufhebung eines Teilschiedsspruchs über das auf die Schiedsvereinbarung anwendbare Recht, der zugleich über die Teilbarkeit von Schiedsvereinbarung und dem Hauptvertrag (engl. „*severability*") mitentschieden hatte[1026]. Letzteres war, nachdem sich der philippinische *Supreme Court* in derselben Sache für zuständig erklärt hatte und die Nichtigkeit sowohl des Hauptvertrags als auch der darin enthaltenen Schiedsvereinbarung festgestellt hatte, ein wesentlicher Streitpunkt des Schiedsverfahrens. Die Parteien waren sich dabei zunächst einig, dass - zur weiteren Verhandlung über die Wirksamkeit der dem Rechtsstreit zugrunde liegenden Schiedsvereinbarung - als Vorfrage über das auf die Schiedsvereinbarung anwendbare Recht zu entscheiden sei. Im Gegensatz zu dem Urteil des philippinischen *Supreme Court* kam das Schiedsgericht zu der Entscheidung, dass die Schiedsvereinbarung nach singapurischen Rechtsmaßstäben und nicht zwingend nach dem Recht des Hauptvertrags zu beurteilen sei. Inzident hatte das Schiedsgericht damit über die Trennbarkeit von Hauptvertrag und Schiedsvereinbarung mitentschieden, wozu dieses nach Auffassung der Klägerin nicht von den Parteien ermächtigt war, den Parteien sei damit zugleich die Möglichkeit genommen worden, zu dieser Frage hinreichend Stellung zu beziehen.

Nach der Auffassung des Gerichts stellte die Behandlung der Fragen der Trennbarkeit der Schiedsvereinbarung von dem Hauptvertrag entgegen dem von dem Schiedsgericht vorgegebenen Fahrplan, über Fragen der Rechtswegzuständigkeit des Schiedsgerichts zu einem späteren Zeitpunkt zu verhandeln, keine Überschreitung der Entscheidungskompetenz des Schiedsgerichts dar. Das Gericht begründete seine Entscheidung damit, dass Fragen der Trennbarkeit der Schiedsvereinbarung von dem Hauptvertrag nicht nur für die Bestimmung der Rechtswegzuständigkeit des Schiedsgerichts ausschlaggebend seien, sondern auch notwendiger Bestandteil der Festlegung des auf das Schiedsverfahren und die Schiedsvereinbarung anzuwendenden Rechts[1027]. Da keine weiteren besonderen Umstände gegeben waren und das Gericht keine Entscheidung

1026 [2006] SGHC 206.

1027 Vgl. [2006] SGHC 206, Rn. 31 f.

getroffen habe, mit der die Klägerin nicht hätte rechnen können, sei diese auch nicht in ihren Verteidigungsmitteln, insbesondere dem Grundsatz auf Gewährung rechtlichen Gehörs, beschränkt worden.

bb) Schiedsspuch ultra petita / infra petita

Basierend auf den zuvor gemachten Ausführungen zur Bestimmung des Umfangs der Entscheidungszuständigkeit eines Schiedsgerichts, kann die Anerkennung eines Schiedspruch *ultra petita* gem. § 31 Abs. 2 (d) IAA vor den singapurischen Gerichten verweigert werden, wenn der Schiedspruch die Grenzen der von den Parteien übertragenen schiedsgrichterlichen Entscheidungsbefugnisse überschreitet.

Strittig ist hingegen, ob die Anerkennung eines Schiedsspruchs i. S. v. Art. 5 Abs. 1 (c) IAA auch in solchen Fällen verweigert werden kann, in denen ein Schiedsgericht die ihm übertragene Entscheidungszuständigkeit nicht vollumfänglich wahrgenommen hat beziehungsweise dieses seiner Pflicht, über den ihn ihm übertragenen Streitgegenstand vollumfänglich und abschließend zu entscheiden, nicht nachgekommen ist. Im internationalen Rechtsvergleich geht die überwiegende Meinung davon aus, dass ein Schiedsspruch *infra petita* nicht unter Art. 5 Abs. 1 (c) IAA subsumiert werden kann[1028]. Eine differenzierende Mindermeinung möchte hingegen eine Anerkennungsverweigerung in solchen Fällen ermöglichen, in denen eine Teilbarkeit des Streitgegenstands ausgeschlossen ist.

Inwiefern die Anerkennung eines Konventionsschiedsspruchs *infra petita* gem. § 31 Abs. 2 (d) IAA verweigert werden kann, wurde bisher von den singapurischen Exequaturgerichten und der einschlägigen Rechtsliteratur nicht hinreichend beantwortet. In Anlehnung an die höchstrichterliche Rechtsprechung in dem Urteil *CRW Joint Operation* v. *PT Perusahaan Gas Negara (Persero) TBK*[1029] kann aber davon ausgegangen werden, dass die singapurische Rechtsordnung der zuvor dargelegten Mindermeinung folgt. Nach Auffassung des *Court of Appeal* ist der dem § 31 Abs. 2 (d) IAA verwandte Art. 34 Abs. 2 (a) (iii) MG i. V. m. § 3 Abs. 1 IAA in solchen Fällen anwendbar, *„in denen ein Schiedsgericht zu Unrecht über Angelegenheiten befindet, die diesem [von den Schiedsparteien] nicht zur Entscheidung übertragen worden sind oder wenn es das Schiedsgericht unterlässt, sich mit den ihm übertragenen Angelegenheiten auseinanderzusetzen*[1030]*“*. Das Gericht macht dabei aber auch deutlich, dass *„nicht jeder Fehler des Schiedsgerichts, sich mit jeder einzelnen ihm zur*

1028 Siehe dazu *Kapitel 2 IV. 8.) a) iii.) aa)*.

1029 [2011] SGCA 33.

1030 [2011] SGCA 33, Rn. 31.

Entscheidung übertragenen Rechtsfrage auseinanderzusetzen, zur Aufhebung des Schiedsspruchs berechtigt. Die entscheidende Frage ... ist vielmehr, ob eine (oder beide) Partei(en) [durch die Pflichtverletzung des Schiedsrichters] tatsächlich in ihren Rechten beeinträchtigt worden ist (sind)[1031]". Ist die Teilbarkeit des Streitgegenstands nicht gegeben und mit einer Rechtskrafterstreckung des Schiedsspruchs auch auf die nicht entschiedenen Rechtsfragen zu rechnen, ist in jedem Fall von einer Rechtsbeeinträchtigung auszugehen.

Der Fall *CRW Joint Operation* v. *PT Perusahaan Gas Negara (Persero) TBK* beruht auf einem Werkvertrag zur Erstellung einer Gas- und Glasfaserleitung in Indonesien. Der im Wesentlichen auf den „*1999 FIDIC Conditions of Contract for Construction 1st. Ed. 1999*" basierende Vertrag legte ein Streitbeilegungsverfahren fest, nach welchem die Parteien zunächst dazu verpflichtet waren, den Versuch zu unternehmen, vor einem sogenannten *Dispute Adjudication Board* („*DAB*") ihre Rechtsstreitigkeiten beizulegen. Gegen die für die Parteien bindende Entscheidung des DAB konnte ein formeller Widerspruch eingelegt werden (engl. „*Notice of Dissatisfaction*"), der wiederum zur Folge hatte, dass den Parteien nach einem Versuch der gütlichen Beilegung der Rechtsstreitigkeit der Schiedsrechtsweg eröffnet wurde[1032]. Nachdem die Firma *CRW Joint Operation* in einer Rechtsstreitigkeit einen Zahlungsanspruch vor dem *Dispute Adjudication Board* erwirkt hatte, versuchte diese den Anspruch gegen die Firma *PT Perusahaan Gas Negara (Persero) TBK* durchzusetzen. Diese legte hingegen Einspruch gegen die Entscheidung des *Dispute Adjudication Board* ein und verweigerte jegliche Zahlung. Nachdem eine gütliche Einigung gescheitert war, erhob die Firma *CRW Joint Operation* Schiedsklage mit dem Antrag, die Schiedsbeklagte zur Zahlung der sich aus der DAB-Entscheidung ergebenden Forderung zu verurteilen. Die Schiedsbeklagte erwiderte, dass die DAB-Entscheidung keine Rechtskraftwirkung entfalte und beantragte deren Überprüfung. Der Kern des Rechtsstreits vor dem Schiedsgericht drehte sich um die Auslegung der vertraglichen Vorschriften zur Streitbeilegung. Einerseits wurde darüber gestritten, ob die DAB-Entscheidung auch bei Einlegung eines Einspruchs zu erfüllen ist. Zusätzlich hatte sich das Schiedsgericht mit der Frage auseinanderzusetzen, ob es dazu verpflichtet sei, die DAB-Entscheidung zu überprüfen und zu einer eigenen Sachentscheidung zu gelangen. Das dreiköpfige Schiedsgericht kam in einer Mehrheitsentscheidung zu dem als „*Final Award*" bezeichnet Entschluss, dass die Schiedsbeklagte zur unverzüglichen Zahlung der von dem DAB festgelegten Summe verpflichtet sei. Zusätzlich lehnte das Schiedsgericht den Antrag auf

1031 [2011] SGCA 33, Rn. 32.

1032 Die relevanten Vertragsbestimmungen sind abgedruck in: [2011] SGCA 33, Rn. 44.

Überprüfung der DAB-Entscheidung ab, verwies die Schiedsbeklagte aber auf die Möglichkeit, ihr Klagebegehren in einem neuen Schiedsverfahren geltend zu machen.

Die Schiedsbeklagte legte Aufhebungsklage vor dem singapurischen *High Court* ein und begründete diese insbesondere damit, dass das Schiedsgericht seine Entscheidungszuständigkeit i. S. v. Art. 34 Abs. 2 (a) (iii) MG i. V. m. § 3 Abs. 1 IAA überschritten habe, worauf das Gericht den Schiedsspruch aufhob. Die darauf eingelegte Berufung der Schiedsklägerin wies der *Court of Appeal* zurück und führte nach den zuvor dargelegten Rechtsgrundsätzen aus, dass sich sowohl aus den vertraglichen Vorschriften als auch dem darauf Bezug nehmenden Schiedsauftrag klar die Pflicht des Schiedsgerichts zur eigenständigen Überprüfung der DAB-Entscheidung ergebe, welche von dem Schiedsgericht nicht beachtet worden sein und zugleich zu einer Rechtsbeeinträchtigung der Schiedsbeklagten geführt habe.

cc) Anwendung falscher Rechtsmaßstäbe

Eine weitere Möglichkeit der Überschreitung der Entscheidungszuständigkeit des Schiedsgerichts ist die Anwendung falscher, von der Schiedsvereinbarung nicht umfasster materieller Rechtsmaßstäbe[1033]. Unter der Annahme, dass die höchstrichterliche Auslegung zu Art. 34 Abs. 2 (a) (iii) MG i. V. m. § 3 Abs. 1 IAA auch auf die Anwendung des § 31 Abs. 2 (d) IAA übertragen werden kann, scheint die singapurische Rechtsordnung auch in diesem Zusammenhang von der international herrschenden Meinung abzuweichen. Nach dem Autor *Chan Leng Sun* ist in Anlehnung an die Rechtsprechung in *PT Perusahaan Gas Negara (Persero) TBK* v. *CRW Joint Operation* eine Aufhebung eines Schiedsspruchs unter Berufung auf die Anwendung falscher materiellrechtlicher Rechtsmaßstäbe nach Art. 34 Abs. 2 (a) (iii) MG i. V. m. § 3 Abs. 1 IAA nicht möglich[1034]. Einschränkend ist dem jedoch hinzuzufügen, dass in dem zuvor ausführlich beschriebenen Verfahren weder das Schiedsgericht noch die singapurischen Gerichte sich inhaltlich mit der zugrunde liegenden DAB-Entscheidung befasst haben, welche nach dem Vortrag der Schiedsbeklagten nicht auf der Grundlage des vereinbarten indonesischen Rechts ergangen sein soll. Entsprechend kann gespannt abgewartet werden, ob die Rechtsprechung in aller Konsequenz vor den singapurischen Gerichten fortgesetzt wird oder ob gegebenenfalls doch einer an die international herrschende Meinung angelehnten differenzierenden Auslegung gefolgt wird.

1033 Siehe dazu *Kapitel 2 IV. 8.) a) iii.) bb)*.

1034 *Chan*, Rn. 6.127; *PT Perusahaan Gas Negara (Persero) TBK* v. *CRW Joint Operation*, [2011] SGCA 33, Rn. 18, [2010] SGHC 202, Rn. 10.

dd) Grob fehlerhafte Entscheidung des Schiedsgerichts

Während die Frage, ob einem auf schwerstwiegenden Rechtsanwendungsfehlern basierenden Schiedsspruch die Anerkennung gem. Art. 5 Abs. 2 (b) UNÜ verweigert werden kann, auf internationaler Ebene durchaus kontrovers diskutiert wird[1035], ist eine entsprechende Einschränkung der schiedsrichterlichen Entscheidungszuständigkeit im Rahmen der Auslegung des Art. 5 Abs. 1 (c) UNÜ nicht zulässig. Der Fall *Sui Southern Gas Co. Ltd.* v. *Habibullah Coastal Power Co. (Pte.) Ltd.* bestätigt dies ausdrücklich in Bezug auf die singapurische Rechtsordnung[1036]. In dem Aufhebungsverfahren vor dem singapurischen *High Court* führte die Klägerin gegen den Schiedsspruch an, dass dieser sich durch eine grob rechtswidrige, perverse und irrationale Auslegung eines Liefervertrags über die ihm übertragene Entscheidungszuständigkeit hinweggesetzt habe. In Anlehnung an das Urteil *PT Asuransi Jasa Indonesia (Persero)* v. *Dexia Bank SA*[1037] machte die Richterin *Judith Prakash* aber deutlich, dass selbst schwerstwiegende Rechtsanwendungsfehler eines Schiedsgerichts einer inhaltlichen Überprüfung der Gerichte nicht unterliegen[1038].

Kausalität: Im internationalen Vergleich ist auch in diesem Zusammenhang strittig, in welchem Maß sich der festgestellte Kompetenzmangel auf den Schiedsspruch ausgewirkt haben muss[1039]. In Anlehnung an die zuvor getroffene Feststellung macht das Urteil des *Court of Appeal* in *PT Asuransi Jasa Indonesia (Persero)* v. *Dexia Bank SA* nochmals deutlich, dass nicht jeder Kompetenzmangel zur Aufhebung bzw. Anerkennungsverweigerung berechtigt, sondern eine Auswirkung der Kompetenzüberschreitung des Schiedsgerichts auf den Schiedsspruch von dem Antragsteller zu beweisen ist[1040]. Nach dem Urteil *CRW Joint Operation* v. *PT Perusahaan Gas Negara (Persero) TBK* ist insbesondere im Rahmen der Bewertung eines Schiedsspruchs *infra petita* wesentlich auf den Kausalzusammenhang zwischen dem Verfahrensverstoß und den daraus entstehenden Rechtsnachteilen der Parteien abzustellen[1041].

1035 Siehe dazu nachfolgend *Kapitel 3 III. 3.) b) ii.).*

1036 [2010] SGHC 62, Rn. 24 - 41.

1037 [2006] SGCA 41.

1038 [2010] SGHC 62, Rn. 38.

1039 Siehe dazu *Kapitel 2 IV. 8.) a) iii.).*

1040 Vgl. [2006] SGCA 41, Rn. 26.

1041 [2011] SGCA 33, Rn. 32.

Präklusion: Wie bereits im Rahmen der Beurteilung der anderweitigen Anerkennungsversagungsgründe des § 31 Abs. 2 IAA dargestellt, enthält der 3. Abschnitt IAA keine ausdrückliche Präklusionsregelung. Sowohl in Anlehnung an die vertragseigene Auslegung des UN-Abkommens, die in dem Verbot widersprüchlichen Verhaltens ein diesem innewohnendes Rechtsprinzip sieht, als auch in Anlehnung an eine entsprechende Anwendung des Art. 16 Abs. 2 MG i. V. m § 3 Abs. 1 IAA bestehen keine Zweifel daran, dass auch bei § 31 Abs. 2 (d) IAA eine Verwirkung der Einwendung möglich ist. Nach dem Kommentar *Halsbury's Laws of Singapore* gilt allgemein, dass der Einwand der Überschreitung der Entscheidungszuständigkeit spätestens dann zu erheben ist, wenn der fragliche Streitgegenstand in dem Schiedsverfahren zur Sprache kommt[1042].

Abgrenzung: Art. 5 Abs. 1 (c) UNÜ nimmt eine Zwitterstellung zwischen dem Einwand der mangelnden Rechtswegszuständigkeit (Art. 5 Abs. 1 (a) UNÜ) und dem Einwand von Verfahrensfehlern (Art. 5 Abs. 1 (d) UNÜ) ein[1043]. Zusätzlich ist in vielen Fällen einer mangelnder Entscheidungszuständigkeit zugleich der Anerkennungsversagungsgrund wegen Verletzung des rechtlichen Gehörs (Art. 5 Abs. 1 (b) UNÜ) miterfüllt, weshalb auch im internationalen Rechtsvergleich der sachliche Anwendungsbereich des Art. 5 Abs. 1 (c) UNÜ häufiger mit anderen Anerkennungsversagungsgründen vermischt wird oder gar dazu genutzt wird, unter dem Deckmantel der dadurch erzeugten Rechtsunsicherheit eine materiellrechtliche Überprüfung eines Schiedsspruchs zu erzwingen.

Den Fokus auf die singapurische Rechtsordnung gerichtet, kann ebenfalls festgestellt werden, dass die Grenzen zu anderen Anerkennungsversagungs- oder innerhalb der Aufhebungsgründe gelegentlich verschwimmen[1044]. Während die Anerkennungsversagungsgründe der § 31 Abs. 2 (c), (e) IAA als Garanten für die Einhaltung von verfahrensrechtlichen Mindeststandards stehen, sichern die Art. 31 Abs. 2 (a), (b), (d) IAA das Herz der Schiedsgerichtsbarkeit, die allgemeine Legitimation der Schiedsgerichtsbarkeit bzw. die von den Parteien verliehene Befugnis, im Wege der privaten Gerichtsbarkeit über Rechtsstreitigkeiten zu entscheiden.

1042 *Halsbury*, Arbitration, Rn. 20.028.

1043 Siehe dazu *Kapitel 2 IV. 8.) a) iii.).*

1044 Vgl. u.a. *Hainan Machinery Import and Export Corp and Donald & McArthy Pte Ltd*, [1995] SGHC 232; *Aloe Vera of America, Inc.* v. *Asianic Food (S) Pte. Ltd. & another*, [2006] SGHC 78; *Front Row Investment Holdings (Singapoer) Pte. Ltd.* v. *Daimler South East Asia Pte. Ltd.*, [2010] SGHC 80. Insbesondere zu dem besonderen Aufhebungsgrund gem. § 24 (b) IAA / § 48 Abs. 1 (a) (vii) AA ist eine exakte Abgrenzung kaum möglich.

Bezüglich der Abgrenzung zu § 31 Abs. 2 (a), (b) IAA kann auf das zuvor im Rahmen der Untersuchung des Anerkennungsversagungsgrunds der Unwirksamkeit der Schiedsvereinbarung Gesagte verwiesen werden[1045]. Auch wenn anfangs die Grenzen häufig nicht eindeutig feststellbar waren, unterscheiden jüngste Entscheidungen der singapurischen Gerichte nunmehr schärfer zwischen den einzelnen Anerkennungsversagungs- bzw. Aufhebungsgründen[1046].

Sowohl § 31 Abs. 2 (d) IAA als auch der Anerkennungsversagungsgrund wegen Verletzung der schiedsgerichtlichen Verfahrensvorschriften (§ 31 Abs. 2 (e) IAA) regeln in Bezug auf das jeweilige Schiedsverfahren das von den Parteien verliehene Amt des Schiedsgerichts. § 31 Abs. 2 (d) IAA umfasst dabei ausschließlich die materiellrechtliche Entscheidungszuständigkeit des Schiedsgerichts, während § 31 Abs. 2 (e) IAA die Nichtbeachtung der auf den Parteiwillen zurückzuführenden verfahrensrechtlichen Befugnisse sanktioniert[1047].

Zumindest im Rahmen der Aufhebung von Schiedssprüchen wird häufig mit dem Einwand aus Art. 34 Abs. 2 (a) (iii) MG i. V. m. § 3 Abs. 1 IAA / § 48 Abs. 1 (a) (iv) AA zugleich oder im Zusammenhang mit einer Verletzung der Rechtsgrundsätze des natürlichen Rechts (engl. „*natural justice*") der Einwand einer Verletzung des rechtlichen Gehörs (Art. 34 Abs. 2 (a) (ii) MG / § 48 Abs. 1 (a) (iii) AA) erhoben. In dem Urteil *Government of the Republic of the Philippines* v. *Philippine International Air Terminals Co, Inc.* kommt die Richterin *Judith Prakash* zu dem Entschluss, dass in Fällen, in denen der Einwand der Verletzung des rechtlichen Gehörs ausschließlich auf denselben Gründen wie der Einwand der Überschreitung der Entscheidungszuständigkeit beruht, solange keine Verletzung des rechtlichen Gehörs in Betracht kommt, wie die von dem Schiedsgericht getroffene Entscheidung von dem Mandat des Schiedsgerichts umfasst ist[1048]. Der *Court of Appeal* präzisierte diese Aussage kurze Zeit später in dem Urteil *Soh Beng Tee & Co. Pte. Ltd.* v. *Fairmount Development Pte. Ltd.* insofern, dass diese Schlussfolgerung nicht *ipso facto* gelte und eine getrennte Beurteilung weiterhin erforderlich sei, wenn zu dem Vortrag der Überschreitung der Entscheidungszuständigkeit weitere Umstände hinzutreten, die eine Verletzung des rechtlichen Gehörs rechtfertigen würden[1049]. Diese Auffassung wurde von dem *Court of Appeal* in dem Urteil *CRW Joint*

1045 Siehe dazu *Kapitel 3 III. 3.) a) i.), ii.).*

1046 Vgl. u.a. *CRW Joint Operation* v. *PT Perusahaan Gas Negara (Persero) TBK*, [2011] SGCA 33, Rn. 31.

1047 *CRW Joint Operation* v. *PT Perusahaan Gas Negara (Persero) TBK*, [2011] SGCA 33, Rn. 31.

1048 [2006] SGHC 206, Rn. 25, 32.

1049 [2007] SGCA 28, Rn. 71.

Operation v. *PT Perusahaan Gas Negara (Persero) TBK* nochmals bestätigt[1050]. Letztlich ist in Anlehnung an die Abgrenzung zu § 31 Abs. 2 (e) IAA auch gegenüber § 31 Abs. 2 (c) IAA darauf abzustellen, „*ob*“ ein Schiedsgericht zu einer Entscheidung berufen war und nicht „*wie*“ diese im konkreten Einzelfall durchgeführt worden ist.

v.) Verletzung der Vorschriften über das schiedsrichterliche Verfahren

Der Anerkennungsversagungsgrund der Verletzung der Vorschriften über das schiedsrichterliche Verfahren ist in § 31 Abs. 2 (e) IAA geregelt. Danach kann die Anerkennung eines Konventionsschiedsspruchs versagt werden, wenn

...

> „... die Bildung des Schiedsgerichts oder das schiedsrichterliche Verfahren der Vereinbarung der Parteien oder mangels einer solchen Vereinbarung dem Recht des Landes, in dem das schiedsrichterliche Verfahren stattfand, nicht entsprochen hat.“

...

Der Wortlaut des § 31 Abs. 2 (e) IAA ist mit dem des Art. 5 Abs. 1 (d) UNÜ identisch.

Bedeutung: In der internationalen Rechtspraxis spielt der Anerkennungsversagungsgrund wegen seinem weiten Anwendungsbereich eine große Rolle[1051]. Dies ist auch in der Republik Singapur der Fall. Allerdings ist dem einschränkend hinzuzufügen, dass der Anerkennungsversagungsgrund in den meisten Fällen hilfsweise in Zusammenhang mit jurisdiktionellen Einwendungen aus § 31 Abs. 2 (b), (d) IAA erhoben wurde[1052]. In keinem der berichteten Fälle konnte der Einwand mit Erfolg erhoben werden.

Anwendbares Recht: Entsprechend der vertragseigenen Kollisionsnorm des Art. 5 Abs. 1 (d) UNÜ ist das Vorliegen eines Verfahrensfehlers gem. § 31 Abs. 2 (e) IAA primär nach dem von den Parteien gewählten Verfahrensrecht zu beurteilen[1053]. Insofern sind in der Republik Singapur gegenüber der herrschenden Auslegung des UN-Abkommens keine Besonderheiten zu erkennen. Zwar kann es bei der Festlegung, inwiefern die Parteien von ihrem

---

1050 [2011] SGCA 33, Rn. 96.

1051 Siehe dazu *Kapitel 2 IV. 8.) iv.)*.

1052 Vgl. *Hainan Machinery Import and Export Corp and Donald & McArthy Pte Ltd*, [1995] SGHC 232; *Denmark Skibstekniske Konsulenter A/S I Likvidation (formerly known as Knud E Hansen A/S)* v. *Ultrapolis 3000 Investments Ltd. (formerly known as Ultrapolis 3000 Theme Park Investments Ltd.)*, [2010] SGHC 108; *Galsworthy Ltd. of the Republic of Liberia* v. *Glory Wealth Shipping Pte. Ltd.*, [2010] SGHC 304.

1053 Siehe dazu *Kapitel 2 IV. 8.) iv.)*.

Selbstbestimmungsrecht Gebrauch gemacht haben, gelegentlich zu schwierigen Auslegungsfragen kommen. Wie bereits im Zusammenhang mit anderen Anerkennungsversagungsgründen festgestellt, können auch im Rahmen des § 31 Abs. 2 (e) IAA keine die Privatautonomie überlagernden Einflüsse nationaler Interessen festgestellt werden.

Ein Beispiel dafür ist das Urteil in dem Fall *Hainan Machinery Import and Export Corp and Donald & McArthy Pte. Ltd.*[1054]. In dem Exequaturverfahren eines chinesischen Konventionsschiedsspruchs wendete die Antragsgegnerin unter anderem ein, dass das Schiedsgericht in dem Verfahren, dem diese wegen dem Einwand der mangelnden Rechtswegszuständigkeit ferngeblieben war, bei dem Erlass des Säumnisschiedsspruchs Verfahrensfehler begangen habe. Die Antragsgegnerin berief sich unter Verweis auf den Kommentar von *Michael John Mustill* und *Steward Boyd* zum englischen Schiedsrecht darauf, dass das Schiedsgericht bei dem Erlass eines Säumnisschiedsspruchs zumindest die Schlüssigkeit der Parteianträge zu prüfen habe, was in dem durchgeführten Schiedsverfahren nicht geschehen sei. Des weiteren wendete die Antragsgegnerin gegen das Schiedsverfahren ein, dass ihr entgegen der von den Parteien gewählten institutionellen Schiedsverfahrensordnung keine Verhandlungsprotokolle überlassen worden seien.

Das Exequaturgericht teilte die Meinung der Antragsgegnerin nicht. In Bezug auf den behaupteten Verfahrensfehler der mangelnden Schlüssigkeitsprüfung lehnte der singapurische *High Court* den Einwand der Antragsgegnerin im Wege eines Beweisentscheids ab. Obgleich das Gericht mit dem von der singapurischen Antragsgegnerin zur Begründung herangezogenen englischen Recht bestens vertraut war, verwies die Richterin *Judith Prakash* ausdrücklich auf das dem Gericht fremde und von den Parteien (unstrittig) gewählte Verfahrensrecht des *Arbitration Committee of China Council* und hilfsweise - dem Territorialitätsprinzip gem. § 31 Abs. 2 (e) IAA folgend - auf das chinesische Schiedsverfahrensrecht[1055]. Die Antragstellerin legte darauf aufbauend dem Gericht einen sachverständigen Zeugenbeweis eines chinesischen Anwalts vor, der die ordnungsgemäße Durchführung des Schiedsverfahrens nach dem anzuwendenden Recht bestätigte. Abgesehen von dem Hinweis auf die Rechtslage in England blieb die Antragsgegnerin hingegen einen entsprechenden Beweis schuldig.

1054 [1995] SGHC 232, Rn. 19 ff.

1055 Vgl. [1995] SGHC 232, Rn. 23.

Ein weiteres Beispiel dafür, dass die singapurischen Gerichte dem von den Parteien frei gewählten Verfahrensrecht die bestmögliche Geltung verschaffen, ist das Urteil in dem Fall *Denmark Skibstekniske Konsulenter A/S I Likvidation (formerly known as Knud E Hansen A/S)* v. *Ultrapolis 3000 Investments Ltd. (formerly known as Ultrapolis 3000 Theme Park Investments Ltd.)*[1056]. In dem Exequaturverfahren machte die Antragsgegnerin den Anerkennungsversagungsgrund aus § 31 Abs. 2 (e) IAA mit der Begründung geltend, dass das Schiedsgericht den zu vollstreckenden Schiedsspruch *functus officio* erlassen habe, indem dieses nach Erlass des Schiedsspruchs in unzulässiger Weise Änderungen an dem Schiedsspruch vorgenommen habe. Obgleich die Antragsgegnerin auch in diesem Fall versuchte, unter Bezugnahme auf singapurisches Verfahrensrecht dem Gericht seine Rechtsauffassung darzulegen, gab die Richterin *Belinda Ang* auch in diesem Urteil deutlich zu erkennen, dass die Beurteilung eines Verfahrensfehlers ausschließlich nach dem von den Parteien i. S. v. § 31 Abs. 2 (e) IAA gewählten Verfahrensrecht zu bestimmen sei und die Antragsgegnerin in der Pflicht stehe, den Tatsachenbeweis nach dem ausländischen Recht zu erbringen[1057].

Auslegung: In der internationalen Rechtspraxis wird Art. 5 Abs. 1 (d) UNÜ unter Anwendung des zur Beurteilung maßgebenden Rechts von den Exequaturgerichten grundsätzlich eng ausgelegt, mit vereinzelten Stimmen, die bereits auf der Tatbestandsebene lediglich schwerwiegende Verfahrensverstöße zur Anerkennungsverweigerung heranziehen möchten[1058].

Hat das singapurische Exequaturgericht nach einem ihm fremden Recht über die Einhaltung der Verfahrensvorschriften zu entscheiden, ist der Tatsachenbeweis des Vorliegens eines Verfahrensfehler durch einen sachverständigen Zeugenbeweis oder ein durch den Antragsgegner vorzulegendes Sachverständigengutachten zu führen[1059]. Sowohl in dem Fall *Hainan Machinery Import and Export Corp. and Donald & McArthy Pte. Ltd.*[1060] als auch in *Denmark Skibstekniske Konsulenter A/S I Likvidation (formerly known as Knud E Hansen A/S)* v. *Ultrapolis 3000 Investments Ltd. (formerly known as Ultrapolis 3000 Theme Park Investments Ltd.)*[1061] scheiterte der Einwand des § 31 Abs. 2 (e) IAA bereits daran, dass dem Gericht keine entsprechenden Beweise von der Antragsgegnerin präsentiert wurden, obgleich die Antragstellerin einen Gegenbeweis angeboten hatte.

1056 [2010] SGHC 108, Rn. 50 ff.

1057 Vgl. [2010] SGHC 108, Rn. 52.

1058 Siehe dazu *Kapitel 2 IV. 8.) iv.).*

1059 Vgl. dazu *Kapitel 3 III. 3.) a) ii.) aa) (1.).*

1060 [1995] SGHC 232.

1061 [2010] SGHC 108, Rn. 46 ff.

Inwiefern die singapurischen Gerichte darüber hinaus von einer weiten oder engen Auslegung des § 31 Abs. 2 (e) IAA ausgehen, ist mangels weiterer Rechtsprechung schwer zu beurteilen. Auch in der Rechtsliteratur wird das Thema bislang nahezu ausschließlich unter Bezugnahme auf ausländische Entscheidungen diskutiert. Selbst unter Zuhilfenahme der Rechtsprechung und Rechtsliteratur zu den dem § 31 Abs. 2 (e) IAA verwandten Aufhebungsgründen gem. Art. 34 Abs. 2 (iv) MG i. V. m. § 3 Abs. 1 IAA, 24 (b) IAA oder § 48 Abs. 1 (a) (v), (vii) AA können kaum Rückschlüsse auf eine entsprechende Auslegung des § 31 Abs. 2 (e) IAA gezogen werden.

In Anlehnung an die Feststellungen zu den vorangegangenen Anerkennungsversagungsgründen und dem klaren Bekenntnis der singapurischen Gerichte, der Privatautonomie der Parteien bestmögliche Geltung zu verschaffen, ist davon auszugehen, dass die singapurischen Gerichte sich bei der Auslegung des § 31 Abs. 2 (e) IAA an der international herrschenden Auslegungspraxis zu Art. 5 Abs. 1 (d) UNÜ orientieren. In Vertrauen auf die Professionalität des Schiedsgerichts ist zu erwarten, dass im Rahmen der hohen Beweishürden zur Darlegung der Voraussetzungen eines Anerkennungsversagungsgrunds i. S. v. § 31 IAA nur in solchen Fällen eine Verletzung der Schiedsverfahrensvorschriften in Betracht kommt, in denen eine auf den Parteiwillen zurückzuführende, eindeutig festgelegte Verfahrensvorschrift ohne jeden Zweifel von dem Schiedsgericht nicht beachtet worden ist.

Kausalität: Nach überwiegender Ansicht im internationalen Vergleich kann die Anerkennung eines Schiedsspruchs gem. Art. 5 Abs. 1 (d) UNÜ nur in solchen Fällen verweigert werden, in denen ein schwerwiegender Verstoß gegen die von dem Schiedsgericht zu beachtenden Verfahrensvorschriften von der Antragsgegnerin bewiesen werden kann[1062].

Wie zuvor bei den Anerkennungsversagungsgründen nach § 31 Abs. 2 (c), (d) IAA festgestellt, verlangt die singapurische Rechtsordnung, dass ein konkreter Kausalzusammenhang zwischen dem Verfahrensfehler und der Entscheidung des Schiedsgerichts zu beweisen ist. Entsprechend ist auch bei § 31 Abs. 2 (e) IAA davon auszugehen, dass ein solcher Beweis von der Antragsgegnerin zu führen ist. Eine Literaturauffassung möchte hingegen eine entsprechende Eingrenzung der Anwendungsfälle des § 31 Abs. 2 (e) IAA erst im Rahmen einer Ermessensentscheidung des Exequaturgerichts vornehmen[1063].

1062 Siehe dazu *Kapitel 2 IV. 8.) iv.)*.

1063 *Chan*, Rn. 7.82.

Präklusion: Viele Schiedsverfahrensordnungen wie Beispielsweise *Rule* 36.1 der *SIAC Rules 2010*[1064] enthalten ausdrückliche Präklusionsregelungen, nach denen jeglicher Einwand der Nichtbeachtung der jeweiligen Verfahrensordnung ausgeschlossen ist, wenn der Verfahrensfehler nicht unverzüglich gerügt wird. Ergänzend dazu besteht auch im Rahmen des § 31 Abs. 2 (e) IAA die Möglichkeit, den Einwand des Anerkennungsversagungsgrunds wegen widersprüchlichen Verhaltens der Antragsgegnerin auszuschließen.

In dem Fall *Hainan Machinery Import and Export Corp. and Donald & McArthy Pte. Ltd.*[1065] geht das Gericht im Rahmen des § 31 Abs. 2 (e) noch einen Schritt über das Erfordernis einer aktiven Rügepflicht hinaus, indem die Richterin *Judith Prakash* in der Urteilbegründung hervorhebt, dass „*sofern den Schiedsbeklagten jede Möglichkeit durch das Schiedstribunal eingeräumt wurde, sich in Erwiderung auf die Klage rechtliches Gehör zur verschaffen, diese es aber bewusst vorgezogen hat, von ihren Rechten nicht Gebrauch zu machen und an dem Schiedsverfahren nicht teilzunehmen, hat diese wenig Recht zu kritisieren, in welcher Art und Weise das Schiedsverfahren durchgeführt wurde*[1066]“. Die Aussage zeigt, welcher Bedeutung die singapurischen Gerichte dem Hauptverfahren und dem eigenverantwortlichen Handeln der Parteien zur gesamtumfassenden Streitbeilegung beimessen, weshalb im Grundsatz einem weitem Auslegungsregime eines Präklusionstatbestands gefolgt wird. Demnach ist nicht ausgeschlossen, dass ein schlichtes Fernbleiben der Antragsgegnerin in dem vorangegangenen Schiedsverfahren zu einer Verwirkung des Rügerechts führen kann[1067]. In dem vorliegenden Fall wurde der Anerkennungsversagungsgrund aus § 31 Abs. 2 (e) IAA bereits aus anderen Gründen abgelehnt.

Ein weiterer Fall der Präklusion des Einwands von Verfahrensfehlern wegen einem rechtsmissbräuchlichem Verhalten der Antragsgegnerin zeigt das Urteil *Galsworthy Ltd. of the Republic of Liberia* v. *Glory Wealth Shipping Pte. Ltd.* auf[1068]. Die dem zu vollstreckenden Schiedsspruch zugrunde liegende Rechtsstreitigkeit umfasste einen Charter- und Sub-Charter-Vertrag, die zwischen mehreren Parteien in zwei getrennt geführten Schiedsverfahren mit Schiedsort London verhandelt wurden. Im Einvernehmen aller Beteiligter waren beide Schiedsgerichte mit denselben Schiedsrichtern besetzt, was dazu führte, dass die in den Schiedsverfahren unterlegene Partei in dem singapurischen Verfahren zur Exequatur eines der Schiedssprüche rügte, dass das Schiedsgericht seine Entscheidung unter der Verletzung der zugrunde liegenden Verfahrens-

1064 Abrufbar unter: http://www.siac.org.sg
1065 [1995] SGHC 232.
1066 [1995] 3 SLR(R) 354 (356).
1067 Vgl. auch *Hwang/Muttath*, Int. A.L.R. (2000), 207 (211).
1068 Vgl. [2010] SGHC 304, Rn. 15 f.

vorschriften fälschlicherweise auf Erwägungen und Beweismittel des parallel stattfindenden Schiedsverfahrens gestützt habe. Erneut ließ sich das Gericht nicht dazu verleiten, die offensichtliche Unzufriedenheit der Antragsgegnerin mit dem Ergebnis des Schiedsverfahrens unter dem Deckmantel der Behauptung eines Verfahrensfehlers einer inhaltlichen gerichtlichen Überprüfung zu unterwerfen, da in diesem Fall die Antragsgegnerin selbst der mittelbaren Konsolidierung der parallel ablaufenden Schiedsverfahren zugestimmt und selbst in Bezug auf das anderweitige Schiedsverfahren argumentiert hatte.

Abgrenzung: Nach Art. 5 Abs. 1 (d) UNÜ sind die Schiedsparteien völlig frei, ihr Streitbeilegungsverfahren nach ihrem Willen einvernehmlich zu gestalten. Ungerechtfertigte staatliche Beschränkungen im Rahmen des § 31 Abs. 2 (e) IAA lassen sich nicht feststellen. Dennoch können sich Beschränkungen der Verfahrensgestaltungsfreiheit im Zusammenspiel mit den übrigen Anerkennungsversagungsgründen des § 31 IAA ergeben, weshalb eine scharfe Abgrenzung der Anerkennungsversagungsgründe gerade in diesem Fall nicht zu vernachlässigen ist.

Eine solche Beschränkung des von den Parteien gem. § 31 Abs. 2 (e) IAA gewählten Verfahrensrechts kann sich insbesondere aus dem Anerkennungsversagungsgrund wegen einer Verletzung des rechtlichen Gehörs gem. § 31 Abs. 2 (c) IAA ergeben[1069]. Sofern der international herrschenden Auffassung gefolgt wird, sind beide Vorschriften mit der Wirkung nebeneinander anwendbar, dass die Durchführung eines von den Schiedsparteien frei gewählten Verfahrens i. S. v. § 31 Abs. 2 (e) IAA dennoch der Rechtskontrolle der in § 31 Abs. 2 (c) IAA festgeschriebenen Mindeststandards unterliegt. Gleiches gilt gegenüber einer Ordre Publik-Kontrolle i. S. v. § 31 Abs. 4 (b) IAA. Dabei wird in restriktiver Anwendung der §§ 31 Abs. 1 (c), Abs. 2 (b) IAA der Verfahrensgestaltungsfreiheit der Parteien die weitest mögliche Geltung verschafft und eine Aufhebung wegen einer Nichtbeachtung staatlicher Mindeststandards kommt nur in den schwerstwiegenden Fällen in Betracht.

1069 Siehe dazu detailiert *Kapitel 3 III. 3.) a) iii.)*.

vi.) Nichtverbindlichkeit des Konventionsschiedsspruchs

Die Versagung der Anerkennung eines von den Parteien noch nicht oder nicht mehr zu beachtenden Konventionsschiedsspruchs ist in § 31 Abs. 2 (f) IAA geregelt. Danach kann die Anerkennung des Schiedsspruchs verweigert werden, wenn

...

> „... der Schiedsspruch für die Parteien des Schiedsspruchs noch nicht verbindlich geworden ist oder dass er von einer zuständigen Behörde des Landes, in dem oder nach dessen Recht er ergangen ist, aufgehoben oder in seinen Wirkungen einstweilen gehemmt worden ist."

...

Der Wortlaut des § 31 Abs. 2 (f) IAA ist dem des Art. 5 Abs. 1 (e) UNÜ nahezu identisch. Der singapurische Gesetzgeber entschied sich in Anpassung an die singapurische Gesetzgebungspraxis lediglich dazu, hervorzuheben, dass der Schiedsspruch gegenüber den darin genannten Parteien Wirkung entfalten muss.

Der auf Art. 6 UNÜ basierende und im Zusammenhang mit Art. 5 Abs. 1 (e) UNÜ bzw. § 31 Abs. 2 (f) IAA zu lesende § 31 Abs. 5 IAA weicht hingegen im Wortlaut wie auch seinem Aufbau deutlicher von seinem Ursprungstext ab und lautet wie folgt:

...

> „Ist das Gericht in einem Verfahren, in dem die Vollstreckung eines ausländischen Schiedsspruchs im Sinne dieses Abschnitts beantragt wird, davon überzeugt, dass ein Antrag auf Aufhebung oder einstweilige Hemmung der Wirkungen des Schiedsspruchs vor einer zuständigen Behörde in dem Staat, in dem oder nach dessen Recht er ergangen ist, gestelt wurde, so kann das Gericht:
>
> (a) Sofern es dies für angebracht hält, das gesamte Verfahren oder im Einzellfall die sich auf den Schiedsspruch beziehenden Verfahrensteile aussetzen.
> (b) Auf Antrag der Partei, welche die Vollstreckung des Schiedsspruchs begehrt, der anderen Partei auferlegen, angemessene Sicherheit zu leisten."

...

Der Regelungsgehalt bleibt dennoch mit dem des UN-Abkommens weitestgehend identisch und ist der Anpassung des Konventionstexts an die singapurische Gesetzgebungspraxis geschuldet. Im Vergleich zu Art. 6 UNÜ fügt § 31 Abs. 5 (a) Var. 2 IAA ausdrücklich hinzu, dass, sofern dies im Einzelfall angemessen erscheint, das Verfahren auch nur teilweise ausgesetzt werden kann. Im Zuge eines flexiblen und effektiven Anerkennungsverfahren ist es demnach bei Teilbarkeit der Vollstreckungswirkungen eines Schiedsspruchs möglich, die Vollstreckung einzelner Teile des Schiedsspruchs losgelöst von dem Aufhebungsverfahren weiterzubetreiben.

Bedeutung: Der in der internationalen Rechtspraxis und Literatur äußerst umstrittene und umfänglich diskutierte Anerkennungsversagungsgrund der Nichtverbindlichkeit des Schiedsspruchs wurde bisher vor den singapurischen Gerichten in keinem Verfahren erhoben.

Auslegung: Der Anerkennungsversagungsgrund formuliert eine Selbstverständlichkeit eines jeden Vollstreckungsverfahrens, dass ein Schuldtitel erst dann und solange vollstreckt werden kann, wie dieser zwischen den Parteien eine Bindungswirkung entfaltet.

aa) Entstehung der Rechtsfolgen

Gem. § 31 Abs. 2 (f) Var. 1 IAA kann die Anerkennung eines Konventionsschiedsspruchs verweigert werden, wenn dieser für die Parteien noch nicht verbindlich geworden ist.

Nach welchem Kollisionsrecht die „*Verbindlichkeit*" eines anzuerkennenden Konventionsschiedsspruchs zu bestimmen ist, ist in der Auslegung des Art. 5 Abs. 1 (e) Var. 1 UNÜ heftig umstritten[1070]. Die herrschende *Einheitstheorie* sieht einen Schiedsspruch in vertragsautonomer Auslegung des Art. 5 Abs. 1 (e) Var. 1 UNÜ dann als verbindlich an, wenn dieser keiner weiteren materiellrechtlichen Prüfung offensteht. Die *Verfahrenstheorie* verweist auf die *lex arbitri.* Die *vermittelnde Verfahrenstheorie* folgt im Grundsatz der Auslegung des Begriffs nach dem zugrunde liegenden Schiedsverfahrensrecht, möchte aber in außergewöhnlichen Fällen eine korrektive vertragsautonome Interpretation zulassen.

Die singapurischen Gerichte hatten bisher nicht die Gelegenheit zu dieser Frage konkret Stellung zu beziehen. Der Autor *Chan Leng Sun* ist der Ansicht, dass bei der Auslegung des § 31 Abs. 2 (f) IAA der Verfahrenstheorie der Vorzug zu geben ist[1071]. Damit folgt der Autor nicht der im angelsächsischen Rechtskreis vorherrschenden *Einheitstheorie,* wie sie unter anderem in Australien, Großbritannien und Hongkong vertreten wird[1072]. Die Literaturmeinung möchte damit Rechtsunsicherheiten vermeiden, die durch die teils differenzierenden Ansichten nach der Einheitstheorie entstehen können[1073]. Ob die singapurischen Gerichte dieser Rechtsauffassung folgen werden, muss abgewartet werden. Vieles spricht aber auch dafür, dass die Gerichte einmal

1070 Siehe dazu *Kapitel 2 IV. 8.) a) v.) aa).*

1071 *Chan*, Rn. 7.89.

1072 Vgl. *Darwazeh*, in: *Kronke/Nacimiento/Otto/Port*, S. 314; *Redfern/Hunter*, Rn. 11.85.

1073 *Chan*, Rn. 7.90 ff.

mehr der international herrschenden Auffassung oder zumindest der vermittelnden Theorie folgen werden. Insbesondere mit Blick auf die singapurische Rechtspraxis, die bei der Beurteilung einer Rechtsfrage nach ausländischem Recht die Vorlage eines sachverständigen Zeugenbeweises, Rechtsgutachten oder in Zukunft möglicherweise vermehrt die Rechtshilfe der ausländischen Justiz verlangt, würde der erforderliche Beweis der Bindungswirkung des Schiedsspruchs nach dem ausländischen Verfahrensrecht einem von dem UN-Abkommen ausdrücklich aufgegebenen Doppelexequatur sehr nahe kommen oder zumindest das Exequaturverfahren unnötig erschweren. Die Annahme der Einheitstheorie würde auch weitestgehend im Einklang mit § 19B Abs. 1 IAA bzw. § 44 Abs. 1 IAA stehen, nach denen ein inländischer Schiedsspruch ab dem Zeitpunkt seiner Zustellung an die Parteien als verbindlich anzusehen ist[1074].

bb) Aufhebung des Schiedsspruchs

Ist der Schiedsspruch verbindlich geworden, aber im Nachhinein von einer zuständigen Behörde aufgehoben worden, so kann die Anerkennung gem. § 31 Abs. 2 (f) Var. 2 IAA verweigert werden.

Anwendbares Recht: Zur Feststellung ob ein Schiedsspruch i. S. v. § 31 Abs. 2 (f) Var. 2 IAA aufgehoben worden ist, enthält die Vorschrift keine Kollisionsnorm, sondern verweist, den Theorien zur Festlegung der Nationalität eines Schiedsspruchs folgend, ausschließlich auf die sachliche Zuständigkeit der für die Aufhebung des Konventionsschiedsspruchs berufenen Behörde. Obgleich vereinzelt Urteile existieren, in denen sich ausländische Gerichte an den Theorien zur Bestimmung der Nationalität eines Schiedsspruchs vorbei für die Aufhebung eines Schiedsspruchs für zuständig erklärt haben, bietet die Feststellung der zur Aufhebung eines Schiedsspruchs zuständigen Behörde(n) grundsätzlich keinen Anlass zur Diskussion[1075]. Auch in Bezug auf die singapurische Rechtsordnung sind bezüglich der Bestimmung der zur Aufhebung berechtigten Primärjurisdiktion keinerlei Besonderheiten zu erkennen[1076].

1074 Gem. § 19B IAA „... *ist ein Schiedspruch erlassen, wenn dieser im Einklang mit Art. 31 MG unterschrieben und den Parteien übersended wurde*“. Einer Niederlegung des Schiedsspruchs bei einer staatlichen Behörde bedarf es in der Republik Singapur nicht. Gleiches gilt für eine förmliche Zustellung, wie dies beispielsweise in der Bundesrepublik Deutschland nach § 1054 IV ZPO a.F. vor der Reformierung des Schiedsrechts noch erfordelrich war. Zusammenfassend *Chan*, 3.1 ff.; *Chew*, 89 ff.; *Lau*, in: *Weigand*, Rn. 10.184 ff.

1075 Vgl. dazu *Kapitel 2 IV. 8.) a) v.) bb)*.

1076 Vgl. dazu *Kapitel 3 III. 1.) c)*.

Auslegung: Hebt eine nach Art. 5 Abs. 1 (e) Var. 2 UNÜ zuständige Behörde einen Schiedsspruch auf, wird im internationalen Vergleich kontrovers diskutiert, inwiefern die gerichtliche Entscheidung der Primärjurisdiktion beim Exequatur des Schiedsspruchs gem. Art. 5 Abs. 1 (e) Var. 2 UNÜ zwingend zu berücksichtigen ist[1077]. Zusammenfassend spalten sich die dazu vertretenen Ansichten in zwei grundlegende Lager auf. Jenes, welches den Schiedsspruch in der Rechtsordnung der Primärjurisdiktion fest verankert und bei dessen Aufhebung von einem Erlöschen des Rechtsgrunds für ein Exequatur des Schiedsspruchs ausgeht (sog. *Territorialitätslehre*). Und das Lager, welches die Existenz eines Schiedsspruchs losgelöst von einer konkreten Rechtsordnung betrachtet und die Beurteilung der Vollstreckbarkeit eines im Ursprungsland aufgehobenen Schiedsspruchs in das Ermessen des jeweiligen Exequaturgerichts stellt. Dabei ist innerhalb letzterer Auffassung wiederum strittig, nach welchen Voraussetzungen das gewährte Ermessen im konkreten Einzelfall auszuüben ist. Alternativ zu dem geführten Meinungsstreit steht es den Exequaturstaaten frei, einen im Ursprungsland aufgehobenen Schiedsspruch unter Berufung auf das in Art. 7 Abs. 1 UNÜ festgelegte Meistbegünstigungsprinzip nach günstigeren nationalen Exequaturvorschriften mit Wirkung für das Inland anzuerkennen und zu vollstrecken.

In der spärlichen Rechtsliteratur zur Auslegung des § 31 Abs. 2 (f) Var. 2 IAA wird sowohl die traditionelle, territoriale Rechtslehre, als auch der denationalisierte Ansatz diskutiert. Nach dem Kommentar *Halsbury's Laws of Singapore* kann ein Schiedsspruch, der in seinem Ursprungsland aufgehoben worden ist, nach dem UN-Abkommen nicht vollstreckt werden, da dieser seine Wirkung und Bindungskraft verloren habe[1078]. Hingegen tendiert die von dem Richter *Leslie Chew* vertretene Auffassung unter Berücksichtigung des internationalen Charakters der Handelsschiedsgerichtsbarkeit zu der Annahme eines denationalisierten Schiedsspruchs[1079]. Nach *Leslie Chew* „*ist [§ 31 Abs. 2 (f) IAA] vermutlich ein weiteres Beispiel für den schweren Balanceakt, den die Gerichte bei der Überprüfung internationaler Schiedssprüche gelegentlich bewerkstelligen müssen. Im Rahmen der Erwägung, dem internationalen Charakter eines Schiedsspruchs und des Verfahrens Geltung zu verschaffen, hat das nationale Gericht auch seine eigenen Rechtsstandards zu berücksichtigen und muss seine eigenen Rechtsanschauungen, die es in seiner eigenen Jurisdiktion anwenden würde, entsprechend übertragen*[1080]“ . Danach lässt der

1077 Siehe dazu *Kapitel 2 IV. 8.) a) v.) bb).*

1078 *Halsbury*, Arbitration, Rn. 20.148; vgl. auch *Boo*, SAL Ann Rev 2 (2001), Rn. 3.33; *Chan*, Rn. 7.99.

1079 Vgl. *Chew*, Arbitration in Singapore, S. 108.

1080 *Chew*, Arbitration in Singapore, S. 108.

Autor zwar offen, wie die Anwendung der eigenen Rechtsanschauungen im Zusammenhang mit Art. 31 Abs. 2 (f) IAA konkret zu berücksichtigen ist. Durch die Betonung der Übertragung eigener nationaler Rechtsanschauungen auf die Überprüfung von Schiedssprüchen scheint eine Anerkennung eines im Ursprungsland aufgehobenen Schiedsspruchs auf der Basis einer eigenständigen Prüfung durch die singapurischen Gerichte aber zumindest nicht ausgeschlossen.

Ähnlich argumentiert unter zusätzlicher Hervorhebung des in Art. 7 Abs. 1 UNÜ enthaltenen Günstigkeitsprinzips auch der in der singapurischen Rechtsordnung zu Auslegungsfragen nach dem Recht des Common Law herangezogene Kommentar *Redfern/Hunter on International Arbitration*[1081]. Der Kommentar weist aber auch darauf hin, dass im internationalen Vergleich die Gerichte überwiegend zur Anerkennungsverweigerung eines aufgehobenen Schiedsspruchs neigen, „*wenn auch nur auf den Rechtsgedanken der Comitas Gentium gestützt*[1082]". Das letztere Argument, der Rechtsgedanke der *Comitas*, spielt, wie die singapurischen Gerichte in ihren Urteilen kontinuierlich hervorheben, auf dem Leitprinzip einer modernen singapurischen Schiedsgerichtsordnung zur Förderung der (singapurischen) Schiedsgerichtsbarkeit eine besonders wichtige Rolle[1083].

Wie nachfolgend genauer zu erkennen sein wird, gehen die singapurischen Gerichte auf dem selben Grundsatz basierend zur Erhaltung eines internationalen Entscheidungseinklangs selbst davon aus, dass die Antragsgegnerin bei erfolgloser Einlegung einer Aufhebungsklage in der Primärjurisdiktion mit derselben Einwendung in einem singapurischen Exequaturverfahren zu präkludieren ist[1084]. Beispielsweise heißt es in dem Urteil *Galsworthy Ltd. of the Republic of Liberia* v. *Glory Wealth Shipping Pte. Ltd.*: „*Nach dem Grundsatz der Comitas Gentium obliegt es unseren Gerichten, Zurückhaltung bei der Nichtbeachtung von Entscheidungen anderer Gerichte auszuüben, es sei denn, dass außergewöhnliche Umstände dies rechtfertigen*[1085]". Dadurch soll vor allem „*eine Duplikation oder Konflikt justizieller Entscheidungen*" vermieden werden[1086]. Überträgt man die Rechtsprechung auf die Auslegung des § 31 Abs. 2 (f) Var. 2 IAA, muss im

---

1081 Vgl. *Redfern/Hunter*, Rn. 11.88 ff.

1082 *Redfern/Hunter*, Rn. 11.86, 11.95.

1083 Vgl. u.a. *Hainan Machinery Import and Export Corp and Donald & McArthy Pte Ltd*, [1995] SGHC 232, Rn. 45; *Aloe Vera of America Inc.* v. *Asianic Food (S) Pte. Ltd. and another*, [2006] SGHC 78, Rn. 75; *Galsworthy Ltd. of the Republic of Liberia* v. *Glory Wealth Shipping Pte. Ltd.*, [2010] SGHC 304 Rn. 9.

1084 Siehe dazu *Kapitel 3 III. 4.)*.

1085 [2010] SGHC 304, Rn. 9.

1086 [2010] SGHC 304, Rn. 9.

Umkehrschluss gelten, dass, sofern keine außergewöhnlichen Umstände von der Antragstellerin bewiesen werden, die eine ordnungsgemäße Entscheidung des Gerichts der Primärjurisdiktion in Zweifel ziehen, ein ausländisches Aufhebungsurteil auch in der Republik Singapur zu berücksichtigen ist. Danach müsste, selbst wenn der Territorialitätslehre nicht gefolgt würde, in der weit überwiegenden Anzahl aller Falle mit einer Anerkennungsverweigerung i. S. v. § 31 Abs. 2 (f) Var. 2 IAA gerechnet werden. Darüber, welche Voraussetzung an die Beweispflicht der Antragstellerin zu stellen sind und in welchem Umfang die singapurischen Gerichte in einem solchen Fall eine eigenständige Überprüfung der Aufhebungsentscheidung oder des Schiedsspruchs übernehmen, kann nur spekuliert werden. Vermutlich würden die Gerichte in Anlehnung an Art. 9 Abs. 1 EUÜ bzw. Art. 5 Abs. 3 (g) ME eine eigenständige Überprüfung des aufgehobenen Schiedsspruchs nach § 31 Abs. 2 (a) – (e), Abs. 2 IAA vornehmen.

Für die letztere Ansicht spricht ebenfalls, dass die singapurischen Gerichte in Anlehnung an den Wortlaut des § 31 Abs. 1 IAA („*...may be refused but not otherwise.*“) eine Anerkennungsverweigerung in das Ermessen des Gerichts stellen[1087]. Allerdings ist es auch in dieser Hinsicht bei einer theoretischen Möglichkeit geblieben, von der die singapurischen Gerichte bisher keinen Gebrauch gemacht haben. Vielmehr gehen diese bei dem Vorliegen eines Anerkennungsversagungsgrunds von einer „*nahezu automatischen*“ Anerkennungsverweigerung aus[1088].

Mit Blick auf die gefestigte Rechtsprechung der französischen Gerichte und das in § 33 Abs. 1 IAA festgehaltene Günstigkeitsprinzip gilt eine Anerkennung aus der möglicherweise günstigeren Regelung des § 46 AA als eher unwahrscheinlich[1089]. Rein formal betrachtet ist die Anerkennung und Vollstreckung i. S. v. § 46 Abs. 3 AA primär nach dem singapurischen Richterrecht zu bestimmen. Im Sinne einer einheitlichen Rechtsanwendung orientiert sich dieses aber wiederum an den Aufhebungsgründen aus § 48 Abs. 1 AA, die einen dem § 31 Abs. 2 (f) IAA vergleichbaren Einwand nicht enthalten. Berücksichtigt man dabei aber zugleich die Normenhierarchie zwischen den Vorschriften des *Arbitration Act*, des *International Arbitration Act* und den davon dogmatisch getrennt zu sehenden Ratifizierungsvorschriften des UN-Abkommens, bei der mit zunehmendem Auslandsbezug zugleich von einer leichten Liberalisierung der Vorschriften auszugehen ist, und die Tatsache, dass

---

1087 Siehe dazu ausführlich *Kapitel 3 III. 5.)*.

1088 CRW Joint Operation v. PT Perusahaan Gas Negara (Persero) TBK, [2011] SGCA 33, Rn. 97.

1089 Zur Anerkennung und Vollstreckung von Nichtkonventionsschiedssprüchen siehe nachfolgend *Kapitel 3 IV. 4.)*.

ein Exequatur ausländischer Nichtkonventionsschiedssprüche gem. § 48 Abs. 3 IAA bewusst denselben strengen Aufsichts- und Kontrollmöglichkeiten wie einem rein inländischen Schiedsspruch unterstellt wird, so ist es in der Gesamtschau eher als unwahrscheinlich einzustufen, dass § 48 Abs. 3 IAA gegenüber § 31 Abs. 2 (f) IAA als eine günstigere Regelung anzusehen ist.

In der Zusammenfassung gibt es gute Gründe, die für beide Auslegungsvarianten des § 31 Abs. 2 (f) Var. 2 IAA sprechen. Unabhängig davon, welcher Theorie gefolgt wird, kann nach beiden Ansichten davon ausgegangen werden, dass die Wahrscheinlichkeit der Anerkennung eines im Ursprungsland aufgehobenen Schiedsspruchs nahezu gegen Null tendiert. Der Unterschied ist vielmehr darin zu sehen, ob eine Anerkennung des aufgehobenen Schiedsspruchs mangels einem Rechtsgrund kategorisch abgelehnt wird, oder ob eine flexiblere Herangehensweise von den staatlichen Gerichten bevorzugt wird.

Einerseits ist das Konzept der entnationalisierten Schiedsgerichtsbarkeit in Common Law-Jurisdiktionen weniger verbreitet[1090]. Obgleich ein eindeutiges Bekenntnis zu der Territorialitätslehre i. S. v. § 31 Abs. 2 (f) Var. 2 IAA fehlt, ist das Territorialitätsprinzip, wie unter anderem die Aussage des *Law Reform Committee on the Review of Arbitration Laws 2001* in anderem Zusammenhang zu erkennen gibt, ein wesentlicher Bestandteil der singapurischen Rechtsordnung. Danach „... *kann das Konzept der delokalisierten Schiedsgerichtsbarkeit, welche unabhängig von jeglichem staatlichem [Verfahrens-]Recht durchgeführt wird, nicht anerkannt werden*[1091]". Ein weiteres Indiz dafür, dass sich die Rechtswirkungen ausschließlich aus dem (existierenden) Schiedsspruch ergeben können, ist auch der dem § 31 Abs. 2 (f) Var. 2 IAA unscheinbare, aber besondere Zusatz, dass „*der Schiedsspruch für die Parteien des Schiedsspruchs noch nicht verbindlich geworden ist oder dass er von einer zuständigen Behörde des Landes, in dem oder nach dessen Recht er ergangen ist, aufgehoben oder in seinen Wirkungen einstweilen gehemmt worden ist*".

Andererseits baut die singapurische Rechtsordnung ihrer Rechtstradition entsprechend auch stark auf ein gegenüber starren Regelungen flexibleres, aber eng auszulegendes Präzedenzrecht. Dies zeigt insbesondere der von den singapurischen Gerichten vielfach erwähnte Vorbehalt einer Ermessensentscheidung i. S. v. § 31 Abs. 1 IAA, der dann aber wiederum unter Verweis auf den Grundsatz der *Comitas Gentium* eng ausgelegt wird. Wie es *Leslie Chew*

1090 Vgl. mit Blick auf die englische Rechtsordnung *Darwazeh*, in: *Kronke/Nacimiento/Otto/Port*, S. 340.

1091 *Law Reform and Revision Division Attorney-General's Chamber Singapore*, Review of Arbitration Laws, LRRD No.3/2001, Rn. 2.1.1.

richtigerweise formuliert, handelt es sich letztlich um einen schweren Balanceakt zwischen dem Ideal eines die Schiedsgerichtsbarkeit insgesamt stärkenden internationalen Entscheidungseinklangs und der Einflussnahme nationaler Ansichten zum Schutz der Rechte der Parteien, bei dem die Lösung nahezu vorgeschrieben ist, gespannt aber die dogmatische Herangehensweise der singapurischen Gerichte abgewartet werden kann.

cc) Wirkungshemmung der Verbindlichkeit

Gem. Art. 31 Abs. 2 (f) Var. 3 IAA kann die Anerkennung eines zwischen den Parteien verbindlich gewordenen Konventionsschiedsspruchs auch dann verweigert werden, wenn dieser im Nachhinein von einer zuständigen Behörde in seiner Wirkung einstweilen gehemmt wurde.

Anwendbares Recht: Bezüglich der anwendbaren Rechtsmaßstäbe im Zusammenhang mit der Anerkennungsverweigerung wegen einstweiliger Hemmung der Verbindlichkeit kann uneingeschränkt auf das zu § 31 Abs. 2 (f) Var. 2 IAA Gesagte verwiesen werden.

Auslegung: Die zuvor beschriebene Auslegungsproblematik zu § 31 Abs. 2 (f) Var. 2 IAA lässt sich auf den Einwand der einstweiligen Wirkungshemmung eines Konventionsschiedsspruchs übertragen. Nach der international herrschenden Meinung ist dabei ausschließlich auf die ausdrückliche Anordnung der Wirkungshemmung eines Schiedsspruchs und nicht auf einen *ipso iure* eintretenden Suspensiveffekt abzustellen[1092].

Auch zu § 31 Abs. 2 (f) Var. 3 IAA hatten die singapurischen Gerichte bisher nicht die Gelegenheit Stellung zu beziehen[1093]. In Anlehnung an den Kommentar *Halsbury's Laws of Singapore* ist davon auszugehen, dass abgesehen von der zuvor dargelegten Auslegungsproblematik i. V. m. § 31 Abs. 2 (f) Var. 2 IAA der international herrschenden Rechtspraxis gefolgt wird[1094]. Allerdings scheint die Literaturmeinung im Gegensatz zu der von dieser im Rahmen des § 31 Abs. 2 (f) Var. 2 IAA vertretenen Ansicht bei § 31 Abs. 2 (f) Var. 3 IAA von einer Ermessensentscheidung auszugehen.

1092 Siehe dazu *Kapitel 2 IV. 8.) a) v.) cc)*.

1093 In dem Fall *Strandore Invest A/S and others* v. *Soh Kim Wat*, [2010] SGHC 174, Rn. 8 ist aus der Urteilsbegründungen zu erkennen, dass eine *ex parte* erteilte Vollstreckbarerklärung eines dänischen Schiedsspruchs im Nachinein auf der Basis eines im Ursprungsland des Schiedsspruchs stattfindenden Aufhebungsverfahrens beseitigt worden ist. Die genauen Umstände der Aufhebung der Vollstreckbarerklärung konnten allerdings nicht rekonstruiert werden.

1094 Vgl. *Halsbury*, Arbitration, Rn. 20.150.

dd) Verfahrensaussetzung

Art. 6 UNÜ eröffnet den Exequaturgerichten die Möglichkeit, nach freiem Ermessen - bei gleichzeitiger Statthaftigkeit einer Aufhebungsklage oder Klage auf einstweilige Hemmung des Schiedsspruchs - das Exequaturverfahren vorübergehend auszusetzen und auf Antrag damit möglicherweise verbundene Risiken durch Sicherheitsleistung der Antragsgegnerin abzusichern[1095]. Im internationalen Vergleich ist in der Mehrzahl aller Fälle nicht mit einer Aussetzung des Exequaturverfahrens zu rechnen.

Wie bereits zuvor festgestellt, wurde Art. 6 UNÜ vom Wortlaut des UN-Abkommens abweichend, aber nahezu inhaltsgleich in § 31 Abs. 5 IAA der singapurischen Rechtsordnung übernommen. Im Unterschied zu Art. 6 UNÜ umfasst § 31 Abs. 5 IAA ausdrücklich auch die Teilaussetzung des Verfahrens, sofern der zu vollstreckende Inhalt des Konventionsschiedsspruchs dies erlaubt[1096].

Ob die singapurischen Gerichte in Anlehnung an die international herrschende Rechtspraxis bei der Einleitung eines Aufhebungsverfahrens in der Primärjurisdiktion im Grundsatz zu einer Verfahrensaussetzung oder einer Verfahrensfortführung tendieren, kann mangels vorliegendem Präzedenzrecht nicht mit Sicherheit festgestellt werden. Wie der Fall *Strandore Invest A/S and others* v. *Soh Kim Wat*[1097] in einem anderen Zusammenhang zeigt, lassen sich die singapurischen Gericht nicht dazu verleiten, auf Verzögerungstaktiken des Antragsgegners einzugehen[1098]. In dem Fall beantragte die Antragsgegnerin, nachdem die Aufhebung des Konventionsschiedsspruchs in seinem Ursprungsland gescheitert war, das singapurische Exequaturverfahren auszusetzen, da parallel zu dem Verfahren die „*Aufhebung*" des Schiedsspruchs in einer gesonderten Klage vor dem singapurischen *High Court* geltend gemacht wurde. Richter *Quentin Loh* erteilte die Vollstreckbarerklärung ohne Rücksicht auf das anhängige „*Aufhebungsverfahren*". Dagegen legte die Antragsgegnerin Berufung ein und beantragte zugleich die einstweilige Aussetzung der Vollstreckbarerklärung[1099]. Doch auch in diesem Fall lehnte der Richter eine Aussetzung der Vollstreckungswirkungen ab. Entscheidende Beurteilungskriterien waren in beiden Fällen nicht die Erfolgschancen des Bezugsverfahrens, sondern die möglichen Vollstreckungsfolgen, die zu nicht wiedergutzumachenden Rechtsnachteilen der Antragsgegnerin führen könnten, gegenüber

1095 Siehe dazu *Kapitel 2 IV. 8.) a) v.) dd)*.

1096 Vgl. auch *Halsbury*, Arbitration, Rn. 20.148.

1097 [2010] SGHC 151; [2010] SGHC 174.

1098 Siehe dazu auch *Kapitel 3 III. 2.) c)*.

1099 [2010] SGHC 174.

der Vermutung der Vollstreckungsfähigkeit einer bereits erlangten Rechtsposition der Antragstellerin.

In dem Fall *Karaha Bodas Co LLC* v. *Perusahaan Pertambangan Minyak dan Gas Bumi Negara* war es ausnahmsweise die Antragstellerin, die eine Aussetzung des Exequaturverfahrens vor dem singapurischen *High Court* beantragte[1100]. Sie begründete ihr Begehren damit, dass unter mehreren international anhängigen Exequaturverfahren die Entscheidung über die Vollstreckbarkeit des schweizer Schiedsspruchs in dem (Haupt-)Exequaturverfahren in den USA abgewartet werden sollte. Doch das Gericht sah sich auch in diesem Fall nicht dazu veranlasst, eine Verfahrensaussetzung zu gewähren.

Zusammenfassend könnte aus den vorangegangen Urteilen geschlossen werden, dass die singapurischen Gerichte von einer restriktiven Ermessensausübung zugunsten einer zügigen Anerkennung und Vollstreckung eines Schiedsspruchs ausgehen. Allerdings wurde keines der Urteile in direktem Zusammenhang mit § 31 Abs. 5 IAA gefällt, der im Unterschied zu den vorangegangenen Fällen den Exequaturgerichten eine Verfahrensaussetzung ausdrücklich gestattet. Daneben ist erneut der Rechtsgrundsatz der *Comitas Gentium* zur Gewährleistung eines internationalen Entscheidungseinklangs zu berücksichtigen, der nach den zu § 31 Abs. 2 (f) Var. 2 IAA gemachten Ausführungen unabhängig von der Territorialitätslehre eine enge Bindung zwischen Einwendungen gegen den Schiedsspruch in der Primär- und Sekundärjurisdiktion zieht. Letztlich bleibt es bei einer Entscheidung in dem konkreten Einzelfall, wobei es als wahrscheinlicher anzusehen ist, dass, sofern keine besonderen Umstände für eine Verzögerungstaktik des Antragsgegners sprechen und eine sachgerechte und baldige Entscheidung in der Primärjurisdiktion zu erwarten ist, eine Verfahrensaussetzung von dem Exequaturgericht ausgesprochen wird.

Präklusion: In diesem Zusammenhang wird häufig die Frage diskutiert, inwiefern eine in einem Schiedsverfahren unterlegene Partei dazu verpflichtet ist, ihre Einwendungen gegen den Schiedsspruch zunächst in der Primärjurisdiktion geltend zu machen, oder ob diese ihre Einwendungen alternativ oder kumulativ dazu auch in einem Exequaturverfahren erheben kann. Diesbezüglich kann auf die nachfolgenden Erörterungen in *Kapitel 3 III. 4.)* verwiesen werden.

1100 [2006] SGHC 148.

b) Dem Amtsermittlungsgrundsatz unterliegende Anerkennungsversagungsgründe

Neben den in § 31 Abs. 2 IAA aufgeführten Einwendungen, welche nur auf Antrag des späteren Vollstreckungsschulders zu berücksichtigen sind, enthält § 31 Abs. 4 IAA entsprechend der Regelung des Art. 5 Abs. 2 UNÜ abschließend zwei weitere Anerkennungsversagungsgründe, welche von dem Gericht im Wege des Amtsermittlungsgrundsatzes zu berücksichtigen sind.

Mit Blick auf die vergangene Rechtsprechung der singapurischen Gerichte zu § 31 Abs. 2 IAA kann kein Fall festgestellt werden, in dem die Gerichte eigenständig eine Überprüfung aus § 31 Abs. 4 IAA vorgenommen haben. In allen berichteten Fällen wurden die Anerkennungsversagungsgründe auf Antrag einer Partei in das Exequaturverfahren eingebracht. Insbesondere mit Blick auf die gängige Rechtspraxis der *ex parte*-Erteilung einer Vollstreckbarerklärung gem. O. 69A, r. 6 Abs. 1 RoC konnten keine Anzeichen einer eigenständigen Überpüfung der Anerkennungsversagungsgründe aus § 31 Abs. 2 IAA durch die singapurischen Exequaturgerichte erkannt werden. Dies schließt selbstverständlich nicht aus, dass die Gerichte bei offensichtlichen Verstößen gegen die objektive Schiedsfähigkeit oder den singapurischen Ordre Public eine selbständige Überprüfung der Anerkennungsversagungsgründe vornehmen, bildet aber zugleich einen weiteren Beweis für die zurückhaltende Interpretation der Aufsichtspflichten der singapurischen Gerichte beim Exequatur von Schiedssprüchen.

i.) Fehlende objektive Schiedsfähigkeit

Gem. § 31 Abs. 4 (a) IAA darf das Gericht die Anerkennung eines Konventionsschiedsspruchs versagen, wenn

...

> „... der Gegenstand des Streites zwischen den Parteien des Schiedsspruchs nach dem Recht der Republik Singapur nicht auf schiedsrichterlichem Wege geregelt werden kann."

...

Der Wortlaut des § 31 Abs. 4 (a) IAA ist dem des Art. 5 Abs. 2 (a) UNÜ nahezu identisch. In Anpassung an die singapurische Gesetzgebungspraxis wurde unter erneuter Betonung des Konsensualcharakters der Schiedsgerichtsbarkeit der Zusatz „*zwischen den Parteien des Schiedsspruchs*" ergänzend eingefügt.

Bedeutung: Entsprechend den Feststellungen zur Bedeutung des Art. 5 Abs. 2 (a) UNÜ im internationalen Vergleich gilt auch in der Rechtsanwendung des § 31 Abs. 4 (a) IAA, dass der Anerkennungsversagungsgrund in den Anfängen der Entwicklung der modernen Schiedsgerichtsbarkeit und der Anwendung des UN-Abkommens in Singapur eine größere Rolle spielte, als dies heutzutage der Fall ist.

Nach *Michael Hwang* und *Yeo Chuan Tat* zählt die ungerechtfertigte Einverleibung des Rechtsschutzmonopols vor den staatlichen Gerichten mit zu den Hauptproblemen der Anerkennung und Vollstreckung von Schiedssprüchen in den asiatischen Staaten[1101]. Diese Beobachtung scheint nicht für die singapurische Rechtsordnung zu gelten. In einem singapurischen Exequaturverfahren wurde der Einwand der mangelnden objektiven Schiedsfähigkeit bisher in zwei Fällen erhoben[1102]. Keine der Einwendungen konnte mit Erfolg durchgesetzt werden.

Auch mit Blick auf sonstige vor den singapurischen Gerichten durchgeführte Verfahren der vergangenen Jahre können nur zwei Präzedenzurteile ausgemacht werden, in denen der Einwand der objektiven Schiedsfähigkeit erhoben worden ist[1103]. Im Gegensatz zu den Exequaturverfahren sprach sich der *Court of Appeal* in beiden Fällen, einmal im Zusammenhang mit einem Auflösungsverfahren einer Gesellschaft und ein anderes Mal im Rahmen einer Insolvenzanfechtung, gegen die Schiedsfähigkeit des Streitgegenstands aus.

Anwendbares Recht: Obwohl die Frage der objektiven Schiedsfähigkeit in den unterschiedlichen Verfahrensstadien einer Rechtsstreitigkeit und möglicherweise jeweils auch nach unterschiedlichen Rechtsmaßstäben zu beurteilen ist, ist der Wortlaut nach Art. 5 Abs. 2 (a) UNÜ / § 31 Abs. 4 (a) IAA eindeutig. Insofern sind keinerlei Besonderheiten in Bezug auf die singapurische Rechtsordnung zu erkennen. Für die Beurteilung der objektiven Schiedsfähigkeit nach § 31 Abs. 4 (a) IAA kommt es allein auf die Rechtsauffassung nach dem singapurischen Sachrecht an.

Dies wurde durch den singapurischen *High Court* in dem Urteil *Aloe Vera of America Inc.* v. *Asianic Food (S) Pte. Ltd. and another*[1104] ausdrücklich bekräftigt. In dem Fall, in dem im Wesentlichen darüber gestritten wurde, ob der Antragsgegner, der eine Schiedsvereinbarung in seiner Funktion als

---

1101 *Hwang/Yeo*, in: *Pryles/Moser*, 407 (423).

1102 Vgl. *Hainan Machinery Import and Export Corp and Donald & McArthy Pte Ltd*, [1995] SGHC 232, Rn. 39 ff.; *Aloe Vera of America Inc.* v. *Asianic Food (S) Pte. Ltd. and another*, [2006] SGHC 78, Rn. 70 ff.

1103 Vgl. *Four Pillars Enterprises Co, Ltd.* v. *Beiersdorf Aktiengesellschaft*, [1999] SGCA 11; *Larsen Oil and Gas Pte. Ltd.* v. *Petroprod Ltd.*, [2011] SGCA 21.

1104 [2006] SGHC 78.

Geschäftsführer der Gesellschaft unterzeichnetet hatte, zugleich auch Schiedspartei geworden war, wendete der Antragsgegner zusätzlich zu den jurisdiktionellen Einwendungen i. S. v. § 31 Abs. 2 IAA ein, dass nach dem Recht des Ursprungslands des Schiedsspruchs über die in dem Schiedsverfahren verhandelte *Alter-Ego* Haftung nur vor oder unter Mitwirkung eines staatlichen Gerichts verhandelt werden könne. Die Richterin *Judith Prakash* machte daraufhin in ihrem Urteil deutlich, dass ausschließlich auf die objektive Schiedsfähigkeit nach singapurischem Recht abzustellen sei und wies den Parteivortrag als „*irrelevant*" ab[1105]. Nach singapurischen Rechtsmaßstäben konnte die Richterin hingegen keinerlei öffentliches Interesse erkennen, das es verbietet, Gesichtspunkte der Durchgriffshaftung vor einem Schiedsgericht zu verhandeln.

Auslegung: Der Anerkennungsversagungsgrund der mangelnden objektiven Schiedsfähigkeit, der in der Auslegung des Art. 5 Abs. 2 (a) UNÜ nach einer Ansicht im internationalen Vergleich als Spezialfall des in Art. 5 Abs. 2 (b) UNÜ festgehaltenen Ordre Public gesehen wird, öffnet den Vertragsstaaten die Möglichkeit, im Rahmen der eingegangenen staatsvertraglichen Verpflichtungen aus nationalen Interessen besondere Rechtstreitigkeit dem Rechtsschutzmonopol des Exequaturforums vorzubehalten[1106]. Während die Grenzen der objektiven Schiedsfähigkeit in den frühen Jahren der modernen Schiedsgerichtsbarkeit von den einzelnen Rechtsordnungen verhältnismäßig eng gezogen wurden, folgt die überwiegende Anzahl der Vertragsstaaten zunehmend einer liberalen, weiten Auslegung des Begriffs der objektiven Schiedsfähigkeit. Danach ist im Grundsatz jede vermögensrechtliche oder vergleichsfähige Rechtsstreitigkeit als objektiv schiedsfähig anzusehen, es sei denn, das Rechtsschutzmonopol ist kraft Gesetzes ausdrücklich einem anderen Rechtsweg vorbehalten.

Das singapurische Gesetzesrecht enthält keine Zuständigkeitsvorschriften, die einzelne Rechtsstreitigen dem Rechtsweg der Schiedsgerichtsbarkeit ausdrücklich zuweisen oder dieser ausdrücklich entziehen[1107]. Auch hat die Republik Singapur nicht von ihrem Recht Gebrauch gemacht die Anerkennung und Vollstreckung von Schiedssprüchen gem. Art. 1 Abs. 3 S. 2 UNÜ auf Rechtsstreitigkeiten der Handelsschiedsgerichtsbarkeit zu beschränken. Unter Berücksichtigung des Art. 1 Abs. 1, 5 MG i. V. m. § 3 Abs. 1 IAA könnte allerdings darauf geschlossen werden, dass quasi über die Hintertür die

1105 [2006] SGHC 78, Rn. 72.

1106 Siehe dazu *Kapitel 2 IV. 8.) b) i.)*.

1107 *Halsbury*, Arbitration, Rn. 20.149.

objektive Schiedsfähigkeit von Rechtsstreitigkeiten auf Handelssachen beschränkt ist. Art. 1 Abs. 1, 5 MG besagt:

...

> „Dieses Gesetz ist auf die internationale Handelsschiedsgerichtsbarkeit* anzuwenden; Verträge, die zwischen diesem Staat und einem oder mehreren anderen Staaten in Kraft sind, bleiben unberührt.
>
> * Der Begriff „Handel" sollte weit ausgelegt werden, so dass er Angelegenheiten umfasst, die sich aus Handelsbeziehungen jeder Art ergeben, gleichviel, ob sie auf Vertrag beruhen oder nicht. Handelsbeziehungen schließen die folgenden Rechtsgeschäfte ein, ohne darauf beschränkt zu sein: Handelsgeschäfte über die Lieferung oder den Austausch von Waren oder Dienstleitungen; Vertriebsvereinbarungen; Handelsvertretungen oder –agenturen; Factoring; Leasing; Errichtung von Anlagen; Consulting; Engineering; Lizenzverträge; Investionen; Finanzierungen; Bankgeschäfte; Versicherungen; Rohstoff-gewinnung oder Konzessionen; Konsortialverträge (Joint Ventures) und andere formen industrieller oder wirtschaftlicher Zusammenarbeit; Personen- oder Güterbeförderung auf dem Luft-, Wasser, Schienen- oder Straßenweg."

...

In Erweiterung des Art. 1 Abs. 1 MG wurde § 11 IAA in das singapurische Gesetzesrecht eingefügt. Danach gilt, dass:

...

> „(1) Jede Rechtstreitigkeit kann, sofern diese dem Grundsatz des Ordre Public nicht widerspricht, von den Parteien durch eine Schiedsvereinbarung der Schiedsgerichtsbarkeit übertragen wurde.
>
> (2) Die Tatsache, dass eine Rechtsnorm die Rechtswegzuständigkeit einer Rechtsstreitigkeit einem staatlichen Gericht zuweist, aber gleichzeitig nicht zu einem Schiedsgericht, soll für sich genommen nicht dahin ausgelegt werden, dass diese Rechtsstreitigkeit nicht im Wege der Schiedsgerichtsbarkeit entschieden werden kann" .

...

Zusammenfassend kann festgehalten werden, dass nach dem Gesetzesrecht der Republik Singapur die Art der Beilegung von Rechtsstreitigkeiten grundsätzlich der Privatautonomie der Parteien frei überlassen ist, sofern unverzichtbare öffentliche Interessen nach der Doktrin des Ordre Public diesem Wahlrecht nicht entgegenstehen[1108]. Zur Vermeidung von Rechtsunsicherheiten macht die Auslegungsvorschrift aus § 11 Abs. 2 IAA deutlich, dass der gesetzliche Verweis der Rechtswegzuständigkeit zu den ordentlichen Gerichten nicht zwingend die Beilegung der Rechtsstreitigkeit im Wege der Schiedsgerichtsbarkeit ausschließt. In einem solchen Fall sind die allgemeinen Regeln

---

1108 Vgl. auch *Halsbury*, Arbitration, Rn. 20.002; *Sornarajah*, SINARB 3 (1995), 2 (3).

zur Beurteilung der objektiven Schiedsfähigkeit einer Rechtsstreitigkeit weiterhin anzuwenden, es sei denn, die objektive Schiedsfähigkeit ist kraft Gesetzes ausdrücklich ausgeschlossen[1109].

Wann bezogen auf den Einzelfall nach dem singapurischen Ordre Public unverzichtbare öffentliche Interessen einer Beilegung der Rechtsstreitigkeit im Wege der Schiedsgerichtsbarkeit entgegenstehen, kann aufgrund der besonderen Rechtsnatur des Ordre Public nicht abschließend definiert werden. Auch ist davon auszugehen, dass die Grenzen der objektiven Schiedsfähigkeit korrespondierend zu dem Ordre Public leichten Veränderungen unterliegen[1110]. Wie nachfolgend in der Beurteilung des Ordre Public-Vorbehalts genauer zu erkennen sein wird, gehen die singapurischen Gerichte aber von einer äußerst engen Auslegung des Ordre Public aus[1111].

Dies bestätigt unter anderem die Leitentscheidung des singapurischen *Court of Appeal* in dem Fall *Larsen Oil and Gas Pte. Ltd.* v. *Petroprod Ltd.*[1112]. Obwohl es sich bei dem Urteil zur objektiven Schiedsfähigkeit von Rechtsstreitigkeiten der Insolvenzanfechtung um eine der wenigen Ausnahmen handelt, in denen sich die singapurischen Gerichte gegen die objektive Schiedsfähigkeit einer Rechtsstreitigkeit ausgesprochen haben, macht das höchste singapurische Gericht unmissverständlich deutlich, dass „*sofern eine Rechtsstreitigkeit von einer Schiedsvereinbarung ordnungsgemäß erfasst wird, grundsätzlich von deren objektiver Schiedsfähigkeit auszugehen ist, es sei denn, es wird bewiesen, dass das Parlament beabsichtigte, die Streitbeilegung im Wege der Schiedsgerichtsbarkeit für diese Art von Streitigkeiten auszuschließen ... oder der Streitgegenstand führt zu einem Konflikt zwischen der Schiedsgerichtsbarkeit und Ordre Public-Erwägungen*[1113]“.

Auf der Grundlage der zuvor gemachten Ausführungen ist davon auszugehen, dass die objektive Schiedsfähigkeit im Einklang mit der international herrschenden Ansicht jede vermögensrechtliche und nicht vermögensrechtliche Rechtsstreitigkeit umfasst, deren Klagebegehren auch durch eine Parteivereinbarung erreicht werden kann. Entscheidend ist darauf abzustellen, ob durch die Schiedsvereinbarung auch Rechte von Personen außerhalb des Rechtskreises der Parteien betroffen werden können[1114].

1109 Vgl. *Chew*, Arbitration Handbook, S. 102.

1110 Vgl. *Sornarajah*, SINARB 3 (1995), 2 (3).

1111 Siehe dazu *Kapitel 3 III. 3.) b) ii.)*.

1112 [2011] SGCA 21.

1113 [2011] SGCA 21, Rn. 44.

1114 Ebenso *Chan*, Rn. 6.150.

Nach dem Kommentar *Halsbury's Laws of Singapore* werden folglich Rechtsstreitigkeiten über die Staatsangehörigkeit, Wirkungen der Ehe, staatliche Genehmigungsverfahren, die Wirksamkeit einer Patent- oder Markenregistrierung, Copyrights, Gesellschaftsauflösungen, Insolvenzverfahren, Kartellverfahren, Konsumenten- und Umweltschutz sowie Planvorhaben in der Republik Singapur grundsätzlich nicht als schiedsfähig betrachtet[1115].

Abgrenzung: Während die Ansichten bezüglich der Abgrenzung zwischen dem Anerkennungsversagungsgrund der objektiven Schiedsunfähigkeit (Art. 5 Abs. 2 (a) UNÜ) und der Verletzung des Ordre Public (Art. 5 Abs. 2 (b) UNÜ) im internationalen Vergleich voneinander abweichen, macht § 11 Abs. 1 IAA in Bezug auf die singapurische Rechtsordnung deutlich, dass der Einwand der objektiven Schiedsunfähigkeit als ein Unterfall des Ordre Public anzusehen ist[1116]. Auslegungsfragen, inwiefern beispielsweise unter Art. 5 Abs. 2 (a) UNÜ engere Maßstäbe an das Vorliegen der objektiven Schiedsfähigkeit angelegt werden können als unter Art. 5 Abs. 2 (b) IAA, erübrigen sich damit für die singapurische Rechtsordnung. Konsequenterweise gilt daher auch im Rahmen des § 31 Abs. 4 (a) IAA, dass Rechtstreitigkeiten dem Rechtsschutzmonopol der staatlichen Gerichte zu unterstellen sind, wenn *unverzichtbare* öffentliche Interessen dies rechtfertigen. Inwiefern dabei auch im Rahmen von § 31 Abs. 4 (a) IAA zwischen einem nationalen und internationalen Ordre Public zu unterscheiden ist, kann gespannt abgewartet werden.

1115 *Halsbury*, Arbitration, Rn. 20.151; Ebenso *Law Reform and Revision Division Attorney-General's Chamber Singapore*, Review of Arbitration Laws, LRRD No.3/2001, Rn. 2.37.17.

1116 Rein dogmatisch betrachtet bezieht sich § 11 Abs. 1 IAA nur auf inländische Schiedsverfahren mit einem grenzüberschreitenden Bezug und nicht ausdrücklich auf die Ratifizierungsvorschriften des UN-Abkommens. Außerdem kennt auch der singapurische Arbitration Act keine entsprechende Regelung. Im Einklang mit der vorherrschenden Auffassung im angelsächsischen Rechtskreis, ist aber davon auszugehen, dass § 11 Abs. 1 IAA die allgemeingütlige singapurische Rechtauffassung zu dem Verhältnis zwischen der objektiven Schiedsfähigkeit und dem singapurischen Ordre Public festhält, die entsprechend auf alle Bereiche der Schiedsgerichtsbarkeit übertragen werden kann. Vgl. allgemein zur Common Law-Rechtslage *Redfern/Hunter*,Rn. 2.116.

ii.) Verstoß gegen den Ordre Public

Der vor den staatlichen Gerichten häufig vorgetragene und in der Rechtslehre umfänglich diskutierte Grund zur Versagung der Anerkennung von Konventionsschiedsprüchen wegen eines Verstoßes gegen den Ordre Public des Exequaturforums ist in der Republik Singapur in § 31 Abs. 4 (b) IAA geregelt. Danach kann die Anerkennung des Schiedspruchs verweigert werden, wenn

...

„... die Vollstreckung des Schiesspruches der singapurischen öffentlichen Ordnung widersprechen würde".

...

Der Wortlaut des § 31 Abs. 4 (b) IAA ist dem des Art. 5 Abs. 2 (b) UNÜ praktisch identisch. Lediglich die Konkretisierung des Vollstreckungsforums auf die Republik Singapur und die Nichterwähnung des Begriffs der „*Anerkennung*" können als Abweichungen zu Art. 5 Abs. 2 (b) UNÜ festgestellt werden[1117].

Bedeutung: Art. 5 Abs. 2 (b) UNÜ zählt im internationalen Vergleich zu den am häufigsten angewendeten, aber aufgrund seiner Komplexität zugleich zu den am meisten missbrauchten Anerkennungsversagungsgründen[1118]. Vor den singapurischen Gerichten wurde der Anerkennungsversagungsgrund in 2/3 aller berichteten Exequaturverfahren angebracht und führt damit die Rangliste der Einwendungen gegen die Anerkennung und Vollstreckung ausländischer Konventionsschiedssprüche in Singapur an[1119]. Meist basiert der Einwand eines Verstoßes gegen den Ordre Public (hilfsweise) auf demselben Sachvortrag, der zugleich im Rahmen der Anerkennungsversagungsgründe aus § 31 Abs. 1 IAA geltend gemacht wird. Es ist daher nicht verwunderlich, dass auch dieser Anerkennungsversagungsgrund in keinem der bekannten Fälle mit Erfolg von der Antragsgegnerin durchgesetzt werden konnte.

Den Blick auf die Aufhebung von inländischen Schiedssprüchen gem. Art. 34 Abs. (2) (b) (ii) MG i. V. m. § 3 Abs. 1 IAA und § 48 Abs. 1 (b) (ii) AA oder den damit eng verwandten Einwendungen der Verletzung der Rechtsgrundsätze des natürlichen Rechts (engl. „*natural justice*"), des Betrugs und der Korruption gem. § 24 IAA / § 48 Abs. 1 (a) (v), (vi) AA gerichtet, kann

1117 Nach § 27 Abs. 2 IAA beinhaltet der Begriff der „Vollstreckung" zugleich auch die Anerkennung eines Schiedsspruchs.

1118 Vgl. *Born*, Arbitration, S. 2827 f.; Siehe dazu auch *Kapitel 2 IV. 8.) b) ii.)*.

1119 *Hainan Machinery Import and Export Corp. and Donald & McArthy Pte. Ltd.*, [1995] SGHC 232; *Aloe Vera of America Inc.* v. *Asianic Food (S) Pte. Ltd. and another*, [2006] SGHC 78; *Strandore Invest A/S and others* v. *Soh Kim Wat*, [2010] SGHC 151; *Galsworthy Ltd. of the Republic of Liberia* v. *Glory Wealth Shipping Pte. Ltd.*, [2010] SGHC 304.

ebenfalls festgehalten werden, dass diese eine bedeutende Rolle vor den singapurischen Gerichten einnehmen. Die dem singapurischen Recht besonderen Aufhebungsgründe gem. § 24 IAA / § 48 Abs. 1 (a) (v), (vi) AA ausgenommen, konnte aber auch in diesem Zusammenhang der Einwand der Verletzung des singapurischen Ordre Public in keinem der berichteten Fälle mit Erfolg vor den singapurischen Gerichten durchgesetzt werden[1120].

Anwendbares Recht: Obgleich unter dem Stichwort eines *Ordre Public International* vereinzelt eine vertragsautonome Auslegung des Art. 5 Abs. 2 (b) UNÜ vertreten wird, ist der Inhalt des Ordre Public nach einhelliger Meinung nach der *lex fori* des Exequaturforums zu bestimmen[1121]. Der Wortlaut des § 31 Abs. 4 (b) IAA macht dies in Bezug auf die singapurische Rechtsordnung unmissverständlich deutlich[1122]. Dies schließt nicht aus, dass der internationale Charakter eines anzuerkennenden Schiedsspruchs bei der Beurteilung des singapurischen Ordre Public zu beachten ist.

Auslegung: Die Rechtsnatur des Ordre Public mit der den Vertragsstaaten eingeräumten Möglichkeit, nationale Besonderheiten in den jeweiligen Anerkennungsprozess einfließen zu lassen, erschwert es den Anwendungsbereich des Anerkennungsversagungsgrunds exakt zu definieren. Bei dem Versuch dennoch zu einer einheitlichen Definition zu gelangen, kann im Kern festgehalten werden, dass im Lichte der eingegangenen staatsvertraglichen Verpflichtung aus Art. 3 Satz 1 UNÜ eine Anerkennungsverweigerung nach Art. 5 Abs. 2 (b) UNÜ nur dann in Betracht kommt, wenn durch die Anerkennung und Vollstreckung des Schiedsspruchs unverzichtbare Fundamentalprinzipien der jeweiligen Rechtsordnung verletzt werden[1123].

Bei der methodischen Vorgehensweise lassen sich die Vertragsstaaten dabei in drei Kategorien einteilen: Die Gruppe, die einer verhältnismäßig engen Auslegung folgt und eine Verletzung des Ordre Public erst dann als gegeben sieht, wenn das Schiedsverfahren oder der Schiedsspruch staatliche Normen verletzt, die die Grundlagen des staatlichen oder wirtschaftlichen Lebens regeln oder mit den national vorherrschenden Gerechtigkeitsvorstellungen in einem untragbaren Widerspruch stehen. Im Kontrast dazu die Gruppe der Vertragsstaaten, die in einer weiten Auslegung des Ordre Public bereits jeden Verstoß

1120 Eine Ausnahme bildet das Urteil *AJU* v. *AJT*, [2010] SGHC 201, in dem ein Schiedsspruchs wegen Illegalität des zugrundeliegenden Rechtsgeschäfts gem. Art. 34 Abs. 2 (b) (ii) MG i.V.m. § 3 Abs. 1 IAA aufgehoben worden ist. Anderer Auffassung war hingegen das Berufungsgericht, dass die erstinstanzliche Entscheidung revidierte (*AJU* v. *AJT*, [2011] SGCA 41).

1121 Siehe dazu auch *Kapitel 2 IV. 8.) b) ii.).*

1122 Vgl. auch *Chew*, Arbitration in Singapore, S. 114 f.

1123 Siehe dazu auch *Kapitel 2 IV. 8.) b) ii.).*

gegen zwingendes Recht in den Anwendungsbereich des Art. 5 Abs. 2 (b) UNÜ einbeziehen, konsequenterweise wegen der damit verbundenen Gefahr der Verletzung der Verpflichtung aus Art. 3 Satz 1 UNÜ aber zwischen einem weiten *nationalen* und einem engeren *internationalen Ordre Public* unterscheidet. In Erweiterung dazu geht eine Mindermeinung, unter Betonung des internationalen/denationalisierten Charakters der Schiedsgerichtsbarkeit, von der Annahme eines *transnationalen Ordre Public* aus.

Obgleich der Begriff der „*Public Policy*" bzw. des *Ordre Public*[1124] in der singapurischen Rechtsordnung neben § 31 Abs. 4 (b) IAA mehrfach Erwähnung findet, fehlt es auch im singapurischen Gesetzesrecht an einer entsprechenden Legaldefinition[1125]. Wie die Empfehlungen des *Sub-Committee on Review of Arbitration Laws* im Rahmen des Gesetzgebungsverfahrens des *International Arbitration Act, 1995* zeigen, wurde der Versuch einer Legaldefinition diskutiert, aber aus Gründen der Flexibilität und der Schwierigkeit der Begriffsbestimmung ausdrücklich verworfen[1126]. Lediglich die dem UNCITRAL-Mustergesetz nicht bekannten Aufhebungsgründe nach § 24 IAA und § 48 Abs. 1 (a) (vi), (vii) AA helfen dabei den Anwendungsbereich des Ordre Public ansatzweise zu konkretisieren[1127]. Danach kann ein Schiedsspruch auch dann aufgehoben werden, wenn dieser durch Korruption, Betrug oder die Verletzung der Rechtsgrundsätze des natürlichen Rechts (engl. „*natural justice*") zustande gekommen ist. Ohne auf die konkrete Bedeutung dieser Aufhebungsgründe und deren Abgrenzung im Detail einzugehen, kann festgehalten werden, dass diese im Wesentlichen den Inhalt gängiger Definitionsversuche des Ordre Public im angelsächsischen Präzedenzrecht wiedergeben und folglich weniger als eigenständige Aufhebungsgründe, sondern vielmehr als Unterfälle des singapurischen Ordre Public zu sehen sind[1128].

1124 Zu der gleichbedeutenden Verwendung der beiden Begriffe im Rahmen dieser Arbeit vgl. *Fn 582.*

1125 Vgl. *Halsbury*, Arbitration, Rn. 20.149.

1126 Vgl. *Law Reform Committee*, Sub-Committee Report on Review of Arbitration Laws, Rn. 28.

1127 Vgl. dazu beispielsweise die Definition des Begriffs des Ordre Public in Neuseeland gem. § 34 Abs. 6 (b) IAA: „*For the avoidance of doubt, and without limiting the generality of paragraph (2) (b) (ii), it is declared that an award is in conflict with the public policy of New Zealand if: (a) the making of the award was induced or affected by fraud or corruption; or (b) a breach of the rules ofnatural justice occurred in conncetion with the making of an award.*"

1128 Differenzierend *Chan*, Rn. 6.195.

Die singapurische Rechtsliteratur möchte den Begriff des Ordre Public aus § 31 Abs. 4 (b) IAA unter Bezugnahme auf die nachfolgend zu untersuchende Rechtsprechung eng auslegen und erachtet eine Verletzung des Anerkennungsversagungsgrunds als gegeben, wenn der Konventionsschiedsspruch *„die absoluten Grundwerte von Moral und Gerechtigkeit des Forums in einer das Gewissen schockierenden Weise verletzt“*, *„wegen erheblichen Defiziten die Grundprinzipien wirtschaftlichen und verfassungskonformen Zusammenlebens antastet“* und in der Konsequenz *„eindeutig gegenüber dem Wohl der Allgemeinheit als ungerecht zu betrachten ist“*[1129]. Dabei unterstreicht der Kommentar *Halsbury's Laws of Singapore*, dass die Tatsache, dass Rechtsanwendungsfehler gemacht wurden oder zwingende Rechtsnormen oder Gesetze möglicherweise verletzt worden sind, grundsätzlich die Vollstreckbarkeit eines Schiedsspruchs nicht beeinträchtigt[1130]. Nach dieser Literaturauffassung folgt die singapurische Rechtsordnung einer verhältnismäßig engen Auslegung des Begriffs des Ordre Public, die eine Unterscheidung zwischen einem *Ordre Public interne* und einem *Ordre Public international* nicht erfordert[1131]. Unter anderem unter Verweis auf dieselbe enge Auslegungsmethodik der deutschen Rechtsprechung verdeutlicht die Literaturmeinung aber auch, dass bei der Auslegung des singapurischen Ordre Public bezogen auf den konkreten Einzelfall zugleich die Besonderheiten des grenzüberschreitenden Bezugs mit zu berücksichtigen sind[1132].

Auch wenn durch das zuvor Gesagte das Ergebnis der Auslegung des § 31 Abs. 4 (b) IAA zusammenfassend vorweggenommen wurde, soll nachfolgend das im Einklang mit der Literaturmeinung stehende singapurische Präzedenzrecht genauer dargelegt werden.

1129 *Halsbury*, Arbitration, Rn. 20.149; vgl. auch *Chew*, Arbitration in Singapore, S. 113 ff.; *Chan*, Rn. 7.107 ff.

1130 *Halsbury*, Arbitration, Rn. 20.149; vgl. auch *Chan*, Rn. 7.118 f.

1131 Vgl. auch *Chan*, Rn. 7.122.

1132 *Halsbury*, Arbitration, Rn. 20.149, Fn. 12; vgl. auch *Chew*, Arbitration in Singapore, S. 114 f.

aa) *Hainan Machinery Import and Export Corp and Donald & McArthy Pte Ltd*

Der bereits mehrfach zitierte Fall *Hainan Machinery Import and Export Corp and Donald & McArthy Pte. Ltd.* stellt nicht nur den ersten Fall der Anerkennung und Vollstreckung von Schiedssprüchen unter dem Regime des UN-Abkommens dar, sondern enthält zugleich erstmals Rechtsfragen zu § 31 Abs. 4 (b) IAA, welche von dem singapurischen *High Court* zu beantworten waren[1133]. In dem Exequaturverfahren eines der Volksrepublik China zuzuordnenden Schiedsspruchs wendete die Antragsgegnerin, nachdem diese dem Schiedsverfahren bewusst ferngeblieben war, unter Berufung auf § 31 Abs. 4 (b) IAA gegen den Schiedsspruch ein, dass der Säumnisschiedsspruch nicht auf dem wahren Sachverhalt erlassen wurde und folglich die Vollstreckung eines solchen Fehlentscheids zu einer erheblichen Ungerechtigkeit gegenüber der Antragsgegnerin führen würde[1134]. Das Gericht lehnte den Einwand der Antragsgegnerin in der gebotenen Kürze ab und machte in seiner Begründung deutlich, dass die singapurischen Gerichte sich nicht dazu missbrauchen lassen, bei der Unzufriedenheit einer Partei mit dem Ausgang des Schiedsverfahrens unter dem Deckmantel des Ordre Public-Einwands die materielle Richtigkeit einer Schiedsentscheidung zu überprüfen[1135]. In der Urteilsbegründung führte die Richterin Judith *Prakash* in Anlehnung an eine in den Common Law-Jurisdiktionen geläufige Definition des Ordre Public aus, dass eine Verletzung des § 31 Abs. 4 (b) IAA nur in solchen Fällen gegeben ist, in denen aufgrund von „*Illegalität oder Betrugs die Vollstreckung gegenüber dem Wohl der Allgemeinheit als ungerecht zu betrachten ist*[1136]“. Ergänzend ist nach der Richterin unter Berücksichtigung des Auslandsbezugs und dem Grundsatz der *Comitas Gentium* davon auszugehen, dass „*sofern keine besonderen Umstände geben sind, Schiedssprüche ausländischer Schiedstribunale gebührend zu achten und zu vollstrecken sind. Denn als Nation, welche es anstrebt zu einem internationalen Schiedszentrum emporzusteigen, hat Singapur ausländische Schiedssprüche anerkennen, wenn im Gegenzug erwartet wird, dass seine eigenen Schiedssprüche im Ausland anerkannt werden sollen*[1137]“.

Selbst wenn der Fall nur ansatzweise die Interpretation des § 31 Abs. 4 (b) IAA durch die singapurischen Gerichte erkennen lässt, wurde bereits zu diesem frühen Zeitpunkt deutlich, dass die Gerichte in enger Auslegung des Anerkennungsversagungsgrunds sehr pragmatisch an die damit verbundenen

1133 [1995] SGHC 232.
1134 [1995] SGHC 232, Rn. 43.
1135 [1995] SGHC 232, Rn. 44.
1136 [1995] SGHC 232, Rn. 45.
1137 [1995] SGHC 232, Rn. 45.

Auslegungsfragen herangehen. Insbesondere die Betonung der völkerrechtlichen Doktrin der *Comitas Gentium* mit der Bestrebung der Republik Singapur, zu einem international anerkannten Schiedszentrum emporzusteigen, macht deutlich, dass bei der Auslegung des Ordre Public i. S. v. § 31 Abs. 4 (b) IAA der grenzüberschreitende Bezug und die schiedsfreundliche Grundeinstellung der Republik Singapur mit zu berücksichtigen sind.

bb) *John Holland Pty Ltd v. Toyo Engineering Corp.*

Darüber, welche Anforderungen an die Geltendmachung des Einwands einer Verletzung des singapurischen Ordre Public zu stellen sind, gibt das Urteil *John Holland Pty. Ltd. (formerly known as John Holland Construction & Engineering Pty. Ltd.)* v. *Toyo Engineering Corp (Japan)* genaueren Aufschluss[1138]. In dem Verfahren vor dem singapurischen *High Court* zur Aufhebung eines Schiedsspruchs über Rechtsstreitigkeiten aus einem Bauprojekt machte die Klägerin unter anderem im Rahmen des Art. 34 Abs. 2 (b) (ii) MG i. V. m. § 3 Abs. 1 IAA geltend, dass der singapurische Ordre Public durch schwerwiegende Rechtsanwendungsfehler („*perverse errors*") verletzt worden sei, ohne diese in Abgrenzung zu den anderweitigen Einwendungen genauer zu benennen[1139].

Obgleich den Gerichten auch im Rahmen des Art. 34 Abs. 2 MG i. V. m. § 3 Abs. 1 IAA die Möglichkeit eröffnet ist, eine Verletzung des Ordre Public im Wege der Amtsermittlung genauer zu untersuchen lehnte der Richter richtigerweise den Parteivortrag der Klägerin ab und gab dabei zu erkennen, dass die schlichte Behauptung „*grundlegender Rechtsverstöße für sich genommen nicht dazu geeignet ist, einen Schiedsspruch aufzuheben*[1140]". Vielmehr ist nach der Auffassung des Gerichts zunächst konkret darzustellen, auf welche fundamentale Regelung des Ordre Public im Rahmen des Parteivortrags Bezug genommen wird, bevor darzulegen ist, welcher Teil des Schiedsspruchs damit im Widerspruch steht[1141].

Zusätzlich gab das Gericht zu erkennen, dass „*...es nach der Auffassung des Gesetzgebers mehr als eines Fehlers in der Rechtsanwendung oder Beweiswürdigung (oder beidem) bedarf, um einen Schiedsspruch aufzuheben*[1142]". Zusammenfassend erklärte das Gericht aber auch, dass die Förderungspflicht der Schiedsgerichtsbarkeit, wie sie in den Gesetzen als solche festgeschrieben ist, „*ohne die Unterdrückung der individuellen Gerechtigkeit erreicht werden muss,*

1138 [2001] SGHC 48.

1139 [2001] SGHC 48, Rn. 25.

1140 [2001] SGHC 48, Rn. 25.

1141 [2001] SGHC 48, Rn. 25; vgl. auch *VV and another* v. *VW*, [2008] SGHC 11, Rn. 17.

1142 [2001] SGHC 48, Rn. 20.

was oft eine schwierige Aufgabe darstellt[1143]". Der letztere Hinweis des Gerichts wurde von einem Teil der Rechtsliteratur und dem neuseeländischen High Court in dem Urteil *Downer-Hill Joint Venture* v. *Government of Fiji*[1144] dahingehend interpretiert, dass im Grundsatz eine *révision au fond* zwar nicht gestattet ist, bei dem Vorliegen schwerstwiegender materieller Rechtsfehler eines Schiedsgerichts allerdings eine Annahme der Verletzung des Ordre Public ausnahmsweise gerechtfertigt sein kann[1145].

Obwohl die Rechtsprechung zu dem Urteil *John Holland Pty. Ltd.* v. *Toyo Engineering Corp.* zu der Auslegung des Ordre Public i. S. v. Art. 34 Abs. 2 (b) (ii) MG i. V. m. § 3 Abs. 1 IAA ergangen ist, können die daraus gewonnenen Erkenntnisse, trotz der minimalen Abweichung im Wortlaut zu § 31 Abs. 2 (b) IAA, uneingeschränkt auf die Interpretation des Ordre Public im Rahmen der Anerkennung und Vollstreckung von Schiedssprüchen nach dem UN-Abkommen übertragen werden und *vice versa*[1146].

cc) *PT Asuransi Jasa Indonesia (Persero) v. Dexia Bank SA*

Der Fall *PT Asuransi Jasa Indonesia (Persero)* v. *Dexia Bank SA* bot den singapurischen Gerichten erstmals die Möglichkeit, detailliert zum Anwendungsbereich des Ordre Public Stellung zu beziehen[1147]. Kernpunkt der Rechtsstreitigkeit waren zwei aufeinanderfolgende, sich teilweise widersprechende Schiedssprüche. Die Klägerin und spätere Berufungsklägerin wendete dagegen unter anderem ein, dass letzterer der beiden Schiedssprüche gegen den Ordre Public gem. Art. 34 Abs. 2 (b) (ii) MG i. V. m. § 3 Abs. 1 IAA verstoße, da dieser dem ersteren in wesentlichen Punkten widerspreche und folglich dessen materielle Rechtskraftwirkung gem. 19B IAA ignoriere[1148]. Obwohl sowohl der *High Court* als auch der *Court of Appeal* im Ergebnis die Widersprüchlichkeit einzelner Feststellungen der Schiedsgerichte bestätigten, wurde die Klage insgesamt abgewiesen.

Der High Court unter Vorsitz derselben Richterin wie in dem Fall *Hainan Machinery Import and Export Corp and Donald & McArthy Pte. Ltd.* machte dabei in seiner Urteilsbegründung deutlich, dass er „*keinen Zweifel daran hat, dass einzelne Anwendungsfälle des Ordre Public in einer Rechtsnorm zum*

1143 [2001] SGHC 48, Rn. 26.

1144 [2005] 1 NZLR. 554 (HC).

1145 Vgl. u.a. *Hwang/Su*, in: *SAL Conference* 2011, 19 (28).

1146 Ausführlich dazu nachfolgend *AJU* v. *AJT*, [2011] SGCA 41, Rn. 35 ff.; vgl. auch *Strandore Invest A/S and others* v. *Soh Kim Wat*, [2010] SGHC 151, Rn. 26.

1147 [2005] SGHC 197; [2006] SGCA 41.

1148 Vgl. [2005] SGHC 197, Rn. 21 ff.

Ausdruck kommen können, dies aber nicht bedeutet, dass jede Rechtsnorm als Teil des Ordre Public zu sehen ist, so dass .... jede Feststellung eines Rechtsbruchs durch einen Schiedsspruch auf den Einwand des Ordre Public aufgehoben werden müsste[1149]".

Im Zusammenhang mit dem Urteil aus *Hainan Machinery Import and Export Corp. and Donald & McArthy Pte. Ltd.* wurde damit nochmals bestätigt, dass die singapurischen Gerichte der Gruppe von Staaten folgen, die von einer einheitlich engen Auslegung des Ordre Public ausgehen, die über bloße Rechtsanwendungsfehler hinaus einerseits einen konkreten Verstoß gegen den Ordre Public verlangt, andererseits aber nicht jede Verletzung zwingender staatlicher Rechtsvorschriften automatisch in den Anwendungsbereich des Ordre Public mit einbezieht.

Die in der Berufung auf das Urteil des *High Court* folgende Grundsatzentscheidung der höchsten singapurischen Gerichtsinstanz bestätigte die zuvor gemachten Ausführungen[1150]. Dabei betonte die Kammer des Gerichts ausdrücklich, dass sich nach dem zugrunde zu legenden Rechtsgedanken des IAA staatliche Interventionen in den Prozess der Schiedsgerichtsbarkeit auf ein Minimum zu beschränken haben[1151]. Im Gegensatz zu früheren Gerichtsentscheidungen untermauerte das höchste singapurische Gericht seine Entscheidung durch eine umfassende Fallstudie ausländischer Leitentscheidungen sowie der Gesetzgebungsmaterialien des UNCITRAL-Mustergesetzes unter dem Versuch der Annäherung an eine Definition des Ordre Public. Der *Court of Appeal* gelangt danach zu folgendem Definitionsversuch des singapurischen Ordre Public:

...

> „Obwohl das Konzept des singapurischen Ordre Public in dem Gesetz oder dem Mustergesetz nicht definiert ist, ist der allgemeine Konsens aus Gerichts- und Expertenmeinungen, dass der Begriff des Ordre Public im Sinne des Gesetzes eng auszulegen ist.
>
> Nach der Auffassung des Gerichts sollte ein Verstoß des Ordre Public nur unter solchen Umständen angenommen werden:
>
> - wenn die Aufrechterhaltung des Schiedsspruchs das ′Gewissen schockieren würde′ (*Downer Connect Ltd.* v. *Pot Hole People Ltd.*[1152]), oder

1149 [2005] SGHC 197, Rn. 29.

1150 Vgl. [2006] SGCA 41, Rn. 57 ff.

1151 [2007] 1 SLR(R) 621 Rn. 57.

1152 High Court (Neuseeland) 19.05.2004, *Downer Connect Ltd.* v. *Pot Hole People Ltd.*, CIV 2003-409-002878 (unreported), S. 136.

- wenn dieser ′gegenüber dem Wohl der Allgemeinheit eindeutig als ungerecht zu betrachten ist oder ... in der Gesamtschau durch einen durchschnittlichen, in vernünftiger Weise und voll informierten Angehörigen der Gesellschaft als anstößig gesehen wird′ (*Deutsche Schachtbau* v. *Shell International Petroleum Co. Ltd.*[1153]), oder
- wenn dieser ′die absoluten Grundwerte von Moral und Gerechtigkeit des Forums verletzt′ (*Parson & Whittemore Overseas Co. Inc* v. *Société Generale de l'Industrie du Papier*[1154])[1155]".

...

Eine Verletzung der Ordre Public ist danach gegeben, wenn der Sachverhalt zumindest einem der genannten Definitionsversuche zugeordnet werden kann.

Zusätzlich stellt das Grundsatzurteil in deutlichen Worten heraus, dass „*Fehler in der Rechtsanwendung oder Beweiswürdigung* per se *nicht unter den Anwendungs-bereich des Art. 34 Abs. 2 (b) (ii) MG subsumiert werden können ...*[1156]".

dd) *Aloe Vera of America Inc. v. Asianic Food (S) Pte. Ltd. and another*

In die Reihe der zuvor dargelegten Leitentscheidungen fügt sich das Urteil *Aloe Vera of America Inc.* v. *Asianic Food (S) Pte. Ltd. and another* nahtlos ein[1157]. In der im Rahmen dieser Arbeit zur Auslegung der singapurischen Ratifizierungsvorschriften mehrfach herangezogenen Leitentscheidung wurde gegen den zu vollstreckenden Schiedsspruch eingewendet, dass der Schiedsrichter in unbegründeter Weise eine gesellschaftsrechtliche Durchgriffshaftung angenommen habe, obwohl der Firmeninhaber den Vertrag und die darin enthaltene Schiedsvereinbarung nur in seiner Funktion als Geschäftsführer unterschrieben habe. Neben den Anerkennungsversagungsgründen aus § 31 Abs. 2 (b), (d) Abs. 4 (a) IAA wurde mit demselben Sachvortrag auch eine Verletzung des Ordre Public gem. § 31 Abs. 4 (b) IAA geltend gemacht. Die Antragsgegnerin begründete den Einwand damit, dass die Vollstreckung eines ausländischen Schiedsspruchs gegen einen singapurischen Staatsbürger, der

1153 Court of Appeal (Großbritannien) 24.03.1987, [1987] 2 Lloyd′s Rep 246, Rn. 254 = [1987] 2 All ER 769 = [1987] 3 WLR. 1023.

1154 Court of Appeals 2nd Circuit (USA) 23.12.1974, 508 F 2d 969, Rn. 974 = *Yearbook Comm. Arb′n* I (1976), 205.

1155 [2006] SGCA 41, Rn. 59.

1156 [2006] SGCA 41, Rn. 57.

1157 [2006] SGHC 78.

nicht Partei der Schiedsvereinbarung geworden sei, gegen den singapurischen Ordre Public verstoßen würde[1158].

Im Ergebnis lehnte die Richterin *Judith Prakash* einen Verstoß gegen § 31 Abs. 2 (b) IAA ab und begründete dies unter Bezugnahme auf die Rechtsprechung zu dem Fall *Hainan Machinery Import and Export Corp and Donald & McArthy Pte. Ltd.* Die Richterin führt erneut aus, dass ein Verstoß gegen den Ordre Public ausnahmsweise nur dann gegeben ist, wenn „*die absoluten Grundwerte von Gerechtigkeit und Moral des Staates Singapur verletzt [werden]* [1159]" und dass es der Grundsatz der *Comitas Gentium* gebiete, ausländische Schiedssprüche zu vollstrecken, es sei denn außergewöhnliche Umstände rechtfertigten das Gegenteil[1160]. Die enge Auslegung des Ordre Public im Zusammenhang mit den Ausführungen des *Court of Appeal* in *PT Asuransi Jasa Indonesia (Persero)* v. *Dexia Bank SA* kann daher als gefestigte Rechtsprechung gesehen werden[1161]. Es ist folglich nicht verwunderlich, dass der Vollstreckungsschuldner, der zunächst Berufung gegen das Urteil eingelegt hatte, diese – vermutlich unter Berücksichtigung der Entwicklungen in dem Verfahren *PT Asuransi Jasa Indonesia (Persero)* v. *Dexia Bank SA* - wieder zurücknahm[1162].

Im Einklang mit dem Fall *PT Asuransi Jasa Indonesia (Persero)* v. *Dexia Bank SA* verdeutlicht das Urteil *Aloe Vera of America, Inc.* v. *Asianic Food (S) Pte. Ltd. and another* auch, dass eine Anerkennungsverweigerung wegen (erheblicher) Rechtsanwendungsfehler des Schiedsgerichts nach § 31 Abs. 4 (b) IAA nicht ermöglicht wird[1163]. Selbst wenn, wie in diesem Fall, durch eine fragwürdige Entscheidung des Schiedsgerichts ein singapurischer Staatsangehöriger einer erheblichen Durchgriffshaftung aus dem Schiedsspruch ausgesetzt wird, obwohl, wie das Gericht selbst in seiner Begründung erwähnt, ein singapurisches Gericht möglicherweise zu einem anderen Ergebnis gekommen wäre, lehnt das Gericht eine Einmischung in die Entscheidungskompetenzen des Schiedsgerichts unter dem Deckmantel des § 31 Abs. 2 (b) IAA ab.

1158 [2006] SGHC 78, Rn. 74.

1159 [2006] SGHC 78, Rn. 75.

1160 [2006] SGHC 78, Rn. 75.

1161 Vgl. auch *VV* v. *VW*, [2008] SGHC 11, Rn. 17 ff.

1162 So auch *Chew*, Arbitration in Singapore, S. 123.

1163 Vgl. *Hwang/ Lee*, J. Int'l Arb. 25 (2008), 873 (885 ff.).

ee) *Sui Southern Gas Co. Ltd.* v. *Habibullah Coastal Power Co. (Pte.) Ltd.*

In dem Fall *Sui Southern Gas Co. Ltd.* v. *Habibullah Coastal Power Co. (Pte.) Ltd.*[1164] wurde 9 Jahre nach der Entscheidung des singapurischen *High Courts* in *John Holland Pty. Ltd.* v. *Toyo Engineering Corp (Japan)*[1165] erstmals wieder die Aufhebung eines Schiedsspruchs auf der Grundlage des Art. 34 Abs. 2 (b) (ii) MG i.V.m. § 3 Abs. 1 IAA mit der Begründung erhoben, dass sich das Schiedsgericht darin in grob rechtswidriger, perverser und irrationaler Auslegung des zugrunde liegenden Vertragswerks über seine Entscheidungszuständigkeit hinweggesetzt habe beziehungsweise durch die Aufrechterhaltung des Schiedsspruchs der singapurische Ordre Public verletzt werde[1166]. Wie bereits in dem Urteil *John Holland Pty. Ltd.* v. *Toyo Engineering Corp (Japan)* war der Vortrag der Klägerin bereits nicht dazu geeignet die hohen Hürden der Annahme einer haarsträubenden Rechtsverletzung zu rechtfertigen. In Anlehnung an die zuvor dargelegte Rechtsprechung bestätigt das Urteil nochmals, dass „*in Fällen, in denen ein Schiedsgericht zwar die richtigen Rechtsmaßstäbe anwendet, aber dabei einen Fehler begeht, es sich um einen Rechtsanwendungsfehler [engl. „error of law"] handelt (und bleibt dies auch, selbst wenn es sich um einen schwerwiegenden oder ungeheuerlichen Fehler handelt), der nach dem Gesetz nicht angefochten werden kann: ...*[1167]".

In der Rechtsliteratur wurde die zuvor beschriebene ständige Rechtsprechung zur engen Auslegung des singapurischen Ordre Public begrüßt. Teilweise wurde aber die pauschale Ablehnung der Überprüfbarkeit von Rechtsanwendungsfehlern und die damit verbundene mögliche Aufrechterhaltung haarsträubender, das Vertrauen der Parteien und der Öffentlichkeit in die Schiedsgerichtsbarkeit und das singapurische Rechtssystem insgesamt beeinträchtigender Rechtsfehler eines Schiedsgerichts kritisiert[1168].

1164 [2010] SGHC 62.

1165 [2001] SGHC 48.

1166 [2010] SGH C 62, Rn. 15 ff.

1167 [2010] SGHC 62, Rn. 38.

1168 Vgl. *Hwang//Boo/Lai*, in: *ICCA*, Handbook on Commercial Arbitration, Singapore-61 Rn. 315; *Hwang/Lai*, Arbitrator 71 (2005), 1 (24); *Hwang/Su*, in: *SAL Conference 2011*, 19 (19 ff.); vgl. auch *Chew*, Arbitration in Singapore, S. 123 f.

ff) *AJU* v. *AJT*

Die jüngste Grundsatzentscheidung zur Auslegung des singapurischen Ordre Public in *AJU* v. *AJT* konkretisiert die klaren Aussagen der vorangegangenen Präzedenzrechts[1169]. Zusammenfassend bestätigt der *Court of Appeal* darin nochmals, dass die schiedsrichterliche Tatsachenfeststellung und einfache Rechtsanwendungsfehler eines Schiedsgerichts keiner gerichtlichen Kontrolle unterliegen. Hingegen kann „*under besonderen Umständen*", die die Beurteilung von Rechtsfragen betreffen, die ihrerseits Teil des Ordre Public bilden, wie dies beispielsweise bei einer Entscheidung über die Illegalität eines dem Schiedsspruch zugrunde liegenden Rechtsgeschäfts der Fall ist, auf der Basis der Tatsachenfeststellungen des Schiedsgerichts eine eigenständige Überprüfung der schiedsrichterlichen Entscheidung auf (qualifizierte) Rechtsanwendungsfehler erfolgen.

In dem Berufungsverfahren gegen das Urteil des singapurischen *High Court*, in welchem dieser erstmals die Aufhebung eines Schiedsspruchs auf der Grundlage einer Verletzung des singapurischen Ordre Public ausgesprochen hatte[1170], musste sich das Berufungsgericht mit der Frage auseinandersetzen, ob es den Gerichten im Rahmen ihrer Aufsichtspflichten aus Art. 34 Abs. 2 (b) (ii) MG i. V. m. § 3 Abs. 1 IAA gestattet ist, bei dem Vorwurf der Illegalität des dem Schiedsspruch zugrunde liegenden Rechtsgeschäfts sich in selbständiger Überprüfung des Sachverhalts über die Tatsachenfeststellungen und Rechtsauffassung eines Schiedsgerichts hinwegzusetzen.

Der Vorwurf der Illegalität des dem Schiedsspruch zugrunde liegenden Rechtsgeschäfts ergab sich aus einem zwischen den Parteien abgeschlossenen Vergleich, der das im Zeitpunkt des Vergleichsabschlusses anhängige Schiedsverfahren aus einer Vertragsstreitigkeit vor dem *Singapore International Arbitration Centre* zum Abschluss bringen sollte. Zuvor hatte die Schiedsbeklagte vor der thailändischen Justiz Strafanzeige gegen mehrere mit der Schiedsklägerin in Verbindung stehende Parteien erhoben, die nach Auffassung der Schiedsbeklagten diese in betrügerischer Weise zum Abschluss des Vertrags mit der Schiedsklägerin verleitet hätten. Im Zusammenhang damit verpflichtete sich die Schiedsbeklagte neben der Zahlung von 470.000 USD, die Strafanzeige in Thailand zurückzuziehen und Beweise für eine Einstellung des entsprechenden Ermittlungsverfahrens beizubringen. Obgleich die Schiedsbeklagte den aus dem Vergleich geschuldeten Betrag bezahlte, ihre Strafanzeige

---

1169 [2011] SGCA 41.

1170 Vgl. [2010] SGHC 201. Zusätzlich korrigierte das Gericht damit auch die auf dem Richterrecht der High Court-Entscheidung aufbauende Rechtsprechung in *Rockeby Biomed Ltd.* v. *Alpha Advisory Pte. Ltd.*, [2011] SGHC 155.

zurückgezogen hatte und das Ermittlungsverfahren kurze Zeit später tatsächlich eingestellt wurde, weigerte sich die Schiedsklägerin, die anhängige Schiedsklage zurückzuziehen. Die Schiedsklägerin vertrat die Ansicht, dass der von den Parteien geschlossene Vergleich nichtig sei, da die Schiedsbeklagte sich darin verpflichtet habe, in unerlaubter Weise auf das thailändische Ermittlungsverfahren Einfluss zu nehmen, welches nach Rücknahme der Strafanzeige insgesamt eingestellt wurde, obwohl dieses nur teilweise auf einem Antragsdelikt basierte. In der Folge entschied das Schiedsgericht über die Wirksamkeit des Vergleichs und konnte eine Nichtigkeit wegen eines Gesetzesverstoßes oder eines Verstoßes gegen die guten Sitten nicht feststellen.

Gegen den Teilschiedsspruch wendete sich die Schiedsklägerin im Wege einer Aufhebungsklage vor dem singapurischen *High Court* und stützte ihre Klage auf den Einwand, dass der Schiedsspruch, der eine ungerechtfertigte Einflussnahme auf den thailändischen Strafverfolgungsapparat aufrechterhalte, sowohl gegen den singapurischen Ordre Public als auch den Ordre Public des späteren Vollstreckungslandes (Thailand) verstoßen würde. Die Parteien waren sich darüber einig, dass die Aufrechterhaltung eines illegalen Vertrages zur ungerechtfertigen Einflussnahme auf staatliche Strafverfolgungsorgane durch einen Schiedsspruch einen Verstoß gegen den Ordre Public darstellen würde. Strittig war hingegen, inwiefern die Gerichte in der Überprüfung eines solchen Schiedsspruchs gem. Art. 34 Abs. 2 (b) (ii) MG i. V. m. § 3 Abs. 1 IAA an die Tatsachenfeststellungen und Entscheidung des Schiedsgerichts gebunden sind. Der *High Court* vertrat die Auffassung, dass die Entscheidung des Schiedsgerichts zwar einerseits als Beweis des ersten Anscheins zu berücksichtigen sei, das Gericht aber *„unter angemessenen Umständen“* in eigener Überprüfung des Sachverhalts zu einer eigenen Beurteilung des Streitgegenstands gelangen könne, und hob den Schiedsspruch wegen der Illegalität des zugrunde liegenden Rechtsgeschäfts auf[1171].

In ausführlicher Analyse des sich teils widersprechenden englischen Präzedenzrechts stimmte der *Court of Appeal* dem Gericht in erster Instanz insofern zu, das die Gerichte gem. Art. 34 Abs. 2 (b) (ii) MG i.V.m. § 3 Abs. 1 IAA grundsätzlich dazu ermächtigt sind, über die Rechtsfrage der Illegalität des zugrunde liegenden Rechtsgeschäfts selbst zu entscheiden[1172]. Im Gegensatz zu dem Aufhebungsurteil des singapurischen *High Court* verdeutlicht das höchste singapurische Gericht aber auch, dass daraus nicht zwangsläufig zu schließen ist, dass sich die Gerichte in der Beurteilung der Illegalität des Rechtsgeschäfts über die Entscheidung eines Schiedsgerichts einfach hinwegsetzen können.

1171 Vgl. [2011] SGCA 41, Rn. 22.
1172 Vgl. [2011] SGCA 41, Rn. 62.

Der *Court of Appeal* differenziert zwischen von einem Schiedsgericht getroffenen unwiderlegbaren Tatsachenfeststellungen und den darauf basierenden Rechtsanschauungen. Danach sind schiedsrichterliche Tatsachenfeststellungen (sog. „*findings of fact*") „*... für die Schiedsparteien verbindlich und können [gerichtlich] nicht weiter überprüft werden, es sei denn [die Feststellungen des Schiedsgerichts] wurden durch Betrug, eine Verletzung der Grundsätze des natürlichen Rechts oder sonstige anerkannte Aufhebungsgründe beeinträchtigt*[1173]". In Anlehnung an das Urteil *PT Asuransi Jasa Indonesia (Persero)* v. *Dexia Bank SA* gilt dies nach dem Gericht im Grundsatz auch für die schiedsrichterliche Beurteilung von Rechtsfragen (*sog. „finding of law*"), sofern diese ihrerseits nicht einen Teil des singapurischen Ordre Public bilden. Nach dem Gericht „*kann das Gericht seine Befugnis zur Entscheidung über den Inhalt des singapurischen Ordre Public nicht an ein Schiedsgericht ten*[1174]". Allerdings sind die Gerichte dabei in ihrer Entscheidungsfindung an die Tatsachenfeststellungen des Schiedsgerichts mit all den damit verbundenen Konsequenzen gebunden. Zusätzlich beschränkt sich eine solche Prüfung ausschließlich auf Fragen, die unmittelbar den singapurischen Ordre Public betreffen, der, wie bereits festgestellt, ingesamt eng auszulegen ist.

In Kontrast zu der klaren Aussage des *Court of Appeal* in *PT Asuransi Jasa Indonesia (Persero)* v. *Dexia Bank SA* und *Aloe Vera of America Inc.* v. *Asianic Food (S) Pte. Ltd. and another*, wonach eine Überprüfung von Fehlern der Tatsachenfeststellung oder der Rechtsanwendung *per se* nicht ermöglicht wird, bietet das Urteil *AJU* v. *AJT* erneut Anlass zur Diskussion, inwiefern eine Anerkennungsverweigerung bzw. Aufhebung eines auf schwerstwiegenden Rechtsfehlern basierenden Schiedsspruchs ermöglicht wird.

Die weitere Entwicklung der Rechtsprechung in dieser Hinsicht kann in den kommenden Jahren gespannt abgewartet werden. In der Gesamtschau ist davon auszugehen, dass sich bei der engen Auslegung der unter den singapurischen Ordre Public fallenden Rechtswerte kaum etwas zu der bisherigen ständigen Rechtsprechung zur Ablehnung der inhaltlichen Überprüfbarkeit von Schiedssprüchen ändern wird. Allerdings scheint es, der gewichtigen Literaturansicht folgend, nicht mehr ausgeschlossen, dass schwerstwiegende, die individuelle Gerechtigkeit und das Vertrauen der Rechtsgemeinschaft in die Schiedsgerichtsbarkeit sowie das gesamte singapurische Rechtssystem beinflussende Rechtsanwendungsfehler als Teil des singapurischen Ordre Public betrachtet werden und entsprechend zu einer Aufhebung oder Anerkennungsverweigerung eines Schiedsspruchs führen können.

1173 [2011] SGCA 41, Rn. 65.
1174 [2011] SGCA 41, Rn. 62.

Bei der Beantwortung dieser Rechtsfrage ist aber zu berücksichtigen, dass die singapurische Rechtsordnung gem. § 49 AA die Möglichkeit zur Überprüfung eines rein inländischen Schiedsspruchs auf offensichtliche oder schwerwiegende Rechtsanwendungsfehler bereithält. Dem auf Schiedssprüche mit Auslandsbezug anzuwendenden *International Arbitrations Act* ist hingegen eine solche Interventionsmöglichkeit der Gerichte fremd[1175]. Außerdem machen die Gerichte selbst nach den Vorschriften des *Arbitration Acts* seltenst von ihrer besonderen Interventionsmöglichkeit Gebrauch. Zumindest im Zusammenhang mit der Anerkennung und Vollstreckung ausländischer Schiedssprüche nach dem UN-Abkommen ist es daher auch nach dem Urteil *AJU* v. *AJT* sehr unwahrscheinlich, dass eine Anerkennungsverweigerung auf der Grundlage schwerstwiegender materieller Rechtsanwendungsfehler ermöglicht wird.

Im Ergebnis wurde das erstinstanzliche Urteil des *High Court* aufgehoben. Einerseits, da das Gericht nicht dazu ermächtigt war, eigene Tatsachenfeststellungen zu treffen. Die Feststellung über die Rechtmäßigkeit der in Thailand vorgenommenen Handlungen durfte nicht durch eigene Feststellungen des Gerichts ersetzt werden. Hilfsweise kam das Berufungsgericht aber auch auf der Grundlage der Tatsachenfeststellungen des *High Court* zu dem Ergebnis, dass eine Illegalität des zugrunde liegenden Rechtsgeschäfts nicht gegeben war.

Zusätzlich machte das Gericht entgegen der Literaturansicht von *Robert Merkin* und *Johanna Hjalmarsson* deutlich, dass eine Unterscheidung zwischen den Begriffen des Ordre Public gem. § 31 Abs. 4 (b) IAA und Art. 34 Abs. 2 (b) (ii) MG i. V. m. § 3 Abs. 1 IAA nicht zu treffen ist[1176]. Nach der Literaturansicht *„befasst sich der Ordre Public im Zusammenhang mit der Vollstreckung von Schiedssprüchen nach dem UN-Abkommen nicht ausschließlich mit inländischen Rechtsangelegenheiten, sondern umfasst ein deutlich engeres Konzept im Zusammenhang mit einem Verhalten, das nach allen Rechtsstandards als verwerflich anzusehen ist, während bei der Aufhebung eines Schiedsspruchs ein weiteres Konzept zugrunde gelegt werden kann*[1177]“. Das Gericht betont hingegen, dass nach dem Willen des Gesetzgebers des *International Arbitration Act* der grenzüberschreitende Bezug auch ihm Rahmen des Art. 34 Abs. 2 (b) (ii) IAA i. V. m. § 3 Abs. 1 IAA mit zu berücksichtigen ist. Dies legt erneut nahe, dass die singapurische Rechtsordnung insgesamt von einer einheitlich engen Auslegung des Ordre Public-Einwands ausgeht und nicht unmittelbar zwischen einem *Ordre Public interne* und *Ordre public externe* unterscheidet, sondern bezogen auf den konkreten Einzelfall den jeweiligen Auslandsbezug in

1175 Vgl. *Lee Sut Lin Joyce*, J. Int'l Arb. 15 (1998), 95 (111 f.).

1176 [2011] SGCA 41, Rn. 30 ff.; vgl. auch *Chan*, Rn. 7.121.

1177 *Merking/Hjalmarsson*, S. 117 f.

die jeweilige Bewertung der Rechtslage mit einbezieht. Berücksichtigt man dabei allerdings die singapurische Normenhierarchie und die von dem Gesetzgeber beabsichtigte zunehmende Liberalisierung des Schiedsrechts mit zunehmendem Auslandsbezug, führt dies bezogen auf das Ergebnis im Einzelfall letztlich dazu, dass im Zweifelsfall strengere Anforderungen an die Verletzung des Ordre Public bei der Anerkennung ausländischer Schiedssprüche zu stellen sind, als dies bei der Überprüfung inländischer Schiedssprüche (mit Auslandsbezug) der Fall ist. Dafür spricht auch, dass der Rechtsgrundsatz der *Comitas Gentium* seinerseits als Bestandteil des singapurischen Ordre Public zu verstehen ist[1178].

Präklusion: Die besondere Rechtsnatur des Ordre Public schließt für sich genommen eine Präklusion des Anerkennungsversagungsgrundes aus. Insbesondere eine Entscheidung der Gerichte der Primärjurisdiktion kann nicht zu einer Verwirkung des Einwands aus § 31 Abs. 4 (b) IAA führen[1179]. Allerdings kann sowohl das Vorverhalten der Antragsgegnerin als auch die Auffassung der Gerichte der Primärjurisdiktion in der Gesamtwertung des Vorliegens eines Verstoßes gegen den Ordre Public unter Umständen mit berücksichtigt werden.

Abgrenzung: Der Anerkennungsversagungsgrund wegen Verletzung des Ordre Public gem. § 31 Abs. 4 (b) IAA umfasst unstrittig sowohl den materiellrechtlichen als auch den verfahrensrechtlichen Ordre Public[1180]. In der Konsequenz überschneidet sich § 31 Abs. 4 (b) IAA mit vielen der Anerkennungsversagungsgründe aus § 31 IAA. Nach herrschender Ansicht im internationalen Vergleich besteht der Einwand des Ordre Public aus Art. 5 Abs. 2 (b) IAA gleichbedeutend neben allen anderen Einwendungen[1181]. Auch wenn der Kommentar *Halsbury's Laws of Singapore* darauf hinweist, dass es sich bei dem singapurischen Ordre Public nicht um einen reinen Auffangtatbestand handelt, ist davon auszugehen, dass § 31 Abs. 4 (b) IAA nicht subsidiär, sondern gleichbedeutend neben den anderen Anerkennungsversagungsgründen aus § 31 IAA zur Anwendung gelangt. Wie die enge Auslegung des Begriffs des singapurischen Ordre Public jedoch zeigt, müssen über den Anwendungsbereich einzelner Anerkennungsversagungsgründe hinaus

---

1178 Vgl. [2011] SGCA 41, Rn. 21, [2010] SGHC 201, Rn. 34 ff.

1179 Vgl. *Chan*, 7.112.

1180 Vgl. *PT Asuransi Jasa Indonesia (Persero)* v. *Dexia Bank SA*, [2006] SGCA 41, Rn. 59.

1181 Siehe dazu *Kapitel 2 IV. 8.) b) ii.)*.

inhaltlich weitere Umstände hinzutreten, um eine Anerkennungsverweigerung aus § 31 Abs. 4 (b) IAA zu rechtfertigen[1182].

4.) Präklusion unterlassener Einwendungen im Ursprungsland

Neben den zuvor getroffenen Feststellungen zur Verwirkung der Geltendmachung einzelner Anerkennungsversagungsgründe auf der Grundlage widersprüchlichen Verhaltens in dem vorangegangenen Schiedsverfahren wird im internationalen Rechtsvergleich zusätzlich darüber diskutiert, inwiefern auch das prozessuale Parteiverhalten vor den Gerichten der Primärjurisdiktion bei der Beurteilung der Anerkennungsfähigkeit in einer Sekundärjurisdiktion mit zu beachten ist. Nach der herrschenden Meinung im internationalen Rechtsvergleich stehen die Verfahren zur Überprüfung eines Schiedsspruchs der Primär- und Sekundärjurisdiktion gleichwertig nebeneinander[1183]. Der Antragsgegnerin steht daher ein Wahlrecht zu, ob sie sich gegen den Schiedsspruch vor den staatlichen Gerichten der Primär- oder Sekundärjurisdiktion selektiv oder kumulativ verteidigt.

Die singapurische Rechtsauffassung ist diesbezüglich gespalten. Unstrittig folgt die singapurische Rechtsordnung der international herrschenden Ansicht insofern, dass ein in der Primärjurisdiktion unterbliebenes Aufhebungsverfahren die Geltendmachung von Anerkennungsversagungsgründen gegen den Schiedsspruch vor den singapurischen Exequaturgerichten nicht ausschließt[1184].Uneinheitlich wird von der Rechtsliteratur und der Rechtsprechung hingegen die Frage beantwortet, inwiefern die Entscheidung des Gerichts und das Prozessverhalten der Antragsgegnerin eines vorangegangenen Aufhebungsverfahrens vor den singapurischen Gerichten zu beachten sind.

1182 Vgl. u.a. *PT Asuransi Jasa Indonesia (Persero)* v. *Dexia Bank SA*, [2006] SGCA 41, Rn. 57.

1183 Siehe dazu *Kapitel 2 IV. 9.)*.

1184 Vgl. dazu *Newspeed Internaional Ltd.* v. *Citus Trading Pte. Ltd.*, [2001] SGHC 126, Rn. 26; *Aloe Vera of America Inc.* v. *Asianic Food (S) Pte. Ltd. and another*, [2006] SGHC 78, Rn. 53 ff.; *Denmark Skibstekniske Konsulenter A/S I Likvidation (formerly know as Knud E Hansen A/S)* v. *Ultrapolis 3000 Investments Ltd. (formerly known as Ultrapolis 3000 Theme Park Investments Ltd.)*, [2010] SGHC 108, Rn. 40 ff.; *Galsworthy Ltd of the Republic of Liberia* v. *Glory Wealth Shipping Pte. Ltd.*, [2010] SGHC 304, Rn. 7; vgl. auch *Chan*, Rn. 7.13.

In dem Urteil *Newspeed International Ltd.* v. *Citus Trading Pte. Ltd. („Newspeed International")* hatte die singapurische Rechtsprechung erstmals die Gelegenheit, zu dieser Problematik Stellung zu beziehen[1185]. Darin kam das Gericht zu dem Entschluss, dass die Verfahren der Primär- und Sekundärjurisdiktion in einem alternativen Verhältnis zueinander und nicht kumulativ nebeneinander stehen[1186]. Die Antragsgegnerin hatte in diesem Fall, nachdem sie in dem Schiedsverfahren vor der *China International Economic and Trade Arbitration Commission* unterlegen war, gegen den Schiedsspruch vor dem *Beijing Intermediate People's Court* erfolglos eine Aufhebungsklage erhoben. Wenige Monate später versuchte die Antragsgegnerin sodann, sich dem Exequatur des Konventionsschiedsspruchs vor den singapurischen Gerichten zu widersetzen, indem sie sich erneut auf dieselben Einwendungen berief, die bereits vor dem Gericht der Primärjurisdiktion verhandelt worden waren. Doch das Gericht lehnte den Vortrag der Antragsgegnerin ab und begründete dies schlicht damit, dass die Parteien an die Entscheidung des Gerichts im Ursprungsland gebunden sind[1187]. In der Rechtsliteratur wurde diese Auffassung des Gerichts teils erheblich mit der Begründung kritisiert, dass das UN-Abkommen eine entsprechende Präklusion der Anerkennungsversagungsgründe nicht kenne[1188]. Hingegen bestätigte der *Court of Appeal* das erstinstanzliche Urteil ohne eine schriftliche Ausfertigung der höchstrichterlichen Entscheidung.

Spätestens seit dem Urteil *Galsworthy Ltd. of the Republic of Liberia* v. *Glory Wealth Shipping Pte. Ltd.* (*„Galsworthy")* kann es als gesichert angesehen werden, dass die singapurischen Gerichte der Rechtsauffassung folgen, dass sich die Klagemöglichkeiten in der Primär- und Sekundärjurisdiktion alternativ und nicht kumulativ gegenüberstehen[1189]. Das Gericht geht gegenüber dem Fall *Newspeed International* sogar noch einen Schritt weiter und schließt eine Überprüfung des Schiedsspruchs durch die singapurischen Gerichte selbst für solche Fälle aus, in denen die Antragsgegnerin ihr Wahlrecht zur Anfechtung des Schiedsspruchs zugunsten der Primärjurisdiktion ausgeübt hat, aber aus eigenem Verschulden eine Sachentscheidung über die jeweils vorgetragenen Aufhebungsgründe unterblieben ist.

1185 Vgl. [2001] SGHC 126, Rn. 19 ff.

1186 [2001] SGHC 126, Rn. 28.

1187 [2001] SGHC 126, Rn. 25 ff.

1188 *Hwang/Lee*, J. Int. Arb'n 25 (2008), 873 (883 ff.); *Boo*, SAL Ann Rev 2 (2001), Rn. 3.31 ff.; *Hwang/Chan/Selvaraj*, in: *Moser*, 2. Aufl., SING-80.

1189 [2010] SGHC 304, Rn. 7 ff.

Vorliegend hatte die in dem Schiedsverfahren unterlegene Partei zunächst vor einem englischen Gericht Aufhebungsklage eingelegt. Das englische Gericht verpflichtete die Klägerin dazu Prozesskostensicherheit zu leisten, welche diese nicht bezahlte, was zur Abweisung der Klage durch Prozessurteil führte. In dem folgenden Exequaturverfahren vor dem singapurischen *High Court* verteidigte sich die Antragsgegnerin erneut unter dem Vortrag derselben Einwendungen, die bereits in der Klageschrift vor dem Gericht der Primärjurisdiktion enthalten waren. Zusätzlich berief sich die Antragsgegnerin auf § 31 Abs. 4 (b) IAA.

Das singapurische Exequaturgericht erteilte der Antragstellerin die Vollstreckbarerklärung und begründete seine Entscheidung unter Bezugnahme auf den Fall *Newspeed International* in erster Linie damit, dass den Parteien eine Wahlmöglichkeit zur gerichtlichen Überprüfung eines Schiedsspruchs entweder zwischen den Gerichten der Primärjurisdiktion oder den Exequaturgerichten zusteht. Eine erneute Überprüfung durch staatliche Gerichte nach der Ausübung des Wahlrechts sei hingegen als rechtsmissbräuchlich zu sehen[1190]. Nach dem Gericht erfordert „*es der Grundsatz der Comitas Gentium [engl. „international comity"], dass die Gerichte behutsam vorzugehen haben, um Beschlüsse anderer Gerichte nicht zu unterlaufen – es sei denn, außergewöhnliche Umstände würden dies rechtfertigen*[1191]". Damit möchte das Gericht insbesondere eine Duplikation oder widersprüchliche Urteile in der Sache vermeiden[1192].

Auch nach dem Fall *Galsworthy* steht der nunmehr ständigen Rechtsprechung der singapurischen Gerichte zurecht eine gewichtige Literaturmeinung namhafter Rechtsgelehrter und Praktiker entgegen[1193]. Obgleich die Auffassung der Gerichte wiederum deutlich die äußerst anerkennungsfreundliche Rechtspraxis der singapurischen Rechtsordnung untermauert, kann gespannt abgewartet werden, ob in Anlehnung an die international herrschende Rechtsauffassung und die fundierte Kritik der Rechtsliteratur auch weiterhin an der Rechtsprechung uneingeschränkt festgehalten wird. Zumindest mit Blick auf die Anerkennungsversagungsgründe aus § 31 Abs. 4 IAA ist eine differenzierte Betrachtung erforderlich[1194]. Nach der Einschätzung des Autors werden die singapurischen Gerichte zukünftig auch in diesem Zusammenhang auf eine flexible, aber mit hohen Hürden verbundene Einzelfallbetrachtung zurückgreifen, nach der zur Herstellung eines internationalen Entscheidungseinklangs eine erneute Überprüfung der Anerkennungsversagungsgründe § 31 Abs. 2 IAA

1190 [2010] SGHC 304, Rn. 7 f.

1191 [2010] SGHC 304, Rn. 9.

1192 [2010] SGHC 304, Rn. 9.

1193 Vgl. u.a *Boo*, SAL Ann Rev 11 (2010), Rn. 4.74 f.

1194 So auch *Chan*, Rn. 7.112.

nach einem durchgeführten Aufhebungsverfahren in dem Ursprungsland des Schiedsspruchs nur unter Darlegung besonderer Umstände in Betracht kommt, die Zweifel an einer rechtsstaatlichen Entscheidung des Gerichts der Primärjurisdiktion erkennen lassen.

5.) Entscheidungsbindung der Gerichte

Die Auslegung des Satzbausteins „*may be refused*[1195]" der englischsprachigen Ausfertigung des Vertragstexts des UN-Abkommens wird im internationalen Vergleich teils unterschiedlich vorgenommen[1196]. Unstrittig ist es nach dem UN-Abkommen den Exequaturgerichten nicht gestattet, ohne die Feststellung des Vorliegens eines der in Art. 5 UNÜ genannten Versagungsgründe die Anerkennung eines Konventionsschiedsspruchs zu verweigern. Sind die Voraussetzungen eines der Anerkennungsversagungsgründe hingegen gegeben, ist nach der Mindermeinung, wie sie beispielsweise in der Bundesrepublik Deutschland vertreten wird, die Anerkennung des Schiedsspruchs zwingend zu verweigern. Die herrschende Meinung geht hingegen nach dem klaren Wortlaut des Art. 5 Abs. 1, 2 UNÜ von einer Ermessensentscheidung der staatlichen Behörden aus, einen Schiedsspruch ohne Rücksicht auf das Vorliegen eines Anerkennungsversagungsgrunds dennoch für vollstreckbar zu erklären. Doch selbst nach dieser Ansicht ist in der Abwägung aller Interessen der Beteiligen meist von einem intendierten Ermessen der Gerichte auszugehen, nach dem nur in außergewöhnlichen Fällen damit zu rechnen ist, dass die Gerichte von ihrem Ermessen zugunsten der Anerkennung eines Schiedsspruchs Gebrauch machen.

Der Satzbaustein „*may be refused*" aus Art. 5 Abs. 1, 2 UNÜ wurde in das singapurische Gesetzesrecht in § 31 Abs. 1, 2, 4 IAA übernommen. Zusätzlich ist der Satzbaustein in allen Ermächtigungsgrundlagen zur Anerkennung inländischer wie ausländischer Schiedssprüche enthalten[1197]. Im Vergleich dazu „*ist*" (engl. „*shall*") nach § 29 Abs. 2 IAA jeder ausländische Schiedsspruch, der nach den Vorschriften über die Anerkennung und Vollstreckung von Konventionsschiedssprüchen für vollstreckbar erklärt werden kann, zwischen den Parteien als verbindlich anzusehen und kann entsprechend in allen singapurischen Rechtsverfahren zur Verteidigung, Aufrechnung oder in

1195 Art. 5 Abs. 1, 2 UNÜ.

1196 Siehe dazu *Kapitel 2 IV. 10.)*.

1197 Vgl. § 28 Abs. 1 IAA; § 19 IAA; § 46 Abs. 1, 3 AA. Insbesondere bei der Vollstreckbarerklärung von Schiedssprüchen die nicht dem UN-Abkommen unterfallen, steht diese unter Berücksichtigung des Richterrechts gänzlich im Ermessen der Gerichte.

sonstiger Weise herangezogen werden[1198]. Dies zeigt, dass der singapurische Gesetzgeber in systematischer Auslegung des Gesetzestexts klar zwischen den Begriffen „*may be*" und „*shall*" unterscheidet.

Die singapurische Rechtsliteratur geht in Anlehnung an den klaren Gesetzestext davon aus, dass den Gerichten bei einer Entscheidung über die Vollstreckbarkeit eines Konventionsschiedsspruchs ein Ermessensspielraum zuzugestehen ist[1199]. Im Einklang mit der international herrschenden Meinung bezieht sich der Ermessenspielraum allerdings nur auf die Rechtsfrage, ob ein Schiedsspruch ohne Rücksicht auf das Vorliegen von Anerkennungsversagungsgründen anerkannt werden kann.

Letztere Rechtsansicht wurde von dem singapurischen High Court in dem Exequaturteil *Aloe Vera of America Inc.* v. *Asianic Food (S) Pte. Ltd. and another* ausdrücklich bestätigt[1200]. Danach „*steht dem Gericht kein Ermessenspielraum zu die Vollstreckung zu verweigern, wenn keiner der Anerkennungsversagungsgründe festgestellt wurde*[1201]". Im Umkehrschluss kann daraus interpretiert werden, dass den Gerichten im Übrigen ein Ermessensspielraum zuzugestehen ist. Dies wurde aber bisher in keiner der singapurischen Exequaturentscheidungen in aller Deutlichkeit angesprochen.

Anders hingegen der *Court of Appeal* in dem Urteil *CRW Joint Operations* v. *PT Perusahaan Gas Negara (Persero) TBK*. Im Zusammenhang mit einem Aufhebungsverfahren nach Art. 34 Abs. 2 (a) (iii) MG i.V.m. § 3 Abs. 1 IAA bestätigte das Gericht das Vorliegen eines Ermessensspielraums der singapurischen Gerichte, einen Schiedsspruch trotz der Feststellung einer der Gründe aus Art. 34 MG nicht aufzuheben[1202]. In der Urteilsbegründung nahm das Gericht ausdrücklich auf die Auffassung des Hongkong *High Court* in dem *Paklito Investment Limited* v. *Klockner East Asia Limited*[1203] Bezug, der seinerseits nicht zu der Aufhebung, sondern dem Exequatur eines Schiedsspruchs nach dem UN-Abkommen ergangen war. Nach dem *Court of Appeal* ist danach bei der Ermessensausübung der Gerichte entscheidend auf die Rechtsnachteile der in dem Schiedsverfahren unterlegenen Partei einzugehen (engl. „*prejudice*"). Allerdings macht das Gericht in Anlehnung an den Kommentar *Gary Born, International Commercial Arbitration* ebenfalls deutlich, dass das Vorliegen zumindest einer der gegen den Schiedsspruch geltend gemachten Einwendungen als schwerwiegend genug zu betrachten ist, um eine

1198 Vgl. auch § 19B Abs. 1 IAA; § 44 Abs. 1 AA.
1199 Vgl. u.a. *Halsbury*, Arbitration, Rn. 20.134, 20.140.
1200 [2006] SGHC 78.
1201 [2006] SGHC 78, Rn. 46.
1202 Vgl. [2011] SGCA 33, Rn. 97 ff.
1203 [1993] 2 HKLR 39.

„nahezu automatische" Aufhebung (bzw. Anerkennungsverweigerung) des Schiedsspruchs zu rechtfertigen[1204]. Entsprechend ist der herrschenden internationalen Auffassung folgend auch in der Republik Singapur von einem intendierten Ermessen der Gerichte in Bezug auf die Anerkennungsverweigerung eines Konventionsschiedsspruchs auszugehen[1205]. Es ist jedoch kein Urteil bekannt, in dem die singapurischen Gerichte von ihrem Ermessenspielraum letztlich Gebrauch gemacht haben oder dieses zumindest ernsthaft in Betracht gezogen haben.

IV. Alternative Möglichkeiten der Anerkennung und Vollstreckung eines Konventionsschiedsspruchs

Ergänzend zu dem zuvor ausführlich dargelegten Exequatur von Konventionsschiedssprüchen gem. § 29 Abs. 1 Var. 2 IAA stehen einer in einem Schiedsverfahren obsiegenden Partei folgende weitere Möglichkeiten offen, einem ausländischen Schiedsspruch mit Wirkung für das singapurische Staatsgebiet Geltung zu verschaffen:

1.) Die Verwendung des Schiedsspruchs in einem eigenständigen Klageverfahren gem. § 29 Abs. 1 Var. 1 IAA (engl. *„action in court"*) und der Vollstreckung daraus.
2.) Ein Doppelexequatur des Schiedsspruchs nach dem Reciprocal Enforcement of Commonwealth Judgments Act (Cap. 264, 1985 Ed.).
3.) Ein Doppelexequatur des Schiedsspruchs nach dem Reciprocal Enforcement of Foreign Judgments Act (Cap. 265, 2001 Ed.).
4.) Ein Exequatur des Schiedsspruchs gleich einem ausländischen Nichtkonventionsschiedsspruch gem. § 46 Abs. 3 AA i. V. m. § 33 Abs. 1 IAA.
5.) Ein Exequatur eines ICSID-Schiedsspruchs gem. § 4 AIIDA.

Der in einem ausländischen Schiedsverfahren obsiegenden Partei ist es dabei gestattet, frei zwischen den jeweiligen Verfahren zu wählen. Einen Ausschluss eines bestimmten Klageweges mangels eines vorliegenden Rechtsschutzbedürfnisses der Klägerin, wie dies vor allem in dem Kontinentalrechtskreis zugehörigen Vertragsstaaten teilweise praktiziert wird, sieht das singapurische Recht nicht vor. Allerdings spielen die zuvor benannten alternativen

1204 [2011] SGCA 33, Rn. 97.

1205 Vgl. auch *PT Asuransi Jasa Indonesia (Persero)* v. *Dexia Bank SA*, [2006] SGCA 41, Rn. 76.

Exequaturmöglichkeiten im Verhältnis zu dem vereinfachten Verfahren gem. Art. 29 Abs. 1 Var. 2 IAA praktisch keine Rolle.

1.) „Action in Court"

Gem. § 29 Abs. 1 IAA kann

...

> „... unter dem Vorbehalt dieses Abschnitts, ein ausländischer Schiedsspruch vor einem Gericht entweder auf dem Klagewege ['action'] oder gleich einem von einem Schiedsrichter in Singapur erlassenen Schiedsspruch nach § 19 vollstreckt werden".

...

Die sogenannte „*action in court*", die auch unter den Begriffen „*action in common law*" bzw. „*actio ex contractu*" bekannt, ist eine eigenständige (Verpflichtungs-)Klage aus dem zugrunde liegenden Schuldverhältnis unter Berücksichtigung der Beweiskraft des Schiedsspruchs und der durch den Abschluss einer Schiedsvereinbarung eingegangenen vertraglichen Verpflichtung, einen ordnungsgemäß erlassenen Schiedsspruch ohne schuldhaftes Zögern zu erfüllen[1206].

Wie der Wortlaut des § 29 Abs. 1 Var. 1 IAA deutlich macht, besteht die Klagemöglichkeit alternativ zu dem vereinfachten Anerkennungsverfahren aus Art. 29 Abs. 1 Var. 2 IAA[1207]. Die Durchsetzung eines Schiedsspruchs durch eine selbständige Klage aus dem Schiedsspruch bringt allerdings einige Risiken mit sich. Insbesondere die Doppelung des Schuldtitels, indem aus Sicht der Parteien zusätzlich zu dem Schiedsspruch ein eigenständiger vollstreckungsfähiger Titel in der selben Sache geschaffen wird, führt zu einer Reihe von Folgeproblemen. Beispielsweise bleiben die Verpflichtungen aus einer eigenständigen Erfüllungsklage grundsätzlich auch nach der Aufhebung eines Schiedsspruchs in dessen Ursprungsland weiterhin bestehen. Vor allem besteht aber durch die Durchführung eines eigenständigen Erkenntnisverfahren die

---

1206 Vgl. *Redfern/Hunter*, Rn. 11.01; vgl. u.a. auch § 27 Abs. 8 SIAC-Schiedordnung: „*By agreeing to arbitration under these Rules, the parties undertak to carry the awards without delay.*"

1207 Wurde bereits eine Vollstreckbarerklärung des Schiedsspruchs erteilt, könnte gegebenenfalls (ergänzend) auch eine „action on the foreign judgement" in Betracht kommen (vgl. dazu auch *Boo*, SINARB 2 (2006), 2 (3)). Abgesehen von den vielen Prozessrisiken und Auslegungsfragen, die bei einer solchen Klage zu berücksichtigen sind, ist aber spätestens nach dem Erlass des nachfolgend untersuchten Reciprocal Enforcement of Commonwealth Judgments Act und dem Reciprocal Enforcement of Foreign Judgments Act fraglich, ob eine solche im Ermessen des Richters stehende Klage überhaupt statthaft wäre (vgl. dazu *Halsbury*, Arbitration, Rn. 20.151).

Gefahr, dass die Rechtskraftwirkung des Schiedsspruchs durch die erneute Verhandlung über den Streitgegenstand vor den Gerichten aufgeweicht wird, was durch die Vorschriften des UN-Abkommens gerade vermieden werden sollte. Auch wird die Klägerin in aller Regel höhere Beweishürden überwinden müssen, als dies bei einem Verfahren nach § 29 Abs. 1 Var. 2 IAA der Fall ist[1208]. Im Gegensatz zu dem UN-Abkommen liegt beispielsweise das Beweisrisiko für das Vorliegen einer Schiedsvereinbarung und die ordnungsgemäße Durchführung eines Schiedsverfahrens alleine bei der Klägerin bzw. Vollstreckungsgläubigerin[1209].

In der Vergangenheit bildete die Einreichung einer „*action in court*" über einen langen Zeitraum die einzige Möglichkeit zur Durchsetzung der sich aus einem ausländischen Schiedsspruch ergebenden Ansprüche in Singapur[1210]. Nach der Ratifizierung des UN-Abkommens zum 19. November 1986 und der Schaffung der nachfolgend genauer beschriebenen alternativen Vollstreckungsmöglichkeiten spielt die eigenständige Erfüllungsklage zur zwangsweisen Durchsetzung eines ausländischen Schiedsspruchs zunehmend keine praktische Rolle mehr[1211].

Gelingt es der Klägerin zu beweisen, dass die Parteien die Entscheidung der Rechtsstreitigkeit an ein Schiedsgericht überwiesen haben und dass das Schiedsverfahren im Einklang mit der Vereinbarung der Parteien und dem auf dieses anzuwendende Schiedsverfahrensrecht durchgeführt worden ist, wird der Schiedsspruch von dem Gericht als Beweis des geltend gemachten Anspruchs aus dem zugrunde liegenden Schuldverhältnis akzeptiert[1212]. Welche konkreten Anforderungen dabei an die Schiedsvereinbarung und das Schiedsverfahren zu stellen sind, ist nicht ausdrücklich geregelt. Mit der Zeichnung des UN-Abkommens und der Übernahme des UNCITRAL-Mustergesetzes in die singapurische Rechtsordnung ist aber im Interesse eines nationalen Entscheidungseinklangs damit zu rechnen, dass sich die singapurischen Gerichte an den von dem *International Arbitration Act* oder *Arbitration Act* vorgegebenen Anerkennungsversagungs- bzw. Aufhebungsgründen orientieren. Zusätzlich ist zu berücksichtigen, dass den Gerichten im Rahmen der

---

1208 Vgl. *Greenberg/Kee/Weeramantry*, Rn. 9.201.

1209 Vgl. *Alexander G Tsavliris & Sons Maritime Co.* v. *Keppel Corp. Ltd.*, [1995] SGCA 36, Rn. 22 f.

1210 Vgl. u.a. *Minoutsi Shipping Corp.* v. *Trans Continental Shipping Services (Pte.) Ltd.*, [1971] SGHC 3.

1211 Veröffentlichte Urteile dazu: *Woh Hup (Pte.) Ltd.* v. *Property Development Ltd.*, [1991] SGHC 40; *Alexander G Travialis & Sons Maritime Co.* v. *Keppel Corp. Ltd*; [1995] SGCA 36.

1212 Ausführlich *Hwang/Muttath*, Int. A.L.R. (2000), 207 (210 f.); *Hellmann*, S. 171 ff.

Beweiswürdigung ein weiter Ermessenspielraum zusteht, den Beweiswert eines (anzuerkennenden) Schiedsspruchs frei zu beurteilen. In aller Regel wird sich das Gericht aber im Vertrauen auf das vor einem Schiedsgericht durchgeführte Erkenntnisverfahren auf die Feststellungen des Schiedsgerichts stützen und auf eine vollumfängliche und eigenständige Überprüfung der Anspruchsvoraussetzungen verzichten[1213].

2.) Reciprocal Enforcement of Commonwealth Judgments Act

Eine wesentliche Verbesserung der grenzüberschreitenden Anerkennung von Schiedssprüchen gegenüber der Rechtslage vor 1958 ist, dass durch das UN-Abkommen die Notwendigkeit eines Doppelexequaturverfahren abgeschafft wurde und es grundsätzlich keiner Vollstreckbarerklärung im Ursprungsland des Konventionsschiedsspruchs zum grenzüberschreitenden Exequatur des Schiedsspruchs mehr bedarf. Mit Blick auf die singapurische Rechtsordnung ermöglicht allerdings das in § 33 Abs. 1 IAA festgehaltene Günstigkeitsprinzip i. V. m. § 3 Abs. 1 Reciprocal Enforcement of Commonwealth Judgments Act[1214] auch weiterhin ein Exequatur eines ausländischen, auf die Vollstreckbarkeit eines Schiedsspruchs gerichteten Urteils, sofern dieses einer Commonwealth Nation entstammt[1215]. Nach dem Kommentar *Halsbury's Laws of Singapore* bildete § 3 Abs. 1 RECJA vor dem Inkrafttreten des *Arbitration (Foreign Awards) Act* am 21. August 1986 die einzige gesetzliche Möglichkeit der Anerkennung und Vollstreckung ausländischer Schiedssprüche in Singapur[1216].

1213 Vgl. *Minoutsi Shipping Corp.* v. *Trans Continental Shipping Services (Pte.) Ltd.*, [1971] SGHC 3.

1214 Act 44 of 1921, Reciprocal Enforcement of Commonwealth Judgments Act 1921 (Chapter 264 of the Laws of Singapore). Nachfolgend im Fließtext als "*RECJA*" bezeichnet.

1215 Vgl. § 2 Abs. 1 RECJA, welcher ausdrücklich die Vollstreckbarerklärung eines Schiedsspruchs im Ursprungsland in den Anwendungsbereichs des Gesetzes mit einbezieht. Ausführlich zu den Ursprüngen und der Anwendung des Gesetztes, *Hellmann*, S. 32 ff., 169 f.; *Halsbury*, Rn. 20.151 ff.

1216 Vgl. *Halsbury*, Arbitration, Rn. 20.153.

Zu den Voraussetzungen der *„Registrierung“* einer solchen ausländischen Vollstreckbarerklärung zählen im Wesentlichen:

- Das Vorliegen eines vollstreckungsfähigen Urteils eines höheren Gerichts des Vereinigten Königreichs von Großbritannien und Nordirland[1217]. Gem. § 5 RECJA ist das Justizministerium dazu berechtigt, den Anwendungsbereich des Gesetzes auf weitere Commonwealth-Nationen durch förmliche Bekanntmachung zu erweitern. Derzeit können Urteile aus 9 von derzeit 54 Commonwealth-Mitgliedstaaten nach dem Regime des RECJA in Singapur anerkannt und vollstreckt werden[1218].
- Die gerichtliche Vollstreckbarerklärung hat sich auf die Zahlung eines bestimmten Geldbetrags zu beziehen[1219].
- Die *„Registrierung“* muss innerhalb einer Frist von 12 Monaten nach der Urteilsverkündung beantragt werden[1220].
- Es dürfen keine der abschließend aufgelisteten Anerkennungshindernisse gem. § 3 Abs. 2 RECJA gegeben sein. Insbesondere muss die formell rechtskräftige Vollstreckbarerklärung von einem zuständigen Gericht am Wohnsitz bzw. Geschäftssitz des Vollstreckungsschuldners erlassen worden sein[1221]. Außerdem darf das Urteil nicht gegen den Ordre Public verstoßen.

Dabei steht dem singapurischen Gericht gem. § 3 Abs. 1 RECJA ein weiter Ermessenspielraum zu. Danach kann eine gerichtliche Vollstreckbarerklärung registriert werden, „*...wenn unter der Berücksichtigung aller Umstände des Einzelfalls das Gericht der Auffassung ist, dass die Vollstreckung des Urteils mit Wirkung für das singapurische Staatsgebiet als gerecht und angemessen* [engl. *„just and convenient“*] *angesehen werden kann ...*[1222]“. Im Unterschied zu den Vorschriften des UN-Abkommens bezieht die Ermessensausübung auch solche

1217 § 3 Abs. 1 RECJA.

1218 Dazu zählen Australien (beschränkt auf die Urteile bestimmter Gerichte einzelner Bundesstaaten), das Sultanat Brunei Darussalam, die ehemalige britische Kolonie Hongkong (für Urteile die vor dem 30. Juni 1997 erlassen worden sind), die Republik Indien (unter Ausnahme der Bundesstaaten Jammu und Kashmir), Malaysia, Neuseeland, die Islamische Republik Pakistan, Papua-Neuguinea, die Demokratische Sozialistische Republik Sri Lanka und die Windward Inseln [Reciprocal Enforcement of Commonwealth Judgments (Extension) (Consolidation) Notification NI, 1999 Rev. Ed. und § 5 Cap 264, Declaration 1 (24 September 1993)].

1219 § 2 Abs. 1 RECJA; nach *Halsbury*, Arbitration, Rn. 20.159 Fn. 5 können entgegen dem Wortlaut der Vorschrift gegebenenfalls auch Vollstreckbarerklärungen mit anderweitigem Inhalt „registriert“ werden.

1220 § 3 Abs. 1 RECJA.

1221 Vgl. § 3 Abs. 1 (a), (b), (e), (f) RECJA.

1222 § 3 Abs. 1 RECJA.

Fälle mit ein, in denen die Voraussetzungen einer Registrierung des ausländischen Titels formal gegeben sind[1223]. Nach dem Kommentar *Halsbury's Laws of Singapore* haben die singapurischen Gerichte bisher selten von ihrem Ermessen zulasten einer Registrierung eines ausländischen Commonwealthurteils Gebrauch gemacht[1224]. Vor allen Dingen gestattet die *„just and convenient*"-Klausel keine inhaltliche Prüfung der ausländischen Vollstreckbarerklärung[1225].

Das Verfahren nach O. 69, r. 15 i. V. m. O. 67 RoC ähnelt dem des Exequatur von Konventionsschiedssprüchen nach O. 69A r. 6 RoC. Vor allem handelt es sich gem. O. 67, r. 2 RoC zunächst um ein *ex parte*-Verfahren mit der Möglichkeit des Vollstreckungsschuldners, gegen den zuzustellenden *„Registrierungsbeschluss"* im Rahmen der von dem Gericht festgelegten Ausschlussfrist Aufhebungsantrag einzureichen[1226].

Obwohl die dienstälteste Methode der vereinfachten zwangsweisen Durchsetzung ausländischer Schiedssprüche in Singapur nach den zuvor gemachten Ausführungen durchaus als Alternative gegenüber der Anerkennung von Konventionsschiedssprüchen nach dem UN-Abkommen gesehen werden kann, spielt das Exequatur der auf dem Schiedsspruch basierenden ausländischen Vollstreckbarerklärung in Singapur mittlerweile keine nennenswerte Rolle mehr[1227]. Einerseits ist das im Vergleich zu den derzeit 146 Vertragsstaaten des UN-Abkommens auf den eingeschränkten sachlichen Anwendungsbereich des *Reciprocal Enforcement of Commonwealth Judgments Acts* zurückzuführen. Andererseits können die gegen ein Doppelexequatur vorgebrachten Gründe, die bereits zur Verabschiedung des UN-Abkommens geführt haben, nach wie vor auch gegen eine zwangsweise Durchsetzung eines ausländischen Schiedsspruchs gem. § 3 Abs. 1 RECJA angeführt werden.

Eines der wenigen veröffentlichten Urteile zu § 3 Abs. 1 RECJA in dem Fall *Westacre Investments Inc.* v. *The State-Owned Company Yugoimport-SDPR*[1228] zeigt aber auch, unter welcher besonderen Konstellation einem Doppelexequatur nach den Vorschriften des *Reciprocal Enforcement of Commonwealth Judgments Act* gegenüber § 29 Abs. 1 IAA eine eigenständige Bedeutung zukommen kann[1229]. In dem Fall erwirkte der Vollstreckungsgläubiger in einem jahrelangen Rechtsstreit vor den englischen Gerichten im Dezember 1997 ein

1223 Vgl. *Hellmann*, S. 42.

1224 *Halsbury*, Arbitration, Rn. 20.158; *Hellmann*, S. 170.

1225 *Hellmann*, S. 41.

1226 Vgl. O. 67 r. 5.

1227 So auch *Boo*, SAL Ann Rev 7 (2006), Rn. 3.51.

1228 [2008] SGHC 48.

1229 Vgl. auch *Boo*, SAL Ann Rev 7 (2006), Rn. 3.51 ff.

vollstreckungsfähiges Urteil gegen den Vollstreckungsschuldner aus einem schweizerischen ICC-Schiedsspruch vom 28. Februar 1994. Doch selbst nach unzähligen Versuchen einer Zwangsvollstreckung aus der Vollstreckbarerklärung konnte von der Vollstreckungsgläubigerin nur eine teilweise Befriedigung ihrer Ansprüche in England erlangt werden. Nachdem die Vollstreckungsschuldnerin von Vermögen der Vollstreckungsgläubigerin in der Republik Singapur Kenntnis erlangt hatte, beantrage diese am 5. Oktober 2004 die Erteilung einer Vollstreckbarerklärung aus dem englischen Urteil nach § 3 Abs. 1 RECJA. Zu diesem Zeitpunkt wäre ein sicherlich kostengünstigeres und einfacheres Exequatur des Schiedsspruchs nach dem UN-Abkommen mit Ablauf der 6-Jahresfrist ab Erlass des Schiedsspruchs gem. § 6 Abs. 1 (c) Limitation Act (Cap. 163) nicht mehr möglich gewesen. Auch die 12-Monatsfrist gem. § 3 Abs. 1 RECJA war zu diesem Zeitpunkt abgelaufen. Die Registrierung der englischen Vollstreckbarerklärung wurde von dem singapurischen *Court of Appeal* dennoch vollzogen. In einer Gesamtabwägung der widerstreitenden Interessen und des Parteiverhaltens machte das Gericht von seinem in § 3 Abs. 1 RECJA eingeräumten Ermessen zur Gestattung einer Fristverlängerung Gebrauch. Entscheidend war für das Gericht dabei das beidseitige Parteiverhalten. Einerseits, ob die Vollstreckungsgläubigerin bei der Verfolgung ihrer Ansprüche die zu erwartende Sorgfalt an den Tag gelegt hat. Andererseits, ob der Vollstreckungsgläubigerin eine Verzögerungs- oder Verschleierungstaktik vorgeworfen werden kann[1230]. Das Gericht betone dabei ausdrücklich, dass es in einer verstärkt vernetzten Welt, die es den Vollstreckungsgläubigern zunehmend erschwere, den scheinbar einfachen und grenzenlosen Transfer von Vermögenswerten ausfindig zu machen oder zu verfolgen, die Vollstreckungsgerichte den sorgfältig und gewissenhaft handelnden Vollstreckungsgläubigern keine unnötigen Hürden bei der Vollstreckung ihrer Ansprüche auferlegen sollten[1231].

Der Fall macht deutlich, dass in Fällen, in denen eine Anerkennung eines Konventionsschiedsspruchs nach Ablauf der 6-Jahresfrist gem. § 6 Abs. 1 (c) Limitation Act verfristet ist, dennoch die Chance einer mittelbaren Anerkennung und Vollstreckung nach § 3 Abs. 1 RECJA weiterhin bestehen bleibt. Zunächst beginnt die Frist nach § 3 Abs. 1 RECJA erst mit Erlass einer höchstrichterlichen Vollstreckbarerklärung in einer der von dem Gesetz erfassten Commonwealthnationen zu laufen und nicht wie nach § 6 Abs. 1 (c) Limitation Act bereits mit Erlass des Schiedsspruchs. Zusätzlich besteht die Möglichkeit, die Frist gem. § 3 Abs. 1 RECJA nach dem Ermessen des Gerichts zu

---

1230 [2008] SGCA 48, Rn. 41 ff.

1231 [2008] SGCA 48, Rn. 26.

verlängern, wobei die singapurischen Gerichte eine pragmatische Ausübung ihres Ermessensspielraums demonstriert haben.

3.) Reciprocal Enforcement of Foreign Judgments Act

Ähnlich dem *Reciprocal Enforcement of Commonwealth Judgments Act* bietet auch § 4 Abs. 2 Reciprocal Enforcement of Foreign Judgments Act[1232] die Möglichkeit, ein (auf die Vollstreckbarkeit eines Schiedsspruchs gerichtetes) ausländisches Urteil in der Republik Singapur zu "*registrieren*" und daraus die inländische Zwangsvollstreckung zu betreiben[1233]. Entgegen der in § 2 Abs. 1 RECJA enthaltenen Legaldefinition bezieht der Wortlaut des § 2 REFJA die Vollstreckbarerklärung eines Schiedsspruchs nicht ausdrücklich in den Anwendungsbereich des Gesetzes mit ein. Gegen die Subsumierung einer ausländischen Vollstreckbarerklärung eines Schiedsspruchs unter § 4 Abs. 2 REFJA spricht, dass § 10 (a) REFJA nur für den Fall, dass der Anwendungsbereich des Gesetzes durch Mitteilung des Justizministeriums gem. § 9 Abs. 1 REFJA auf einen Staat ausgedehnt wird, der zugleich von dem *Reciprocal Enforcement of Commonwealth Judgments Act* miterfasst wird, die Anerkennung und Vollstreckung einer ausländischen Vollstreckbarerklärung eines Schiedsspruchs ausdrücklich in die Definition eines „*Urteils*" miteinbezogen wird[1234]. Die herrschende Literaturansicht verweist hingegen auf den identischen Sinn und Zweck beider Gesetze der Vollstreckbarkeit ausländischer Gerichtsurteile auf der Basis des Grundsatzes der Gegenseitigkeit und vor allem der Vorschrift des § 33 Abs. 3 IAA, nach der die Möglichkeit der Anerkennung eines Konventionsschiedsspruchs nach § 29 Abs. 1 IAA alternativ neben einem Doppelexequatur des Schiedsspruchs nach § 4 Abs. 2 REFJA bestehen bleibt und bezieht auch ein ausländisches Urteil auf Vollstreckbarerklärung eines Schiedsspruchs - zumindest entsprechend - in den Anwendungsbereich des *Reciprocal Enforcement of Foreign Judgments Act* mit ein[1235]. Welche der Auslegungen nach dem Willen des Gesetzgebers letztlich beabsichtigt war, ist vor allem mit Blick auf die sich scheinbar widersprechenden Vorschriften des § 33 Abs. 3 IAA und § 10 (a) REFJA schwer

---

1232 Reciprocal Enforcement of Foreign Judgments Act 2001 (Chapter 265, 2001 Rev.Ed. of the laws of Singapore). Nachfolgend im Fließtext auch als "*REFJA*" bezeichnet.

1233 Ausführlich dazu *Hellmann*, S. 65 ff, 170 f.

1234 Vgl. auch *Hellmann*, S. 65 ff. Hintergrund der Regelung ist, dass es von dem Gesetzgeber auf lange Sicht beabsichtigt ist, das RECJA durch das REFJA zu ersetzen.

1235 Vgl. *Chew*, Arbitration Handbook, S. 128 f.; *Hwang/Muttath*, Int. A.L.R. (2000), 207 (213 f.).

feststellbar. Obgleich ein Doppelexequatur durch das UN-Abkommen gerade vermieden werden sollte, ist es nach der Auffassung des Autors nicht ersichtlich, warum die Möglichkeit eines Doppelexequatur prinzipiell nach dem *Reciprocal Enforcement of Foreign Judgments Act* und insbesondere mit Blick auf die gegenläufige Regelung des *Reciprocal Enforcement of Foreign Judgments Act* ausgeschlossen sein soll.

Die Diskussion ist allerdings noch von vernachlässigenswerter Bedeutung, da sich der Anwendungsbereich des Gesetzes gem. § 3 Abs. 1 REFJA derzeit nur auf höchstrichterliche Urteile aus Hongkong SAR[1236] und spezielle Urteile über die zivilrechtliche Haftung für Ölschäden nach dem *Merchand Shipping (Civil Liability Compensation for Oil Pollution Act (Cap. 180, 1999 Ed.)*[1237] beschränkt.

Die an die „*Registrierung*" einer ausländischen Vollstreckbarerklärung nach den Vorschriften des *Reciprocal Enforcement of Foreign Judgments Act* zu stellenden Voraussetzungen stimmen in wesentlichen Zügen mit denen des *Reciprocal Enforcement of Commonwealth Judgments Act* überein. Insbesondere richtet sich das zu beachtende Verfahren nach denselben Vorschriften des O. 67 RoC.

Unterschiede ergeben sich unter anderem daraus, dass gem. § 4 Abs. 1 REFJA die Ausschlussfrist zur Registrierung der Vollstreckbarkeit (vergleichbar der Vollstreckbarkeit nach dem UN-Abkommen) 6 Jahre beträgt. Besonderes Augenmerk ist dabei darauf zu richten, dass die Entscheidung des Gerichts im Unterschied zu § 3 Abs. 1 RECJA bindender Natur ist. Insbesondere kommt eine Vollstreckbarerklärung nach Ablauf der Ausschlussfrist nicht in Betracht[1238].

4.) Exequatur von Nichtkonventionsschiedssprüchen

Durch die Erklärung des Vertragsstaatenvorbehalts i. S. v. Art. 1 Abs. 3 Satz 1 UNÜ sind gem. § 27 Abs. 1 IAA in der Republik Singapur nur solche Schiedssprüche nach dem Regime des UN-Abkommens anzuerkennen, die in dem Hoheitsgebiet eines anderen Vertragsstaats ergangen sind[1239]. Alle übrigen Schiedssprüche, die nicht als inländisch zu qualifizieren sind, können gem. § 46 Abs. 3 AA für vollstreckbar erklärt werden. § 46 Abs. 3 AA wurde erst im Jahre 2003 in das Gesetz eingefügt. Davor konnten ausländische Nichtkonventions-

1236 Gazette Notification No 93 of 1999 vom 26. Feburary 1999.

1237 Vgl. *Halsbury*, Arbitration, Rn. 20.151.

1238 Vgl. §§ 4 Abs. 2, 5 Abs. 1 (a) REFJA; eine Ausnahme bildet § 5 Abs. 1 (b) REFJA.

1239 Siehe dazu *Kapitel 3 III. 1.) c)*.

schiedssprüche nur durch eine *„action in court“* gem. § 3 Abs. 1 RECJA oder § 4 Abs. 1 REFJA in der Republik Singapur Wirkung entfalten[1240].

Dabei mag überraschen, dass das Exequatur eines ausländischen Nichtkonventionsschiedsspruchs dem Regime der Anerkennung eines rein inländischen Schiedsspruchs i. S. v. § 46 Abs. 1 IAA folgt und nicht den Vorschriften zur Vollstreckbarerklärung von Schiedssprüchen aus inländischen Schiedsverfahren mit Auslandsbezug gem. § 19 IAA unterstellt ist[1241]. Dies ist auf die rechtspolitischen Erwägungen zurückzuführen, dass nach der Vorstellung des Gesetzgebers die Anerkennung und Vollstreckung von Schiedssprüchen, die zu keinem Zeitpunkt der Aufsicht der singapurischen Gerichte oder der Gerichte der Vertragspartner des UN-Abkommens unterlegen haben, einem höheren Maß an gerichtlicher Kontrolle unterliegen sollten, als dies bei anderen Schiedssprüchen mit Auslandsbezug der Fall ist[1242].

Bis zum heutigen Tag hatten die singapurischen Gerichte nicht die Gelegenheit, in einem Fall zu § 46 Abs. 3 AA Stellung zu beziehen.

Das Verfahren zur Vollstreckbarerklärung eines Nichtkonventionsschiedsspruchs beziehungsweise inländischen Schiedsspruchs nach § 46 Abs. 1 AA richtet sich nach O. 69, r. 14 RoC und unterscheidet sich kaum von dem auf ein Exequatur von Konventionsschiedssprüchen bzw. inländischen Schiedssprüchen mit Auslandsbezug nach § 19 IAA i. V. m O. 69A, r. 6 RoC anzuwendenden Verfahrensrecht. Die an die von dem Antragsteller vorzulegenden Dokumente zu stellenden Anforderungen gem. O. 69, r. 14 Abs. 1 (a) RoC sind nach dem geschrieben Recht hingegen geringer einzustufen als nach O. 69A, r. 6 Abs. 1 (a) RoC. Danach sind dem Antrag und der eidesstattlichen Versicherung (engl. *„affidavit“*) die Schiedsvereinbarung und der Schiedsspruch nur in Urschrift oder als einfache Kopie beizufügen, während der auf den IAA anzuwendenden O. 69A, r. 6 Abs. 1 (a) RoC die Vorlage einer legalisierten Urschrift (für den Schiedsspruch) oder einer ordnungsgemäß beglaubigten Abschrift der Dokumente verlangt.

Im Gegensatz zu den für Konventionsschiedssprüche in den §§ 27 ff. IAA enthaltenen materiellen Anerkennungsvorschriften schweigt der AA zu den Voraussetzungen, die an die Vollstreckbarkeit von inländischen bzw. ausländischen Nichtkonventionsschiedssprüchen zu stellen sind[1243]. Es ist aber davon auszugehen, dass die Gründe, die gem. § 48 Abs. 1 AA in einem

---

1240 Diese Möglichkeiten bleiben auch weiterhin alternativ neben § 46 Abs. 3 AA bestehen.

1241 Zu beswußten Ausklammerung der Exequaturvorschriften des UNCITRAL-Mustergesetzes in der singapurischen Rechtsordnung siehe *Kapitel 3 II. 3.) d) i.) bb).*

1242 Vgl. *Halsbury*, Arbitration, Rn. 20.162.

1243 Das Selbe gilt für die Vollstreckbarerklärung von inländischen Schiedssprüchen mit Auslandsbezug gem. § 19 IAA.

Aufhebungsverfahren gegen einen Schiedsspruch eingewandt werden können, zugleich auch dem Exequatur eines Schiedsspruchs i. S. d. § 46 Abs. 1, 3 AA entgegenstehen[1244]. Insofern ist zwischen den materiellen Anerkennungsvoraussetzungen nach § 46 Abs. 1, 3 AA und § 19 IAA rein formal betrachtet kaum ein Unterschied zu machen, da beide Aufhebungsregime auf dem UNCITRAL-Mustergesetz basieren[1245]. Mit Ausnahme der dem singapurischen Schiedsrecht besonderen Aufhebungsgründe gem. § 48 Abs. 1 (a) (vi), (vii) und § 24 IAA unterscheiden sich diese auch nicht von den Anerkennungsversagungsgründen des § 31 IAA[1246], sodass weitestgehend von einem einheitlichen Anerkennungs- und Vollstreckungsregime sowohl für inländische als auch ausländische Schiedssprüche ausgegangen werden kann.

Im Zusammenhang mit § 46 Abs. 3 AA sind allerdings noch folgende Fragen von den Gerichten zu klären: (a) Inwiefern im Gegensatz zu einem Anerkennungsverfahren nach § 19 IAA den Gerichten auch die Möglichkeit einer (eingeschränkten) inhaltlichen Überprüfung des Schiedsspruchs auf Rechtsfehler ermöglicht wird; (b) ob die Aufhebung eines Schiedsspruchs in dessen Ursprungsland zu einer Anerkennungsverweigerung gem. § 46 Abs. 3 AA berechtigt[1247]; (c) welche Anforderungen an die Ermessensausübung der Gerichte bei einer Entscheidung nach § 46 Abs. 3 AA zu stellen sind.

Wie zuvor dargelegt, enthält § 46 AA keine eigene Regelung der Anerkennungsverweigerungsgründe, sondern geht davon aus, dass die Gründe, die eine Aufhebung eines Schiedsspruchs ermöglichen, auch im Anerkennungsverfahren gegen diesen eingewendet werden können. Im Gegensatz zu den dem *International Arbitration Act* unterfallenden Schiedssprüchen ermöglicht § 49 AA den singapurischen Gerichten bei der Ausübung ihrer Aufsichtspflicht in der Beurteilung eines inländischen Schiedsspruchs eine eingeschränkte materielle Überprüfung im Aufhebungsverfahren. Es stellt sich daher die Frage, ob dieser Aufhebungsgrund auch eine Anerkennungsverweigerung im Rahmen des § 46 AA ermöglicht. Weder die Rechtsprechung noch die Rechtsliteratur hat zu dieser Thematik bisher Stellung bezogen. In systematischer Auslegung des § 46 Abs. 3 AA, der dem Gericht einen weiten Beurteilungs- und Ermessensspielraum in der Anerkennung ausländischer Nichtkonventionsschiedssprüche einräumt, welcher sich nach der Auffassung der Rechtsliteratur wiederum an

---

1244 Vgl. *Halsbury*, Arbitration, Rn. 20.134.

1245 So auch *Chew*, Arbitration in Singapore, S. 112.

1246 Zu den besonderen Aufhebungsgründen der singapurischen Rechtsordnung siehe *Fn. 990*.

1247 Die auf die Aufhebung eines inländischen Schiedsspruch zugeschnittenen Anerkennungsversagungsgründe des § 48 AA bzw. Art. 34 IAA i. V. m. §§ 3 Abs. 1, 24 IAA kennen einen solchen Einwand nicht.

den Aufhebungsgründen des Gesetzes orientiert, wäre der Rückgriff auf § 49 AA konsequent. Denn die Anerkennung und Vollstreckung von Nichtkonventionsschiedssprüchen wurde bewusst dem Regime des *Arbitration Act* und gerade nicht des *International Arbitration Act* unterstellt. Andererseits zeigen die Gesetzgebungsmaterialien deutlich, dass bei dem Erlass des § 46 Abs. 3 AA der grenzüberschreitende Bezug und die internationale Akzeptanz in der gegenseitigen Anerkennung und Vollstreckung von Schiedssprüchen eine wichtige Rolle spielte[1248]. Bedenkt man dabei, dass das höhere Maß an staatlichen Eingriffsrechten ausschließlich nach dem Regime des singapurischen *Arbitration Act* besteht, dem sich die Schiedsparteien in einem inländischen Schiedsverfahren freiwillig unterworfen haben[1249], dies aber bei der Anerkennung ausländischer Nichtkonventionsschiedssprüche nicht der Fall ist, und die gesetzgeberische Intention die Beachtung internationaler Anerkennungsstandards ist, ist nach der Auffassung des Autors tendenziell davon auszugehen, dass eine inhaltliche Überprüfung eines Schiedsspruchs nach § 46 Abs. 3 AA ausgeschlossen ist[1250].

Als Korrektiv dazu ist hingegen bei den an die Ermessensausübung des Schiedsgerichts zu stellenden Anforderungen mit einem höheren Maß an Interventionsmöglichkeiten zu rechnen. Zwar ist auch dabei der grenzüberschreitende Bezug in der Anerkennung eines ausländischen Nichtkonventionsschiedsspruchs zu berücksichtigen. Nach der Normenhierarchie in dem Verhältnis zwischen § 29 IAA, § 19 IAA und § 46 Abs. 3, 1 AA und der bei Nichtkonventionsstaaten fehlenden Verbürgung der Gegenseitigkeit ist damit zu rechnen, dass den singapurischen Gerichten ein weiter Ermessensspielraum vorbehalten ist. Beispielsweise ist davon auszugehen, dass es den Gerichten im Gegensatz zum Exequatur eines Konventionsschiedsspruchs gestattet ist, die Anerkennung eines Nichtkonventionsschiedsspruchs aus besonderen Gründen selbst dann zu verweigern, wenn das Vorliegen eines Aufhebungs- bzw. Anerkennungsverweigerungsgrundes i. S. v. § 48 AA (bzw. § 19 IAA, § 31 IAA) von der Antragsgegnerin nicht bewiesen werden kann[1251].

1248 *Singapore Parlament Debates*, Official Report (24. April 2003) vol. 76 Rn. 2150 (Ho Peng Kee, Senior Minister of State for Law).

1249 Vgl. § 5 IAA i.V.m. § 3 AA, die den Schiedsparteien die Möglichkeit einräumen eine ausdrückliche Rechtswahl zu treffen.

1250 Gegebenenfalls könnte auch argumentieren, dass im Rahmen des § 46 Abs. 3 AA entgegen seiner gesetzessystematischen Stellung gänzlich auf die Anerkennungsverweigerungsgründe aus § 31 IAA bzw. § 19 IAA zurückzugreifen ist. Vgl. dazu auch *Boo*, SINARB 2 (2006), 2 (3); Chan, 7.140 f.

1251 Vgl. *Boo*, SINARB 2 (2006), 2 (3).

5.) Exequatur von ICSID-Schiedssprüchen

Schiedssprüchen, die dem Washington-Abkommen zur Beilegung von Investitionsstreitigkeiten unterliegen, können in Singapur gem. § 4 *Arbitration (International Investment Disputes) Act (Chapter 11, 2012 Rev. Ed.)* vereinfacht „*registriert*" und gleich einem staatlichen Urteil vollstreckt werden[1252]. Gegenwärtig ist kein Fall bekannt, in dem sich der gem. § 4 Abs. 1 AIIDA zuständige *High Court of Singapore* mit der Anerkennung und Vollstreckung eines solchen Schiedsspruchs zu beschäftigen hatte.

V. (Zwangs-)Vollstreckungsverfahren

Sollte der Vollstreckungsschuldner auch nach Erlass der Vollstreckbarerklärung seiner Verpflichtung zur Erfüllung des Schiedsspruchs nicht nachkommen, kann gem. § 19 i.V.m. § 29 Abs. 1 IAA der Schiedsspruch

...

> „... in gleicher Weise vollstreckt werden wie ein Urteil oder entsprechender Beschluss [eines singapurischen Gerichts]".

...

Das Gewaltmonopol zur Einwirkung auf die Rechte des Vollstreckungsschuldners obliegt dabei auch in der Republik Singapur ausschließlich den staatlichen Behörden[1253].

Bedingt durch die Art des aus dem Schiedsspruch zu vollstreckenden Anspruchs, stehen dem Vollstreckungsgläubiger nach O. 45 ff. RoC unterschiedliche Zwangsvollstreckungsmaßnahmen zur Verfügung. Grundsätzlich ist dabei von dem Vollstreckungsgläubiger vor Gericht ein Vollstreckungsbeschluss bzw. (Forderungs-)Pfändungsbeschluss (engl. „*writ of execution*" bzw. „*garnishee proceedings*") gegen den Vollstreckungsschuldner aus der Vollstreckbarerklärung zu beantragen, aus diesem wiederum das Gericht beziehungsweise dessen Vollstreckungsbeamte die weitere Zwangsvollstreckung betreiben können. Bezüglich der einzelnen Verfahrensvoraussetzungen wird auf die einschlägige Fachliteratur zum singapurischen Zwangsvollstreckungsrecht verweisen, welches im Wesentlichen dem des englischen Rechts entspricht[1254].

1252 Vertiefend *Hwang/Muttath*, Int. A.L.R. (2000), 207 (213).

1253 Vgl. Schedule 1 Art. 8 Supreme Court of Judicature (Cap. 322, 2007 Ed.); Art. 44, 54 Subordinate Courts Act (Cap. 321, 2007 Ed); O. 45 f. RoC.

1254 Vgl. u.a. *Chan*, Rn. 5.1 ff.; *Schütze/Hirth*, S. 67 f.; *Hwang/Muttath*, Int. A.L.R. (2000), 207 (214).

Wie schon im Rahmen der Untersuchung zur Anerkennung von Konventionsschiedssprüchen in der Republik Singapur festgestellt, gilt auch im Rahmen des Zwangsvollstreckungsverfahrens, dass dieses der im Schiedsverfahren obsiegenden Partei basierend auf der Vollstreckbarerklärung eine effiziente zwangsweise Durchsetzung des Schiedsspruchs ermöglicht. Dazu kann ausdrücklich auf die jährlich durchgeführte Studie der Weltbank mit dem Titel „*Doing Business*" verwiesen werden, die die zwangsweise Durchsetzung von vertraglichen Ansprüchen in der Republik Singapur insgesamt, aber insbesondere auch in Bezug auf das Zwangsvollstreckungsverfahren seit vielen Jahren bei 183 untersuchten Staaten zu den effizientesten der Welt zählt[1255]. Nach der Länderstudie ist im Durchschnitt mit einem Zeitraum von 26 Kalendertagen ab Stellung des Vollstreckungsantrags bis zum Zeitpunkt der Begleichung der Geldschuld zu rechnen[1256].

1255 Vgl. *Weltbank*, Doing Business 2011, S. 75 Tabelle 10.4; Zu den detailierten Länderdaten siehe http://www.doingbusiness.org/data/exploreeconomies/singapore/enforcing-contracts/; frühere Studien können ebenfalls unter www.doingbusiness.org abgerufen werden.

1256 http://www.doingbusiness.org/data/exploreeconomies/singapore/enforcing-contracts/

Kapitel 4: Abschließende Betrachtung

I. Gesamtzusammenfassung

Seit dem Bestehen der Menschheit bildete die faire und effiziente Beilegung von Rechtsstreitigkeiten eine wichtige Säule des geordneten Zusammenlebens von Rechtssubjekten. Die damit verbundenen Herausforderungen sind heutzutage größer denn je zuvor. Das Zeitalter der Globalisierung, geprägt durch eine zunehmende politische, wirtschaftliche und gesellschaftliche Integration und die damit verbundenen scheinbar grenzenlosen Güter- und Personenströme bringt die unterschiedlichsten Rechtssubjekte aus allen Ecken der Welt zusammen. Das Zeitalter der Kommunikation und Mobilität katalysiert diese Entwicklungen und führt nicht nur zu einer Multiplikation der zuvor genannten Strömungen, sondern vergrößert auch die Herausforderungen, die in diesem Zusammenhang zu bewältigen sind. Zwangsläufig steigt damit auch das Konfliktpotenzial und die damit verbundenen, teils unterschiedlichen und rechtshistorisch geprägten Erwartungen, die an eine faire und effiziente Streitbeilegung zu stellen sind.

Eine der ältesten Formen der zivilisierten Streitbeilegung, die Schiedsgerichtsbarkeit, die aufgrund ihrer besonderen Flexibilität bereits mehrfach in der Rechtsgeschichte der Menschheit auf sich aufmerksam gemacht hat, bietet insbesondere im grenzüberschreitenden Wirtschaftsverkehr ein praktikables Verfahren zur Lösung dieser komplexen Konfliktsituationen. Entsprechend wird davon ausgegangen, dass heutzutage ca. 80 – 90 % aller grenzüberschreitenden Wirtschaftsverträge eine Schiedsvereinbarung enthalten.

Das Herzstück des Erfolgs und der Funktionsfähigkeit der Schiedsgerichtsbarkeit bildet der teils schwierig zu tarierende Balanceakt zwischen der Privatautonomie der Schiedsparteien und den Förderungs- und Aufsichtspflichten der staatlichen Gerichte. Fundamental geprägt wurde dieses Verhältnis von dem UN-Abkommen vom 10. Juni 1958, welches mit aktuell 146 Vertragsstaaten zu den erfolgreichsten multilateralen Abkommen aller Zeiten zählt und als eines von wenigen internationalen Abkommen die zwangsweise Durchsetzung eines im Ausland erworbenen Schuldtitels garantiert.

Danach sind die Vertragsstaaten gemäß Art. 3 Satz 1 UNÜ dazu verpflichtet, dem Abkommen unterfallende Schiedssprüche in ihrem Staatsgebiet in möglichst effizienter Weise anzuerkennen und zur Vollstreckung zuzulassen, sofern keiner der abschließend aufgezählten Anerkennungsversagungsgründe des UN-Abkommens gegeben ist. Das Abkommen bezweckt damit zumindest mittelbar die Harmonisierung nationalen Schiedsrechts zur

Förderung der internationalen Schiedsgerichtsbarkeit und einem ordnungsgemäß erlassenen Schiedsspruch international die bestmögliche Geltung zu verschaffen. Entscheidend für die Auslegung des UN-Abkommens ist dabei die Annahme einer sogenannten „*Pro-Enforcement Bias*", nach der bei der Wahl zwischen mehreren möglichen Auslegungsvarianten die schiedsfreundlichere zu wählen ist. Zusätzlich begrenzt das UN-Abkommen die Interventionsbefugnisse der staatlichen Gerichte auf die Prüfung der von dem UN-Abkommen gestellten Maximalanforderungen unter gleichzeitiger Stärkung der Verfahrensgestaltungsfreiheit der Schiedsparteien.

Im internationalen Rechtsvergleich kann eine äußerst positive Bilanz der Auslegung und Anwendung des UN-Abkommens gezogen werden. Da die Anwendung des UN-Abkommens durch die Vertragsstaaten zugleich auch als aussagekräftiger Indikator für die Schieds- und gar Wirtschaftsfreundlichkeit einer Jurisdiktion geeignet ist, kann gelegentlich der Eindruck gewonnen werden, dass sich die Exequaturforen in dem harten Wettbewerb der Attraktivität eines Staates als Schieds- oder Wirtschaftsstandort in einer „*schiedsfreundlichen*" Auslegung des UN-Abkommens regelrecht zu überbieten scheinen. Mit Blick auf die mehr als 1700 in dem *ICCA Yearbook of Commercial Arbitration* veröffentlichten Urteile zum Exequatur von Konventionsschiedssprüchen wurde seit der Erstauflage im Jahr 1976 nur in 5 – 10 % der berichteten Fälle die Anerkennung eines Schiedsspruchs vor den Gerichten der Vertragsstaaten verweigert. Eine einheitlich enge Auslegung der Anerkennungsversagungsgründe, der Versuch der Herstellung eines internationalen Entscheidungseinklangs in Anlehnung an den Rechtsgrundsatz der *Comitas Gentium*, die Respektierung der Privatautonomie der Parteien unter einer zurückhaltenden Berücksichtigung spezieller nationaler Interessen sowie ein Grundvertrauen in die Professionalität der zur Entscheidung berufenen Schiedsgerichte spielen dabei eine wichtige Rolle.

Dies darf aber nicht darüber hinwegtäuschen, dass vor allem in Entwicklungs- und Schwellenländern, Staaten mit autoritären Herrschaftsstrukturen sowie in Ländern, in denen die moderne Schiedsgerichtsbarkeit auf eine noch relativ junge Entwicklung zurückgreifen kann, teilweise mit erheblichen Schwierigkeiten in der Anerkennung und Vollstreckung von Konventionsschiedssprüchen gerechnet werden kann. Gerade auf dem in den letzten Jahrzehnten zur Wirtschaftsmacht erstarkten asiatischen Kontinent können immer wieder fragwürdige Gerichtsurteile zur Auslegung des UN-Abkommens verzeichnet werden. Vielfach kann das auf eine verhältnismäßig weite Auslegung der Einwendungen des UN-Abkommens zurückgeführt werden. Gelegentlich lassen einzelne Entscheidungen auch eine fehlende Vertrautheit der Gerichte mit der Materie vermuten. Daneben spielen häufig auch Faktoren eine Rolle, aufgrund welcher unter Umständen bereits die Beilegung der Rechtsstreitigkeit vor den staatlichen Gerichten oder die Wahl des Staates als Schiedsort gemieden wurde.

Die Republik Singapur zählt trotz ihrer geringen Größe mit zu den führenden Nationen der südostasiatischen Region und erweckt in einzelnen Bereichen auch global vermehrt die Aufmerksamkeit der internationalen Staaten- und Wirtschaftsgemeinschaft. Im Bereich der Schiedsgerichtsbarkeit darf sich Singapur zu den beliebtesten Schiedsorten weltweit zählen. Prägend für den Erfolg des Stadtstaats seit seiner Unabhängigkeit am 9. August 1965 ist neben der nahezu idealen geopolitischen Lage und dem enormen Wirtschaftswachstum der asiatischen Region eine stabile und besondere Mischung aus einem stark betonten, westlich geprägten, demokratischen Wirtschaftsliberalismus und einem asiatisch geprägten Autoritarismus in einem multiethnischen, modernen Umfeld mit hohem Bildungsniveau.

Als ehemalige britische Kolonie wurzelt die singapurische Rechtsordnung auf den Rechtsgrundsätzen des Common Law und kennzeichnet sich auch heute noch wesentlich durch die Rezeption *„fremden“* Rechts. Zwar wird das englische Recht nicht mehr unmittelbar in die singapurische Rechtsordnung übernommen, wie dies teils bis spät in die Unabhängigkeit der Republik der Fall war. Hingegen hat die singapurische Legislative und Judikative geprägt durch ihre Rechtsgeschichte gelernt, durch die Entleihung bewährter Rechtselemente anerkannter Rechtssysteme und deren Anpassung an die örtlichen Gegebenheiten, die bestmöglichen (wirtschaftlichen) Rahmenbedingungen für die singapurische Bevölkerung zu schaffen. Zusätzlich kennzeichnet sich die singapurische Rechtsordnung dadurch, rasch und flexibel auf externe oder interne Entwicklungen reagieren zu können. Es verwundert daher nicht, dass anerkannte Länderstudien der singapurischen Rechtsordnung im internationalen Rechtsvergleich kontinuierlich Bestnoten ausstellen. Gerade die effiziente, bürokratiearme und korruptionsfreie Arbeit der staatlichen Gerichte trägt einen wichtigen Teil dazu bei.

Gleiches gilt für die Entwicklung der Schiedsgerichtsbarkeit in der Republik Singapur, die im Lichte der asiatischen Streitkultur und bedingt durch die Kolonialzeit bereits sehr früh erste Spuren der Streitbeilegung im Wege der Schiedsgerichtsbarkeit erkennen lässt. Im Vergleich zu anderen Staaten des asiatisch-pazifischen Raums sprang die singapurische Rechtsordnung aber erst verhältnismäßig spät auf den Zug der modernen Schiedsgerichtsbarkeit auf. Bedingt durch ein rapides, durch internationale Direktinvestitionen und grenzüberschreitende Geschäftsbeziehungen geprägtes Wirtschaftswachstum und die in den 80er und 90er Jahren vorherrschende Problematik der Gerichte, mit der gestiegenen Anzahl an Fällen und den damit im Zusammenhang stehenden sonstigen Herausforderungen umzugehen, entstand das Vorhaben, sich mit Blick auf Hongkong gerichtet zu einem führenden Schiedszentrum in der Region und darüber hinaus zu entwickeln. Unter der Prämisse nach den Grundsätzen der Gegenseitigkeit, dass die weltweite Anerkennung singapurischer Schiedssprüche zugleich die Anerkennung ausländischer Schiedssprüche in der Republik Singapur erfordere, wurde mit Wirkung zum 19. November 1986 der *Arbitration (Foreign Awards) Act, 1986* zur Ratifizierung der Vorschriften des UN-Abkommens erlassen. Gefolgt wurden diese Bemühungen von der politisch geförderten Gründung des *Singapore International Arbitration Centre* (1991) und einer grundlegenden Reformierung des singapurischen Schiedsrechts. Der singapurische Gesetzgeber entschied sich mit dem Erlass des *International Arbitration Act, 1994* und des *Arbitration Act, 2001,* bewusst nicht weiter dem englischen Vorbild zu folgen, sondern in einem dualen System nach den Vorgaben des UNCITRAL-Mustergesetzes zwischen rein inländischen Schiedsverfahren und solchen mit einem Auslandsbezug zu unterscheiden. Die Ratifizierungsvorschriften des UN-Abkommens wurden in einen eigenständigen Abschnitt des *International Arbitration Act* übernommen. Obgleich die dem UNCITRAL-Mustergesetz beziehungsweise dem UN-Abkommen folgenden Vorschriften des *Arbitration Act* und des *International Arbitration Act* im Sinne einer einheitlichen Rechtsprechung grundsätzlich in gleicher Weise zu interpretieren sind, gebietet die Normenhierarchie, dass im Zweifelsfall mit einem steigenden Auslandsbezug auch mit einer zunehmend liberaleren, an internationalen Rechtsstandards sich orientierenden und die Privatautonomie der Parteien in einem höheren Maß respektierenden Auslegung der Norm zu rechnen ist.

Die Anerkennung und Vollstreckung ausländischer Konventionsschiedssprüche richtet sich nach den §§ 27 ff. IAA. Zusammenfassend kann festgehalten werden, dass die Vorschriften des UN-Abkommens nicht nur weitestgehend inhaltsgleich in die singapurische Rechtsordnung übernommen worden sind, sondern auch in deren Auslegung die international herrschende Rechtspraxis in nahezu allen Belangen wiederspiegeln. Kritik kann - wenn überhaupt - an einer extrem vollstreckungsfreundlichen Auslegung des UN-Abkommens geübt werden. Dabei sind die rechtspolitischen Bestrebungen der vergangenen Jahre zu berücksichtigen, Singapur zu einem international anerkannten Schiedszentrum zu entwickeln. An dem Ziel angelangt und zugleich inmitten der Vollziehung eines Generationenwechsels der für Schiedsangelegenheiten zuständigen Richter des *Supreme Court of Singapore*, können aber in jüngst ergangenen Urteilen wie *AJU* v. *AJT*[1257], *Strandore Invest A/S and*

1257 [2011] SGCA 41; [2010] SGHC 201.

others v. *Soh Kim Wat*[1258], *Front Row Investment Holdings (Singapore) Pte. Ltd.* v. *Daimler South East Asia Pte. Ltd.*[1259] auch erste Anzeichen einer möglichen (leichten) Kurskorrektur hin zu einer selbstbewussteren Interpretation der Aufsichtspflichten der staatlichen Gerichte vermutet werden.

Unter den vermutlich deutlich mehr als 100 Fällen zur Anerkennung von Konventionsschiedssprüchen in Singapur[1260] wurde bisher in keinem einzigen der veröffentlichten Urteile die Anerkennung verweigert[1261]. Ein leicht anderes Bild zeichnet sich mit dem Blick auf die Rechtsprechung zur Aufhebung inländischer Schiedssprüche mit Auslandsbezug. Obgleich sich die Zahl der Aufhebungsurteile nach den Vorschriften des *International Arbitration Act* nach wie vor auf sehr niedrigem Niveau bewegt, können spätestens seit dem Jahr 2010 vermehrt Urteile gezählt werden, in denen die singapurischen Gerichte von ihren Eingriffsmöglichkeiten Gebrauch gemacht haben. Vor allem in Fällen, in denen sich ein Schiedsgericht nachweislich über übereinstimmenden Parteiwillen hinweggesetzt hat, ist mit einer entschiedenen Ausübung der Aufsichtsfunktion der singapurischen Gerichte zu rechnen.

Die *Bestimmung des sachlichen Anwendungsbereichs* des UN-Abkommens bereitet in der singapurischen Rechtspraxis praktisch keine Rechtsanwendungsprobleme. Zu berücksichtigen ist, dass die Republik Singapur bei der Hinterlegung der Beitrittsurkunde zu dem UN-Abkommen einen Vertragsstaatenvorbehalt i. S. v. Art. 1 Abs. 3 Satz 1 UNÜ erklärt hat. Danach ist ein Schiedsspruch dem Territorialitätsprinzip folgend zwingend der Rechtsordnung seines Ursprungsland zuzuordnen. Hingegen wird das Konzept einer anationalen Schiedsgerichtsbarkeit von der singapurischen Rechtsordnung nicht anerkannt. Nach welchen Rechtsmaßstäben das Vorliegen eines Schiedsspruchs zu bestimmen ist, kann nicht eindeutig festgestellt werden. In der Vergangenheit hat dies aber zu keinen Auslegungsproblemen geführt. Spätestens nach der am 9. April 2012 beschlossenen Erweiterung der Definition eines (Konventions-)Schiedsspruchs in § 27 Abs. 1 IAA, die nunmehr auch schiedsrichterliche Beschlüsse oder Anweisungen in Angelegenheiten nach § 12

1258 [2010] SGHC 151.

1259 [2010] SGHC 80.

1260 Nach *Hwang/Boo/Lai*, in: *ICCA*, Handbook on Commercial Arbitration, Singapore-56, Rn. 295, wurden mit Stand vom Dezember 1994 mehr als 30 Schiedssprüche nach dem UN-Abkommen vollstreckt. Da nicht jedes Exequaturverfahren in den entsprechenden Law Reports berichtet wird und auch nach intensiver Recherche eine entsprechende Aufzeichnung nicht zu existieren scheint, kann die zuvor genannte Anzahl der Fälle anhanden des Wachstums der singapurischen Wirtschaft und der Schiedsgerichtsbarkeit in Singapur in den vergangenen Jahren nur geschätzt werden.

1261 Vgl. auch *Lau*, in: *Weigand*, Rn. 10.304.

Abs. 1 (c) – (i) IAA in den Anwendungsbereich des UN-Abkommens mit einbezieht, scheint eine scharfe Abgrenzung des sachlichen Anwendungsbereichs der Vorschriften der §§ 27 ff. IAA mehr von dogmatischer als praktischer Bedeutung. Vor allem können nunmehr auch schiedsrichterliche Maßnahmen des einstweiligen Rechtsschutzes nach den Vorschriften des UN-Abkommens gem. § 27 Abs. 1 i. V. m. § 12 Abs. 1 (i) IAA in der Republik Singapur anerkannt und vollsteckt werden.

Das *Exequaturverfahren* vor den singapurischen Gerichten ist als effizient, professionell und, wie *Leslie Chew* es bereits treffend zusammenfasst, als „*verhältnismäßig unkompliziert*[1262]" zu beschreiben. Einerseits trägt dazu bei, dass die singapurische Justiz international allgemein einen exzellenten Ruf genießt, andererseits spiegelt sich auch in diesem Zusammenhang die Förderungsabsicht der Schiedsgerichtsbarkeit durch die singapurischen Entscheidungsträger wieder, indem Schiedsangelegenheiten nahezu ausschließlich der sachlichen Zuständigkeit der höchsten erstinstanzlichen Gerichtsinstanz in Zivil- und Strafsachen, dem singapurischen *High Court* unterstellt sind. Zusätzlich zählt innerhalb des *Supreme Court of Singapore* die Schiedsgerichtsbarkeit zu einem der wenigen Sachbereiche, für die eine spezialisierte Gerichtseinheit gegründet wurde. Es ist daher nicht verwunderlich, dass insbesondere im Bereich der Anerkennung und Vollstreckung von Schiedssprüchen nach dem UN-Abkommen viele der Grundsatzentscheidungen aus der Feder von wenigen, erfahrenen und als schiedsfreundlich anzusehenden Richtern stammen. Dadurch kann in der Rechtsprechung in Schiedsangelegenheiten seit den 90er Jahren in Anlehnung an internationale Rechtsstandards ein hohes Maß an Sachkunde und Kontinuität garantiert werden.

Einen weiteren Vorteil bildet das strukturierte Verfahren selbst, welches der Verpflichtung aus Art. 3 Satz 1 UNÜ zur Schaffung eines effizienten Exequaturverfahrens voll und ganz gerecht wird. Dem Diskriminierungsverbot aus Art. 3 Satz 2 UNÜ wird sowohl formaljuristisch als auch in der praktischen Anwendung dadurch Rechnung getragen, dass die Verfahren zur Anerkennung von inländischen Schiedssprüchen mit Auslandsbezug und Konventionsschiedssprüchen gem. O. 69A, r. 6 RoC den selben Verfahrensvorschriften unterstellt sind. Selbst das Verfahren für rein inländische Schiedssprüche gem. O. 69, r. 14 RoC unterscheidet sich davon kaum. Das nach den Beweisregeln des UN-Abkommens in zwei Verfahrensstadien aufzuspaltende Exequaturverfahren bietet dem Vollstreckungsgegner zunächst in einem beschleunigten *ex parte*-Verfahren einen nahezu automatisierten Prozess, seine sich aus dem Schiedsspruch ergebenden Ansprüche rasch in der Republik Singapur durchzusetzen.

1262 *Chew*, Arbitration in Singapore, S. 100.

Fälle wie beispielsweise *Strandore Invest A/S and others* v. *Soh Kim Wat* zeigen, dass eine *ex parte*-Vollstreckbarerklärung in weniger als einer Woche erlangt werden kann[1263]. Im Einklang mit Art. 4 UNÜ ist dazu gem. O. 69A, r. 6 RoC i. V. m. § 30 IAA innerhalb einer Ausschlussfrist von 6 Jahren seit Erlass des Konventionsschiedsspruchs ein Antrag auf Vollstreckbarerklärung unter der Vorlage der Schiedsvereinbarung und des darauf basierenden Schiedsspruchs in Urschrift oder einer beglaubigten (bzw. legalisierten) Kopie in englischer Sprache einzureichen. Die singapurische Rechtsordnung unterschreitet die von dem UN-Abkommen aufgestellten Maximalstandards der Dokumentenvorlage nicht, wie dies beispielsweise in der Bundesrepublik Deutschland gem. § 1064 Abs. 1, 3 ZPO der Fall ist. Auch regelt die singapurische Rechtsordnung mit Ausnahme des das UN-Abkommen konkretisierenden O. 69A, r. 6 Abs. 1 (a) Var. 3 RoC i. V. m. § 30 Abs. 1 (c) IAA nicht, nach welchem Recht die an eine Beglaubigung oder Legalisierung der Dokumente zu stellenden Anforderungen zu bestimmen sind. Allerdings ist nicht davon auszugehen, dass im Rahmen der Dokumentenvorlagepflicht ein strikter Formalismus von den Exequaturbehörden betrieben wird. Vielmehr ist mit einer pragmatischen Herangehensweise zu rechnen, wie dies auch im internationalen Vergleich der Fall ist. Den Beweisregeln des UN-Abkommens folgend wird von den Gerichten, abgesehen von einer oberflächlichen Überprüfung der Benennung der Parteien in den Dokumenten, eine inhaltliche Überprüfung der Schiedsvereinbarung und des Schiedsspruchs nicht vorgenommen. Vielmehr wird in der schlichten Vorlage der Dokumente ein Beweis des ersten Anscheins der Vollstreckbarkeit des Konventionsschiedsspruchs gesehen (§ 30 Abs. 2 IAA).

Der Anscheinsbeweis kann von dem Antragsgegner in dem zweiten Verfahrensstadium durch den Beweis des Vorliegens eines der in § 31 IAA aufgezählten Anerkennungsversagungsgründe widerlegt werden. Im Unterschied zu dem UN-Abkommen stellt § 31 Abs. 1 IAA dabei nochmals heraus, dass eine Anerkennungsversagung ausschließlich auf der Basis der in § 31 Abs. 2, 4 IAA aufgezählten Einwendungen in Betracht kommt. Die von den singapurischen Gerichten in diesem Zusammenhang gestellten Beweishürden sind als verhältnismäßig hoch einzustufen. In mehr als der Hälfte der Fälle der veröffentlichten Entscheidungen zu § 29 Abs. 1 Var. 2 IAA wurden die Einwendungen der Antragsgegnerin bereits durch einen Beweisentscheid abgewiesen. Insbesondere in Fällen, in denen das Schiedsvertrags- oder Schiedsverfahrensstatut ausländischem Recht unterlegen hatte, war es den Antragsgegnern bisher in keinem Verfahren gelungen, durch die Vorlage eines Sachverständigengutachtens oder eines sachverständigen Zeugenbeweises

1263 Vgl. [2010] SGHC 151, Rn. 20

Zweifel an der Wirksamkeit einer Schiedsvereinbarung oder der Rechtmäßigkeit des Schiedsverfahrens zu streuen. Dies zeigt auch, dass die singapurischen Gerichte die Rechtswahl der Parteien akzeptieren und sich nicht dazu verleiten lassen, eine von den Parteien einmal getroffene Rechtswahl nach eigenen Rechtsvorstellungen zu überprüfen. Wie es der Fall *Aloe Vera of America Inc.* v. *Asianic Food (S) Pte. Ltd. and another*[1264] deutlich macht, selbst dann nicht, wenn ein singapurischer Staatsbürger betroffen ist und der Fall nach singapurischen Rechtsmaßstäben gegebenenfalls anders zu entscheiden wäre.

Zu den bedeutendsten der Anerkennungsversagungsgründe im internationalen Vergleich wie auch in Singapur zählt der Einwand der Unwirksamkeit der Schiedsvereinbarung gem. Art. 5 Abs. 1 (a) UNÜ / § 31 Abs. 2 (a), (b) IAA. Der weniger bedeutende Unterfall der *Unwirksamkeit der Schiedsvereinbarung mangels subjektiver Schiedsfähigkeit* einer der Vertragsparteien (Art. 5 Abs. 1 (a) Var. 1 UNÜ) wird gem. § 31 Abs. 2 (a) IAA als eigenständiger Anerkennungsversagungsgrund gelistet. In der Auslegung des Anerkennungsversagungsgrunds, der bisher vor den singapurischen Gerichten keine Rolle spielte, ergeben sich daraus keine Besonderheiten. Der international herrschenden Meinung folgend, ist die mangelnde subjektive Schiedsfähigkeit nach dem Kollisionsrecht der *lex fori* zu bestimmen. In den meisten Fällen ist jedoch mit einer Präklusion des Einwands zu rechnen, sofern die mangelnde subjektive Schiedsfähigkeit in dem vorangegangenen Verfahren nicht rechtzeitig gerügt worden ist. Insbesondere der Einwand der Staatenimmunität ist grundsätzlich ausgeschlossen, sofern sich der Staat der Schiedsgerichtsbarkeit in einer Schiedsvereinbarung unterworfen hat.

Der regelmäßig vor den singapurischen Gerichten erhobene Einwand der *Unwirksamkeit der Schiedsvereinbarung* gem. § 31 Abs. 2 (b) IAA zählt zu den wichtigsten aller Anerkennungsversagungsgründe. Die singapurischen Gerichte folgen (im Bewusstsein der erheblichen Auswirkungen einer Feststellung der Unwirksamkeit einer Schiedsvereinbarung im Exequaturverfahren, in respektvoller Achtung der Kompetenz-Kompetenz der Schiedsgerichte, der kontinuierlichen Betonung des Grundsatzes der *Comitas Gentium* und dem damit verbundenen nationalen Interesse, sich als weltweites Schiedszentrum zu etablieren) einer weiten, geltungserhaltenden Auslegung von Schiedsvereinbarungen. Dabei vertrauen die singapurischen Gerichte aber nicht blind auf die Entscheidungen eines Schiedsgerichts, sondern nehmen entsprechend dem Sinn und Zweck des Art. 5 Abs. 1 (a) Var. 2 UNÜ sowohl bei einem ausländischen wie inländischen Vertragsstatut ihre eigenständige Prüfungskompetenz selbstbewusst war. Die singapurische Rechtsordnung sowie deren

1264 [2006] SGHC 78

Gerichte betonen die Bedeutsamkeit des den Rechtsweg zu den Schiedsgerichten begründenden Willensakts und tragen Sorge dafür, dass keine natürliche oder juristische Person gegen ihren Willen zur Teilnahme an einem Schiedsverfahren gezwungen wird, andererseits aber auch die mit dem Abschluss einer Schiedsvereinbarung entstehenden Verpflichtungen eingehalten werden. Dies zeigt sich unter anderem dadurch, dass die singapurischen Ratifizierungsvorschriften in Ergänzung zu dem UN-Abkommen an mehreren Stellen die Abhängigkeit zwischen einer Schiedsvereinbarung und dem darauf basierenden Schiedsspruch gesondert hervorheben. Außerdem folgt die singapurische Rechtsordnung der international herrschenden Rechtspraxis und geht bei der antragsgemäßen Prüfung der Wirksamkeit der Schiedsvereinbarung von einer eigenständigen Prüfungskompetenz des Exequaturgerichts (engl. „*re-hearing*“) aus. In Anlehnung an den Anscheinsbeweis gem. § 30 Abs. 2 IAA bedeutet dies aber nicht, dass die Gerichte in enger Auslegung der Schiedsvereinbarung diese auf jeden erdenklichen Rechtsfehler untersuchen. Vielmehr müssen von dem Antragsgegner unter konkreter Benennung der Unwirksamkeitsgründe „*außergewöhnliche Umstände*“ bewiesen werden, die eine detaillierte Überprüfung der Schiedsvereinbarung durch die Gerichte rechtfertigen. Gleiches gilt für die Frage der Formunwirksamkeit einer Schiedsvereinbarung, die gem. § 27 Abs. 1 i. V. m. Art. 2 Abs. 2 UNÜ nach der vertragseigenen Sachnorm zu beantworten ist. Der herrschenden Auslegung zu Art. 2 Abs. 2 UNÜ folgend erfordert dies, dass der übereinstimmende Wille der Parteien, eventuelle Rechtsstreitigkeiten einem Schiedsgericht zu übertragen, sich aus dem wechselseitigen Austausch von Dokumenten erkennen lässt.

Obgleich der Einwand der *Verletzung des rechtlichen Gehörs* gem. Art. 5 Abs. 1 (b) UNÜ wegen seines weiten Anwendungsbereichs im internationalen Vergleich relativ häufig gegen die Anerkennung eines Schiedsspruchs vorgetragen wird, hatten sich die singapurischen Exequaturgerichte bisher selten mit § 31 Abs. 2 (c) IAA zu beschäftigen. Ungeklärt bleibt, ob die an die Verletzung des rechtlichen Gehörs zu stellenden Rechtsmaßstäbe in vertragsautonomer Auslegung oder nach singapurischem Recht zu bestimmen sind. Nach beiden Theorien ist aber mit einer äußerst zurückhaltenden Annahme einer Verletzung des rechtlichen Gehörs zu rechnen. Dies gilt insbesondere dann, wenn das Schiedsgericht den möglicherweise fragwürdigen Verfahrensvereinbarungen i. S. v. § 31 Abs. 2 (e) IAA gefolgt ist, schließt aber eine Überprüfung nach § 31 Abs. 2 (c) IAA nicht kategorisch aus. Zusätzlich fordert die singapurische Rechtsordnung, im Unterschied zu der international herrschenden Möglichkeitstheorie, von dem Antragsgegner den Beweis eines Kausalzusammenhangs. Nach den von den Gerichten im Zusammenhang mit § 31 IAA generell hoch gezogenen Beweishürden scheint dies aber nur bei schwersten Verstößen gegen allgemein anerkannte Rechtsprinzipien des rechtlichen Gehörs möglich.

Der Anerkennungsversagungsgrund wegen einer *Überschreitung der Entscheidungsbefugnisse* durch das Schiedsgericht gem. § 31 Abs. 2 (d) IAA wurde bisher in 50 % aller veröffentlichten Exequaturentscheidungen vor den singapurischen Gerichten erhoben. Die Hauptproblematik dabei ist, wie auch in der internationalen Rechtspraxis, die exakte Bestimmung des Umfangs der Entscheidungszuständigkeit des Schiedsgerichts. In erster Linie ist dieser nach der Schiedsvereinbarung zu bestimmen, wobei entsprechend zu § 31 Abs. 2 (b) IAA von den singapurischen Gerichten eine weite Auslegung des Mandats des Schiedsgerichts, im Zweifel zugunsten der Annahme einer Entscheidungszuständigkeit des Gerichts an den Tag gelegt wird. Ergänzend ist auf die Klageschrift, Klageerwiderung und den sich daraus ergebenden Schiedsauftrag (engl. „*terms of reference*") abzustellen, die ebenfalls zugunsten einer Entscheidungszuständigkeit des Schiedsgerichts weit auszulegen sind. Eine zusätzliche Beschränkung oder Erweiterung durch sonstiges Prozessverhalten der Parteien ist nach dem auf das Schiedsverfahren anwendbaren Recht möglich. Der übereinstimmende Wille der Parteien muss dabei aber unmissverständlich zu erkennen sein. Im Unterschied zu der international herrschenden Meinung und in Anlehnung an die Rechtsprechung zu Art. 34 Abs. 2 (a) (iii) MG i. V. m. § 3 Abs. 1 IAA ist davon auszugehen, dass auch die Anerkennung eines Schiedsspruchs *infra petita* dem Anwendungsbereich des § 31 Abs. 2 (d) IAA zuzurechnen ist. Allerdings gilt dies nur in solchen Fällen, in denen der Antragsgegner beweisen kann, dass der Fehler des Schiedsgerichts, sich mit jeder einzelnen ihm zur Entscheidung übertragenen Rechtsfrage auseinanderzusetzen, zu einer tatsächlichen Beschwer des Antragsgegners geführt hat. Eine weitere Abweichung von der international herrschenden Auslegungspraxis zu Art. 5 Abs. 1 (c) UNÜ könnte darin gesehen werden, dass die Anwendung falscher Rechtsmaßstäbe nach einer singapurischen Literaturmeinung nicht unter den Einwand der Überschreitung der Entscheidungszuständigkeit subsumiert werden kann. Es gilt aber abzuwarten, ob diese Auffassung von den Gerichten tatsächlich bestätigt wird. Zweifellos lassen sich die singapurischen Gerichte darüber hinaus nicht dazu missbrauchen, unter dem Deckmantel des Anerkennungsversagungsgrunds eine inhaltliche Überprüfung eines Schiedsspruchs auf Rechtsfehler vorzunehmen.

Der *Anerkennungsversagungsgrund wegen einer Verletzung von schiedsgerichtlichen Verfahrensvorschriften* wird vergleichbar zu der internationalen Rechtspraxis ebenfalls in einer großen Anzahl an Fällen erhoben. Die Auslegung des § 31 Abs. 2 (c) IAA legt nahe, dass die singapurische Rechtsordnung der Verfahrensgestaltungsfreiheit der Schiedsparteien die bestmögliche

Geltung verschafft und die von diesen getroffene Rechtswahl respektiert. Erneut zeigt sich dies durch die hohen Beweishürden der Vorlage eines Sachverständigengutachtens oder dem Angebot eines sachverständigen Zeugenbeweises, wenn das Verfahrensstatut einem der singapurischen Rechtsordnung fremden Recht untersteht. Zusätzlich obliegt es dem Antragsgegner auch in diesem Fall, nicht nur das Vorliegen einer bereits im Schiedsverfahren zu rügenden Verletzung der Verfahrensordnung zu beweisen, sondern auch dessen tatsächliche Auswirkung auf den Schiedsspruch darzulegen. Eine Präklusion des Einwands gem. § 31 Abs. 2 (c) IAA scheint nach dem Fall *Hainan Machinery Import and Export Corp. and Donald & McArthy Pte. Ltd.*[1265] selbst dann möglich, wenn der Antragsgegner dem Schiedsverfahren bewusst ferngeblieben ist.

Mit dem im internationalen Rechtsvergleich heftig umstrittenen Anerkennungsversagungsgrund wegen *Nichtverbindlichkeit des Konventionsschiedsspruchs* hatten sich die singapurischen Gerichte bisher nicht zu befassen. Rechtsunsicherheiten bestehen bereits in der Auslegung des § 31 Abs. 2 (e) IAA bei den auf die Bestimmung der Verbindlichkeit eines Schiedsspruchs anzuwendenden Rechtsmaßstäben. Nach der vorliegend vertretenen Auffassung ist davon auszugehen, dass die singapurischen Gerichte im Einklang mit der international herrschenden Auffassung, einer vertragsautonomen Auslegung der Norm folgen. Der Meinungsstreit ist aber mehr von theoretischer als praktischer Relevanz. Von größerer Bedeutung ist hingegen, welche Anforderungen an die Anerkennungsverweigerung eines in seinem Ursprungsland aufgehobenen Schiedsspruchs zu stellen sind. Unabhängig davon, welcher der vertretenen Lehren gefolgt wird, ist davon auszugehen, dass kaum eine Chance der Anerkennung eines im Ursprungsland aufgehobenen Schiedsspruch besteht. Dem in dem singapurischen Schiedsverfahrensrecht und dem angelsächsischen Rechtskreis tief verwurzelten Territorialitätsprinzip folgend, fehlt es unabhängig von einem möglichen Ermessenspielraum der Exequaturgerichte bereits an einem zu vollstreckenden Rechtsgrund. Wird hingegen der Gegenauffassung gefolgt, besteht zwar die grundsätzliche Möglichkeit zum Exequatur eines von der zuständigen Behörde aufgehobenen Schiedsspruchs fort, unter Berücksichtigung des bei der Anerkennung ausländischer Entscheidungen in Singapur bedeutsamen Rechtsgrundsatzes der Gegenseitigkeit und der *Comitas Gentium* und einer i. Z. m. § 31 Abs. 1 IAA grundsätzlich restriktiven Ermessensausübung der singapurischen Gerichte kommt eine Anerkennungsverweigerung nur in solchen Fällen in Betracht, in denen außergewöhnliche Umstände von der Antragsgegnerin bewiesen werden, die eine ordnungsgemäße Entscheidung des

1265 [1995] SGHC 232.

Gerichts der Primärjurisdiktion in erhebliche Zweifel ziehen. Wie bereits in anderem Zusammenhang mehrfach festgestellt werden konnte, scheitert die überwiegende Anzahl an Einwendungen i. S. v. § 31 Abs. 2 IAA bereits an diesen hohen Beweishürden. Darüber, welche konkreten Voraussetzungen an die Beweispflicht der Antragstellerin zu stellen sind, insbesondere ob es ausreicht, wenn die Aufhebung auf rein nationalen Erwägungen der Primärjurisdiktion basiert, oder welche Anforderungen an die Ermessensausübung des Exequaturgerichts zu stellen sind, kann nur spekuliert werden. Sollte eine eigenständige Überprüfung des Konventionsschiedsspruchs tatsächlich in Betracht kommen, ist aber davon auszugehen, dass sich die singapurischen Gerichte an Art. 9 Abs. 1 EUÜ bzw. Art. 5 Abs. 3 (g) ME orientieren werden.

Die zuvor dargelegten Auslegungstendenzen zu § 31 Abs. 2 (f) Var. 2 IAA können grundsätzlich auf den Einwand der Anerkennungsverweigerung wegen (einstweiliger) Hemmung des Schiedsspruchs im Ursprungsland gem. § 31 Abs. 2 (f) Var. 3 IAA übertragen werden. Abzugrenzen davon ist die Möglichkeit der einstweiligen Aussetzung des Exequaturverfahrens nach § 31 Abs. 5 IAA. In Anlehnung an den Rechtsgrundsatz der *Comitas Gentium* ist bezogen auf den Einzelfall tendenziell mit einer Verfahrensaussetzung mit Sicherheitsleistung in Erwartung einer baldigen Entscheidung in der Primärjurisdiktion zu rechnen. Im Unterschied zu dem UN-Abkommen ermöglicht die singapurische Rechtsordnung gem § 31 Abs. 5 IAA ausdrücklich eine Teilaussetzung beziehungsweise Teilvollstreckung des Konventionsschiedsspruchs. In Anlehnung an den Rechtsgrundsatz der *Comitas Gentium* und die herrschende internationale Rechtspraxis ist im Rahmen des weiten Ermessenspielraums der singapurischen Exequaturgerichte tendenziell mit einer *Verfahrensaussetzung* zu rechnen. Allerdings haben die Gerichte in anderem Zusammenhang bereits mehrfach zu erkennen gegeben, dass sich diese von offenbaren Verzögerungstaktiken der in dem Schiedsverfahren unterlegenen Partei nicht beindrucken lassen.

Bezüglich den dem Amtsermittlungsgrundsatz der Gerichte unterliegenden Anerkennungsversagungsgründen gem. § 31 Abs. 4 IAA ist kein Fall bekannt in dem die singapurischen Gerichte selbst einen der Versagungsgründe in das Exequaturverfahren eingebracht haben.

Der Anerkennungsversagungsgrund wegen fehlender *objektiver Schiedsfähigkeit* des Streitgegenstands (§ 31 Abs. 4 (a) IAA) wird in Singapur als ein Bestandteil des Ordre Public verstanden. Entsprechend ist die Wahl der Art der Beilegung von Rechtsstreitigkeiten grundsätzlich den Rechtssubjekten frei überlassen, sofern dem keine unverzichtbaren öffentlichen Interessen nach der Doktrin des Ordre Public entgegenstehen. Wie nachfolgend genauer zu erkennen ist, folgt die singapurische Rechtsordnung einer äußerst engen Auslegung des

Ordre Public. Daneben besteht die Möglichkeit kraft Gesetzes spezifische Rechtsgebiete der Streitbeilegung im Wege der Schiedsgerichtsbarkeit ausdrücklich zu entziehen. Davon hat die Republik Singapur bisher keinen Gebrauch gemacht. Gem. § 11 Abs. 2 IAA genügt selbst eine einseitige gesetzliche Rechtswegzuweisung zu den staatlichen Gerichten nicht, eine Beilegung der Rechtsstreitigkeit vor einem Schiedsgericht per se auszuschließen.

Die Auslegung des *Ordre Public*-Einwands durch die staatlichen Gerichte wird vielfach als einer der wichtigsten Indikatoren der „*Schiedsfreundlichkeit*" einer Nation gesehen. Vergleichbar zu der internationalen Rechtspraxis zählt auch in der Republik Singapur der Einwand des Ordre Public zu den Hauptanwendungsfällen aller Anerkennungsversagungsgründe. Allerdings ist kein Exequaturverfahren bekannt, in dem der Einwand mit Erfolg erhoben werden konnte. Gleiches gilt für die Aufhebungsverfahren gem. Art. 34 Abs. 2 (b) (ii) IAA. Die Grundsatzentscheidung *PT Asuransi Jasa Indonesia (Persero)* v. *Dexia Bank SA*[1266] macht durch die darin enthaltenen Definitionsversuche des Ordre Public deutlich, dass eine Verletzung des Ordre Public nur bei der Missachtung von Fundamentalgrundsätzen des singapurischen Rechts in Betracht kommt, die die absoluten Grundwerte von Moral und Gerechtigkeit verletzen. In Abgrenzungen zu einigen Vertragsstaaten des UN-Abkommens folgt die singapurische Rechtsordnung damit einer relativ engen Auslegung des Ordre Public, nach der in der schlichten Nichtbeachtung zwingenden singapurischen Gesetzesrechts grundsätzlich keine Verletzung des singapurischen Ordre Public zu sehen ist. Entsprechend erfordert dies auch nicht die Unterscheidung zwischen einem *Ordre Public externe* und einem *Ordre Public interne.* Dennoch macht die Normenhierarchie des singapurischen Schiedsrechts deutlich, dass der Grad des Auslandsbezugs in die Gesamtwertung aller Umstände des Einzelfalls mit einzubeziehen ist. Zusätzlich ist die in Singapur stark ausgeprägte „*Pro-Enforcement Bias*" mit zu berücksichtigen, die auf das Vorhaben zurückzuführen ist, die Republik Singapur zu einem führenden Schiedszentrum zu entwickeln beziehungsweise den bereits erlangten Status zu sichern. Auch die wirtschaftsliberale Grundausrichtung des Stadtstaates, die kontinuierlich betonte Eigenverantwortlichkeit der Parteien in Verbindung mit den Vor- und Nachteilen der getroffenen Rechtswahl und der nahezu gebetsmühlenartig wiederholte Grundsatz der *Comitas Gentium* sind bei der Auslegung des § 31 Abs. 4 (b) IAA in die Wertung miteinzubeziehen. Im Einklang mit den internationalen Auslegungsstandards schließt dies eine Überprüfbarkeit eines Schiedsspruchs auf Fehler der Beweisaufnahme

---

1266 [2006] SGCA 41.

kategorisch aus. Auch eine Überprüfung des Schiedsspruchs auf Rechtsanwendungsfehler war über lange Zeit pauschal ausgeschlossen. Nach der jüngsten Entscheidung des *Court of Appeal* in dem Fall *AJU* v. *AJT*[1267] ist aber nunmehr davon auszugehen, dass (qualifizierte) Rechtsfragen, die ihrerseits einen Teil des singapurischen Ordre Public bilden, basierend auf den Tatsachenfeststellungen des Schiedsgerichts auf Rechtsfehler überprüft werden können. Zwar bleibt aufgrund der engen Auslegung des Ordre Public im Grundsatz auch weiterhin eine *révision au fond* ausgeschlossen. Die Diskussion welche Rechtsfragen dem Ordre Public zu unterstellen sind, zum Beispiel auch, ob haarsträubende Rechtsanwendungsfehler dazu zählen, wie dies von einer gewichtigen singapurischen Literaturmeinung vertreten wird, hat gerade erst begonnen.

Weitere Schranken der Anerkennungsversagung, die in dem UN-Abkommen nicht ausdrücklich geregelt aber nicht zu unterschätzen sind, bilden das Erfordernis eines Kausalzusammenhangs zwischen einem schiedsrichterlichen Verfahrensfehler und dessen Entscheidungsfindung und das Verbot widersprüchlichen Parteiverhaltens. Gerade in der Republik Singapur werden im Vergleich zu der international herrschenden Rechtspraxis besonders strenge Maßstäbe an beiden Rechtsprinzipien gestellt. Im Unterschied zu der international herrschenden Möglichkeitstheorie fordert die singapurische Rechtsordnung von dem Antragsgegner den konkreten Nachweis des Ursächlichkeitszusammenhangs. Zusätzlich ist nach der singapurischen Rechtsprechung der Vortrag eines antragsgebundenen Anerkennungsversagungsgrunds präkludiert, wenn dieser von dem Antragsgegner bereits in der Primärjurisdiktion (erfolglos) geltend gemacht worden ist.

Kommt das Gericht zu der Feststellung, dass einer der zuvor genannten Anerkennungsversagungsgründe gegeben ist, steht es den singapurischen Gerichten, der international herrschenden Auffassung zu der Auslegung des UN-Abkommens folgend, frei, nach ihrem Ermessen dennoch eine Vollstreckbarerklärung zu erteilen. Dabei handelt es sich allerdings um ein intendiertes Ermessen, nach dem das Vorliegen eines der Anerkennungsversagungsgründe „*nahezu automatisch*" zu einer Anerkennungsverweigerung des Schiedsspruchs führt, sofern keine außergewöhnlichen Umstände von der Antragstellerin dargelegt werden, die ausnahmsweise eine Anerkennung und Vollstreckung des Schiedsspruchs rechtfertigen. Gegenwärtig ist kein Urteil bekannt, in welchem die singapurischen Gerichte von ihrem Ermessensspielraum Gebrauch gemacht haben.

1267 [2011] SGCA 41.

Obwohl im Gegensatz zu manch anderer Rechtsordnung eine ganze Reihe an Möglichkeiten bestehen einem Konventionsschiedsspruch in der Republik Singapur Geltung zu verschaffen, bilden diese nur in besonderen Ausnahmefällen eine echte Alternative zu einem Exequatur gem. § 29 Abs. 1 Var. 2 IAA. In der Gesamtschau ist zweifellos davon auszugehen, dass eine Anerkennung und Vollstreckung eines Konventionsschiedsspruchs nach den Ratifizierungsvorschriften des UN-Abkommens gem. §§ 27 ff. IAA das günstigste, schnellste und einfachste Verfahren dazu bereitstellt.

Beispielsweise obliegt die Anerkennung und Vollstreckung ausländischer Nichtkonventionsschiedssprüchen gem. § 46 Abs. 3 AA i. V. m. § 33 Abs. 1 IAA leicht günstigeren Dokumentenvorlagepflichten, als dies bei § 30 Abs. 1 IAA der Fall ist. Außerdem stehen die Gründe einer Anerkennungsverweigerung ausschließlich im Ermessen des Gerichts. Die Normenhierarchie gegenüber den Vorschriften des IAA sowie die mit dem weiten Ermessen des Gerichts verbundenen Prozessrisiken schließen eine Günstigerstellung des Antragstellers aber nahezu aus.

§ 3 Abs. 1 RECJA und gegebenenfalls § 4 Abs. 2 REFJA schaffen die Möglichkeit eines Doppelexequatur des Schiedsspruchs. Abgesehen von dem vernachlässigenswerten sachlichen Anwendungsbereich der Gesetze, bieten auch hier die mit dem weiten Ermessensspielraum der Gerichte verbunden Rechtsunsicherheiten und die generell mit einer Doppelexequatur verbundenen Nachteile kaum eine praktikable Alternative zu § 29 Abs. 1 Var. 2 IAA. Es sei denn, dass letzteres Verfahren durch Zeitablauf gem. § 6 Abs. 1 (c) Limitation Act (Cap. 163) ausgeschlossen ist.

Zuletzt besteht gem. § 29 Abs. 1 Var. 1 IAA die Möglichkeit einer „*action in court*“, einer selbständigen (Verpflichtungs-)Klage auf der Basis des dem Schiedsspruch zugrunde liegenden Schuldverhältnisses. Aufgrund der Risiken eines vollumfänglichen und langwierigen Erkenntnisverfahrens, die umgekehrte Beweispflicht der Klägerin gegenüber der einfachen Vorlagepflicht nach dem UN-Abkommen sowie das dem Gericht zustehende Ermessen über den Beweiswert des Schiedsspruchs zu befinden, welches sich bei seiner Sachprüfung wiederum an den Aufhebungs- und Anerkennungsversagungsgründen des IAA orientieren wird, wurde diese ursprünglichste Form der Anerkennung und Vollstreckung ausländischer Schiedssprüche praktisch von dem UN-Abkommen verdrängt.

Ist die Vollstreckbarerklärung erteilt, kann der Schiedsspruch gem. § 19 IAA gleich einem staatlichen Gerichtsurteil durch die singapurischen Vollstreckungsbehörden zwangsvollstreckt werden. Insofern ergeben sich keine Besonderheiten gegenüber den Vorschriften des singapurischen Zwangsvollstreckungsrechts. Gleich dem Verfahren zur Vollstreckbarerklärung des

Schiedsspruchs gem. § 29 Abs. 1 Var. 2 IAA stellt die singapurische Rechtsordnung dem Vollstreckungsgläubiger ein effizientes Vollstreckungsregime zur Verfügung, welches seinerseits zu den besten der Welt zu zählen ist.

II. Fazit

Obwohl die Republik Singapur wegen ihrer autoritären Regierung und den westlichen Staaten teils weniger vertrauten Lenkungsmechanismen gelegentlich in der internationalen Kritik steht und die moderne Schiedsgerichtsbarkeit in dem Stadtstaat eine relativ junge Entwicklung aufzuweisen hat, kann einmal mehr festgestellt werden, das der kleine Tigerstaat in dem Konzert der Großen kräftig mitmischt. Dies gilt nicht nur für den Schiedsort Singapur, sondern insbesondere oder gerade auch für die vorbildliche Erfüllung der Verpflichtung zur effizienten Anerkennung und Vollstreckung von ausländischen Schiedssprüchen gem. Art. 3 Satz 1 UNÜ.

Einhergehend mit dem raketenartigen Aufstieg des Schiedsorts Singapur haben die vergangenen Jahre seit dem Beitritt der Republik Singapur zu dem UN-Abkommen am 21. August 1986 ein eindrucksvolles Beispiel dafür gegeben, wie der teils schwierige Balanceakt zwischen der staatlichen Gerichtsbarkeit und der Schiedsgerichtsbarkeit in nachahmenswerter Weise bewerkstelligt werden kann, um den rechtlichen und wirtschaftlichen Herausforderungen der Neuzeit gerecht zu werden. Gerade die Anwendung des UN-Abkommens liefert das beste Beispiel dafür und hat diese Entwicklung erheblich geprägt.

Das Ziel der Väter des UN-Abkommens war es, zur Förderung der Rechtsinstitution der Schiedsgerichtsbarkeit den Schiedssprüchen unter der Förderung der Privatautonomie und gleichzeitiger Minimierung der Möglichkeiten der staatlichen Einflussnahme der privaten Streitbeilegung grenzüberschreitend die bestmögliche Geltung zu verschaffen. Den Blick unter anderem auf die Republik Singapur gerichtet, auf einen Staat, der zum Zeitpunkt der Staatenkonferenz in der heutigen Form nicht einmal existierte, ist davon auszugehen, dass sich die Konferenzteilnehmer zufrieden über den Erfolg und die Anwendung des Abkommens beglückwünschen würden.

Doch was charakterisiert die Anerkennung und Vollstreckung von Konventionsschiedssprüchen in der Republik Singapur?

1. Zunächst ist die positive Bilanz auf die Grundhaltung der Exekutive und Legislative gegenüber der Schiedsgerichtsbarkeit zurückzuführen. Bereits die einzigartige Mischung westlicher als auch asiatischer Einflüsse, einer

gebildeten multikulturellen Gesellschaft, ein ausgeprägter und stabiler Wirtschaftsliberalismus, die Erfahrungen mit der Rezeption und Anpassung fremder Rechtsmaßstäbe an die singapurischen Gegebenheiten sowie die lange Tradition an grenzüberschreitenden Geschäftsbeziehungen bilden bereits einen guten Nährboden für die Entwicklung moderner Schiedsstrukturen. Hinzu kommt die gezielte Förderung der Schiedsgerichtsbarkeit durch die singapurische Exekutive und Legislative. Einerseits um den Anforderungen und dem Wachstum der singapurischen Wirtschaft gerecht zu werden. Andererseits als eine weitere Säule des Vorhabens, den Stadtstaat mangels eigener natürlichen Ressourcen und den mit der Größe des Ministaats verbundenen gesamtwirtschaftlichen Nachteilen zu einem international anerkannten Dienstleistungszentrum zu entwickeln. Sofern staatliche Interessen bei der Anerkennung und Vollstreckung von Konventionsschiedssprüchen Einfluss nehmen, ist daher eher eine (exorbitante) Schiedsfreundlichkeit als eine ungerechtfertigte Geltendmachung protektionistischer Interessen zu beobachten.

2. Ein weiterer wichtiger Punkt, der das Exequatur von Konventionsschiedssprüchen in Singapur prägt, ist die von der Judikative an den Tag gelegte Professionalität und Effizienz in der Streitbeilegung. Die Erlangung eines schnellen, kostengünstigen und neutralen Streitbeilegungsverfahrens zählt zu den der Schiedsgerichtsbarkeit zugesprochenen Vorteilen gegenüber der ordentlichen Gerichtsbarkeit. Spätestens in der zwangsweisen Vollstreckung eines Schiedsspruchs vor den staatlichen Gerichten werden die Parteien aber gelegentlich von den justiziellen Problemen einer Rechtsordnung eingeholt, die gegebenenfalls durch die Beilegung der Rechtsstreitigkeit im Wege der Schiedsgerichtsbarkeit vermieden werden sollten. Die singapurische Justiz in Zivilsachen genießt einen exzellenten Ruf und wird kontinuierlich zu den besten der Welt gezählt. Eine Korruptionsproblematik oder eine von den Gerichten übertrieben an den Tag gelegte Bürokratie ist praktisch nicht existent. Zusätzlich zeigt die Geschichte der Schiedsgerichtsbarkeit in Singapur, dass die Schiedsgerichtsbarkeit nicht als Konkurrenz, sondern in Ergänzung zu den staatlichen Gerichten gesehen wird. Die an dem *Supreme Court of Singapore* speziell gebildete Gerichtseinheit für Schiedsangelegenheiten sichert darüber hinaus seit Jahren eine sachkundige und kontinuierliche Rechtsprechung. Auch die geschätzte durchschnittliche Verfahrensdauer eines einfachen Verfahrens von dem *ex parte*-Antrag auf Erteilung einer Vollstreckbarerklärung bis zum Abschluss der Zwangsvollstreckung von 2-4 Monaten spricht eine deutliche Sprache.

3. Entscheidend ist letztlich die konkrete Auslegung des UN-Abkommens bezogen auf den Einzelfall. Zusammenfassend folgt die singapurische Rechtsordnung einer vorbildlichen Auslegung des UN-Abkommens, die, sofern zwischen den vergleichbaren Vorschriften zu rein inländischen Schiedssprüchen, ausländischen Nichtkonventionsschiedssprüchen, inländischen Schiedssprüchen mit Auslandsbezug und ausländischen Konventionsschiedssprüchen unterschieden werden kann, dem liberalsten Regime der staatlichen Eingriffsmöglichkeiten unter starker Anlehnung an die international herrschende Rechtspraxis zur Auslegung des UN-Abkommens folgt. Einerseits stellt die singapurische Rechtsordnung im Vertrauen auf die Professionalität der Schiedsgerichte und das eigenverantwortliche Handeln der Schiedsparteien ein nahezu automatisiertes, vereinfachtes und beschleunigtes Verfahren zur Exequatur von Konventionsschiedssprüchen bereit. Andererseits obliegt es der Verantwortung der in dem Schiedsverfahren unterlegenen Partei sich in einem zweiten Verfahrensstadium der Vollstreckbarkeitsvermutung gem. § 30 Abs. 2 IAA zu widersetzen. Dabei nehmen die Exequaturgerichte in enger Auslegung der Anerkennungsversagungsgründe aus § 31 IAA ihre Prüfungskompetenzen zurückhaltend aber selbstbewusst war und lassen sich nicht als eine Berufungsinstanz einer mit dem Ergebnis des Schiedsverfahrens unzufriedenen Partei missbrauchen.

Mit Blick in die Zukunft wird allerdings gespannt zu beobachten sein, ob sich die positive Rechtspraxis der vergangenen 28 Jahre seit der Ratifizierung des UN-Abkommens auch in Zukunft in gleicher Weise fortsetzen kann. Erste Anzeichen einer möglicherweise weniger liberalen Auslegung des UN-Abkommens können bereits festgestellt werden. Beispielsweise können in allen politischen, wirtschaftlichen und gesellschaftlichen Bereichen vermehrt Stimmen einer stärker national betonten Ausrichtung der Republik Singapur verzeichnet werden. Getragen von dem Selbstbewusststein, mittlerweile zu einem der weltweit führenden Schiedszentren zu zählen, können auch vermehrt Entscheidungen der Gerichte festgestellt werden, in denen die ständige Rechtsprechung der vergangenen Jahre insgesamt oder in differenzierender Betrachtung teils in Frage gestellt wird.

Aktuell können für die Praxis der Anerkennung und Vollstreckung ausländischer Schiedssprüche nach dem New Yorker Abkommen vom 10. Juni 1958 in der Republik Singapur aber nur Bestnoten vergeben werden, womit Singapur einmal mehr einen internationalen Vergleich mit anführen wird.

Anhang

International Arbitration Act (Chapter 143A)

(Original Enactment: Act 23 of 1994)

REVISED EDITION 2002

(31st December 2002)

An Act to make provision for the conduct of international commercial arbitrations based on the Model Law on International Commercial Arbitration adopted by the United Nations Commission on International Trade Law and conciliation proceedings and to give effect to the New York Convention on the Recognition and Enforcement of Foreign Arbitral Awards and for matters connected therewith.

PART I

PRELIMINARY

Short title

1. This Act may be cited as the International Arbitration Act.

PART II

INTERNATIONAL COMMERCIAL ARBITRATION

Interpretation of Part II

2.—(1) In this Part, unless the context otherwise requires —

"arbitral tribunal" means a sole arbitrator or a panel of arbitrators or a permanent arbitral institution, and includes an emergency arbitrator appointed pursuant to the rules of arbitration agreed to or adopted by the parties including the rules of arbitration of an institution or organisation;

"appointing authority" means the authority designated under section 8(2) or (3);

"arbitration agreement" means an arbitration agreement referred to in section 2A;

"award" means a decision of the arbitral tribunal on the substance of the dispute and includes any interim, interlocutory or partial award but excludes any orders or directions made under section 12;

"Model Law" means the UNCITRAL Model Law on International Commercial Arbitration adopted by the United Nations Commission on International Trade Law on 21st June 1985, the text in English of which is set out in the First Schedule;

"party" means a party to an arbitration agreement or, in any case where an arbitration does not involve all of the parties to the arbitration agreement, means a party to the arbitration.

(2) Except so far as the contrary intention appears, a word or expression that is used both in this Part and in the Model Law (whether or not a particular meaning is given to it by the Model Law) has, in the Model Law, the same meaning as it has in this Part.

Definition and form of arbitration agreement

2A.—(1) In this Act, "arbitration agreement" means an agreement by the parties to submit to arbitration all or certain disputes which have arisen or which may arise between them in respect of a defined legal relationship, whether contractual or not.

(2) An arbitration agreement may be in the form of an arbitration clause in a contract or in the form of a separate agreement.

(3) An arbitration agreement shall be in writing.

(4) An arbitration agreement is in writing if its content is recorded in any form, whether or not the arbitration agreement or contract has been concluded orally, by conduct or by other means.

(5) The requirement that an arbitration agreement shall be in writing is satisfied by an electronic communication if the information contained therein is accessible so as to be useable for subsequent reference.

(6) Where in any arbitral or legal proceedings, a party asserts the existence of an arbitration agreement in a pleading, statement of case or any other document in circumstances in which the assertion calls for a reply and the assertion is not denied, there shall be deemed to be an effective arbitration agreement as between the parties to the proceedings.

(7) A reference in a contract to any document containing an arbitration clause shall constitute an arbitration agreement in writing if the reference is such as to make that clause part of the contract.

(8) A reference in a bill of lading to a charterparty or other document containing an arbitration clause shall constitute an arbitration agreement in writing if the reference is such as to make that clause part of the bill of lading.

(9) Article 7 of the Model Law shall not apply to this section.

(10) In this section —

"data message" means information generated, sent, received or stored by electronic, magnetic, optical or similar means, including, but not limited to, electronic data interchange (EDI), electronic mail, telegram, telex or telecopy;

"electronic communication" means any communication that the parties make by means of data messages.

Model Law to have force of law

3.—(1) Subject to this Act, the Model Law, with the exception of Chapter VIII thereof, shall have the force of law in Singapore.

(2) In the Model Law —

"State" means Singapore and any country other than Singapore;

"this State" means Singapore.

Interpretation of Model Law by use of extrinsic material

4.—(1) For the purposes of interpreting the Model Law, reference may be made to the documents of —

(*a*) the United Nations Commission on International Trade Law; and

(*b*)its working group for the preparation of the Model Law,

relating to the Model Law.

(2) Subsection (1) shall not affect the application of section 9A of the Interpretation Act (Cap. 1) for the purposes of interpreting this Act.

Application of Part II

5.—(1) This Part and the Model Law shall not apply to an arbitration which is not an international arbitration unless the parties agree in writing that this Part or the Model Law shall apply to that arbitration.

(2) Notwithstanding Article 1(3) of the Model Law, an arbitration is international if —

(*a*) at least one of the parties to an arbitration agreement, at the time of the conclusion of the agreement, has its place of business in any State other than Singapore; or

(*b*) one of the following places is situated outside the State in which the parties have their places of business:

(i) the place of arbitration if determined in, or pursuant to, the arbitration agreement;

(ii) any place where a substantial part of the obligations of the commercial relationship is to be performed or the place with which the subject-matter of the dispute is most closely connected; or

(*c*) the parties have expressly agreed that the subject-matter of the arbitration agreement relates to more than one country.

(3) For the purposes of subsection (2) —

(*a*) if a party has more than one place of business, the place of business shall be that which has the closest relationship to the arbitration agreement;

(*b*) if a party does not have a place of business, a reference to his place of business shall be construed as a reference to his habitual residence.

(4) Notwithstanding any provision to the contrary in the Arbitration Act (Cap. 10), that Act shall not apply to any arbitration to which this Part applies.

Enforcement of international arbitration agreement

6.—(1) Notwithstanding Article 8 of the Model Law, where any party to an arbitration agreement to which this Act applies institutes any proceedings in any court against any other party to the agreement in respect of any matter which is the subject of the agreement, any party to the agreement may, at any time after appearance and before delivering any pleading or taking any other step in the proceedings, apply to that court to stay the proceedings so far as the proceedings relate to that matter.

(2) The court to which an application has been made in accordance with subsection (1) shall make an order, upon such terms or conditions as it may think fit, staying the proceedings so far as the proceedings relate to the matter, unless it is satisfied that the arbitration agreement is null and void, inoperative or incapable of being performed.

(3) Where a court makes an order under subsection (2), the court may, for the purpose of preserving the rights of parties, make such interim or supplementary orders as it may think fit in relation to any property which is the subject of the dispute to which the order under that subsection relates.

(4) Where no party to the proceedings has taken any further step in the proceedings for a period of not less than 2 years after an order staying the proceedings has been made, the court may, on its own motion, make an order discontinuing the proceedings without prejudice to the right of any of the parties to apply for the discontinued proceedings to be reinstated.

(5) For the purposes of this section and sections 7 and 11A —

(*a*) a reference to a party shall include a reference to any person claiming through or under such party;

(*b*) "court" means the High Court, District Court, Magistrate's Court or any other court in which proceedings are instituted.

Court's powers on stay of proceedings

7.—(1) Where a court stays proceedings under section 6, the court may, if in those proceedings property has been arrested or bail or other security has been given to prevent or obtain release from arrest, order —

(*a*) that the property arrested be retained as security for the satisfaction of any award made on the arbitration; or

(*b*) that the stay be conditional on the provision of equivalent security for the satisfaction of any such award.

(2) Subject to Rules of Court and to any necessary modification, the same law and practice shall apply in relation to property retained in pursuance of an order under this section as would apply if it were held for the purposes of proceedings in the court which made the order.

Authorities specified for purposes of Article 6 of Model Law

8.—(1) The High Court in Singapore shall be taken to have been specified in Article 6 of the Model Law as courts competent to perform the functions referred to in that Article except for Article 11(3) and (4) of the Model Law.

(2) The Chairman of the Singapore International Arbitration Centre shall be taken to have been specified as the authority competent to perform the functions under Article 11(3) and (4) of the Model Law.

(3) The Chief Justice may, if he thinks fit, by notification published in the *Gazette*, appoint any other person to exercise the powers of the Chairman of the Singapore International Arbitration Centre under subsection (2).

Application of Limitation Act and Foreign Limitation Periods Act 2012

8A.—(1) The Limitation Act (Cap. 163) and the Foreign Limitation Periods Act 2012 shall apply to arbitral proceedings as they apply to proceedings before any court and any reference in both Acts to the commencement of proceedings shall be construed as a reference to the commencement of arbitral proceedings.

(2) The High Court may order that in computing the time prescribed by the Limitation Act or the Foreign Limitation Periods Act 2012 for the commencement of proceedings (including arbitral proceedings) in respect of a dispute which was the subject-matter of—

(*a*) an award which the High Court orders to be set aside or declares to be of no effect; or

(*b*) the affected part of an award which the High Court orders to be set aside in part or declares to be in part of no effect,

the period between the commencement of the arbitration and the date of the order referred to in paragraph (a) or (b) shall be excluded.

(3) Notwithstanding any term in an arbitration agreement to the effect that no cause of action shall accrue in respect of any matter required by the agreement to be referred until an award is made under the agreement, the cause of action shall, for the purposes of the Limitation Act and the Foreign Limitation Periods Act 2012, be deemed to have accrued in respect of any such matter at the time when it would have accrued but for that term in the agreement.

Number of arbitrators for purposes of Article 10 (2) of Model Law

9. Notwithstanding Article 10(2) of the Model Law, if the number of arbitrators is not determined by the parties, there shall be a single arbitrator.

Default appointment of arbitrators

9A.—(1) Notwithstanding Article 11(3) of the Model Law, in an arbitration with 3 arbitrators, each party shall appoint one arbitrator, and the parties shall by agreement appoint the third arbitrator.

(2) Where the parties fail to agree on the appointment of the third arbitrator within 30 days of the receipt of the first request by either party to do so, the appointment shall be made, upon the request of a party, by the appointing authority.

Appeal on ruling of jurisdiction

10.—(1) This section shall have effect notwithstanding Article 16(3) of the Model Law.

(2) An arbitral tribunal may rule on a plea that it has no jurisdiction at any stage of the arbitral proceedings.

(3) If the arbitral tribunal rules —

(*a*) on a plea as a preliminary question that it has jurisdiction; or

(*b*) on a plea at any stage of the arbitral proceedings that it has no jurisdiction,

any party may, within 30 days after having received notice of that ruling, apply to the High Court to decide the matter.

(4) An appeal from the decision of the High Court made under Article 16(3) of the Model Law or this section shall lie to the Court of Appeal only with the leave of the High Court.

(5) There shall be no appeal against a refusal for grant of leave of the High Court.

(6) Where the High Court, or the Court of Appeal on appeal, decides that the arbitral tribunal has jurisdiction —

(*a*) the arbitral tribunal shall continue the arbitral proceedings and make an award; and

(*b*) where any arbitrator is unable or unwilling to continue the arbitral proceedings, the mandate of that arbitrator shall terminate and a substitute arbitrator shall be appointed in accordance with Article 15 of the Model Law.

(7) In making a ruling or decision under this section that the arbitral tribunal has no jurisdiction, the arbitral tribunal, the High Court or the Court of Appeal (as the case may be) may make an award or order of costs of the proceedings, including the arbitral proceedings (as the case may be), against any party.

(8) Where an award of costs is made by the arbitral tribunal under subsection (7), section 21 shall apply with the necessary modifications.

(9) Where an application is made pursuant to Article 16(3) of the Model Law or this section —

(*a*) such application shall not operate as a stay of the arbitral proceedings or of execution of any award or order made in the arbitral proceedings unless the High Court orders otherwise; and

(*b*) no intermediate act or proceeding shall be invalidated except so far as the High Court may direct.

(10) Where there is an appeal from the decision of the High Court pursuant to subsection (4) —

(*a*) such appeal shall not operate as a stay of the arbitral proceedings or of execution of any award or order made in the arbitral proceedings unless the High Court or the Court of Appeal orders otherwise; and

(*b*) no intermediate act or proceeding shall be invalidated except so far as the Court of Appeal may direct.

Public policy and arbitrability

11.—(1) Any dispute which the parties have agreed to submit to arbitration under an arbitration agreement may be determined by arbitration unless it is contrary to public policy to do so.

(2) The fact that any written law confers jurisdiction in respect of any matter on any court of law but does not refer to the determination of that matter by arbitration shall not, of itself, indicate that a dispute about that matter is not capable of determination by arbitration.

Reference of interpleader issue to arbitration

11A. Where in proceedings before any court relief by way of interpleader is granted and any issue between the claimants is one in respect of which there is an arbitration agreement between them, the court granting the relief may direct the issue between the claimants to be determined in accordance with the agreement.

Powers of arbitral tribunal

12.—(1) Without prejudice to the powers set out in any other provision of this Act and in the Model Law, an arbitral tribunal shall have powers to make orders or give directions to any party for —

(*a*) security for costs;

(*b*) discovery of documents and interrogatories;

(*c*) giving of evidence by affidavit;

(*d*) the preservation, interim custody or sale of any property which is or forms part of the subject-matter of the dispute;

(*e*) samples to be taken from, or any observation to be made of or experiment conducted upon, any property which is or forms part of the subject-matter of the dispute;

(*f*) the preservation and interim custody of any evidence for the purposes of the proceedings;

(*g*) securing the amount in dispute;

(*h*) ensuring that any award which may be made in the arbitral proceedings is not rendered ineffectual by the dissipation of assets by a party; and

(*i*) an interim injunction or any other interim measure.

(2) An arbitral tribunal shall, unless the parties to an arbitration agreement have (whether in the arbitration agreement or in any other document in writing) agreed to the contrary, have power to administer oaths to or take affirmations of the parties and witnesses.

(3) An arbitral tribunal shall, unless the parties to an arbitration agreement have (whether in the arbitration agreement or in any other document in writing) agreed to the contrary, have power to adopt if it thinks fit inquisitorial processes.

(4) The power of the arbitral tribunal to order a claimant to provide security for costs as referred to in subsection (1)(a) shall not be exercised by reason only that the claimant is —

(*a*) an individual ordinarily resident outside Singapore; or

(*b*) a corporation or an association incorporated or formed under the law of a country outside Singapore, or whose central management and control is exercised outside Singapore.

(5) Without prejudice to the application of Article 28 of the Model Law, an arbitral tribunal, in deciding the dispute that is the subject of the arbitral proceedings —

(*a*) may award any remedy or relief that could have been ordered by the High Court if the dispute had been the subject of civil proceedings in that Court;

(*b*) may award simple or compound interest on the whole or any part of any sum in accordance with section 20(1).

(6) All orders or directions made or given by an arbitral tribunal in the course of an arbitration shall, by leave of the High Court or a Judge thereof, be enforceable in the same manner as if they were orders made by a court and, where leave is so given, judgment may be entered in terms of the order or direction.

Court-ordered interim measures

12A.—(1) This section shall apply in relation to an arbitration —

(*a*) to which this Part applies; and

(*b*) irrespective of whether the place of arbitration is in the territory of Singapore.

(2) Subject to subsections (3) to (6), for the purpose of and in relation to an arbitration referred to in subsection (1), the High Court or a Judge thereof shall have the same power of making an order in respect of any of the matters set out in section 12(1)(c) to (i) as it has for the purpose of and in relation to an action or a matter in the court.

(3) The High Court or a Judge thereof may refuse to make an order under subsection (2) if, in the opinion of the High Court or Judge, the fact that the place of arbitration is outside Singapore or likely to be outside Singapore when it is designated or determined makes it inappropriate to make such order.

(4) If the case is one of urgency, the High Court or a Judge thereof may, on the application of a party or proposed party to the arbitral proceedings, make such orders under subsection (2) as the High Court or Judge thinks necessary for the purpose of preserving evidence or assets.

(5) If the case is not one of urgency, the High Court or a Judge thereof shall make an order under subsection (2) only on the application of a party to the arbitral proceedings (upon notice to the other parties and to the arbitral tribunal) made with the permission of the arbitral tribunal or the agreement in writing of the other parties.

(6) In every case, the High Court or a Judge thereof shall make an order under subsection (2) only if or to the extent that the arbitral tribunal, and any arbitral or other institution or person vested by the parties with power in that regard, has no power or is unable for the time being to act effectively.

(7) An order made by the High Court or a Judge thereof under subsection (2) shall cease to have effect in whole or in part (as the case may be) if the arbitral tribunal, or any such arbitral or other institution or person having power to act in relation to the subject-matter of the order, makes an order which expressly relates to the whole or part of the order under subsection (2).

Witnesses may be summoned by subpoena

13.—(1) Any party to an arbitration agreement may take out a subpoena to testify or a subpoena to produce documents.

(2) The High Court or a Judge thereof may order that a subpoena to testify or a subpoena to produce documents shall be issued to compel the attendance before an arbitral tribunal of a witness wherever he may be within Singapore.

(3) The High Court or a Judge thereof may also issue an order under section 38 of the Prisons Act (Cap. 247) to bring up a prisoner for examination before an arbitral tribunal.

(4) No person shall be compelled under any such subpoena to produce any document which he could not be compelled to produce on the trial of an action.

14. [*Repealed by Act 12 of 2012 wef 01/06/2012*]

Law of arbitration other than Model Law

15.—(1) If the parties to an arbitration agreement (whether made before or after 1st November 2001[1268]) have expressly agreed either —

(*a*) that the Model Law or this Part shall not apply to the arbitration; or

(*b*) that the Arbitration Act (Cap. 10) or the repealed Arbitration Act (Cap. 10, 1985 Ed.) shall apply to the arbitration,

then, both the Model Law and this Part shall not apply to that arbitration but the Arbitration Act or the repealed Arbitration Act (if applicable) shall apply to that arbitration.

(2) For the avoidance of doubt, a provision in an arbitration agreement referring to or adopting any rules of arbitration shall not of itself be sufficient to exclude the application of the Model Law or this Part to the arbitration concerned.

Application of rules of arbitration

15A.—(1) It is hereby declared for the avoidance of doubt that a provision of rules of arbitration agreed to or adopted by the parties, whether before or after the commencement of the arbitration, shall apply and be given effect to the extent that such provision is not inconsistent with a provision of the Model Law or this Part from which the parties cannot derogate.

(2) Without prejudice to subsection (1), subsections (3) to (6) shall apply for the purposes of determining whether a provision of rules of arbitration is inconsistent with the Model Law or this Part.

(3) A provision of rules of arbitration is not inconsistent with the Model Law or this Part merely because it provides for a matter on which the Model Law and this Part is silent.

(4) Rules of arbitration are not inconsistent with the Model Law or this Part merely because the rules are silent on a matter covered by any provision of the Model Law or this Part.

(5) A provision of rules of arbitration is not inconsistent with the Model Law or this Part merely because it provides for a matter which is covered by a provision of the Model Law or this Part which allows the parties to make their own arrangements by agreement but which applies in the absence of such agreement.

(6) The parties may make the arrangements referred to in subsection (5) by agreeing to the application or adoption of rules of arbitration or by providing any other means by which a matter may be decided.

(7) In this section and section 15, "rules of arbitration" means the rules of arbitration agreed to or adopted by the parties including the rules of arbitration of an institution or organisation.

1268 Date of commencement of the International Arbitration (Amendment) Act 2001 (Act 38/2001).

Appointment of conciliator

16. —(1) Where an agreement provides for the appointment of a conciliator by a person who is not one of the parties and that person refuses to make the appointment or does not make it within the time specified in the agreement or, if no time is so specified, within a reasonable time of being requested by any party to the agreement to make the appointment, the Chairman for the time being of the Singapore International Arbitration Centre may, on the application of any party to the agreement, appoint a conciliator who shall have the like powers to act in the conciliation proceedings as if he had been appointed in accordance with the terms of the agreement.

(2) The Chief Justice may, if he thinks fit, by notification published in the *Gazette*, appoint any other person to exercise the powers of the Chairman of the Singapore International Arbitration Centre under subsection (1).

(3) Where an arbitration agreement provides for the appointment of a conciliator and further provides that the person so appointed shall act as an arbitrator in the event of the conciliation proceedings failing to produce a settlement acceptable to the parties —

(*a*) no objection shall be taken to the appointment of such person as an arbitrator, or to his conduct of the arbitral proceedings, solely on the ground that he had acted previously as a conciliator in connection with some or all of the matters referred to arbitration;

(*b*) if such person declines to act as an arbitrator, any other person appointed as an arbitrator shall not be required first to act as a conciliator unless a contrary intention appears in the arbitration agreement.

(4) Unless a contrary intention appears therein, an agreement which provides for the appointment of a conciliator shall be deemed to contain a provision that in the event of the conciliation proceedings failing to produce a settlement acceptable to the parties within 4 months, or such longer period as the parties may agree to, of the date of the appointment of the conciliator or, where he is appointed by name in the agreement, of the receipt by him of written notification of the existence of a dispute, the conciliation proceedings shall thereupon terminate.

(5) For the purposes of this section and section 17 —

(*a*) any reference to "conciliator" shall include a reference to any person who acts as a mediator;

(*b*) any reference to "conciliation proceedings" shall include a reference to mediation proceedings.

Power of arbitrator to act as conciliator

17.—(1) If all parties to any arbitral proceedings consent in writing and for so long as no party has withdrawn his consent in writing, an arbitrator or umpire may act as a conciliator.

(2) An arbitrator or umpire acting as conciliator —

(*a*) may communicate with the parties to the arbitral proceedings collectively or separately; and

(*b*) shall treat information obtained by him from a party to the arbitral proceedings as confidential, unless that party otherwise agrees or unless subsection (3) applies.

(3) Where confidential information is obtained by an arbitrator or umpire from a party to the arbitral proceedings during conciliation proceedings and those proceedings terminate without the parties reaching agreement in settlement of their dispute, the arbitrator or umpire shall before resuming the arbitral proceedings disclose to all other parties to the arbitral proceedings as much of that information as he considers material to the arbitral proceedings.

(4) No objection shall be taken to the conduct of arbitral proceedings by a person solely on the ground that that person had acted previously as a conciliator in accordance with this section.

Award by consent

18. If the parties to an arbitration agreement reach agreement in settlement of their dispute and the arbitral tribunal has recorded the terms of settlement in the form of an arbitral award on agreed terms in accordance with Article 30 of the Model Law, the award —

(*a*) shall be treated as an award on an arbitration agreement; and

(*b*) may, by leave of the High Court or a Judge thereof, be enforced in the same manner as a judgment or an order to the same effect, and where leave is so given, judgment may be entered in terms of the award.

Enforcement of awards

19. An award on an arbitration agreement may, by leave of the High Court or a Judge thereof, be enforced in the same manner as a judgment or an order to the same effect and, where leave is so given, judgment may be entered in terms of the award.

Awards made on different issues

19A.—(1) Unless otherwise agreed by the parties, the arbitral tribunal may make more than one award at different points in time during the arbitral proceedings on different aspects of the matters to be determined.

(2) The arbitral tribunal may, in particular, make an award relating to —

(*a*) an issue affecting the whole claim; or

(*b*) a part only of the claim, counter-claim or cross-claim, which is submitted to it for decision.

(3) If the arbitral tribunal makes an award under this section, it shall specify in its award, the issue, or claim or part of a claim, which is the subject-matter of the award.

Effect of award

19B.—(1) An award made by the arbitral tribunal pursuant to an arbitration agreement is final and binding on the parties and on any persons claiming through or under them and may be relied upon by any of the parties by way of defence, set-off or otherwise in any proceedings in any court of competent jurisdiction.

(2) Except as provided in Articles 33 and 34(4) of the Model Law, upon an award being made, including an award made in accordance with section 19A, the arbitral tribunal shall not vary, amend, correct, review, add to or revoke the award.

(3) For the purposes of subsection (2), an award is made when it has been signed and delivered in accordance with Article 31 of the Model Law.

(4) This section shall not affect the right of a person to challenge the award by any available arbitral process of appeal or review or in accordance with the provisions of this Act and the Model Law.

Authentication of awards and arbitration agreements

19C.—(1) For the purposes of the enforcement of an award in any Convention country, the Minister may by order appoint such persons holding office in such arbitral institution or other organisation as the Minister may specify in the order, to authenticate any award or arbitration agreement or to certify copies thereof.

(2) Any person appointed under subsection (1) —

(*a*) shall comply with any condition imposed by the Minister; and

(*b*) shall not, without the written consent of the parties, directly or indirectly disclose any matter, including the identity of any party to the award or arbitration agreement, to any third party.

(3) An award or arbitration agreement or a copy thereof duly authenticated or certified by a person appointed under subsection (1) shall be deemed to have been authenticated or certified by a competent authority in Singapore for the purposes of enforcement in any Convention country.

(4) For the avoidance of doubt, nothing in this section shall —

(*a*) prevent any person from authenticating any award or arbitration agreement or certifying copies thereof in any other manner or method or by any other person, institution or organisation; or

(*b*) affect the right of a person to challenge or appeal against any award by any available arbitral process of appeal or review, or in accordance with the provisions of this Act and the Model Law.

(5) In this section, "Convention country" has the same meaning as in section 27(1).

Interest on awards

20.—(1) Subject to subsection (3), unless otherwise agreed by the parties, an arbitral tribunal may, in the arbitral proceedings before it, award simple or compound interest from such date, at such rate and with such rest as the arbitral tribunal considers appropriate, for any period ending not later than the date of payment on the whole or any part of —

(*a*) any sum which is awarded by the arbitral tribunal in the arbitral proceedings;

(*b*) any sum which is in issue in the arbitral proceedings but is paid before the date of the award; or

(*c*) costs awarded or ordered by the arbitral tribunal in the arbitral proceedings.

(2) Nothing in subsection (1) shall affect any other power of an arbitral tribunal to award interest.

(3) Where an award directs a sum to be paid, that sum shall, unless the award otherwise directs, carry interest as from the date of the award and at the same rate as a judgment debt.

Taxation of costs

21.—(1) Any costs directed by an award to be paid shall, unless the award otherwise directs, be taxable by the Registrar of the Singapore International Arbitration Centre (referred to in this section as the Registrar).

(2) Unless the fees of the arbitral tribunal have been fixed by a written agreement or such agreement has provided for determination of the fees by a person or an institution agreed to by the parties, any party to the arbitration may require that such fees be taxed by the Registrar.

(3) A certificate signed by the Registrar on the amount of costs or fees taxed shall form part of the award of the arbitral tribunal.

(4) The Chief Justice may, if he thinks fit, by notification published in the *Gazette*, appoint any other person to exercise the powers of the Registrar under this section.

Proceedings to be heard otherwise than in open court

22. Proceedings under this Act in any court shall, on the application of any party to the proceedings, be heard otherwise than in open court.

Restrictions on reporting of proceedings heard otherwise than in open court

23.—(1) This section shall apply to proceedings under this Act in any court heard otherwise than in open court.

(2) A court hearing any proceedings to which this section applies shall, on the application of any party to the proceedings, give directions as to whether any and, if so, what information relating to the proceedings may be published.

(3) A court shall not give a direction under subsection (2) permitting information to be published unless —

(*a*) all parties to the proceedings agree that such information may be published; or

(*b*) the court is satisfied that the information, if published in accordance with such directions as it may give, would not reveal any matter, including the identity of any party to the proceedings, that any party to the proceedings reasonably wishes to remain confidential.

(4) Notwithstanding subsection (3), where a court gives grounds of decision for a judgment in respect of proceedings to which this section applies and considers that judgment to be of major legal interest, the court shall direct that reports of the judgment may be published in law reports and professional publications but, if any party to the proceedings reasonably wishes to conceal any matter, including the fact that he was such a party, the court shall —

(*a*) give directions as to the action that shall be taken to conceal that matter in those reports; and

(*b*) if it considers that a report published in accordance with directions given under paragraph (a) would be likely to reveal that matter, direct that no report shall be published until after the end of such period, not exceeding 10 years, as it considers appropriate.

Court may set aside award

24. Notwithstanding Article 34(1) of the Model Law, the High Court may, in addition to the grounds set out in Article 34(2) of the Model Law, set aside the award of the arbitral tribunal if—

(*a*) the making of the award was induced or affected by fraud or corruption; or

(*b*) a breach of the rules of natural justice occurred in connection with the making of the award by which the rights of any party have been prejudiced.

Liability of arbitrator

25. An arbitrator shall not be liable for—

(*a*) negligence in respect of anything done or omitted to be done in the capacity of arbitrator; and

(*b*) any mistake in law, fact or procedure made in the course of arbitral proceedings or in the making of an arbitral award.

Immunity of appointing authority and arbitral institutions, etc.

25A.—(1) The appointing authority, or an arbitral or other institution or person designated or requested by the parties to appoint or nominate an arbitrator, shall not be liable for anything done or omitted in the discharge or purported discharge of that function unless the act or omission is shown to have been in bad faith.

(2) The appointing authority, or an arbitral or other institution or person by whom an arbitrator is appointed or nominated, shall not be liable, by reason only of having appointed or nominated him, for anything done or omitted by the arbitrator, his employees or agents in the discharge or purported discharge of his functions as arbitrator.

(3) This section shall apply to an employee or agent of the appointing authority or of an arbitral or other institution or person as it applies to the appointing authority, institution or person himself.

Transitional provisions

26.—(1) This Part shall not apply in relation to an international arbitration between parties to an arbitration agreement that was commenced before 27th January 1995 unless the parties have (whether in the agreement or in any other document in writing) otherwise agreed.

(2) Subject to subsection (1), where the arbitral proceedings were commenced before 27 January 1995, the law governing the arbitration agreement and the arbitration shall be the law which would have applied if this Act had not been enacted.

(3) In any written law, agreement in writing or other document, a reference to arbitration under the Arbitration Act (Cap. 10) shall, so far as relevant and unless the contrary intention appears, be construed to include a reference to arbitration under this Act.

(4) For the purposes of this section, arbitral proceedings are to be taken as having commenced on the date of the receipt by the respondent of a request for the dispute to be referred to arbitration, or, where the parties have agreed in writing that any other date is to be taken as the date of commencement of the arbitral proceedings, then on that date.

PART III
FOREIGN AWARDS

Interpretation of Part III

27.—(1) In this Part, unless the context otherwise requires —

"agreement in writing" includes an agreement contained in an exchange of letters, telegrams, telefacsimile or in a communication by teleprinter;

"arbitral award" has the same meaning as in the Convention, but also includes an order or a direction made or given by an arbitral tribunal in the course of an arbitration in respect of any of the matters set out in section 12(1)(c) to (i);

"arbitration agreement" means an agreement in writing of the kind referred to in paragraph 1 of Article II of the Convention;

"Convention" means the Convention on the Recognition and Enforcement of Foreign Arbitral Awards adopted in 1958 by the United Nations Conference on International Commercial Arbitration at its twenty-fourth meeting, the English text of which is set out in the Second Schedule;

"Convention country" means a country (other than Singapore) that is a Contracting State within the meaning of the Convention;

"court" means the High Court in Singapore;

"foreign award" means an arbitral award made in pursuance of an arbitration agreement in the territory of a Convention country other than Singapore.

(2) In this Part, where the context so admits, "enforcement", in relation to a foreign award, includes the recognition of the award as binding for any purpose, and "enforce" and "enforced" have corresponding meanings.

(3) For the purposes of this Part, a body corporate shall be taken to be habitually resident in a country if it is incorporated or has its principal place of business in that country.

Application of Part III

28.—(1) This Part shall apply to arbitration agreements made before 27th January 1995 as it applies to arbitration agreements made on or after that date.

(2) This Part shall not apply to foreign awards made before 19th November 1986.

Recognition and enforcement of foreign awards

29.—(1) Subject to this Part, a foreign award may be enforced in a court either by action or in the same manner as an award of an arbitrator made in Singapore is enforceable under section 19.

(2) Any foreign award which is enforceable under subsection (1) shall be recognised as binding for all purposes upon the persons between whom it was made and may accordingly be relied upon by any of those parties by way of defence, set-off or otherwise in any legal proceedings in Singapore.

Evidence

30.—(1) In any proceedings in which a person seeks to enforce a foreign award by virtue of this Part, he shall produce to the court —

(*a*) the duly authenticated original award or a duly certified copy thereof;

(*b*) the original arbitration agreement under which the award purports to have been made, or a duly certified copy thereof; and

(*c*) where the award or agreement is in a foreign language, a translation of it in the English language, duly certified in English as a correct translation by a sworn translator or by an official or by a diplomatic or consular agent of the country in which the award was made.

(2) A document produced to a court in accordance with this section shall, upon mere production, be received by the court as prima facie evidence of the matters to which it relates.

Refusal of enforcement

31.—(1) In any proceedings in which the enforcement of a foreign award is sought by virtue of this Part, the party against whom the enforcement is sought may request that the enforcement be refused, and the enforcement in any of the cases mentioned in subsections (2) and (4) may be refused but not otherwise.

(2) A court so requested may refuse enforcement of a foreign award if the person against whom enforcement is sought proves to the satisfaction of the court that —

(*a*) a party to the arbitration agreement in pursuance of which the award was made was, under the law applicable to him, under some incapacity at the time when the agreement was made;

(*b*) the arbitration agreement is not valid under the law to which the parties have subjected it or, in the absence of any indication in that respect, under the law of the country where the award was made;

(*c*) he was not given proper notice of the appointment of the arbitrator or of the arbitration proceedings or was otherwise unable to present his case in the arbitration proceedings;

(*d*) subject to subsection (3), the award deals with a difference not contemplated by, or not falling within the terms of, the submission to arbitration or contains a decision on the matter beyond the scope of the submission to arbitration;

(*e*) the composition of the arbitral authority or the arbitral procedure was not in accordance with the agreement of the parties or, failing such agreement, was not in accordance with the law of the country where the arbitration took place; or

(*f*) the award has not yet become binding on the parties to the arbitral award or has been set aside or suspended by a competent authority of the country in which, or under the law of which, the award was made.

(3) When a foreign award referred to in subsection (2)(d) contains decisions on matters not submitted to arbitration but those decisions can be separated from decisions on matters submitted to arbitration, the award may be enforced to the extent that it contains decisions on matters so submitted.

(4) In any proceedings in which the enforcement of a foreign award is sought by virtue of this Part, the court may refuse to enforce the award if it finds that —

(*a*) the subject-matter of the difference between the parties to the award is not capable of settlement by arbitration under the law of Singapore; or

(*b*) enforcement of the award would be contrary to the public policy of Singapore.

(5) Where, in any proceedings in which the enforcement of a foreign award is sought by virtue of this Part, the court is satisfied that an application for the setting aside or for the suspension of the award has been made to a competent authority of the country in which, or under the law of which, the award was made, the court may and may —

(*a*) if the court considers it proper to do so, adjourn the proceedings or, as the case may be, so much of the proceedings as relates to the award; and

(*b*) on the application of the party seeking to enforce the award, order the other party to give suitable security.

32. [*Deleted by Act 26/2009 wef 01/01/2010*]

Enforcement of awards under other provisions of law

33.—(1) Nothing in this Part shall affect the right of any person to enforce an arbitral award otherwise than as is provided for in this Part.

(2) Notwithstanding section 3(5) of the Reciprocal Enforcement of Commonwealth Judgments Act (Cap. 264), where a foreign award is both enforceable under this Part and registrable as a judgment under that Act, proceedings to enforce the award under this Part may be commenced without any disentitlement to recover any costs of the proceedings, unless otherwise ordered by the court.

(3) Notwithstanding section 7 of the Reciprocal Enforcement of Foreign Judgments Act (Cap. 265), proceedings to enforce a foreign award under this Part may be commenced where the award is both enforceable under this Part and registrable as a judgment under that Act.

PART IV

GENERAL

Act to bind Government

34. This Act shall bind the Government.

Rules of Court

35. The Rules Committee constituted under section 80 of the Supreme Court of Judicature Act (Cap. 322) may make Rules of Court regulating the practice and procedure of any court in respect of any matter under this Act.

FIRST SCHEDULE

UNCITRAL MODEL LAW ON INTERNATIONAL COMMERCIAL ARBITRATION

(As adopted by the United Nations Commission on International Trade Law on 21st June 1985)

CHAPTER I

GENERAL PROVISIONS

ARTICLE 1. — SCOPE OF APPLICATION[1269]

(1) This Law applies to international commercial[1270] arbitration, subject to any agreement in force between this State and any other State or States.

(2) The provisions of this Law, except Articles 8, 9, 35 and 36, apply only if the place of arbitration is in the territory of this State.

(3) An arbitration is international if:

(*a*) the parties to an arbitration agreement have, at the time of the conclusion of that agreement, their places of business in different States; or

(*b*) one of the following places is situated outside the State in which the parties have their places of business:

(i) the place of arbitration if determined in, or pursuant to, the arbitration agreement;

(ii) any place where a substantial part of the obligations of the commercial relationship is to be performed or the place with which the subject-matter of the dispute is most closely connected; or

(*c*) the parties have expressly agreed that the subject-matter of the arbitration agreement relates to more than one country.

(4) For the purposes of paragraph (3) of this Article:

(*a*) if a party has more than one place of business, the place of business is that which has the closest relationship to the arbitration agreement;

(*b*) if a party does not have a place of business, reference is to be made to his habitual residence.

1269 Article headings are for reference purposes only and are not to be used for purposes of interpretation.

1270 The term "commercial" should be given a wide interpretation so as to cover matters arising from all relationships of a commercial nature, whether contractual or not. Relationships of a commercial nature include, but are not limited to, the following transactions: any trade transaction for the supply or exchange of goods or services; distribution agreement; commercial representation or agency; factoring; leasing; construction of works; consulting; engineering; licensing; investment; financing; banking; insurance; exploitation agreement or concession; joint venture and other forms of industrial or business co-operation; carriage of goods or passengers by air, sea, rail or road.

(5) This Law shall not affect any other law of this State by virtue of which certain disputes may not be submitted to arbitration or may be submitted to arbitration only according to provisions other than those of this Law.

ARTICLE 2. — DEFINITIONS AND RULES OF INTERPRETATION

For the purposes of this Law:

(*a*) "arbitration" means any arbitration whether or not administered by a permanent arbitral institution;

(*b*) "arbitral tribunal" means a sole arbitrator or a panel of arbitrators;

(*c*) "court" means a body or organ of the judicial system of a State;

(*d*) where a provision of this Law, except Article 28, leaves the parties free to determine a certain issue, such freedom includes the right of the parties to authorise a third party, including an institution, to make that determination;

(*e*) where a provision of this Law refers to the fact that the parties have agreed or that they may agree or in any other way refers to an agreement of the parties, such agreement includes any arbitration rules referred to in that agreement;

(*f*) where a provision of this Law, other than in Articles 25(a) and 32(2)(*a*), refers to a claim, it also applies to a counter-claim, and where it refers to a defence, it also applies to a defence to such counter-claim.

ARTICLE 3. — RECEIPT OF WRITTEN COMMUNICATIONS

(1) Unless otherwise agreed by the parties:

(*a*) any written communication is deemed to have been received if it is delivered to the addressee personally or if it is delivered at his place of business, habitual residence or mailing address; if none of these can be found after making a reasonable inquiry, a written communication is deemed to have been received if it is sent to the addressee's last-known place of business, habitual residence or mailing address by registered letter or any other means which provides a record of the attempt to deliver it;

(*b*) the communication is deemed to have been received on the day it is so delivered.

(2) The provisions of this Article do not apply to communications in court proceedings.

ARTICLE 4. — WAIVER OF RIGHT TO OBJECT

A party who knows that any provision of this Law from which the parties may derogate or any requirement under the arbitration agreement has not been complied with and yet proceeds with the arbitration without stating his objection to such non-compliance without undue delay or, if a time-limit is provided therefor, within such period of time, shall be deemed to have waived his right to object.

ARTICLE 5. — EXTENT OF COURT INTERVENTION

In matters governed by this Law, no court shall intervene except where so provided in this Law.

ARTICLE 6. — COURT OR OTHER AUTHORITY FOR CERTAIN FUNCTIONS OF ARBITRATION ASSISTANCE AND SUPERVISION

The functions referred to in Articles 11(3), 11(4), 13(3), 14, 16(3) and 34(2) shall be performed by .... [Each State enacting this Model Law specifies the court, courts or, where referred to therein, other authority competent to perform these functions.]

CHAPTER II

ARBITRATION AGREEMENT

ARTICLE 7. — DEFINITION AND FORM OF ARBITRATION AGREEMENT

(1) "Arbitration agreement" is an agreement by the parties to submit to arbitration all or certain disputes which have arisen or which may arise between them in respect of a defined legal relationship, whether contractual or not. An arbitration agreement may be in the form of an arbitration clause in a contract or in the form of a separate agreement.

(2) The arbitration agreement shall be in writing. An agreement is in writing if it is contained in a document signed by the parties or in an exchange of letters, telex, telegrams or other means of telecommunication which provide a record of the agreement, or in an exchange of statements of claim and defence in which the existence of an agreement is alleged by one party and not denied by another. The reference in a contract to a document containing an arbitration clause constitutes an arbitration agreement provided that the contract is in writing and the reference is such as to make that clause part of the contract.

ARTICLE 8.— ARBITRATION AGREEMENT AND SUBSTANTIVE CLAIM BEFORE COURT

(1) A court before which an action is brought in a matter which is the subject of an arbitration agreement shall, if a party so requests not later than when submitting his first statement on the substance of the dispute, refer the parties to arbitration unless it finds that the agreement is null and void, inoperative or incapable of being performed.

(2) Where an action referred to in paragraph (1) of this Article has been brought, arbitral proceedings may nevertheless be commenced or continued, and an award may be made, while the issue is pending before the court.

ARTICLE 9. — ARBITRATION AGREEMENT AND INTERIM MEASURES BY COURT

It is not incompatible with an arbitration agreement for a party to request, before or during arbitral proceedings, from a court an interim measure of protection and for a court to grant such measure.

CHAPTER III

COMPOSITION OF ARBITRAL TRIBUNAL

ARTICLE 10. — NUMBER OF ARBITRATORS

(1) The parties are free to determine the number of arbitrators.

(2) Failing such determination, the number of arbitrators shall be three.

ARTICLE 11. — APPOINTMENT OF ARBITRATORS

(1) No person shall be precluded by reason of his nationality from acting as an arbitrator, unless otherwise agreed by the parties.

(2) The parties are free to agree on a procedure of appointing the arbitrator or arbitrators, subject to the provisions of paragraphs (4) and (5) of this Article.

(3) Failing such agreement,

(*a*) in an arbitration with three arbitrators, each party shall appoint one arbitrator, and the two arbitrators thus appointed shall appoint the third arbitrator; if a party fails to appoint the arbitrator within thirty days of receipt of a request to do so from the other party, or if the two arbitrators fail to agree on the third arbitrator within thirty days of their appointment, the appointment shall be made, upon request of a party, by the court or other authority specified in Article 6;

(*b*) in an arbitration with a sole arbitrator, if the parties are unable to agree on the arbitrator, he shall be appointed, upon request of a party, by the court or other authority specified in Article 6.

(4) Where, under an appointment procedure agreed upon by the parties,

(*a*) a party fails to act as required under such procedure; or

(*b*) the parties, or two arbitrators, are unable to reach an agreement expected of them under such procedure; or

(*c*) a third party, including an institution, fails to perform any function entrusted to it under such procedure,

any party may request the court or other authority specified in Article 6 to take the necessary measure, unless the agreement on the appointment procedure provides other means for securing the appointment.

(5) A decision on a matter entrusted by paragraph (3) or (4) of this Article to the court or other authority specified in Article 6 shall be subject to no appeal. The court or other authority, in appointing an arbitrator, shall have due regard to any qualifications required of the arbitrator by the agreement of the parties and to such considerations as are likely to secure the appointment of an independent and impartial arbitrator and, in the case of a sole or third arbitrator, shall take into account as well the advisability of appointing an arbitrator of a nationality other than those of the parties.

ARTICLE 12. — GROUNDS FOR CHALLENGE

(1) When a person is approached in connection with his possible appointment as an arbitrator, he shall disclose any circumstances likely to give rise to justifiable doubts as to his impartiality or independence. An arbitrator, from the time of his appointment and throughout the arbitral proceedings, shall without delay disclose any such circumstances to the parties unless they have already been informed of them by him.

(2) An arbitrator may be challenged only if circumstances exist that give rise to justifiable doubts as to his impartiality or independence, or if he does not possess qualifications agreed to by the parties. A party may challenge an arbitrator appointed by him, or in whose appointment he has participated, only for reasons of which he becomes aware after the appointment has been made.

ARTICLE 13. — CHALLENGE PROCEDURE

(1) The parties are free to agree on a procedure for challenging an arbitrator, subject to the provisions of paragraph (3) of this Article.

(2) Failing such agreement, a party who intends to challenge an arbitrator shall, within fifteen days after becoming aware of the constitution of the arbitral tribunal or after becoming aware of any circumstance referred to in Article 12(2), send a written statement of the reasons for the challenge to the arbitral tribunal. Unless the challenged arbitrator withdraws from his office or the other party agrees to the challenge, the arbitral tribunal shall decide on the challenge.

(3) If a challenge under any procedure agreed upon by the parties or under the procedure of paragraph (2) of this Article is not successful, the challenging party may request, within thirty days after having received notice of the decision rejecting the challenge, the court or other authority specified in Article 6 to decide on the challenge, which decision shall be subject to no appeal; while such a request is pending, the arbitral tribunal, including the challenged arbitrator, may continue the arbitral proceedings and make an award.

ARTICLE 14. — FAILURE OR IMPOSSIBILITY TO ACT

(1) If an arbitrator becomes de jure or de facto unable to perform his functions or for other reasons fails to act without undue delay, his mandate terminates if he withdraws from his office or if the parties agree on the termination. Otherwise, if a controversy remains concerning any of these grounds, any party may request the court or other authority specified in Article 6 to decide on the termination of the mandate, which decision shall be subject to no appeal.

(2) If, under this Article or Article 13(2), an arbitrator withdraws from his office or a party agrees to the termination of the mandate of an arbitrator, this does not imply acceptance of the validity of any ground referred to in this Article or Article 12(2).

ARTICLE 15. — APPOINTMENT OF SUBSTITUTE ARBITRATOR

Where the mandate of an arbitrator terminates under Article 13 or 14 or because of his withdrawal from office for any other reason or because of the revocation of his mandate by agreement of the parties or in any other case of termination of his mandate, a substitute arbitrator shall be appointed according to the rules that were applicable to the appointment of the arbitrator being replaced.

CHAPTER IV

JURISDICTION OF ARBITRAL TRIBUNAL

ARTICLE 16. COMPETENCE OF ARBITRAL TRIBUNAL TO RULE ON ITS JURISDICTION

(1) The arbitral tribunal may rule on its own jurisdiction, including any objections with respect to the existence or validity of the arbitration agreement. For that purpose, an arbitration clause which forms part of a contract shall be treated as an agreement independent of the other terms of the contract. A decision by the arbitral tribunal that the contract is null and void shall not entail ipso jure the invalidity of the arbitration clause.

(2) A plea that the arbitral tribunal does not have jurisdiction shall be raised not later than the submission of the statement of defence. A party is not precluded from raising such a plea by the fact that he has appointed, or participated in the appointment of, an arbitrator. A plea that the arbitral tribunal is exceeding the scope of its authority shall be raised as soon as the matter alleged to be beyond the scope of its authority is raised during the arbitral proceedings. The arbitral tribunal may, in either case, admit a later plea if it considers the delay justified.

(3) The arbitral tribunal may rule on a plea referred to in paragraph (2) of this Article either as a preliminary question or in an award on the merits. If the arbitral tribunal rules as a preliminary question that it has jurisdiction, any party may request, within thirty days after having received notice of that ruling, the court specified in Article 6 to decide the matter, which decision shall be subject to no appeal; while such a request is pending, the arbitral tribunal may continue the arbitral proceedings and make an award.

ARTICLE 17. — POWER OF ARBITRAL TRIBUNAL TO ORDER INTERIM MEASURES

Unless otherwise agreed by the parties, the arbitral tribunal may, at the request of a party, order any party to take such interim measure of protection as the arbitral tribunal may consider necessary in respect of the subject-matter of the dispute. The arbitral tribunal may require any party to provide appropriate security in connection with such measure.

CHAPTER V

CONDUCT OF ARBITRAL PROCEEDINGS

ARTICLE 18. — EQUAL TREATMENT OF PARTIES

The parties shall be treated with equality and each party shall be given a full opportunity of presenting his case.

ARTICLE 19. — DETERMINATION OF RULES OF PROCEDURE

(1) Subject to the provisions of this Law, the parties are free to agree on the procedure to be followed by the arbitral tribunal in conducting the proceedings.

(2) Failing such agreement, the arbitral tribunal may, subject to the provisions of this Law, conduct the arbitration in such manner as it considers appropriate. The power conferred upon the arbitral tribunal includes the power to determine the admissibility, relevance, materiality and weight of any evidence.

ARTICLE 20. — PLACE OF ARBITRATION

(1) The parties are free to agree on the place of arbitration. Failing such agreement, the place of arbitration shall be determined by the arbitral tribunal having regard to the circumstances of the case, including the convenience of the parties.

(2) Notwithstanding the provisions of paragraph (1) of this Article, the arbitral tribunal may, unless otherwise agreed by the parties, meet at any place it considers appropriate for consultation among its members, for hearing witnesses, experts or the parties, or for inspection of goods, other property or documents.

ARTICLE 21. — COMMENCEMENT OF ARBITRAL PROCEEDINGS

Unless otherwise agreed by the parties, the arbitral proceedings in respect of a particular dispute commence on the date on which a request for that dispute to be referred to arbitration is received by the respondent.

ARTICLE 22. — LANGUAGE

(1) The parties are free to agree on the language or languages to be used in the arbitral proceedings. Failing such agreement, the arbitral tribunal shall determine the language or languages to be used in the proceedings. This agreement or determination, unless otherwise specified therein, shall apply to any written statement by a party, any hearing and any award, decision or other communication by the arbitral tribunal.

(2) The arbitral tribunal may order that any documentary evidence shall be accompanied by a translation into the language or languages agreed upon by the parties or determined by the arbitral tribunal.

ARTICLE 23. — STATEMENTS OF CLAIM AND DEFENCE

(1) Within the period of time agreed by the parties or determined by the arbitral tribunal, the claimant shall state the facts supporting his claim, the points at issue and the relief or remedy sought, and the respondent shall state his defence in respect of these particulars, unless the parties have otherwise agreed as to the required elements of such statements. The parties may submit with their statements all documents they consider to be relevant or may add a reference to the documents or other evidence they will submit.

(2) Unless otherwise agreed by the parties, either party may amend or supplement his claim or defence during the course of the arbitral proceedings, unless the arbitral tribunal considers it inappropriate to allow such amendment having regard to the delay in making it.

ARTICLE 24. — HEARINGS AND WRITTEN PROCEEDINGS

(1) Subject to any contrary agreement by the parties, the arbitral tribunal shall decide whether to hold oral hearings for the presentation of evidence or for oral argument, or whether the proceedings shall be conducted on the basis of documents and other materials. However, unless the parties have agreed that no hearings shall be held, the arbitral tribunal shall hold such hearings at an appropriate stage of the proceedings, if so requested by a party.

(2) The parties shall be given sufficient advance notice of any hearing and of any meeting of the arbitral tribunal for the purposes of inspection of goods, other property or documents.

(3) All statements, documents or other information supplied to the arbitral tribunal by one party shall be communicated to the other party. Also any expert report or evidentiary document on which the arbitral tribunal may rely in making its decision shall be communicated to the parties.

ARTICLE 25. — DEFAULT OF A PARTY

Unless otherwise agreed by the parties, if, without showing sufficient cause —

(*a*) the claimant fails to communicate his statement of claim in accordance with Article 23(1), the arbitral tribunal shall terminate the proceedings;

(*b*) the respondent fails to communicate his statement of defence in accordance with Article 23(1), the arbitral tribunal shall continue the proceedings without treating such failure in itself as an admission of the claimant's allegations;

(*c*) any party fails to appear at a hearing or to produce documentary evidence, the arbitral tribunal may continue the proceedings and make the award on the evidence before it.

ARTICLE 26. — EXPERT APPOINTED BY ARBITRAL TRIBUNAL

(1) Unless otherwise agreed by the parties, the arbitral tribunal —

(*a*) may appoint one or more experts to report to it on specific issues to be determined by the arbitral tribunal;

(*b*) may require a party to give the expert any relevant information or to produce, or to provide access to, any relevant documents, goods or other property for his inspection.

(2) Unless otherwise agreed by the parties, if a party so requests or if the arbitral tribunal considers it necessary, the expert shall, after delivery of his written or oral report, participate in a hearing where the parties have the opportunity to put questions to him and to present expert witnesses in order to testify on the points at issue.

ARTICLE 27. — COURT ASSISTANCE IN TAKING EVIDENCE

The arbitral tribunal or a party with the approval of the arbitral tribunal may request from a competent court of this State assistance in taking evidence. The court may execute the request within its competence and according to its rules on taking evidence.

CHAPTER VI

MAKING OF AWARD AND TERMINATION OF PROCEEDINGS

ARTICLE 28. — RULES APPLICABLE TO SUBSTANCE OF DISPUTE

(1) The arbitral tribunal shall decide the dispute in accordance with such rules of law as are chosen by the parties as applicable to the substance of the dispute. Any designation of the law or legal system of a given State shall be construed, unless otherwise expressed, as directly referring to the substantive law of that State and not to its conflict of laws rules.

(2) Failing any designation by the parties, the arbitral tribunal shall apply the law determined by the conflict of laws rules which it considers applicable.

(3) The arbitral tribunal shall decide ex aequo et bono or as amiable compositeur only if the parties have expressly authorised it to do so.

(4) In all cases, the arbitral tribunal shall decide in accordance with the terms of the contract and shall take into account the usages of the trade applicable to the transaction.

ARTICLE 29. — DECISION-MAKING BY PANEL OF ARBITRATORS

In arbitral proceedings with more than one arbitrator, any decision of the arbitral tribunal shall be made, unless otherwise agreed by the parties, by a majority of all its members. However, questions of procedure may be decided by a presiding arbitrator, if so authorised by the parties or all members of the arbitral tribunal.

ARTICLE 30. — SETTLEMENT

(1) If, during arbitral proceedings, the parties settle the dispute, the arbitral tribunal shall terminate the proceedings and, if requested by the parties and not objected to by the arbitral tribunal, record the settlement in the form of an arbitral award on agreed terms.

(2) An award on agreed terms shall be made in accordance with the provisions of Article 31 and shall state that it is an award. Such an award has the same status and effect as any other award on the merits of the case.

ARTICLE 31. — FORM AND CONTENTS OF AWARD

(1) The award shall be made in writing and shall be signed by the arbitrator or arbitrators. In arbitral proceedings with more than one arbitrator, the signatures of the majority of all members of the arbitral tribunal shall suffice, provided that the reason for any omitted signature is stated.

(2) The award shall state the reasons upon which it is based, unless the parties have agreed that no reasons are to be given or the award is an award on agreed terms under Article 30.

(3) The award shall state its date and the place of arbitration as determined in accordance with Article 20(1). The award shall be deemed to have been made at that place.

(4) After the award is made, a copy signed by the arbitrators in accordance with paragraph (1) of this Article shall be delivered to each party.

ARTICLE 32. — TERMINATION OF PROCEEDINGS

(1) The arbitral proceedings are terminated by the final award or by an order of the arbitral tribunal in accordance with paragraph (2) of this Article.

(2) The arbitral tribunal shall issue an order for the termination of the arbitral proceedings when:

> (*a*) the claimant withdraws his claim, unless the respondent objects thereto and the arbitral tribunal recognises a legitimate interest on his part in obtaining a final settlement of the dispute;
>
> (*b*) the parties agree on the termination of the proceedings;
>
> (*c*) the arbitral tribunal finds that the continuation of the proceedings has for any other reason become unnecessary or impossible.

(3) The mandate of the arbitral tribunal terminates with the termination of the arbitral proceedings, subject to the provisions of Articles 33 and 34(4).

ARTICLE 33. - CORRECTION AND INTERPRETATION OF AWARD; ADDITIONAL AWARD

(1) Within thirty days of receipt of the award, unless another period of time has been agreed upon by the parties:

(*a*) a party, with notice to the other party, may request the arbitral tribunal to correct in the award any errors in computation, any clerical or typographical errors or any errors of similar nature;

(*b*) if so agreed by the parties, a party, with notice to the other party, may request the arbitral tribunal to give an interpretation of a specific point or part of the award.

If the arbitral tribunal considers the request to be justified, it shall make the correction or give the interpretation within thirty days of receipt of the request. The interpretation shall form part of the award.

(2) The arbitral tribunal may correct any error of the type referred to in paragraph (1) (*a*) of this Article on its own initiative within thirty days of the date of the award.

(3) Unless otherwise agreed by the parties, a party, with notice to the other party, may request, within thirty days of receipt of the award, the arbitral tribunal to make an additional award as to claims presented in the arbitral proceedings but omitted from the award. If the arbitral tribunal considers the request to be justified, it shall make the additional award within sixty days.

(4) The arbitral tribunal may extend, if necessary, the period of time within which it shall make a correction, interpretation or an additional award under paragraph (1) or (3) of this Article.

(5) The provisions of Article 31 shall apply to a correction or interpretation of the award or to an additional award.

CHAPTER VII

RECOURSE AGAINST AWARD

ARTICLE 34. — APPLICATION FOR SETTING ASIDE AS EXCLUSIVE RECOURSE AGAINST ARBITRAL AWARD

(1) Recourse to a court against an arbitral award may be made only by an application for setting aside in accordance with paragraphs (2) and (3) of this Article.

(2) An arbitral award may be set aside by the court specified in Article 6 only if:

(*a*) the party making the application furnishes proof that:

(i) a party to the arbitration agreement referred to in Article 7 was under some incapacity; or the said agreement is not valid under the law to which the parties have subjected it or, failing any indication thereon, under the law of this State; or

(ii) the party making the application was not given proper notice of the appointment of an arbitrator or of the arbitral proceedings or was otherwise unable to present his case; or

(iii) the award deals with a dispute not contemplated by or not falling within the terms of the submission to arbitration, or contains decisions on matters beyond the scope of the submission to arbitration, provided that, if the decisions on matters submitted to arbitration can be separated from those not so submitted, only that part of the award which contains decisions on matters not submitted to arbitration may be set aside; or

(iv) the composition of the arbitral tribunal or the arbitral procedure was not in accordance with the agreement of the parties, unless such agreement was in conflict with a provision of this Law from which the parties cannot derogate, or, failing such agreement, was not in accordance with this Law; or

(*b*) the court finds that:

(i) the subject-matter of the dispute is not capable of settlement by arbitration under the law of this State; or

(ii) the award is in conflict with the public policy of this State.

(3) An application for setting aside may not be made after three months have elapsed from the date on which the party making that application had received the award or, if a request had been made under Article 33, from the date on which that request had been disposed of by the arbitral tribunal.

(4) The court, when asked to set aside an award, may, where appropriate and so requested by a party, suspend the setting aside proceedings for a period of time determined by it in order to give the arbitral tribunal an opportunity to resume the arbitral proceedings or to take such other action as in the arbitral tribunal's opinion will eliminate the grounds for setting aside.

ARTICLE 34. — APPLICATION FOR SETTING ASIDE AS EXCLUSIVE RECOURSE AGAINST ARBITRAL AWARD

(1) Recourse to a court against an arbitral award may be made only by an application for setting aside in accordance with paragraphs (2) and (3) of this Article.

(2) An arbitral award may be set aside by the court specified in Article 6 only if:

(*a*) the party making the application furnishes proof that:

(i) a party to the arbitration agreement referred to in Article 7 was under some incapacity; or the said agreement is not valid under the law to which the parties have subjected it or, failing any indication thereon, under the law of this State; or

(ii) the party making the application was not given proper notice of the appointment of an arbitrator or of the arbitral proceedings or was otherwise unable to present his case; or

(iii) the award deals with a dispute not contemplated by or not falling within the terms of the submission to arbitration, or contains decisions on matters beyond the scope of the submission to arbitration, provided that, if the decisions on matters submitted to arbitration can be separated from those not so submitted, only that part of the award which contains decisions on matters not submitted to arbitration may be set aside; or

(iv) the composition of the arbitral tribunal or the arbitral procedure was not in accordance with the agreement of the parties, unless such agreement was in conflict with a provision of this Law from which the parties cannot derogate, or, failing such agreement, was not in accordance with this Law; or

(*b*) the court finds that:

(i) the subject-matter of the dispute is not capable of settlement by arbitration under the law of this State; or

(ii) the award is in conflict with the public policy of this State.

(3) An application for setting aside may not be made after three months have elapsed from the date on which the party making that application had received the award or, if a request had been made under Article 33, from the date on which that request had been disposed of by the arbitral tribunal.

(4) The court, when asked to set aside an award, may, where appropriate and so requested by a party, suspend the setting aside proceedings for a period of time determined by it in order to give the arbitral tribunal an opportunity to resume the arbitral proceedings or to take such other action as in the arbitral tribunal's opinion will eliminate the grounds for setting aside.

CHAPTER VIII

RECOGNITION AND ENFORCEMENT OF AWARDS[1271]

ARTICLE 35. — RECOGNITION AND ENFORCEMENT

(1) An arbitral award, irrespective of the country in which it was made, shall be recognised as binding and, upon application in writing to the competent court, shall be enforced subject to the provisions of this Article and of Article 36.

(2) The party relying on an award or applying for its enforcement shall supply the duly authenticated original award or a duly certified copy thereof, and the original arbitration agreement referred to in Article 7 or a duly certified copy thereof. If the award or agreement is not made in an official language of this State, the party shall supply a duly certified translation thereof into such language[1272].

ARTICLE 36. — GROUNDS FOR REFUSING RECOGNITION OR ENFORCEMENT

(1) Recognition or enforcement of an arbitral award, irrespective of the country in which it was made, may be refused only:

(*a*) at the request of the party against whom it is invoked, if that party furnishes to the competent court where recognition or enforcement is sought proof that:

1271 Chapter VIII does not have the force of law in Singapore by virtue of section 3 (1).

1272 The conditions set forth in this paragraph are intended to set maximum standards. It would, thus, not be contrary to the harmonisation to be achieved by the Model Law if a State retained even less onerous conditions.

(i) a party to the arbitration agreement referred to in Article 7 was under some incapacity; or the said agreement is not valid under the law to which the parties have subjected it or, failing any indication thereon, under the law of the country where the award was made; or

(ii) the party against whom the award is invoked was not given proper notice of the appointment of an arbitrator or of the arbitral proceedings or was otherwise unable to present his case; or

(iii) the award deals with a dispute not contemplated by or not falling within the terms of the submission to arbitration, or it contains decisions on matters beyond the scope of the submission to arbitration, provided that, if the decisions on matters submitted to arbitration can be separated from those not so submitted, that part of the award which contains decisions on matters submitted to arbitration may be recognised and enforced; or

(iv) the composition of the arbitral tribunal or the arbitral procedure was not in accordance with the agreement of the parties or, failing such agreement, was not in accordance with the law of the country where the arbitration took place; or

(v) the award has not yet become binding on the parties or has been set aside or suspended by a court of the country in which, or under the law of which, that award was made; or

(*b*) if the court finds that:

(i) the subject-matter of the dispute is not capable of settlement by arbitration under the law of this State; or

(ii) the recognition or enforcement of the award would be contrary to the public policy of this State.

(2) If an application for setting aside or suspension of an award has been made to a court referred to in paragraph (1) (*a*) (v) of this Article, the court where recognition or enforcement is sought may, if it considers it proper, adjourn its decision and may also, on the application of the party claiming recognition or enforcement of the award, order the other party to provide appropriate security.

SECOND SCHEDULE

CONVENTION ON THE RECOGNITION AND ENFORCEMENT OF FOREIGN ARBITRAL AWARDS CONCLUDED AT NEW YORK ON 10TH JUNE 1958

ARTICLE I

1. This Convention shall apply to the recognition and enforcement of arbitral awards made in the territory of a State other than the State where the recognition and enforcement of such awards are sought, and arising out of differences between persons, whether physical or legal. It shall also apply to arbitral awards not considered as domestic awards in the State where their recognition and enforcement are sought.

2. The term "arbitral awards" shall include not only awards made by arbitrators appointed for each case but also those made by permanent arbitral bodies to which the parties have submitted.

3. When signing, ratifying or acceding to this Convention, or notifying extension under Article X hereof, any State may on the basis of reciprocity declare that it will apply the Convention to the recognition and enforcement of awards made only in the territory of another Contracting State. It may also declare that it will apply the Convention only to differences arising out of legal relationships, whether contractual or not, which are considered as commercial under the national law of the State making such declaration.

ARTICLE II

1. Each Contracting State shall recognise an agreement in writing under which the parties undertake to submit to arbitration all or any differences which have arisen or which may arise between them in respect of a defined legal relationship, whether contractual or not, concerning a subject-matter capable of settlement by arbitration.

2. The term "agreement in writing" shall include an arbitral clause in a contract or an arbitration agreement, signed by the parties or contained in an exchange of letters or telegrams.

3. The court of a Contracting State, when seized of an action in a matter in respect of which the parties have made an agreement within the meaning of this Article, shall, at the request of one of the parties, refer the parties to arbitration, unless it finds that the said agreement is null and void, inoperative or incapable of being performed.

ARTICLE III

Each Contracting State shall recognise arbitral awards as binding and enforce them in accordance with the rules of procedure of the territory where the award is relied upon, under the conditions laid down in the following Articles. There shall not be imposed substantially more onerous conditions or higher fees or charges on the recognition or enforcement of arbitral awards to which this Convention applies than are imposed on the recognition or enforcement of domestic arbitral awards.

ARTICLE IV

1. To obtain the recognition and enforcement mentioned in the preceding Article, the party applying for recognition and enforcement shall, at the time of the application, supply —

(*a*) the duly authenticated original award or a duly certified copy thereof;

(*b*) the original agreement referred to in Article II or a duly certified copy thereof.

2. If the said award or agreement is not made in an official language of the country in which the award is relied upon, the party applying for recognition and enforcement of the award shall produce a translation of these documents into such language. The translation shall be certified by an official or sworn translator or by a diplomatic or consular agent.

ARTICLE V

1. Recognition and enforcement of the award may be refused, at the request of the party against whom it is invoked, only if that party furnishes to the competent authority where the recognition and enforcement is sought, proof that —

(*a*) the parties to the agreement referred to in Article II were, under the law applicable to them, under some incapacity, or the said agreement is not valid under the law to which the parties have subjected it or, failing any indication thereon, under the law of the country where the award was made; or

(*b*) the party against whom the award is invoked was not given proper notice of the appointment of the arbitrator or of the arbitration proceedings or was otherwise unable to present his case; or

(*c*) the award deals with a difference not contemplated by or not falling within the terms of the submission to arbitration, or it contains decisions on matters beyond the scope of the submission to arbitration, provided that, if the decisions on matters submitted to arbitration can be separated from those not so submitted, that part of the award which contains decisions on matters submitted to arbitration may be recognised and enforced; or

(*d*) the composition of the arbitral authority or the arbitral procedure was not in accordance with the agreement of the parties, or, failing such agreement, was not in accordance with the law of the country where the arbitration took place; or

(*e*) the award has not yet become binding on the parties, or has been set aside or suspended by a competent authority of the country in which, or under the law of which, that award was made.

2. Recognition and enforcement of an arbitral award may also be refused if the competent authority in the country where recognition and enforcement is sought finds that —

(*a*) the subject-matter of the difference is not capable of settlement by arbitration under the law of that country; or

(*b*) the recognition or enforcement of the award would be contrary to the public policy of that country.

ARTICLE VI

If an application for the setting aside or suspension of the award has been made to a competent authority referred to in Article V (1) (*e*), the authority before which the award is sought to be relied upon may, if it considers it proper, adjourn the decision on the enforcement of the award and may also, on the application of the party claiming enforcement of the award, order the other party to give suitable security.

ARTICLE VII

1. The provisions of the present Convention shall not affect the validity of multilateral or bilateral agreements concerning the recognition and enforcement of arbitral awards entered into by the Contracting States nor deprive any interested party of any right he may have to avail himself of an arbitral award in the manner and to the extent allowed by the law or the treaties of the country where such award is sought to be relied upon.

2. The Geneva Protocol on Arbitration Clauses of 1923 and the Geneva Convention on the Execution of Foreign Arbitral Awards of 1927 shall cease to have effect between Contracting States on their becoming bound and to the extent that they become bound, by this Convention.

ARTICLE VIII

1. This Convention shall be open until 31st December 1958 for signature on behalf of any Member of the United Nations and also on behalf of any other State which is or hereafter becomes a member of any specialised agency of the United Nations, or which is or hereafter becomes a party to the Statute of the International Court of Justice, or any other State to which an invitation has been addressed by the General Assembly of the United Nations.

2. This Convention shall be ratified and the instrument of ratification shall be deposited with the Secretary-General of the United Nations.

ARTICLE IX

1. This Convention shall be open for accession to all States referred to in Article VIII.

2. Accession shall be effected by the deposit of an instrument of accession with the Secretary-General of the United Nations.

ARTICLE X

1. Any State may, at the time of signature, ratification or accession, declare that this Convention shall extend to all or any of the territories for the international relations of which it is responsible. Such a declaration shall take effect when the Convention enters into force for the State concerned.

2. At any time thereafter any such extension shall be made by notification addressed to the Secretary-General of the United Nations and shall take effect as from the ninetieth day after the day of receipt by the Secretary-General of the United Nations of this notification, or as from the date of entry into force of the Convention for the State concerned, whichever is the later.

3. With respect to those territories to which this Convention is not extended at the time of signature, ratification or accession, each State concerned shall consider the possibility of taking the necessary steps in order to extend the application of this Convention to such territories, subject, where necessary for constitutional reasons, to the consent of the Governments of such territories.

ARTICLE XI

In the case of a federal or non-unitary State, the following provisions shall apply:

(*a*) with respect to those Articles of this Convention that come within the legislative jurisdiction of the federal authority, the obligations of the federal Government shall to this extent be the same as those of Contracting States which are not federal States;

(*b*) with respect to those Articles of this Convention that come within the legislative jurisdiction of constituent States or provinces which are not, under the constitutional system of the federation, bound to take legislative action, the federal Government shall bring such articles with a favourable recommendation to the notice of the appropriate authorities of constituent States or provinces at the earliest possible moment;

(*c*) a federal State Party to this Convention shall, at the request of any other Contracting State transmitted through the Secretary-General of the United Nations, supply a statement of the law and practice of the federation and its constituent units in regard to any particular provision of this Convention, showing the extent to which effect has been given to that provision by legislative or other action.

ARTICLE XII

1. This Convention shall come into force on the ninetieth day following the date of deposit of the third instrument of ratification or accession.

2. For each State ratifying or acceding to this Convention after the deposit of the third instrument of ratification or accession, this Convention shall enter into force on the ninetieth day after deposit by such State of its instrument of ratification or accession.

ARTICLE XIII

1. Any Contracting State may denounce this Convention by a written notification to the Secretary-General of the United Nations. Denunciation shall take effect one year after the date of receipt of the notification by the Secretary-General.

2. Any State which has made a declaration or notification under Article X may, at any time thereafter, by notification to the Secretary-General of the United Nations, declare that this Convention shall cease to extend to the territory concerned one year after the date of the receipt of the notification by the Secretary-General.

3. This Convention shall continue to be applicable to arbitral awards in respect of which recognition or enforcement proceedings have been instituted before the denunciation takes effect.

ARTICLE XIV

A Contracting State shall not be entitled to avail itself of the present Convention against other Contracting States except to the extent that it is itself bound to apply the Convention.

ARTICLE XV

The Secretary-General of the United Nations shall notify the States contemplated in Article VIII of the following:

(*a*) signatures and ratifications in accordance with Article VIII;

(*b*) accessions in accordance with Article IX;

(*c*) declarations and notifications under Articles I, X and XI;

(*d*) the date upon which this Convention enters into force in accordance with Article XII;

(*e*) denunciations and notifications in accordance with Article XIII.

ARTICLE XVI

1. This Convention, of which the Chinese, English, French, Russian and Spanish texts shall be equally authentic, shall be deposited in the archives of the United Nations.

2. The Secretary-General of the United Nations shall transmit a certified copy of this Convention to the States contemplated in Article VIII.

Schriften zum internationalen Privat- und Verfahrensrecht

Herausgegeben von Rainer Hausmann und Astrid Stadler

Band 1 Frederike Schwenke: Factoring im deutsch-französischen Rechtsverkehr. 2006.

Band 2 Sinja Rüberg: Auf dem Weg zu einem europäischen Scheidungskollisionsrecht. 2006.

Band 3 Hava Erdem: Ehescheidung im deutsch-türkischen Rechtsverkehr. 2007.

Band 4 Nadja Probst: Die internationale Zuständigkeit zur Eröffnung von Insolvenzverfahren im europäischen Insolvenzrecht. Autonome Bestimmung der Eröffnungszuständigkeit, insbesondere für Konzerninsolvenzen, und Anforderungen für die gemeinschaftsweite Anerkennung grenzüberschreitender Insolvenzen nach der EuInsVO. 2008.

Band 5 Maximiliane-Stephanie Wild: Die anwaltliche Verschwiegenheitspflicht in Deutschland und Frankreich. Unter besonderer Beachtung der sich aus dem grenzüberschreitenden Rechtsverkehr ergebenden Kollisionsfälle. 2008.

Band 6 Catharina Klumpp: Die Zustellungsformen der Verordnung (EG) Nr. 805/2004 zur Einführung eines Europäischen Vollstreckungstitels. Vergleich mit den Zustellungsordnungen Deutschlands und Frankreichs. 2009.

Band 7 Daniel Wied: Zivilprozessuale Qualifikationsprobleme im Spannungsfeld von Vertrag und Delikt. Ein Beitrag zur Auslegung nationalen Zivilprozessrechts in europäischer Perspektive. 2010.

Band 8 Gerald Gräfe: Gläubigerschutz bei der englischen Limited mit Verwaltungssitz in Deutschland. Eine europarechtliche Untersuchung. 2010.

Band 9 Martin Bläsi: Das Haager Übereinkommen über Gerichtsstandsvereinbarungen. Unter besonderer Berücksichtigung seiner zu erwartenden Auswirkungen auf den deutsch-amerikanischen Rechtsverkehr. 2010.

Band 10 Christian Groß: Die internationale Durchsetzung wettbewerbsrechtlicher Unterlassungsansprüche im Wege des vorläufigen Rechtsschutzes. Vor dem Hintergrund der EuGVO und des Lugano-Übereinkommens. Unter Berücksichtigung der Rechtslage in der Bundesrepublik Deutschland, Österreich und der Schweiz. 2010.

Band 11 Daniel Schäuble: Die Einweisung der Erben in die Erbschaft nach österreichischem Recht durch deutsche Nachlassgerichte. Eine Untersuchung auf Grundlage des FamFG und der Erbrechtsverordnung. 2011.

Band 12 Lara Puñal García: Eigentumsvorbehalt und reserva de dominio als Sicherungsmittel im deutsch-spanischen Warenverkehr. 2012.

Band 13 Monika König: Die Anwendbarkeit des *forum non conveniens* im deutschen und europäischen Zivilverfahrensrecht. 2012.

Band 14 Alexander Baumann: Die *hypothèque rechargeable* – eine wiederaufladbare Hypothek als Grundschuld *à la française*? Eine Analyse der französischen *hypothèque rechargeable* durch Vergleich mit den deutschen Grundpfandrechten. 2012.

Band 15 Marian Majer: Die Praxis der Anerkennung und Vollstreckung ausländischer Schiedssprüche nach dem New Yorker Abkommen vom 10. Juni 1958 in der Republik Singapur. Eine rechtsvergleichende Analyse gegenüber der international herrschenden Auslegung des Abkommens. 2013.

www.peterlang.de